科创板上市解决之道

主　编　申林平

副主编　许先锋　张星明　吴少卿　张龄方

银丹妮　陈宝妮　宋良庆　张兴旺

法律出版社 LAW PRESS·CHINA

前言

2018年11月5日上海证券交易所科创板宣布启动后，我和团队就开始筹备写作本书。今年春节后我们正式动笔开始写作，一边做业务（包括科创板项目）一边整理总结上交所全部受理的科创板案例、梳理科创板和注册制的发展并进行比较分析，我们团队仔细研究全部项目的招股说明书（包括申报稿、上会稿、注册稿）、问询和回复、法律意见书，并就有关法律问题（包括上市标准）归类、整理和总结，试图发现科创板上市的精髓和规律，希望对企业进行提前规范运作提出建设性意见。经过5个月的紧张写作工作，本书基本定稿。

回想几年前考入中国政法大学成为经济法专业博士研究生后，我考虑博士论文“写什么”“怎么写”的问题，认为证券市场特别是IPO是社会经济生活方面的热点。上市公司作为多层次资本市场的重要组成部分——股票市场的基石，其质量事实上就是由发行上市审核标准控制的。研究审核标准，其实质是对于“什么样的公司能够上市”的研究，从而为“应该让什么样的公司上市”这一问题提供重要的基础研究资料，反证“注册制改革的必要性”，并提出我国发行上市审核标准体系的完善路径。可以说，我当时期望要写的博士论文是对于我国发行上市审核标准的过去、今生和未来发展趋势的研究。关于本书的前言，有几个想法与读者分享如下：

一、对股票首发“核准制”的回顾和反思

我国股票发行上市审核制度的发展是一个从非市场化逐步向市场化转变的

过程。自中国证券监督管理委员会（以下简称“证监会”）[①] 成立至今，我国的股票发行上市审核制度从非市场化的“审批制”到后来的“核准制”建立，大体经历了“总量控制”（1993 年至 1997 年）、“总量控制和家数控制相结合”（1997 年至 2000 年）、“通道制”（2000 年至 2004 年）和“保荐制”（2004 年至今）四个阶段。其中，“总量控制”和“总量控制和家数控制相结合”属于“审批制”下的类型细分，而“通道制”[②] 和“保荐制”[③] 则属于“核准制”下的类型细分。在最初的“总量控制”阶段，当时的国务院证券委根据宏观经济的发展需要和资本市场的实际情况，先确定当年发行的总额度，下达给各省市地区和国务院有关部委，各省市对申请发行股票的企业进行层层筛选后做出行政推荐；证监会对其推荐的企业进行复审。1993 年、1994 年、1996 年和 1997 年的发行额度分别是 50 亿元、55 亿元、150 亿元和 300 亿元人民币。[④] 1997 年至 2000 年 3 月“总量控制和家数控制相结合”阶段，国务院确定发行总规模后，证监会给各省市和各部委下达发行家数指标，对各省市和部门上报企业家数进行限制。各省市对企业进行筛选后做出行政推荐，证监会

---

① 1992 年 10 月，国务院证券委员会（以下简称“国务院证券委”）和证监会（以下简称“证监会”）宣告成立，标志着中国证券市场统一监管体制开始形成。国务院证券委是国家对证券市场进行统一宏观管理的主管机构。证监会是国务院证券委的监管执行机构，依照法律法规对证券市场进行监管。1997 年 11 月，中国金融体系进一步确定了银行业、证券业、保险业分业经营、分业管理的原则。1998 年 4 月，国务院证券委撤销，其全部职能及中国人民银行对证券经营机构的监管职能同时划归证监会。证监会成为全国证券期货市场的监管部门，吸收全国各省、自治区、直辖市和计划单列市的证券管理办公室和期货管理办公室，实行跨区域监管体制，在全国设立了 36 个派出机构，建立了集中统一的证券期货市场监管体制。（中国证券监督管理委员会：《中国资本市场发展报告》，中国金融出版社 2008 年版，第 7 页）

② 通道制是从“审批制”向“核准制”过渡的产物，在“审批制”下，证监会和各地政府控制着发行上市指标，而在“通道制”下由券商选择好的企业并推荐证监会核准，为控制推荐的家数进而控制发行节奏，根据券商的历史业绩，给每家券商分配了最多可以推荐的企业家数，这种最多可以推荐的家数就是俗称的“通道”。

③ 保荐制全称为证券上市保荐制度，是指由保荐机构及其保荐代表负责发行人证券发行上市的推荐和辅导，经尽职调查核实公司发行文件资料的真实、准确和完整性，协助发行人建立严格的信息披露制度。2004 年《证券发行上市保荐制度暂行办法》（已失效）的实施意味着“保荐制的实行。

④ 中国证券监督管理委员会：《中国资本市场发展报告》，中国金融出版社 2008 年版，第 13 页。

在总规模内给企业核定发行规模，并进行复审。2000 年 3 月至今属于“核准制”阶段，先由公司提出发行申请，保荐机构根据市场情况向证监会进行推荐，证监会完成合规性初审之后提交股票发行审核委员会，由其对企业首发上市的申请进行审核表决，最终经证监会核准后发行。①

我也在考虑：核准机关审批行为的“背书”是否有必要？“核准制”下的 IPO 资源稀缺现象能否靠“注册制”来改变？最核心的问题，股票发行上市需要什么样的标准一直以来萦绕在我的脑海，证监会替股民把握的上市标准是否科学，我们需要一个什么样的选择标准，“注册制”下信息披露程序和要求是否会成为一个变相的“核准制”标准。基于此那我就决定做点实证研究吧，着力把 2008 年以来的申报企业的相关数据进行统计，看能否找出什么规律来。那就看看有什么不成文标准没有，影响有多大？美国“注册制”体制下的典型案例什么经验可以借鉴？我国的“注册制”怎么走，过渡期要做些什么。论文逻辑主线渐渐清晰后，那就开写吧。在李曙光教授的悉心指导下，最终在 2014 年 3 月完成了《关于我国首次公开发行股票并上市审核标准的实证研究》博士论文，也算是对“注册制”改革的一个先期研究吧，客观上为这本书的写作奠定了一些实证基础。

二、科创板是我国股票发行制度改革的试验田，牵住了资本市场制度改革的牛鼻子

股票发行审核制度的痼疾大家认识已经很深刻了，关键是下步怎么办。我国的证券发行注册制改革可谓是“一波三折”，从 2015 年全国人大常委会通过《关于授权国务院在实施股票发行注册制改革中调整适用〈中华人民共和国证券法〉有关规定的决定》，到 2016 年股灾后的停滞。

幸运的是，习近平主席在 2018 年 11 月 5 日上海举办的中国进口博览会上提出“将在上海证券交易所设立科创板并试点注册制”，之后中国证监会、上海证券交易所行动也非常之快，相关文件和规章、政策密集出台。最高人民法

① 中国证券监督管理委员会：《中国资本市场二十年》，中信出版社 2012 年版，第 221 页。

院、上海市高级人民法院、上海金融法院陆续出台为科创板保驾护航的规定。2019 年 7 月 22 日首批 25 家公司于上海证券交易所科创板挂牌上市。

科创板上市标准进行了大幅改革，明确了以市值为中心的五套上市标准以及红筹企业上市和特殊股权结构企业上市标准，高科技成长型但尚处于亏损的企业、期望能有特殊股权安排的企业、红筹企业看到在境内上市的曙光。科创板的定位也并不虚幻，应当符合这些要求：（1）符合国家战略、突破关键核心技术、市场认可度高的科技创新企业；（2）属于新一代信息技术、高端装备、新材料、新能源、节能环保以及生物医药等高新技术产业和战略性新兴产业的科技创新企业；（3）互联网、大数据、云计算、人工智能和制造业深度融合的科技创新企业。相关保荐机构就此明确了推荐企业的范围。

三、写作本书的目的、篇章结构和寄语

科创板是中国资本市场历史上的一件大事，不同于中小企业板、创业板的开设，科创板是一场制度性变革，一定会深刻影响资本市场的制度（包括相应的司法制度）和利益格局，值得我们业内高度关注。十多年来，我一直关注着公司、证券、境内外投资并购、上市公司破产重整等法律业务，帮助十几家企业成功于境内外证券交易所挂牌上市，我也很重视相关案例的研究和写作，从 2006 年与邢会强教授合著《中国企业境外上市法律实务》（法律出版社 2006 年第一版）至今，已陆续出版了《中小企业境内上市法律实务》（与邢会强教授合著，法律出版社 2007 年版）、《创业板上市法律实务》、《中国 IPO 年度评论》、《最新 H 股上市实务与案例分析》、《中国〈境外直接投资法〉立法建议稿及理由》、《红筹（VIE 结构）企业回归实务与案例分析》、《上市公司并购重组解决之道》、《香港上市实务精讲及案例分析》等专业书籍，受到了热心读者的认可和支持。科创板的出现当然也会让我们高度重视，在以往写作和出版专业书籍的经验和教训之上，我们加强了本书的专业性。

本书分为基础篇、实务篇、重要法律问题及案例篇、法规篇等四篇，基本沿用我们以往专业书籍的经典结构，希望继续得到广大读者的认可。

本书写作的目的之一就是希望以我们丰富的境内外上市（包括科创板、

主板、中小企业板、创业板、香港和美国上市)、境内外投融资、并购重组等方面的经验在书中得到体现并帮助有关企业和机构、专业人士更加明确科创板的来龙去脉、上市标准、需要关注的有关问题以及解决问题思路，我们更着重在科创板案例上下功夫，把有关在审和成功注册、挂牌上市项目的关注问题和回复按照法律问题的门类整理出来，我们认为这部分价值最大，企业和中介机构在实践中可以直接作为可借鉴的案例来使用。

在本书写作过程中，证监会于2019年8月23日发布了《上市公司分拆所属子公司境内上市试点若干规定（征求意见稿)》，明确了上市公司分拆子公司在境内上市的规则，并向社会公开征求意见。这是对《关于在上海证券交易所设立科创板并试点注册制的实施意见》中“达到一定规模的上市公司，可以依法分拆其业务独立、符合条件的子公司在科创板上市”规定的进一步细化和落实。虽然截至目前科创板还未有相关案例，但是上市公司分拆作为资本市场优化资源配置和深化并购重组功能的重要手段，值得我们拭目以待。

本书也得到了乔丹、陈起阳、赵思宇的热忱帮助，一并致谢。

由于能力和水平可能离读者不断增长的要求还有不小距离，恳请广大读者不吝赐教，多多指正!

感谢各界朋友和法律出版社各位老师对本书的关心和支持!

作者2019年秋于北京

CONTENTS

目 录

第一篇

基础篇

第二篇

实务篇

第三篇

重要法律问题及案例篇

第四篇
法规篇

第一篇

基础篇

第一章

科创板——注册制改革的试验田

我国的证券市场自20世纪90年代形成以来，一直处于循环式上升的快速发展状态。在确立和探索社会主义市场经济体制的过程中，证券市场作为企业融资渠道和价值发现渠道的“本质”被进一步发现、认识和重视。但是长期以来，无论是证券发行体制，还是证券监管逻辑，都始终受困于“把握公司质量”和“投资者保护”的二元政策目标的矛盾之中。[①] 一方面，监管机构投入大量资源与精力严格把控发行门槛，一定程度上忽视了证券上市后的持续性监管及证券欺诈行为的查处；另一方面，证券监督管理机构对上市企业进行实质性审核，提供了隐性的价值担保，不利于投资者，尤其是散户对上市公司的客观认识和判断。[②] 针对这一困境，我国的证券发行审核制度改革从未真正停步。

事实上，自2000年我国的股票公开发行许可制度从审批制过渡到核准制之时起，便有专家和学者对国外证券市场采用的注册制进行了介绍。[③] 但就当时我国的国情和证券市场发展状况来看，从审批制直接转变为注册制并不现实，亦不可行。不可否认的是，证券发行审核注册制能够将选择权交由市场主体的特性，最为符合证券市场的内在逻辑，其仍然是我国股票公开发行许可制

---

① 《科创板擂响了中国参与国际金融制度竞赛的战鼓》，载《21世纪经济报道》2019年7月23日，第001版。

② 在我国，中国证券监督管理委员会下设的发行审核委员会扮演着实质审核上市公司申请文件的角色。

③ 陈永生：《论证券发行的注册制和核准制》，载《天府新论》2001年第1期。

度改革的最终目的。而现今，从核准制向注册制转变的时机已趋于成熟。科创板便是这一转变和改革的载体。

第一节 注册制与科创板的定位

2013 年 11 月，中共中央第十八届三中全会提出“推进股票发行注册制改革”，从顶层设计上指明了我国发行上市审核制度将从“核准制”向“注册制”转变。随后的《证券法》修订草案等法律文件也响应这一改革方向，纷纷进行了初步的尝试性调整。2018 年 11 月 5 日，习近平主席在首届中国国际进口博览会开幕式上，就“更好发挥上海等地区在对外开放中的重要作用”时指出，将在上海证券交易所设立科创板并试点注册制，支持上海国际金融中心和科技创新中心建设，不断完善资本市场基础制度。由此，注册制改革正式落地。

从形式上来看，更为直接、引人注目的改变应是科创板这一板块的设立。科创板作为我国进一步对外开放、扩大金融市场对外开放程度的具体的表现形式，宏观上能够支持上海作为国际金融中心的建设，微观上承担迎接“独角兽”回归、为高新技术企业提供良好的融资环境的重任，其本身的政策地位便十分显著。但抛开其对外界释放的“利好”信号，科创板实质上将作为“先锋”，启动对我国延续将近 20 年的证券发行审核制度的改革。

一、科创板的定位与性质

根据 2019 年 1 月 28 日证监会发布的《关于在上海证券交易所设立科创板并试点注册制的实施意见》（以下简称《注册制实施意见》）的相关规定，开设科创板的总目标主要可以分为三个层次：其一，进一步落实创新驱动发展战略，增强资本市场对提高我国关键核心技术创新能力的服务水平；其二，促进高新技术产业和战略性新兴产业发展，支持上海国际金融中心和科技创新中心建设；其三，完善资本市场基础制度，推动高质量发展。也即科创板的设立主要目的在于助推创新、为新兴产业提供融资渠道，其本质在于降低企业上市融资的门槛。

在有关科创板的定位问题上，有学者指出，科创板在设计之初，就明确了其制度改革试验田和科技创新助推器的基本定位。① 从两者间的逻辑来看，只有其作为注册制试点的作用得到真正发挥，并得以推广，才能够有力地推进科技创新。也即，从制度改革试验田这一基本定位来看，科创板承担着完善资本市场基础性制度的重要目标，通过试点推行注册制改革，首先试验和借鉴成熟资本市场的发展经验，在发行上市、保荐承销、市场化定价、交易、退市等方面进行先试先行，形成可复制可推广的经验，真正把选择权交给市场；而“助推科技创新”这一定位则正好符合了《注册制实施意见》中的第一、二个层次——支持有发展潜力、市场认可度高的科创新型企业发展壮大，为其提供良好的融资环境，吸引更多高新技术企业来我国融资。这也是设立科创板的最终目标——以科创板带动整个资本市场改革，提高资本市场的质量和直接融资比例，从而改善金融供给的结构，以培育更多科技创新企业，助力经济转型升级，为经济高质量发展保驾护航。②

科创板作为资本市场基础性制度之一——注册制改革的试验田，在制度改革实效与孵化高新技术企业之间起着重要的传导作用。其设立于上海证券交易所，与主板、中小板和设立于深圳证券交易所的创业板等实行核准制的场内市场不同，科创板的上市企业在公开发行审核上采取以信息披露为中心的注册制。它是极为特殊的新设板块，主要针对尚未进入成熟期但具有成长潜力、且符合战略新兴产业发展方向及科技型、创新型特征的中小和初创型企业。其可以成为我国发展新业态、新模式、新产业、新技术等新经济和战略新兴产业的重要场所，对场内市场的板块类型形成了重要补充，丰富了可在场内市场上市交易的企业类型，拓宽了企业的融资渠道。

设立科创板最本质、最直接的目的，就是试点注册制。也可以说，注册制改革是科创板的核心。通过注册制这一做法为高新技术企业带来融资上的便

---

① 董少鹏：《科创板将书写中国资本市场历史新篇章》，载《证券日报》2019 年 7 月 22 日，第 A01 版。

② 刘鹤：《要以科创板带动整个资本市场改革》，载新浪财经：https：//finance. sina. com. cn/stock/y/2019 – 06 – 14/doc – ihvhiews8732689. shtml，最后访问日期：2019 年 8 月 1 日。

利，从而助推创新发展，也为注册制的推广积累实践经验。因此，本书将围绕证券发行注册制的原理及相关实务展开。

二、注册制与我国的证券发行审核制度

（一）从证券的发行与上市说起①

股票的发行与上市是不同的两个环节，股票发行是指发行人以融资或实施股利分配为目的，按照法定程序向投资者提供股份。按照发行对象的不同，股票发行行为可以分为公开发行和非公开发行两种类型，其中公开发行的对象是不特定的公众。在公开发行中，按照发行主体的不同，又可以将公开发行分为首次公开发行新股和增发新股，其中首次公开发行新股即为我们所熟知的"IPO（Initial Public Offerings）"，简称"首发新股"，其发行的主体是从未公开发行股票的公司，而增发新股的主体通常是上市公司，其为了新的目的而实施的新一轮公开发行股票的行为。股票上市是指已经发行的股票经交易所审核批准后，在交易所公开挂牌交易的行为。发行人公开发行股票并在交易所挂牌进行交易的行为可称为"发行上市"，其中首次公开发行股票并上市则可简称为"首发上市"。本书所介绍和讨论的科创板实务主要涉及的是企业在科创板首次公开发行和交易的活动。

从行为顺序上看，发行为先，上市为后，发行属于一级市场的行为，而上市则是二级市场行为。股票发行与股票上市均涉及审核。通常，股票发行的审核的主体是证券监管机构而股票上市的审核主体为交易所。按照交易所审核性质的不同，可以将股票发行与上市的模式分为股票发行上市一体模式和发行上市分离模式。在前者中，尽管交易所也进行审核，但其审核属于形式审核，通常只要获得证券监管机构的批准，股票公开发行成功即可上市；而在发行上市分离模式中，股票上市需要符合交易所的实质要求，交易所对发行人进行实质审核，若发行人不符合上市条件，即使其已经完成公开发行股票的行为，也不能在交易所挂牌交易。

① 申林平：《关于我国首次公开发行股票并上市审核标准的实证研究》，中国政法大学经济法学 2014 年博士学位论文，第 2～3 页。

我国采取的是发行上市一体模式，尽管交易所进行审核，但其批准上市最主要的依据是证监会同意发行的批文，只要证监会同意股票发行，交易所即同意该股上市。因此，在发行上市一体模式下，我们所称的“发行上市”与“发行”实际上是一致的。

（二）不同的证券发行审核制度——审批制、核准制和注册制

1. 何谓证券发行审核制度

制度是一种“运作模式”，一种“规则”。在企业向证监会提出公开发行股票并上市的申请，证监会同意核准企业发行上市的过程中形成了一系列行为和过程，这一系列过程和行为形成一种“运作模式”，这种“运作模式”以“法律规则”的形式出现即为股票发行上市审核制度。其本质即政府为维护社会经济秩序的稳定、保护广大公众的利益而对股票公开发行活动进行的一种许可。

发行证券的主要目的在于为企业发展汇集资金，但是，企业未来的发展方向是什么、所筹资金的流向和用途、什么样的企业值得投资，对于外部的投资者来说，很难真正有效率的了解。这就是所谓的“柠檬市场”理论。① 因此，作为一种行政许可，证券发行审核制度主要致力于解决资本市场中有关信息披露的下列三个重要问题：其一，为了解决信息披露分布的不对称问题，可以通过强制性信息披露制度，要求发行人全面、真实地向投资者披露信息，也即，发行人的信息披露内容和范围必须符合强制性的法律要求——判断信息披露是否合规；其二，仅符合法律要求并不充分，还必须对信息披露的真实性进行判断；其三，为了达到资源优化配置的目的，还需对企业的投资价值进行判断。以上三个问题（信息披露的合规、真实性和企业的投资价值）在发行审核制度的确定上十分重要而关键，有学者坦言，对这些问题的不同处理构成了各国不同的证券发行许可制度。②

---

① 一切纠纷和市场问题本质上都来源于信息的不对称，信息披露不充分容易蒙蔽潜在投资者，使其判断出现偏差。See George A. Akerlof, “The Market for ‘LEMONS’: Quality Uncertainty and The Market Mechanism”, 84 *The Quarterly Journal of Economics*, 488 – 500 (1970).

② 彭冰：《中国证券法学》，高等教育出版社 2005 年版，第 91 ~ 92 页。

发行上市审核制度作为股票发行上市的基础性制度，其有效性影响着股票市场乃至整个资本市场运行的效率。市场的发展状况不同，其所对应的发行上市审核制度也有所不同，纵观全球股票市场，各国的发行上市审核制度主要包括“审批制”、“核准制”和“注册制”三种。有学者指出：“‘审批制’是完全计划发行的模式，‘核准制’是从‘审批制’向‘注册制’过渡的中间形式，‘注册制’则是目前成熟股票市场普遍采用的发行制度，在市场逐渐发育成熟的过程中，股票发行制度也应适时地改变，以适应市场发展需求。”①

2. 审批制

证券发行审批制是一国在股票市场发展的初始阶段，为维护上市公司的稳定、平衡复杂的社会经济关系，而采用“计划”的办法分配股票发行的指标和额度，由地方或行业主管部门根据指标推荐企业发行股票的一种发行制度。公司发行股票的首要条件是取得指标和额度。也就是说，如果取得了主管部门的指标和额度，就等于取得了的保荐。因此，审批制下公司发行证券的竞争焦点主要在于争夺股票发行指标和额度。

审批制下，证券监管部门凭借行政权力行使实质性审批职能，证券中介机构的主要职能是进行技术指导。这种制度将对企业进行价值判断这一“压力”交给了政府和证券监管部门，其承担着完全的证券品质担保责任。但同时，这种严苛的审批制度仍然存在着下列严重的弊端：一方面，它破坏了资本市场自身的逻辑和发展规律，却无法保证发行公司不通过虚假包装甚至伪装、做账达标等方式达到发行股票的目的；另一方面，它极有可能为权力寻租提供条件和机会。

3. 核准制与注册制

“注册制”是指申请人按照法律规定，将与证券发行有关的全部信息和资料公之于众，并按照一定的文本形式制成文件，送交主管机构进行审查，主管机构只负责审查申请人提供的信息资料是否履行了信息披露义务的一种制度。“核准制”则是指发行人在发行证券时，不但需要公开全部的信息，还要符合

---

① 钱康宁、蒋健蓉：《股票发行制度的国际比较及对我国的借鉴》，载《上海金融》2012 年第 2 期。

法律规定的证券发行的实质性条件，证券监管机构有权依照《公司法》《证券法》等相关规定，对发行人提出的申请以及有关材料进行实质性审查，发行人得到批准以后，才可以发行证券。目前，普遍的研究认为，“注册制”的核心为信息披露，而“核准制”并不排除发行人信息的公开披露，且“核准制”规定了证券发行的实质条件。

“核准制”中，证券监管机构除进行信息公开要求的形式审查外，还对证券发行条件进行实质审查，并据此作出发行人是否符合发行条件的价值判断和是否核准申请的决定。① 可见，“核准制”和“注册制”主要区别在于审核机关是否对公司的价值做出实质判断。所谓实质判断，一种是指行政机关对披露内容的真实性进行核查与判断，另一种是指行政机关对披露内容的投资价值作出判断。② 在界定股票发行中的“核准制”时，一般取实质审查的第二种含义，即判断公司证券的投资价值与风险。③

根据证券发行上市审核制度的不同，其相对应的证券市场监管模式也不同。在“注册制”下的证券市场监管通常是以强制性信息披露制度为核心，而“核准制”下的证券市场监管则更偏向于是实质性审查制度。不同的股票发行审核制度，其监管机构的职能也有所不同。在“注册制”下，监管机构更注重上市公司对于信息披露是否符合真实性、充分性、简明性、及时性等原则。而在“核准制”下，监管机构可能对于发行人所提供的信息进行实质审查。④

（三）我国的证券发行核准制及其弊端

1998年制定的《证券法》第11条规定“公开发行股票，必须依照公司法规定的条件，报经国务院证券监督管理机构核准。发行人必须向国务院证券监督管理机构提交公司法规定的申请文件和国务院证券监督管理机构规定的有关

---

① 郝素珍、高建宁：《证券发行核准制与注册制的比较分析》，载《华东经济管理》2007年第12期。

② 彭冰：《中国证券法学》（第二版），高等教育出版社2007年版，第85页。

③ 沈朝晖：《流行的误解：“注册制”与“核准制”辨析》，载《证券市场导报》2011年第9期。

④ 申林平：《关于我国首次公开发行股票并上市审核标准的实证研究》，中国政法大学经济法学2014年博士学位论文，第12～13页。

文件”，从而确定了股票发行上市审核的“核准制”，从此我国股票发行上市审核制度逐渐从“审批制”向“核准制”转变。

我国现行《证券法》第10条明确规定，未经有关部门核准，任何人不得公开发行证券。① 因此，在我国的核准制中，凌驾于IPO之上的行政权首先来自法律的授予。与西方国家有所不同的是，我国对证券发行实行多头管制与层层审批，对拟上市公司进行了投资价值的初次判断，合格者方能公开发行，这使“核准”成为了与行政权力关系密切的“特许权”。② 因此凌驾于IPO之上的行政权首先来自于法律的授予。其次，政府一直企图决定证券的价格或对其施加影响，但该价格通常过于保守，导致证券市场供应不足，股价亦不一定反映公司的价值和市场需求。最后，发行与上市的一体化导致交易所没有实际权力拒绝公司上市，获得IPO许可的公司将根据中国证监会的决定在两家交易所中的一家上市，发行人和交易所均无权拒绝。

这样一来，一方面，对发行人与市场来说，证券价格不能真正反映其价值，过于保守的估价使发行人无法真正得到其应得的资金，市场也将长期疲软进而失去信心；另一方面，从投资者角度来看，经过政府机关“筛选”和“判断”的被认为有价值的上市公司，照样会发生下跌、退市、欺诈等有损投资者利益的情况，故“政府信誉”大大减弱，投资者甚至怀疑政府亦存在过错。就证券交易所来说，这一制度使之成为了最大的赢家——承担最少的责任，却得到了最大的利益，有损实质公平。

（四）对注册制的呼唤和展望

从“核准制”到“注册制”，需要具备以下几个条件：股市投资功能和自身定价功能初步具备，股票发行市场化程度相对成熟，能形成自我平衡，多层次资本市场发育较成熟。③ 多数学者认为，我国股票发行上市审核制度的改革

---

① 参见《证券法》（2014年修正）第10条：“公开发行证券，必须符合法律、行政法规规定的条件，并依法报经国务院证券监督管理机构或者国务院授权的部门核准；未经依法核准，任何单位和个人不得公开发行证券……”

② 李文莉：《证券发行注册制改革：法理基础与实现路径》，载《法商研究》2014年第5期。

③ 李大霄：《IPO实施注册制需采用三个过渡期措施》，载《证券日报》2013年10月17日，第A03版。

应该循序渐进，不能一蹴而就。

有研究者以俄罗斯为例，说明过于激进的完全市场化的改革不但无法促使以市场为基础的新秩序的建立，反而会由于相应法律法规和执法水平的相对滞后导致证券市场的崩溃和投资者利益的受损。① 证监会应逐渐从烦琐的行政审批中脱离出来，采取分步走战略，首先实现再融资核准权的下放，然后再实现首发上市核准权的下放，通过发审权的逐渐下放，将监管的重点转移到引导证券市场健康发展、打击违法违规行为、保护投资者合法权益方面。② 我国应强化信息披露质量，建立追责机制，淡化对持续盈利能力的价值判断，通过"注册板"试点，逐步摸索推行"注册制"的现实途径。③ 此外，还有学者指出，我国股票发行上市审核的"注册制"改革需要监管者对自身权力进行改革，改变原先"价格管制"和"供应管制"的传统思维。④

三、注册制改革是科创板的核心

我国的证券发行注册制改革可谓是"一波三折"，从 2013 年被提出，到 2015 年股灾后的停滞，再到设立科创板以助其"重启"，注册制改革之推进已经势在必行。作为试点注册制的具体板块，科创板必将成为证券发行制度变革的开端。注册制是科创板的核心，也是我国设立科创板的直接目的。但是，注册制究竟是什么？其具体如何实施？为什么要推行注册制，其将会带来哪些影响？下文将以注册制较为成熟、完善的美国证券市场为例，系统介绍注册制产生的过程及其本质。

（一）证券发行注册制度的历史演进——以美国为例

任何制度的产生、形成、改变总是因应社会发展的变化与需求，在实践与经验中不断循环和完善。美国的证券发行注册制度亦不是一蹴而就的，而是随

---

① 钱康宁、蒋健蓉：《股票发行制度的国际比较及对我国的借鉴》，载《上海金融》2012 年第 2 期。

② 祁斌、黄明等：《发行制度改革研究：比较与分析》，《上证联合研究计划》第 23 期。

③ 曹凤岐：《注册制平稳过渡期应做些什么》，载中国证券网：http：//news. cnstock. com/news/sns_ jd/201312/2856117. htm，最后访问日期：2019 年 8 月 7 日。

④ 郑彧：《论证券发行监管的改革路径——兼论"注册制"的争论、困境及制度设计》，载《证券法苑》2011 年第 2 期。

着社会环境以及经济发展而缓慢形成的。因此，了解其背后深刻的社会历史背景，对我国建立证券发行注册制度的时机判断有极大的意义。

1. 从“蓝天法”到《1933 年证券法》

美国证券法律由各州“蓝天法”和美国联邦证券法律两大部分组成。为了防止州内资金的流失，美国堪萨斯州于 1911 年制定了州证券法，后各州陆续制定本州的证券法，并以“蓝天法”作为各州证券法的统称。① 各州蓝天法是最早的证券法律，被视为“有牙齿”的证券法。这一时期的证券法实行的是严格的实质审查模式。但州证券法的实施效果极为有限，各州为了自己的利益而制定的杂乱的证券发行标准和要求往往使券商能够规避蓝天法的规制，因此“为了规范不同蓝天法下混杂无序的信息披露标准并防止投行规避各州证券监管的空白”，美国《1933 年证券法》出台。它是第一部联邦层面的证券法，以弥补州证券法的不足为初衷，作为州证券法的补充而存在。②

因此，为避免监管上的重复和监管资源的浪费，《1933 年证券法》确立了以信息披露为核心的证券发行注册制。在该法的说明书中，罗斯福总统指出，证券法的保护绝不能也不该被误解为“核准”或“保证”新发行的证券是健全的，其加之于政府的义务仅是政府应坚持一种在州际出售的证券，必须有充分而公开的资讯，且在证券发行上，没有重要的事实隐瞒大众。③ 美国式的以法定信息披露为核心的证券发行注册制由此确立，只要全面真实披露发行人的情况，就可以进行证券的公开发行。

2. 从《萨班斯 - 奥克斯利法案》到《多德 · 弗兰克法案》

美国于 2002 年颁布的《萨班斯 - 奥克斯利法案》（Sarbanes - Oxley）被认为是政府恢复严格监管的信号。其全称为《2002 年公众公司会计改革和投

---

① 关于“蓝天”这一称谓的来源有许多解释，但都带有“所销售的证券虽然表面上回报丰厚，而实际上风险巨大或并无价值”的含义。如有学者认为采“蓝天法”这一称谓，说明立法者的规范对象是“通过出售蓝天中的建设地块而轻易攫取资财”的发起人。参见谢九华、樊沛鑫：《证券法前沿问题研究》，知识产权出版社 2018 年版，第 153 页。

② 李燕、杨淦：《美国法上的 IPO“注册制”：起源、构造与论争——兼论我国注册制改革的移植与创生》，载《比较法研究》2014 年第 6 期。

③ 苏松钦：《证券交易法修正详论》，台北，五南图书出版公司 1988 年版，第 27 页。

资者保护法案》。[1] 有学者认为它是小额发行（small IPOs）减少最主要的原因之一。它的过度监管增加了上市公司的负担，而上市公司可得到的好处却没有相应增加。特别是404条款要求上市公司向监管机关提交内部控制的年度报告，该报告必须“说明管理层对建立和维护适当内部控制结构和财务报告程序的责任”，并且还必须包含“截至发行人最近一个财政年度末内部控制结构和发行人财务报告程序的有效性评估”。此外，外部审计师必须证明并报告管理层的内部控制评定。[2] 也即政府主要提高了对上市公司财务与会计制度的要求，增强了对公司内部治理结构的规范性干预。但仍然不对发行设置条件，不对证券的投资价值进行判断。

2008年金融危机后，奥巴马于2010年签署了《多德－弗兰克华尔街改革和消费者保护法》（Dodd－Frank Wall Street Reform and Consumer Protection Act），该法案大幅扩大了美国证券交易委员会（以下简称SEC）的监管权力，建立了一个新的金融监管框架，虽然其被认为是政府监管的进一步加强，但很多学者指出，它并没有带来太大希望。[3] 由此可见，美国金融监管的“宽与严”并不会影响证券发行注册制度本身，仅对发行人的信息披露要求产生作用。

（二）证券发行注册制的本质——揭开“美式注册制”的面纱

对于美国“注册制”的研究，通常是围绕信息披露制度、发行注册豁免和美国证券交易委员会、证券交易所的审核要求展开的。

1. 包含实质审查的“双层注册”制

由于美国特殊的联邦体制，联邦政府与州政府皆对证券发行享有管辖权。因此若发行人想要发行证券，必须同时向联邦和州提出申请。虽然1996年的《资本市场改善法》将一些证券列为联邦专属管辖，享有联邦层面的注册豁

---

① 李文莉：《证券发行注册制改革：法理基础与实现路径》，载《法商研究》2014年第5期。

② See Paul Rose & Steven Davidoff Solomon，“Where Have All the IPOs Gone：The Hard Life of the Small IPO”，6 *Harvard Business Law Review*，83－127（2016）.

③ ［美］查尔斯·凯罗米里斯、史蒂芬·哈伯：《人为制造的脆弱性》，廖岷、杨东宁、周叶菁译，中信出版集团2015年版，第224～225页。

免，但在州这一层级仍然需要进行注册。① 联邦层面，1934 年的《证券交易法》颁布后，SEC 开始负责证券发行的注册审查工作，而州层面则由各州的州证券交易委员会对证券发行进行监管。② 由此形成了美国式的“双层注册”制。

也即，美国的“注册制”并不意味着不进行实质审核。对于美国的“注册制”实际分为两个层面，联邦层面的、以披露为基础的“注册制”和州层面的、以实质审核为基础的“注册制”，联邦层面的“注册制”是以州的实质审核为基础的。③

联邦层面，SEC 一般将注册申请及相关材料交给由多领域专家组成的审查小组进行审核，小组成员一般包括律师、会计师等专业人士以及行业专家。SEC 的审查仅涉及企业提交的材料和其中披露的信息，因此其所提意见多为会计合规方面的问题，故有学者将其称为“只审不否的联邦审查”。根据《1933 年证券法》的规定，发行人向 SEC 提交注册申请 20 日内，SEC 未提出反对意见，也即“拒绝令”或“终止令”，则该注册自动生效。④ 但这种如此顺利的情形极为少见，通常情况下，SEC 将针对申请材料提出大量意见，发行人需对其意见进行回答和补正，20 日的申请日期从上交补充材料日重新起算。⑤ 总体看来，SEC 的审查为形式审查，但也有学者认为，该审查模式“是在披露基础上嵌入一定的实质审查”。⑥

就州层面来看，州证券发行注册的方式分为通知性注册、协调性注册与赋

---

① 沈朝晖：《流行的误解：“注册制”与“核准制”辨析》，载《证券市场导报》2011 年第 9 期。

② 李燕、杨淦：《美国法上的 IPO“注册制”：起源、构造与论争——兼论我国注册制改革的移植与创生》，载《比较法研究》2014 年第 6 期。

③ 沈朝晖：《流行的误解：“注册制”与“核准制”辨析》，载《证券市场导报》2011 年第 9 期。

④ 参见［美］路易斯·罗斯、乔尔·赛里格曼：《美国证券监管法基础》，张路等译，法律出版社 2007 年版，第 113 ~ 114 页。

⑤ See Thomas Lee Hazen, “Crowdfunding for Raising Capital Has Arrived”, 21 *North Carolina State Bar Journal*, 10 – 13 (2016).

⑥ 李燕、杨淦：《美国法上的 IPO“注册制”：起源、构造与论争——兼论我国注册制改革的移植与创生》，载《比较法研究》2014 年第 6 期。

资质性注册。[①] 通知性注册的发行人仅需向州证券监管部门提交表格，进行一种“备案登记”即可，州证券监管部门不会对此进行实质审查；协调性注册则属于联邦与州之间的注册协调，发行人仅需在联邦注册申请书的基础上额外提交州证监会要求的文件与信息即可；最为复杂和严格的“赋资质性注册”则需州证券监管部门对发行人材料进行实质性审核，对符合条件的发行人颁发许可证，以最大程度消除其对投资者可能的损害。[②] 故州层面的证券发行注册制实质上存在对发行人的实质审查。[③]

2. 以信息披露为核心

美国“注册制”强调信息披露，审查机构进行形式审查而不进行价值判断，其证券市场的信息披露制度向高透明度化逐渐发展。美国《1933 年证券法》和《1934 年证券交易法》初步确立了美国证券市场信息披露制度框架，“综合披露”和“框架注册”制度的出台拓宽了信息披露的内容，信息披露简明性规则增强了信息的易解性。[④]

在“注册制”下，美国境内发行和销售任何证券，一般公开发行必须根据法律规定予以登记。美国《1933 年证券法》的立法精神是保证股票发行人提供足够的信息和材料，其要求股票发行人必须向公司提供全部的、实质性的信息，美国证交会并不去核实信息的真实性和可靠性，也不去判断该股票的发行是否真正能给投资者带来利益。[⑤] 可见，美国的发行审核关注信息披露，强调信息披露的充分性。[⑥]

当然，并非所有的证券发行都需要履行信息披露义务，对于豁免证券（一般是私募发行、小额发行的证券），发行人在发行前既不用上报美国证交

---

① See Jay H. Knight, Esq. and Garrett P. Baker, “Kentucky Blue Sky Law: A Practitioner’s Guide to Kentucky’s Registrations and Exemptions”, 34 *N. Ky. L. Rev.*, 485 – 510 (2007).

② 沈朝晖:《流行的误解:“注册制”与“核准制”辨析》，载《证券市场导报》2011 年第 9 期。

③ 美国大约有 40 个州对证券发行实施实质性审查。

④ 杨郊红:《美国上市公司信息披露制度的变迁及启示》，载《证券市场导报》2005 年第 4 期。

⑤ 吴林祥:《我国股票发行上市审核制度：问题与完善》，深证综研字第 0117 号，2005 年。

⑥ 邹雄:《如何做到充分而公平的信息披露——美国证券市场发行审核制度思考》，载《深交所》2009 年第 1 期。

会获得其批准，也无须履行登记所必要的信息登记义务。[①]

3. 发行与上市审查的分离

前文已述及，发行与上市是两个截然不同但联系紧密的行为。美国股票市场实行发行审核与上市审核分离的模式，受监管机构管制的是发行而不是上市，这与我国股票市场发行与上市一体的模式也存在一定区别。

美国证券发行后的上市交易，亦需向证券交易所提交上市申请。而证券交易所对上市申请的审核遵循着“实质重于形式”的原则，通过审查发行人的资质条件、财务报告、发行规模大小和盈利程度等要素对证券的交易价值进行判断。[②] 也即，美国的证券上市交易必须经过实质审查与价值判断。

（三）科创板的注册制

科创板对注册制的尝试刚刚起步，其与美国成熟的注册制之间自然存在着许多区别。就注册与实质审核的机关来说，美国联邦制的政治体制，导致其存在州和联邦两个层级的政府，虽然联邦政府在证券发行上市环节逐步集权，但证券的州内发行仍由州证券监管机关管辖，也即发行人可以选择某一个州发行其证券，在没有“豁免”的情况下，该州的州政府便负责证券的实质审核，而联邦政府负责注册。[③] 在我国发行与上市一体的模式下，根据《证券法》（2014 年修正）第 7 条的规定，国务院证券监督管理机构依法对全国证券市场实行集中统一监督管理，证监会是证券监管的唯一有权机关。而在《关于在上海证券交易所设立科创板并试点注册制的实施意见》中做出了这样的安排：由上海证券交易所负责科创板的发行上市审核，证监会负责科创板股票的发行注册。[④] 发行审核与上

---

① 周晓刚：《美国证券发行注册豁免制度研究》，载《证券市场导报》2001 年第 4 期。

② 郑彧：《论证券发行监管的改革路径》，载《证券法苑》2011 年第 5 期。

③ 沈朝晖：《证券法的权力分配》，北京大学出版社 2016 年版，第 78 页。

④ 《关于在上海证券交易所设立科创板并试点注册制的实施意见》第 3 条第 8 项规定：“上海证券交易所负责科创板发行上市审核。上海证券交易所受理企业公开发行股票并上市的申请，审核并判断企业是否符合发行条件、上市条件和信息披露要求。审核工作主要通过提出问题、回答问题方式展开，督促发行人完善信息披露内容。上海证券交易所制定审核标准、审核程序等规则，报证监会批准……”第 9 项规定：“证监会负责科创板股票发行注册。上海证券交易所审核通过后，将审核意见及发行人注册申请文件报送证监会履行注册程序。注册工作不适用发行审核委员会审核程序，按证监会制定的程序进行，依照规定的发行条件和信息披露要求，在 20 个工作日内作出是否同意注册的决定。”

市审核不仅联动，而且合 ，上市审核吸收了发行审核，统称为“注册审核”，均由交易所进行。故我国的证券发行注册制实质上体现了证监架构改革中证监会向交易所放权的突破性成果，是发行体制与市场准入门槛方面的变革。①

就适用的范围来看，美国《1933年证券法》第7条第1款规定：“根据以下所规定的条件，任何证券都可以提交注册报告书的形式向委员会注册。……”,② 而我国《科创板首次公开发行股票注册管理办法（试行）》第3条则规定了可在科创板上市的企业的具体类型——应当符合科创板定位，面向世界科技前沿、面向经济主战场、面向国家重大需求。优先支持符合国家战略，拥有关键核心技术，科技创新能力突出，主要依靠核心技术开展生产经营，具有稳定的商业模式，市场认可度高，社会形象良好，具有较强成长性的企业。

有关科创板上市的具体条件及程序等问题，将在本篇的二、三、四章予以详述。

第二节 多层次资本市场中的科创板

一、我国的多层次资本市场——产生与发展

从20世纪90年代初上海证券交易所、深圳证券交易所的设立和市场经济体制的确立以来，我国始终在探索中完善、健全资本市场体系。自2003年10月，十六届三中全会首次明确提出“建立多层次资本市场体系”始，到2004年中小企业板（以下简称“中小板”）的出现，再到2012年创业板的设立，多层次资本市场的建设一直被高度重视。随着证券市场发展过程中出现的各种问题，我国逐渐开始认识和重视证券市场的基础设施建设，多层次资本市场作

① 参见冷静：《科创板注册制下交易所发行上市审核权能的变革》，载《财经法学》2019年第4期。

② 《SECURITIES ACT OF 1933》 SEC. 6. 【77f】（a）Any security may be registered with the Commission under the terms and conditions hereinafter provided，…… .

为拓宽企业融资渠道、丰富投资者投资途径的重要基础性市场制度，再次成为各方关注的焦点。由于上海证券交易所和深圳证券交易所的上市条件很高，IPO 必须满足较高的盈利条件，所以长期以来，一般都是实力雄厚的央企和国企才有机会登陆主板，即便是比主板要求略低的中小板和创业板，其盈利要求也是绝大多数中小微创投企业望尘莫及的。① 因此，2006 年在北京诞生的全国中小企业股份转让系统，俗称“承载着中国纳斯达克梦”的新三板，于 2014 年初在全国范围内全面推行。时至今日，科创板的设立和开板，进一步丰富了我国的投融资渠道，完善了多层次资本市场体系，也意味着我国资本市场正式迎来了全面突破性的制度改革。

经过多年的发展，我国已经初步形成了层次分明的资本市场，包含主板、中小板、创业板（二板）和科创板，全国中小企业股份转让系统（新三板）、区域性股权交易市场和券商柜台交易市场（包括天使投资、风险投资、股权众筹等股权投资市场）（见图 1－1－1）。

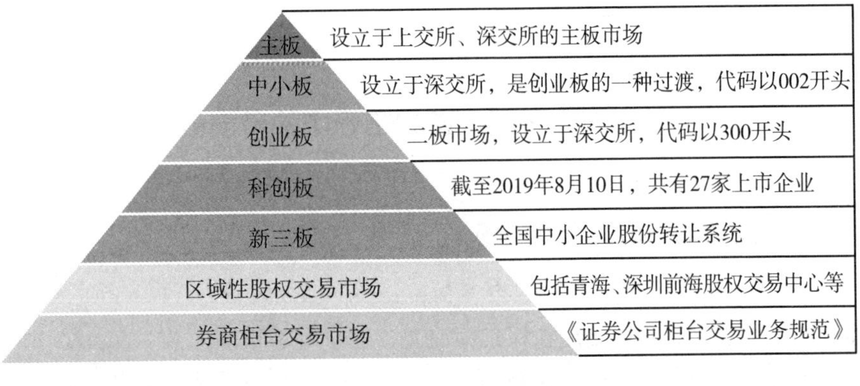

图 1－1－1　我国的多层次资本市场

二、科创板与多层次资本市场

据相关统计数据显示，受 A 股市场监管趋严的影响，2019 年上半年，A 股共有约 64 只新股发行，相较于 2018 年的 103 只和 2017 年的 438 只，呈现

---

① 曾珠：《多层次资本市场改革及其对商业银行的影响》，载《金融理论与实践》2019 年第 2 期。

“降中有升”、趋于稳定的态势。[①] 同时，2018 年中国科技创新型企业港股及美股 IPO 呈现出了“井喷”的态势。

我国主板与二板市场的“高门槛”，以及新三板市场的流动性困境，使高新技术企业纷纷赴境外上市。有学者便指出，我国 IPO 先后实行了非市场化的询价制与核准制，并长期设有严格的利润指标等要求，通过非市场化的核准制审核企业上市，这造成了阿里巴巴、腾讯、百度、京东等一系列科技创新型企业在快速成长期时纷纷赴海外上市，募资发展。[②] 这是中国资本市场的遗憾。因为制度上的缺陷，我国资本市场失去了许多优质的上市公司，这也从反面折射出了实行注册制的必要性。

在我国的多层次资本市场体系中，科创板是首个实行注册制的场内市场，承担着服务实体经济、服务新型业态、完善整个资本市场的重担，是完善多层次资本市场建设及缓解科技型企业直接融资困境的重大举措。[③] 科创板为市场中快速成长的科技创新型企业提供了融资的机会和环境，其本质上是注册制带来的上市规则等方面的便利。因此，科创板的上市规则与此前的各大板块均存在一定区别。

（一）科创板与主板、中小板和创业板

主板市场是资本市场中最主要，也是最重要的组成部分，能够反映经济发展的状况，因此被称为“国民经济的晴雨表”。在任何资本市场中，主板市场都是历史最为悠久、体量最为庞大的交易市场，上市企业多为大型成熟企业，具有较大的资本规模以及稳定的盈利能力。我国的主板市场由设立于上海证券交易所和深圳证券交易所的两大块主板市场共同组成，共有上市公司 3690 家，总市值约 58 万亿元。[④] 由于我国主板市场实行公开发行核准制，因此对发行人的营业期限、股本总额、盈利水平、公司治理等方面的要求较高。

---

① 截至 2019 年 8 月 15 日，共有 110 只新股发行。数据来源于 Wind 金融终端新股发行资料。

② 管清友、张奥平：《科创板的定位、影响及制度预判》，载《科技与金融》2018 年第 12 期。

③ 周贝贝：《科创板并试点注册制提速 完善多层次资本市场》，载《新产经》2019 年第 7 期。

④ 数据来自 Wind 金融终端 2019 年 8 月 13 日的市场规模统计。

中小板是相对于主板市场而言的，一些优质企业亟须融资，却无法达到主板市场的要求，故设立中小板市场。相比主板而言，中小板上市的公司规模较小，中小板是创业板（向主板）的一种过渡。

创业板又称二板市场（Second – board Market），即第二股票交易市场，是与主板市场（Main – Board Market）不同的一类证券市场，专为暂时无法在主板上市的创业型企业、中小企业和高科技产业企业等需要进行融资和发展的企业提供融资途径和成长空间。创业板是主板市场的重要补充，在资本市场占有重要的位置。在创业板市场上市的公司大多从事高科技业务，具有较高的成长性，但往往成立时间较短规模较小，业绩也不突出，但有很大的成长空间。可以说创业板是一个门槛低、风险大、监管严格的股票市场，也是一个孵化科技型、成长型企业的摇篮。与主板市场相比，其上市要求往往更加宽松，主要体现在成立时间、资本规模、中长期业绩等要求上。创业板市场最大的特点就是低门槛进入，严要求运作，有助于有潜力的中小企业获得融资机会。但其仍然实行与主板市场相同的公开发行核准制。

以下板块比较皆依据证监会发布的《科创板首次公开发行股票注册管理办法（试行）》等科创板相关规则，以及上海证券交易所和深圳证券交易所发布的《上海证券交易所科创板股票上市规则》（2019 年修订）、《上海证券交易所股票上市规则》、《深圳证券交易所股票上市规则》（2018 年 11 月修订）、《深圳证券交易所创业板股票上市规则（2018 年 11 月修订）》及有关信息披露和退市的规则。[根据《深圳证券交易所股票上市规则》（2018 年 11 月修订）第一章 1.2 条的规定："在深圳证券交易所（以下简称'本所'）主板、中小企业板上市的股票、存托凭证及其衍生品种的上市、信息披露、停牌等事宜，适用本规则。"故将中小企业板与主板归至一处比较。]

1. 发行上市条件①

（1）主体资格

主板（中小板）：①依法设立且合法存续的股份有限公司；②持续经营时

① 因我国采取"发行上市一体化"的模式，发行条件与上市条件皆符合方可上市交易，故应在两者间从严适用。

间应当在3年以上。

创业板：保荐人保荐发行人发行股票并在创业板上市，应当对发行人的成长性进行尽职调查和审慎判断并出具专项意见；发行人为自主创新企业的，还应当在专项意见中说明发行人的自主创新能力，并分析其对成长性的影响。

科创板：应满足①符合科创板定位，面向世界科技前沿，拥有关键核心技术，科技创新能力突出，具有较强成长性的企业；②发行人是依法设立且持续经营3年以上的股份有限公司，具备健全且运行良好的组织机构。

（2）股本总额

主板（中小板）：公司股本总额不少于人民币5000万元。

创业板：发行后股本总额不少于3000万元；公司股东人数不少于200人。

科创板：发行后股本总额不低于人民币3000万元。

（3）盈利要求

主板（中小板）：最近3个会计年度净利润均为正数且累计超过人民币3000万元，净利润以扣除非经常性损益前后较低者为计算依据；最近3个会计年度经营活动产生的现金流量净额累计超过人民币5000万元；或者最近3个会计年度营业收入累计超过人民币3亿元；

创业板：最近两年连续盈利，最近两年净利润累计不少于1000万元，且持续增长；或者最近一年盈利，且净利润不少于500万元，最近一年营业收入不少于5000万元，最近两年营业收入增长率均不低于30%；净利润以扣除非经常性损益前后孰低者为计算依据；最近一期末净资产不少于2000万元，且不存在未弥补亏损。

科创板：见第二章第二节，科创板上市的7套标准。

（4）公司治理结构

主板（中小板）：首次公开发行股票并上市，应当符合《证券法》《公司法》和本办法规定的发行条件；股东出席股东大会会议，所持每一股份有一表决权；股份有限公司的资本划分为股份，每一股的金额相等；同次发行的同种类股票，每股的发行条件和价格应当相同；任何单位或者个人所认购的股份，每股应当支付相同价额；最近三年董事、高级管理人员没有发生重大变化，实际控制人没有发生变更。

创业板：发行人申请首次公开发行股票并在创业板上市，应当符合《证券法》、《公司法》和本办法规定的发行条件；发行人具有完善的公司治理结构，依法建立健全股东大会、董事会、监事会以及独立董事、董事会秘书、审计委员会制度，相关机构和人员能够依法履行职责；发行人的股权清晰，控股股东和受控股股东、实际控制人支配的股东所持发行人的股份不存在重大权属纠纷；最近两年内董事、高级管理人员均没有发生重大变化，实际控制人没有发生变更。

科创板：上市公司具有表决权差异安排的，应当充分、详细披露相关情况特别是风险、公司治理等信息；上市公司章程应当规定每份特别表决权股份的表决权数量；每份特别表决权股份的表决权数量应当相同，且不得超过每份普通股份的表决权数量的10倍。

综上，主板、中小板和创业板针对不同类型的上市公司，但在发行上市条件中，注重参考财务指标，也即关注公司的持续经营情况和经营能力，以此来判断该公司是否属于有投资价值的优质公司。因此，在主营业务方面，主板、中小板要求3年内不发生主营业务变化；创业板要求2年内无变化。虽然创业板也关注企业的成长性和创新能力，但在财务要求上仍然较严格。而对于科创板来说，其主要为科技创新型企业提供融资渠道，因此在业务范围上，有明确的方向——重点支持新一代信息技术、高端装备、新材料、新能源、节能环保以及生物医药等高新技术产业和战略性新兴产业，推动互联网、大数据、云计算、人工智能和制造业深度融合，引领中高端消费，推动质量变革、效率变革、动力变革。

以支持高新产业发展为主要目标，科创板适当地放宽了盈利要求，设计了包括市值、营收、经营活动现金流、研发投入和产品的技术优势等综合因素在内的5套市值标准；允许红筹企业和特殊股权结构的企业上市，境内上市公司可分拆子公司上市。但同时，它并非无条件地向所有新兴企业开放。由于该类企业具有一定的研发风险（有可能失败）和经营风险，因此对企业经营时间的持续性进行了规定。还应注意，特殊股权结构的企业只能在上市前进行“同股不同权”的股权安排，上市后不可由单层股权结构调整为双层。

2. 审核制度

审核制度的改变是科创板与主板、中小板和创业板之间最显著的区别。主板和二板市场证券发行的条件中，都有“股票经中国证监会核准已公开发行”的要求，也即适用发行核准制，由证监会发审委对企业的申报材料进行审核。而科创板试行注册制，只要“符合中国证监会规定的发行条件”，也即《科创板首次公开发行股票注册管理办法（试行）》第 10 条—第 13 条有关持续经营、会计基础工资、持续经营能力、董监高和实际控制人无违法行为等要求，即可提交上市申请文件，由证监会作出准予注册的决定，上海证券交易所负责发行上市的审核。上海证券交易所成立科技创新咨询委员会，由相关领域科技专家、知名企业家、资深投资专家等组成，为发行上市审核提供专业咨询和政策建议。

就审核期限来说，主板、中小板上市企业的保荐人向证监会进行申报，证监会收到申请文件后，应在 5 个工作日内作出是否受理的决定，受理申请文件后，由相关职能部门对发行人的申请文件进行初审，并由发行审核委员会审核。在创业板上市的企业，中国证监会应自申请文件受理之日起 3 个月内，依法对发行人的发行申请作出予以核准、中止审核、终止审核、不予核准的决定，并出具相关文件。发行人根据要求补充、修改发行申请文件的时间不计算在内。从申报上市到挂牌期限在 6 ~ 12 个月不等。而科创板上市申请，交易所收到注册申请文件后，应在 5 个工作日内作出是否受理的决定，自受理之日起 3 个月内形成审核意见。中国证监会在 20 个工作日内对发行人的注册申请作出同意注册或者不予注册的决定。

3. 定价方式

主板、中小板和创业板，目前的定价机制，都是采用直接定价方式，原则上以静态市盈率 23 倍为发行价，不超过同行业平均市盈率。《注册制实施意见》指出，科创板市场新股发行价格、规模、节奏主要通过市场化方式决定，对新股发行定价不设限制；可引入战略投资者，科技创新企业高管、员工可以参与战略配售。即科创板采用市场化的定价方式，保留了网上 + 网下的配售机制，可向符合条件的网下投资者以询价的方式确定股票发行价格。发行人和主承销商可以设置网下投资者的具体条件，并在发行公告中预先披露。

其次，《科创板首次公开发行股票注册管理办法（试行）》中，明确了证券公司、基金管理公司、信托公司、财务公司、保险公司、合格境外机构投资者和私募基金管理人等七类机构投资者可参与科创板首发股票网下询价。同时，还试行保荐人相关子公司“跟投”的制度。

此外，科创板还引入了所谓的“绿鞋机制”。即发行人和主承销商可以在发行方案中采用超额配售选择权，发行人股票上市之日起30日内，主承销商有权使用超额配售股票募集的资金，从二级市场购买发行人股票，但每次申报的买入价不得高于本次发行的发行价，采用超额配售选择权发行股票数量不得超过首次公开发行股票数量的15%。[①] 网下初始发行比例将调高10%，并降低网下初始发行量向网上回拨的力度，回拨后网下发行比例将不少于60%，以强化网下机构投资者报价约束，引导各类投资者理性参与。同时，明确回拨后网下发行比例不超过80%，保障网上投资者的申购比例。[②]

4. 股份锁定制度

主板、中小板和创业板的股份锁定规定相同，控股股东、实际控制人及其关联方锁定36个月，上市后6个月内股票连续20个交易日的收盘价均低于发行价或者期末收盘价低于发行价，持有公司股票的锁定期自动延长至少6个月；普通股东锁定1年；董监高锁定1年；离职后锁定半年。即A股市场首发中需要锁定36个月的主体为控股股东、实际控制人及其一致行动人以及突击入股的股东，但科创板规则则把核心技术人员也纳入锁定36个月的主体范围内，旨在防止核心技术人员解锁后套现离场。此外，科创板还规定，3年后公司仍未盈利的，锁定期延长2年。

5. 交易制度

（1）涨跌幅限制

主板、中小板和创业板在正常交易日涨跌幅限制都在10%以内；新股上

---

① 李华、秦立男：《科创板首次公开发行股票并上市规则解读》，载 https：//mp. weixin. qq. com/s? _ biz = MzA3NDE0NDMxMg% 3D% 3D&idx = 4&mid = 2650743440&sn = c0a7cca1b4caff225bd5168911a8131c，最后访问日期：2019年8月12日。

② 《科创板全面采用市场化定价方式6个月出具审核意见》，载新浪科技：https：//tech. sina. com. cn/i/2019 - 01 - 31/doc - ihqfskcp1908368. shtml，最后访问日期：2019年8月12日。

市首日，涨跌幅限制为两次 20%，合计 44%；ST 和*ST 涨跌幅限制都为 5%，有效申报价格限制在发行价格的 144%。而科创板上市后前 5 日（含首日）均不设涨跌幅限制，正常交易日的涨跌幅为 20%。

（2）投资者门槛

主板、中小板对投资者不设资金门槛，但根据深圳证券交易所发布的《创业板市场投资者适当性管理业务操作指南》，具有两年以上（含两年）股票交易经验的自然人投资者可以申请开通创业板市场交易，对于交易经验不足两年的客户，原则上不鼓励其直接参与创业板交易。

根据《上海证券交易所科创板股票交易特别规定》，个人投资者参与科创板股票交易，应当至少符合两大条件：其一，申请权限开通前 20 个交易日证券账户及资金账户内的资产日均不低于人民币 50 万元（不包括该投资者通过融资融券融入的资金和证券）；其二，参与证券交易 24 个月以上。也即科创板设置了较高的投资者门槛，对资金数量和交易经验都有一定的要求。

（3）交易数量（申报）

在交易数量方面，主板、中小板和创业板，单笔申报数量都是 100 股或其整数倍，申报上限是 100 万股。而科创板的单笔申报数量是不小于 200 股，可按 1 股为单位递增，限价申报最大不超过 10 万股，市价申报最大不超过 5 万股。卖出时，余额不足 200 股的部分，应当一次性申报卖出。

6. 信息披露要求

在信息披露方面，主板、中小板要求真实、准确、完整、及时地披露信息，同时向所有投资者公开披露；对于应当披露的交易，一般以上市公司最近一期经审计净资产的 10% 以上，且绝对金额超过 1000 万元为披露标准。创业板要求对临时报告实时披露，设业绩快报制度，要求披露内控制度检查意见及募集资金专项审核报告；对于应当披露的交易，以最近一期经审计净资产的 10% 以上，且绝对金额超过 500 万元为披露标准。

科创板规则明确要求信息披露内容应当简明易懂，语言应当浅白平实，以便投资者阅读、理解。凡是对投资者作出价值判断和投资决策有重大影响的信息，科创板公司都必须充分披露。科创板信披更强调行业经营信息，尤其是科研水平、科研人员、科研投入等能够反映行业竞争力的信息。《科创板首次公开发行股票注册管理办法（试行）》第39条明确规定："发行人尚未盈利的，应当充分披露尚未盈利的成因，以及对公司现金流、业务拓展、人才吸引、团队稳定性、研发投入、战略性投入、生产经营可持续性等方面的影响。"此外，对日常经营过程中可能遭遇的重大风险、股权质押的高风险情形、重大交易与关联交易也应及时披露。科创板股票上市规则中应当披露的交易采用市值基准。科创板规则对于上市公司应披露交易则开始采用上市公司市值作为基准，交易成交金额占上市公司市值10%以上就应该披露。

7. 退市制度

主板、中小板：连续亏损4年；连续3年营业收入低于1000万；连续3年审计报告为否定或无法表达意见；6个月内未改正财务报告中的重大差错或虚假记载；6个月内未在法定期限内披露年度报告或中期报告。

创业板：连续亏损4年；净资产为负2年；连续两年半审计报告为否定或无法表达意见；6个月内未改正财务报告中的重大差错或虚假记载；3个月内未在法定期限内披露年度报告或中期报告。

在退市条件方面，和主板、中小板、创业板一样，有4套指标：重大违法类、交易类、财务类和规范类强制退市指标。只要触发其中之一，企业便会退市。即科创板企业更容易触发退市。但不同点在于：其一，科创板取消了暂停上市、恢复上市环节；其二，触及财务类退市指标的公司，第一年实施退市风险警示，第二年仍触及即退市；其三，为衔接注册制安排，不再设置专门的重新上市环节；其四，因重大违法强制退市的，不得提出新的发行上市申请，永久退出市场。这也就意味着，如果套用第五套指标（没有盈利，但主要产品在技术上有重大突破）上市的亏损公司，在上市后只有2年的时间窗口，如果2年内不能盈利，就会被退市。[①]

（二）科创板与新三板

所谓的"新三板"，即指全国中小企业股份转让系统（以下简称"股转系统"）。它是依《证券法》设立、经国务院批准、受证监会监管的全国性证券

① 《科创板与主板、中小板、创业板有何区别?》，载中国证券网：http://news.cnstock.com/paper，2019-06-18，1172675.htm，最后访问日期：2019年8月12日。

交易场所,① 挂牌公司依法纳入非上市公众公司监管。中国的“三板”市场最早起源于2001年的“股权代办转让系统”,即“老三板”。其主要由下列三类企业股组成:第一类是存在历史遗留问题的公司,主要是从STAQ、NET法人股市场转入的股票;第二类是因为连年亏损等客观因素不符合上市标准而从主板“退市”的企业股;第三类,即2006年初国家批准中关村科技园区的高科技企业在三板市场挂牌交易的企业股。而第三类即为“新三板”市场的雏形。

后为响应国家“建立多层次资本市场”的政策号召,全国中小企业股份转让系统有限公司于2012年注册成立,2013年底面向全国接收企业挂牌申请。“三板”市场正式被一分为二。截至2019年7月,在“新三板”挂牌的企业有9579家,挂牌公司总市值约31 462.88亿元,总股本为5863.16亿股。②

新三板市场是我国多层次资本市场的重要组成部分,也是场外市场的重要补充。对企业来说新三板的挂牌条件较为宽松,门槛和成本较低:第一,只要是依法设立的且存续满两年的股份有限公司,合法合规经营,且有较为健全的公司治理机制,就可以对挂牌提出申请;第二,没有具体的盈利数额限制,仅要求有持续经营能力;第三,在资产、股本和实际控制人方面都没有要求;第四,在主营业务方面只要求持续经营且业务明确;第五,其挂牌不需要发审委的审核,股东人数未超过200人的证监会豁免核准,向特定对象发行证券,且发行后证券持有人累计不超过200人的,亦豁免核准。这种豁免核准的发行可以说是推行“注册制”的前期实践。③

虽然新三板为企业融资提供了一定的便利,但与科创板相比,其在板块定位、审核程序、投资者门槛、交易方式、信息披露和退市监管等方面存在许多不足之处:

首先,就板块定位上,科创板定位明确,重点支持新一代信息技术、高端

---

① 邢会强:《新三板市场的法律适用与“新三板监管法”的制定》,载《现代法学》2018年第40卷第1期。

② 《全国中小企业股份转让系统定期统计——2019年7月月报》,载全国中小企业股份转让系统:http://www.neeq.com.cn/static/statisticdata.html,最后访问日期:2019年8月12日。

③ 邢会强:《资本之翼——企业资本市场操作指引》,中国法制出版社2017年版,第5~6页。

装备、新材料、新能源、节能环保以及生物医药等六大高新技术产业和战略性新兴产业，服务于符合国家战略、突破关键核心技术、市场认可度高的科技创新企业。其是我国金融市场对外开放的重要表现。而根据2013年发布的《国务院关于全国中小企业股份转让系统有关问题的决定》，新三板主要为创新型、创业型、成长型中小微企业的发展提供服务，并未明确企业的具体类型和服务领域，易与创业板之定位产生混淆。

其次，科创板上市的企业，应严格按照《科创板首次公开发行股票注册管理办法（试行）》（中国证券监督管理委员会令第153号）的规定，首先由保荐人向交易所申报注册申请文件，交易所设立独立的审核部门，主要通过向发行人提出审核问询、发行人回答问题方式开展审核工作，之后由交易所将相关审核资料报送中国证监会履行发行注册程序。审核内容包括发行条件、上市条件和信息披露情况。① 因此科创板上市公司需履行严格的注册程序，其质量有一定的保障。相比之下，新三板的挂牌审查则相对宽松，仅由股转公司进行审查，且仅审查"是否符合信息披露要求"。② 就上市条件来说，与科创板的5套标准相比，新三板的上市门槛较低，对投资者的专业知识和独立的投资价值判断要求较高。

再次，科创板要求投资者必须参与证券交易1年以上且总资产不低于50万元。而根据《国务院关于全国中小企业股份转让系统有关问题的决定》第4条"中小微企业具有业绩波动大、风险较高的特点，应当严格自然人投资者的准入条件"的指引，新三板主要针对机构投资者，对个人投资者的准入门槛较高。其要求中机构投资者应具有500万元以上的实收资本、实收股本或实缴出资总额；个人投资者应具有2年以上证券、基金、期货投资经历且投资者本人名下最近10个转让日的日均金融资产500万元人民币以上，明显高于科

① 参见《上海证券交易所科创板股票发行上市审核规则》第三章、第四章的内容。

② 《全国中小企业股份转让系统业务规则（试行）》第2.3条规定："全国股份转让系统公司对挂牌申请文件审查后，出具是否同意挂牌的审查意见。"《全国中小企业股份转让系统股票挂牌审查工作指引（试行）》第8条规定："全国股转公司审查职能部门依据相关业务规则对申请挂牌公司是否满足挂牌条件、是否符合信息披露要求进行审查，并在自受理之日起20个转让日内通过BPM系统出具反馈意见；无须出具反馈意见的，提请召开审查职能部门质控会进行审议……。"

创板。投资者门槛过高，虽本意是保护不具有风险承受能力的投资者，但市场参与者的减少使得新三板面临严重的流动性困境，换手率大多数时候维持在10% ~20%的低水平。

又次，科创板的交易方式除了竞价和大宗交易等方式外，还新增加了盘后固定价格的交易方式，成为盘中连续交易的有效补充。而新三板为促进流动性，主要采用“做市商”模式，近期加入了“集合竞价”的交易模式。同时，新三板企业挂牌时无公开发行环节，挂牌初期多数企业股票成交低迷。①

最后，在信披和退市制度上，科创板试行的注册制之本质，是建立以信息披露为中心的证券发行审核制度，因此《科创板首次公开发行股票注册管理办法（试行）》和现行的《上海证券交易所科创板股票上市规则》（2019 年修订）等科创板规则都对信息披露要求进行了详细而具体的规定；在退市制度上，科创板取消了暂停上市、恢复上市环节，一旦退市便永久退出市场，比主板更为严格和彻底。而新三板现行有关信息披露的规则明确规定了挂牌公司为信息披露主体，但是同时将信息披露前审查的义务交给了主办券商，这种双层的责任形式无疑极易混淆主办券商在信息披露中的责任和地位，其究竟是责任主体还是审查的监管主体？此外，新三板也缺少完备而严格的退市制度和转板机制，从而导致挂牌企业处境尴尬。

总体来说，科创板服务的企业范围明确，目标精准，以高科技、创新性、战略性为指导，注册审核流程无纸化、公开化，为上市企业设置的 5 套标准和严格的退市制度一定程度上保障了融资企业的稳定性和投资者的权益。而新三板作为全国性的交易场所，是极为特殊的场外市场，但其上市门槛过于宽松，最为重要的信息披露制度建设不完善，投资者门槛较高，且缺乏完善的转板机制，对流动性产生了极大的影响。此外，新三板挂牌公司的主办券商应对其进行持续督导，对券商本身的要求也较高。

三、科创板发展概况与展望

2019 年 7 月 22 日，酝酿已久的科创板正式开板，首批上市的 25 家公司受

① 申万宏源研究所新股策略组：《科创板与新三板的区别》，载中国证券网：http://news.cnstock.com/kcb，gd -201906 -4390311.htm，最后访问日期：2019 年 8 月 12 日。

到资金的热烈追捧。上市首日，25 家公司平均涨幅 139.55%，16 家公司股价翻倍，合计成交金额达 485.1 亿元；25 家公司平均换手率高达 77.8%。① 虽然企业申请在科创板上市的过程中，出现了例如“木瓜移动”“和舰芯片”“诺康达”及“海天瑞声”等因主动撤回上市申请而在几轮问询后或保荐机构被现场督导，或已召开中心审核会议形成初步判断意见，或已正式发布公告进入上市委会议审议程序时被上海证券交易所依法终止审核，但就目前的情况来看，大部分的上市企业已经享受到了科创板带来的融资方面的便利性，且提交上市申请的企业数量不断增多。②

截至 2019 年 8 月 15 日，科创板共有上市企业 28 家，共募集资金 379.3 亿元，发行市盈率平均值为 68.26。③（28 家企业的具体情况可见表 1－1－1）

表 1－1－1　科创板 28 家上市企业概况

序号	代码	名称	上市日期	行业	发行价格	发行市盈率
1	688001.SH	华兴源创	2019 年 7 月 22 日	专用设备制造业	24.26	41.08
2	688002.SH	睿创微纳	2019 年 7 月 22 日	计算机、通信和其他电子设备制造业	20.00	79.09
3	688003.SH	天准科技	2019 年 7 月 22 日	专用设备制造业	25.50	57.48
4	688005.SH	容百科技	2019 年 7 月 22 日	计算机、通信和其他电子设备制造业	26.62	58.21
5	688006.SH	杭可科技	2019 年 7 月 22 日	专用设备制造业	27.43	39.80

① 沈建光：《打造中国版纳斯达克 科创板应坚持“三化”》，载《证券日报》2019 年 7 月 27 日，第 A03 版。

② 《上交所依法终止相关企业科创板发行上市审核》，载上海证券交易所网站：http://www.sse.com.cn/aboutus/mediacenter/hotandd/c/c_20190729_4870715.shtml，最后访问日期：2019 年 8 月 15 日。

③ 数据来源于 Wind 数据库。

续表

序号	代码	名称	上市日期	行业	发行价格	发行市盈率
6	688007. SH	光峰科技	2019 年 7 月 22 日	计算机、通信和 其他电子设备制造业	17. 50	47. 89
7	688008. SH	澜起科技	2019 年 7 月 22 日	计算机、通信和 其他电子设备制造业	24. 80	40. 12
8	688009. SH	中国通号	2019 年 7 月 22 日	铁路、船舶、航空航天 和其他运输设备制造业	5. 85	18. 80
9	688010. SH	福光股份	2019 年 7 月 22 日	仪器仪表制造业	25. 22	49. 39
10	688011. SH	新光光电	2019 年 7 月 22 日	计算机、通信和 其他电子设备制造业	38. 09	58. 32
11	688012. SH	中微公司	2019 年 7 月 22 日	专用设备制造业	29. 01	170. 75
12	688015. SH	交控科技	2019 年 7 月 22 日	铁路、船舶、航空航天 和其他运输设备制造业	16. 18	43. 03
13	688016. SH	心脉医疗	2019 年 7 月 22 日	专用设备制造业	46. 23	39. 75
14	688018. SH	乐鑫科技	2019 年 7 月 22 日	计算机、通信和 其他电子设备制造业	62. 60	56. 67
15	688019. SH	安集科技	2019 年 7 月 22 日	计算机、通信和 其他电子设备制造业	39. 19	48. 26
16	688020. SH	方邦股份	2019 年 7 月 22 日	计算机、通信和 其他电子设备制造业	53. 88	38. 51
17	688022. SH	瀚川智能	2019 年 7 月 22 日	专用设备制造业	25. 79	44. 36
18	688028. SH	沃尔德	2019 年 7 月 22 日	专用设备制造业	26. 68	34. 12

续表

序号	代码	名称	上市日期	行业	发行价格	发行市盈率
19	688029. SH	南微医学	2019 年7 月 22 日	专用设备制造业	52. 45	39. 92
20	688033. SH	天宜上佳	2019 年7 月 22 日	铁路、船舶、航空航天和其他运输设备制造业	20. 37	35. 32
21	688066. SH	航天宏图	2019 年7 月 22 日	软件和信息技术服务业	17. 25	46. 15
22	688088. SH	虹软科技	2019 年7 月 22 日	软件和信息技术服务业	28. 88	74. 41
23	688099. SH	晶晨股份	2019 年8 月 8 日	计算机、通信和其他电子设备制造业	38. 50	58. 42
24	688122. SH	西部超导	2019 年7 月 22 日	有色金属冶炼和压延加工业	15. 00	67. 80
25	688188. SH	柏楚电子	2019 年8 月 8 日	软件和信息技术服务业	68. 58	50. 19
26	688321. SH	微芯生物	2019 年8 月 12 日	医药制造业	20. 43	467. 51
27	688333. SH	铂力特	2019 年7 月 22 日	通用设备制造业	33. 00	68. 40
28	688388. SH	嘉元科技	2019 年7 月 22 日	计算机、通信和其他电子设备制造业	28. 26	37. 41

目前已有 152 家企业向上海证券交易所提交了科创板发行上市申请文件，审核及注册程序正稳步进行。除已上市的 28 家企业以外，剩余的 124 家企业中，处于上海证券交易所“已受理”状态的企业 5 家，28 家企业已被问询，已提交证监会注册的企业 11 家，中止审核的企业 75 家，已完全终止审核的企业 5 家。①

① 数据来源于上海证券交易所科创板股票发行上市审核项目动态，载 http://kcb. sse. com. cn/renewal/，最后访问日期：2019 年 8 月 15 日。

企业覆盖了包括新一代信息技术产业、高端装备制造产业、生物产业、新材料产业、节能环保产业、新能源汽车产业及相关服务业等高新产业领域。

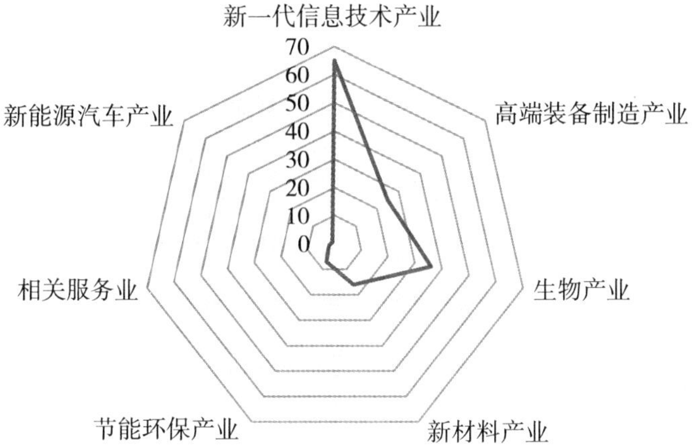

图 1-1-2 申请在科创板上市的企业的具体行业和领域分布情况

资料来源：Wind 数据库。其中新一代信息技术企业 65 家、高端装备制造企业 25 家、生物企业 36 家、新材料企业 16 家、节能环保企业 7 家、新能源汽车企业 1 家、相关服务业企业 2 家

由此，科创板为信息技术产业、生物产业以及高端装备制造产业的发展提供了有力的支持，符合其“促进高新技术产业和战略性新兴产业发展”“服务于符合国家战略、突破关键核心技术、市场认可度高的科技创新企业”的定位和目标。未来，科创板必将为更多的新兴企业提供融资支持，将注册制的经验推广至整个证券市场，为我国的股票发行注册制改革提供动力和能量。有学者便指出：“科创板在很多方面突破了资本市场原有的制度框架，特别是较大程度发挥市场的决定性作用，各个市场主体产生博弈均衡需要一个过程。可以预见，科创板发展将会是一个渐进过程。”① 因此，我们应当对科创板这一新生事物抱有期待和信心，理性看待资本市场的改变和演化过程。

① 贾壮：《科创板，激活创新正能量》，载《人民日报》2019 年 7 月 26 日，第 005 版。

第三节　科创板与香港联交所、美国 NASDAQ 上市的比较

有学者认为，上海证券交易所科创板的推出，不仅是要为 A 股市场提供一个注册制改革试点的模板，而且更有可能是要和深圳证券交易所创业板一道共同打造一个全新的“中国版纳斯达克”，它将与美国 NASDAQ 相媲美、相竞争，将为中国创新驱动、科技强国战略的实施，以及推动高质量发展作出重要贡献，乃至为全球经济一体化发展作出重大贡献。[①] 2018 年，全球资本市场开启了科技创新型经济企业的争夺战。早在 2017 年 12 月 15 日，香港联合交易所有限公司（以下简称“联交所”）便着手修订主板及创业板上市规则，以实施所谓的“港股新政”，努力建成“亚洲的纳斯达克”。无论是内地的证券市场（创业板、新三板出现初期，都曾被业界寄予“中国版纳斯达克”的厚望，科创板亦是如此），还是香港创业板，都始终对标纳斯达克市场，以美国 NASDAQ 为标杆。那么，香港联交所有着怎样的市场构成和上市制度，科创板与之相比有何竞争优势？美国 NASDAQ 与科创板制度是否存在相似性，该如何建设真正的“中国版纳斯达克”？本章节将进行重点介绍。

一、科创板与香港的多层次资本市场

香港交易所（即港交所）全称“香港交易及结算所有限公司”（Hong Kong Exchanges and Clearing Limited，HKEX），在香港及伦敦均有营运交易所，下设香港联合交易所有限公司、香港期货交易所有限公司以及伦敦金属交易所三大核心市场。其中，联交所即为负责证券的发行与交易的证券交易所，是香港上市公司的前线监管机构。自 1993 年首家 H 股公司在香港联交所上市至今，内地公司在香港集资额合计达 6 万亿港元。[②]

---

① 董登新：《科创板性质及其市场定位——兼谈科创板设立及注册制试点的现实意义》，载搜狐财经：http：//www. sohu. com/a/274395638_ 126158，最后访问日期：2019 年 7 月 26 日。

② 数据来源于香港交易所网站，载 https：//www. hkexgroup. com/About – HKEX/Company – Information/About – HKEX？sc_ lang = zh – HK，最后访问日期：2019 年 8 月 13 日。

联交所设有主板市场和创业板市场两大板块，主板为较成熟的公司提供服务，上市公司须符合盈利或其他财务要求。主板上市公司来自包括综合企业、银行、地产发展商、互联网公司以及保健医疗服务供应商等在内的不同行业，发行人可选择以股份或香港预托证券形式在香港主板上市。创业板服务的对象是中小型发行人，上市资格低于主板，但其持续责任与主板类似。截至目前，联交所共有上市公司 2394 家，其中主板上市公司 2010 家，创业板上市公司 384 家，市值总值约 31.73 万亿。①

（一）GEM 的“诞生”及定位

2017 年 12 月 15 日，联交所发表创业板咨询总结，并修订创业板及主板上市规则，清楚区分创业板与主板两个板块的上市发行人，将“Growth Enterprise Market”及“创业板”统一改称为“GEM”，以反映创业板专为中小企业而设的新定位。本次修订除更名以外，还包括如下内容：②

其一，取消创业板发行人转往主板上市的简化转板申请程序；

其二，由创业板转往主板上市的申请人必须委任保荐人，并须于递交上市申请的最少两个月前委任；

其三，将创业板上市申请人于上市时的预期最低市值由 1 亿元增至 1.5 亿元，并将创业板公司于上市时的最低公众持股价值由 3000 万元增至 4500 万元；

其四，将创业板上市申请人的现金流规定由最少 2000 万元提高至最少 3000 万元；

其五，规定所有创业板新股上市时，其公开发售部分不少于总发行量的 10%；

其六，将创业板公司控股股东的上市后禁售期由一年延长至两年，而主板公司的上市后禁售期规定则维持不变；

---

① 数据来源于 Wind 金融终端数据库。

② 《联交所发表创业板咨询总结 修订创业板及主板上市规则》，载香港交易所网站：https：//www. hkex. com. hk/News/News – Release/2017/1712152news？ sc_ lang = zh – HK，最后访问日期：2019 年 8 月 13 日。

其七，收回转授权力。审批创业板上市申请的权力将由上市科转交至上市委员会。

还有一条关于主板上市规则的修改，即将主板上市申请人于上市时的预期最低市值由2亿元增至5亿元，并将主板公司于上市时的最低公众持股价值由5000万元增至1.25亿元。

《GEM上市规则》第2.12条明确指出："GEM的定位，乃为中小型公司提供一个上市的市场，此等公司相比起其他在主板上市的公司带有较高投资风险。""在GEM买卖的证券可能会较于主板买卖之证券承受较大的市场波动风险，同时无法保证在GEM买卖的证券会有高流通量的市场。"因此，香港创业板实质上更为独立，是完全的二板市场，仅为中小企业提供服务，而无类似于我国创业板服务于"创新型、成长型公司"的具体定位。故可以说GEM实质上为我国中小板和创业板的合体。再者，为了使创业板成为为中小企业服务的独立市场，而不再是转往主板的"踏脚石"，本次修订可以说提高了创业板上市的条件，使创业板与主板的上市要求更加接近了。在具体的上市条件上，GEM没有关于盈利等财务指标的要求，但有对企业预期市值的条件。总体来看，GEM上市指标严于我国二板市场。

（二）香港主板市场与"港股新政"

2017年12月25日，港交所发布了题为《香港交易所就拓宽香港上市制度拟定发展方向》的新闻通告，文章指出：联交所对香港上市制度进行了全面检讨，发现其在吸引新兴产业及创新型公司方面存在重大不足，削弱了香港相对于全球其他主要上市地的整体竞争力。① 其市场咨询的调查结果显示，市场非常支持采取新措施吸引更多创新型公司来港上市；大力支持尚未有盈利的公司在香港上市，但不太赞成让该等发行人享有较为宽松的首次上市条件；支持不同投票权架构公司在香港上市；对于已在纽约证券交易所及纳斯达克证券市场上市、合规记录良好而拟在香港第二上市的公司，支持这类公司享受相应

---

① 《香港交易所就拓宽香港上市制度拟定发展方向》，载香港交易所网站：https：//www. hkex. com. hk/News/News－Release/2017/171215news？sc_ lang＝zh－HK，最后访问日期：2019年8月13日。

的豁免；部分人支持设立创新板，但多数人更倾向一个较简单的上市架构，即接纳创新型公司发行人在主板上市。

因此，港交所对上市规则的修订方向提出了三点建议：

其一，在《主板规则》中新增两个章节，容许尚未盈利或未有收入的生物科技发行人；及不同投票权架构的新兴及创新产业发行人，在作出额外披露及制定保障措施后在主板上市。

其二，不同股权结构公司的预期最低市值须达100亿元，若市值低于400亿元，须通过于上市前的完整财政年度进行10亿元收入的较高收入测试。未有收入公司若根据《主板规则》新增的生物科技公司适用章节申请上市，预期最低市值须达15亿元。

其三，设立新的第二上市渠道，吸引在纽约证券交易所或纳斯达克、又或在伦敦证券交易所主市场的“高级上市”分类上市的新兴及创新产业发行人来港。

随后的2018年4月24日，联交所公布了新修订的《主板上市规则》（即《上市规则》），新增三个章节并对现行《上市规则》条文作相应修订：①

①容许未能通过主板财务资格测试的生物科技公司上市；

②容许拥有不同投票权架构的公司上市；

③为寻求在香港作第二上市的大中华及国际公司设立新的便利的第二上市渠道。

该《上市规则》于2018年4月30日生效。这一接纳新兴产业公司上市的政策被称为“港股新政”，联交所作为率先接受“双重股权”结构公司上市的亚洲证券交易所，其制度具有极大的前瞻性。同时，《上市规则》条文中还作出了如下修订：

其一，在生物科技发行人方面，联交所就“资深投资者”及“相当数额的投资”的例子提供进一步指引；

---

① 《拥抱新经济，香港上市制度迎来新时代》，载香港交易所网站：https://www.hkex.com.hk/News/News-Release/2018/180424news?sc_lang=zh-HK，最后访问日期：2019年8月13日。

其二，在尚未盈利、未有收益的生物科技发行人厘定公众持股量时不计即时投资及现有股东所认购股份的事宜，给予更大弹性；

其三，删除建议要求不同投票权受益人（一人或多人合计）在发行人上市时不得持有超过50%相关经济利益的规定（理由是拥有不同投票权架构的发行人无论如何都须确保同股同权股东在股东大会上至少有10%的投票权）；

其四，规定全体企业管治委员会的成员必须为独立非执行董事，并要求他们就若干事宜对董事会提出推荐建议；

其五，循新的第二上市渠道申请上市的合资格申请人，可以保密方式提交申请；

其六，成立生物科技咨询小组，在联交所审阅生物科技公司的新上市申请时提供意见和协助。

此外，由于尚未有收益的公司及拥有不同投票权架构的公司均有潜在风险，因此联交所提出加设适当的措施保障投资者，包括审查申请人是否适合上市的详尽准则、提高市值要求，以及加强披露规定。对于尚未有收益的生物科技发行人，联交所将采取措施并且简化除牌程序，限制公司对其主营业务做出根本性变动。至于拥有不同投票权的发行人，保障措施包括对不同投票权的权力施加限制，实施保障同股同权持有人的投票权的规定，以及提高企业管治要求。

联交所针对新经济及新产业作出了及时的反应并实施了一系列应对措施，极大地提高了其亚洲金融中心的地位。值得注意的是，在市场咨询中，港交所也对设立新的板块——创新板进行了意见征集，但最后，其仍然选择“为创新企业在主板上市提供便利条件”的解决方案。

（三）联交所上市规则①

1. 主板上市条件

（1）财务要求（符合以下其中一项测试）：

---

① 《在香港上市》，载香港交易所网站：https://www.hkex.com.hk/-/media/HKEX-Market/Listing/Getting-Started/201802/201802-Listing_tc.pdf，最后访问日期：2019年8月13日。

①盈利测试

3 年累计盈利≥5,000 万港元；市值≥5 亿港元。

②市值/收入测试

最近 1 年收入≥5 亿港元；市值≥40 亿港元。

③市值/收入/现金流量测试

最近 1 年收入≥5 亿港元；市值≥20 亿港元；经营业务有现金流入，前 3 年营业现金流合计≥1 亿港元。

（2）最低公众持股量一般为 25%（如上市时市值 > 100 亿港元可减至 15%）；

（3）至少 300 名股东；

（4）管理层最近 3 年不变；

（5）拥有权和控制权最近一年不变；

（6）至少 3 名独立董事，并必须占董事会成员人数至少 1/3；

（7）要求每半年提交财务报告。

2. GEM 上市条件

（1）财务要求

经营业务有现金流入，前两年营业现金流合计≥300 万港元；市值≥1.5 亿港元。

（2）最低公众持股量一般为 25%（如上市时市值 > 100 亿港元，可减至 15%）；

（3）至少 100 名股东；

（4）管理层最近 2 年不变；

（5）拥有权和控制权最近 1 年不变；

（6）至少 3 名独立董事，并必须占董事会成员人数至少 1/3；

（7）要求每一季度提交财务报告。

3. 生物科技公司上市条件

关于生物科技公司的上市规则规定于《主板上市规则》第 18A 章第 18A.01—18A.12 条。主体类型包括小分子化学药物、生物制剂、医疗器械（包括诊断）和其他生物科技产品公司。

（1）财务要求[①]

①向交易所证明并令其确信申请人合资格及适合以生物科技公司的身份上市；

②上市时的市值至少达15亿港元；

③上市前已由大致相同的管理层经营现有的业务至少2个会计年度；

④确保申请人有充足的营运资金（包括计入新申请人首次上市的所得款项），足可应付集团由上市文件刊发日期起计至少12个月所需开支的至少125%（该等开支主要包括一般、行政及营运开支以及研发开支）。

（2）应当具备的特点

①必须至少有一只核心产品已通过概念阶段；

②必须以研发为主，专注开发核心产品；

③上市前至少12个月一直从事核心产品的研发，其核心产品是外购许可技术或购自第三方的核心产品，申请人需能展示外购许可技术、购得产品以来的研发进度；

④集资用于研发用途，以将核心产品推出市面；

⑤必须拥有其核心产品有关的长期专利、已注册专利、专利申请或知识产权；

⑥如申请人从事医药（小分子）产品或生物产品研发，应证明其拥有多支潜在产品；

⑦在建议上市日期的至少6个月前已获得至少1名资深投资者提供相当数额的第三方投资（且至少进行首次公开招股时仍未撤回）。

4. 不同投票权架构的新兴及创新产业公司上市条件

上市时预期市值不低于10亿港元，低于400亿港元的要求最近会计年度收益不低于10亿港元。不同投票权只可以给予上市公司在上市时或者上市后的董事，且不同投票权股份的投票权不得超过普通投票权的10倍。当不同投票权受益人不再是董事或身故，不同投票权将失效。

---

① 参见《主板上市规则》第18A.03条。

（四）联交所与科创板的制度比较

通过以上的制度介绍，联交所主板作为创新企业在香港的上市板块，首先在应对新兴产业融资需求的方式上便与科创板存在区别。中国香港作为证券市场较为成熟的地区，其采取主板“扩容”、适当地简化上市条件的方式，接纳新兴企业在主板上市，这一做法相当于允许所有投资者投资该类型的企业，为企业提供了广阔的资金来源；而内地科创板则采取设立新板块、试行新制度的方式，为有风险承受能力的适当的投资者提供优质的高新技术企业，能够在提供融资方式的同时，保护投资者。其次，在板块定位上，联交所的主板市场是为较成熟的企业服务的，纳入生物科技公司等创新产业公司后，主板将同时承担扶持创新企业的“任务”，与 GEM 为中小企业提供服务的定位有可能存在交叉；而科创板明确定位为信息技术、专业设备、新材料等类型和领域的高新技术企业提供服务，板块定位更加明确。且联交所仅增加三种类型的创新企业，极大地限制了其他领域和行业的创新企业的上市。

再者，从服务主体的上市条件来看，科创板的上市条件更为细化，其上市规则为未盈利企业提供了 5 套财务上的标准，而联交所则更为宽松，对于不能通过财务测试的生物科技公司，不限制其营收和盈利能力。也即联交所更关注的是生物科技公司的身份，但过于宽松的条件有可能导致主板市场混入质量较差的上市公司，不利于投资者保护。

综上，与中国香港联交所将创新企业纳入主板市场的做法相比，中国内地设立科创板承接高新技术企业的方式不仅更加符合实际情况，对于上市企业来说，科创板也为其提供了更加直接、明确和清晰的政策支持和规则指引。虽然就流动性和融资范围来看，科创板存在劣势，但就上市的便利性来看，科创板的制度优势明显。

二、科创板与美国 NASDAQ

（一）NASDAQ 与美国的多层次资本市场

1. 美国的多层次资本市场

美国的资本市场是当今世界发展最为成熟的资本市场，大致可以分为交易所市场（stock exchange）和场外交易市场（OTC 市场）。交易所市场的典型代表是纽约证券交易所（NYSE）、美国证券交易所（AMEX）以及纳斯达克；场外交易市场则包括场外电子柜台交易市场（OTCBB）以及粉红单市场等，具体可分为5个层次（如图1-1-3）。

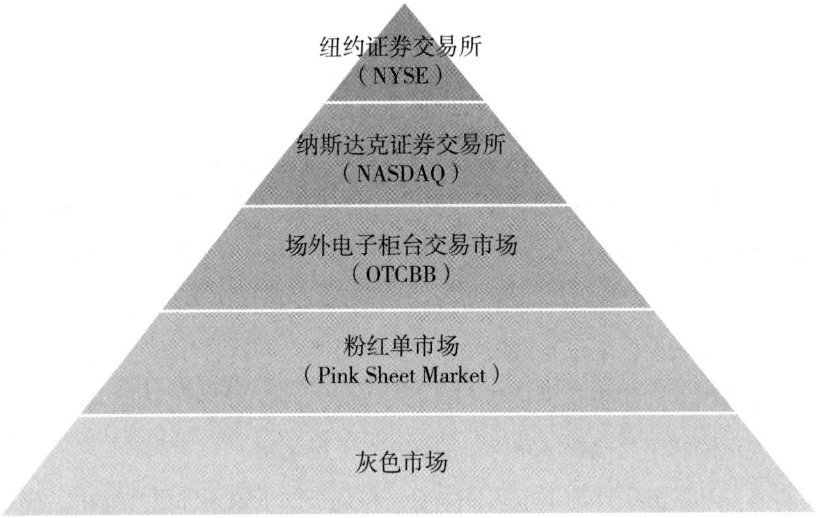

图1-1-3　美国多层次资本市场

第一层次：全美证券交易所（AMEX）俗称“小交易所”，成立于1849年，于1953年正式命名为全美证券交易所。虽然上市公司的上市标准、公司市值和股票成交量小于纽交所和NASDAQ，但它是世界最大的ETF股票基金交易所和美国第二大股票期权交易所。2009年纽交所并购了AMEX后，美国资本市场的第一层级，即地位最高的主板市场，便由纽交所和纳斯达克全球精选市场（NASDAQ SM）、纳斯达克全国市场（NASDAQ GM）共同组成，其上市标准较高，主要是面向超级跨国大企业的全国性市场。第二层次：由纳斯达克小资本市场（NASDAQ-SC）构成，主要是面向美国的高科技企业和美国中小企业的全国性市场。纳斯达克小资本市场，是专门为美国中小型高成长企业上市的市场，上市要求较低，可以满足以高风险、高成长为特征的创新型企业的上市要求。第三、四层次由OTCBB和粉红单市场组成，是主要面向美国小型公司证券交易的场外市场。OTCBB与美国其他主要证券交易所相比，门槛很低，对公司在资产规模或财务盈利上基本没有任何要求。上市公司在各层次间可根据需要进行选择和流动。

多层次的市场结构使美国股票市场在组织结构和功能上形成相互递进的市场特征，上市公司在不同层次的市场之间可进行相互转换，充分发挥了证券市场的“优胜劣汰”机制。上市公司这种可以转升到更高级交易场所，或者可以退转至较低级交易场所的“转板升降机制”，使美国资本市场体系日益健全和完善。[①] 现今的美国主板市场上共有 4911 家上市公司，其中 2001 家是纽交所的上市公司；216 家在 AMEX 上市；纳斯达克市场拥有 2694 家。[②]

2. NASDAQ 及其分层

NASDAQ 始建于 1971 年，是一个完全采用电子交易、为新兴产业提供竞争舞台、自我监管、面向全球的股票市场，也是全世界最大的股票电子交易市场。

1939 年，国会授权设立美国证券商协会（NASD）管理 OTC 市场，NASD 于 1971 年设立了一个电子报价系统，即 NASDAQ。它可以将符合一定条件的企业的股票纳入该系统交易，以提高这些场外交易的效率。NASD 进一步于 1990 年设立了另一个电子报价系统，即 OTCBB，供不能满足 NASDAQ 条件的场外交易股票进行交易。

信息和服务业的兴起催生了纳斯达克。纳斯达克市场允许市场期票出票人通过电话或互联网直接交易，而不拘束在交易大厅进行，而且交易的内容大多与新技术，尤其是计算机方面相关，是世界第一家电子证券交易市场。

2006 年 2 月，纳斯达克宣布将股票市场分为三个层次，即纳斯达克全球精选市场、纳斯达克全球市场以及纳斯达克资本市场，进一步优化市场结构，以吸引不同层次的企业上市。纳斯达克全球精选市场的标准在财务和流通性方面的要求高于世界上任何其他市场，列入纳斯达克精选市场是优质公司成就与身份的体现；纳斯达克全球市场则是纳斯达克最大而且交易最活跃的股票市场；纳斯达克资本市场则是专为成长期的公司提供的市场，作为小型资本额等级的纳斯达克上市标准中，财务指标要求没有全球市场上市标准那样严格，但

---

① 李昇：《美国多层次资本市场的结构及其借鉴作用》，载《经济视角》2013 年第 2 期。

② 数据来源于 Wind 金融终端数据库。

共同管理标准相同。

（二）NASDAQ 的上市条件

就上市主体来说，纳斯达克实际上更加类似我国的二板市场，其服务的主要对象是经营生化、生技、医药、科技（硬件、软件、半导体、网络及通信设备）、加盟、制造及零售连锁服务等公司，经济活跃期满一年以上，且具有高成长性、高发展潜力的公司。

纳斯达克全球精选市场有四套上市标准，是三个层次中上市门槛最高的，主要用来吸引大盘蓝筹企业和其他两个层次中已经发展起来的企业；纳斯达克全球市场有四套初次上市标准，上市门槛介于全球精选市场和资本市场之间，以吸引中等规模的企业；纳斯达克资本市场目前有三套初次上市标准，是三个层次中上市门槛最低的，主要用来吸引规模较小、风险较高的企业。就科创板的高新技术企业来说，其属于具有高风险的中小型成长企业，应对应纳斯达克资本市场的上市企业，因此主要介绍“三套上市标准”。

标准一：股东权益达 1500 万美元；最近一个财政年度或者最近 3 年中的两年中拥有 100 万美元的税前收入；110 万的公众持股量；公众持股的价值达 800 万美元；每股买价至少为 5 美元；至少有 400 个持 100 股以上的股东；3 个做市商；须满足公司治理要求。

标准二：股东权益达 3000 万美元；110 万股公众持股；公众持股的市场价值达 1800 万美元；每股买价至少为 5 美元；至少有 400 个持 100 股以上的股东；3 个做市商；两年的营运历史；须满足公司治理要求。

标准三：市场总值为 7500 万美元；或者，资产总额达及收益总额达分别达 7500 万美元；110 万的公众持股量；公众持股的市场价值至少达到 2000 万美元；每股买价至少为 5 美元；至少有 400 个持 100 股以上的股东；4 个做市商；须满足公司治理要求。

以上三套标准不仅仅对财务指标做出了要求，而是对公司股东权益、盈利情况、公众持股量、公众持股价值、股价、股东数量、做市商和公司治理等方面提出了全面的要求。

（三）NASDAQ 与科创板的制度比较

科创板作为一个新设立的、单一的板块，将服务对象明确地设定为新一代信息技术、高端装备、新材料、新能源、节能环保以及生物医药等高新技术产业和战略性新兴产业；而发展已久的纳斯达克市场则将自身又再次分为了3个层次的市场，各层次接纳不同类型的企业，大有自成一体甚至抢占主板市场的趋势，也即纳斯达克市场的服务对象多元化，其板块设置也较为复杂。再者，在上市条件和标准之上，科创板在明确上市企业类型之后，仅对预计市值等财务指标进行了设置，而纳斯达克市场则对包括财务指标在内的公司各方面的情况做出了要求，也即更为细致和清晰。最后从定位上来看，科创板明确定位为“高新技术产业孵化基地”，而纳斯达克实际上是一个全球化的综合性证券市场，定位层次和发展目标更加国际化。

事实上，美国纳斯达克市场的兴起本身便是由技术发展和信息产业带动的，其为该类公司且多年来一直为这类公司提供融资场所，因此在纳斯达克市场上，新兴产业并未被特殊对待，而是视其为极为常见和普遍的上市公司。故科创板仅仅能够实现纳斯达克市场功能的一部分，与其庞大、繁杂的市场体系和多样性的功能，甚至差异化的上市标准并不具有直接的可比性。纳斯达克市场最值得关注的，反而是其最初为苹果公司等创新企业提供融资环境的勇气及经验，以及其发展过程中逐渐实现的分层、不断扩大的包容性和自身体系的完善、进化。纳斯达克市场值得科创板借鉴之处在于其为实现企业筛选功能而设计的分层制度，使得优质的企业可以被更多投资者知悉和投资，能够向上移动。这种内部的分层、转板和流动，使证券市场充满了活力，也是科创板可供参考的发展方式，可适当考虑将创业板、中小板和新三板与科创板融合，组成独立于主板市场的新的综合证券市场板块。

第四节　科创板的制度影响

科创板的意义重大之处，不仅仅在于其对证券发行注册制的尝试，更在于我国资本市场的深化改革。在注册制之外，科创板以试行注册制为基础，在突破和完善如上市企业类型和范围、定价机制、涨跌幅限制、公司治理和股权激励机制、信息披露制度以及上市企业停牌、退市制度等资本市场基础性制度方面都有所动作。这种改变由我国资本市场的发展程度和水平决定，受国家政策的推动，其能够进一步作用于政策目的，带动资本市场尤其是证券市场的制度变革。同时，注册制的推行也对证券监管制度产生了影响，还为证券市场注入了新的活力。可以说，设立科创板无论在国家层面还是社会层面产生的影响都是空前的。

一、国家战略：深化对外开放，实现创新驱动发展

中国证监会在《关于在上海证券交易所设立科创板并试点注册制的实施意见》中指出："为进一步落实创新驱动发展战略，增强资本市场对提高我国关键核心技术创新能力的服务水平，促进高新技术产业和战略性新兴产业发展，支持上海国际金融中心和科技创新中心建设，完善资本市场基础制度，推动高质量发展"，在上海证券交易所设立科创板并试点注册制。可见，在国家层面，设立科创板有两大战略目标。

其一，科创板的设立，丰富了我国的多层次的资本市场制度。证券发行注册制、50 万元的投资门槛等改革措施，直接与国际标准对接。结合习近平主席在首届中国国际进口博览会开幕式上宣布将设立科创板并试点注册制时，所提及的"更好发挥上海等地区在对外开放中的重要作用，支持上海国际金融中心和科技创新中心建设，不断完善资本市场基础制度"可知，科创板不仅仅是注册制改革的试验田，更是我国资本市场与国际资本市场接轨的尝试和先导，是我国深化对外开放，积极应对经济全球化的战略性举措。

其二，实施创新驱动发展战略，推进以科技创新为核心的全面创新，让创新成为推动发展的第一动力，是适应和引领我国经济发展新常态的现实需要。[①] 近年来，中小板、创业板、新三板的设立，都是我国力图为成长型的科技创新企业和中小企业提供融资渠道、创造融资环境的表现。但事实证明，由于制度供给不足、上市门槛过高、盈利条件过于苛刻等因素，融资效果并不显著，企业融资难问题始终是阻碍技术发展的重要因素。科创板和注册制就是补足这一短板的重要措施。通过明确可在科创板上市企业的具体范围和上市条

---

① 贾壮：《科创板，激活创新正能量》，载《人民日报》2019 年 7 月 26 日，第 005 版。

件，增强资本市场对科创企业的包容性，允许亏损企业、红筹企业和特殊股权结构的企业发行上市，有利于让真正有核心技术的企业将其成果转化为生产力，实现创新驱动发展的战略目标。

二、制度改革：推进证券发行注册制，完善资本市场基础设施建设

科创板服务于国家战略目标的同时，也是证券发行注册制的“试验田”。在科创板试行注册制，一方面为创新型企业提供了良好的融资环境；另一方面也作为全面推广注册制的经验积累。因此，科创板将引起我国资本市场深层次的变革。

扩大直接融资、提高直接融资比重，都是我国金融业发展的重要内容。我国直接融资规模偏小，原因是多方面的，其中一个重要的原因便是我国资本市场存在明显的制度缺陷。① 如果不在制度上有所突破，直接融资便难以达到支持企业发展的目标。多层次资本市场作为企业直接融资的主要渠道，其本应服务于不同的企业——主板市场是大型成熟企业上市融资的主要场所，中小板主要针对稳定发展的企业，创业板主要针对科技成长型中小企业，其构成了我国资本市场中的场内市场。其中，创业板的初衷原也是为科创型企业服务，但由于制度设计主要参考主板和中小板，过于看重财务指标，不允许未盈利企业上市，由此造成了市盈率、发行价及超募金额“三高”，高管套现等现象频繁出现，从而偏离了其帮助科创企业成长的初衷。作为场外市场，新三板的成立一度激发了中小企业的融资活力，但由于实行备案制，审核过于宽松，缺乏转板机制，加之投资者门槛过高，导致了严重的流动性困境，几乎丧失了融资和交易定价的功能。

出现以上问题的重要原因，便在于以证券发行审核制度为代表的资本市场基础性制度的不足。证券发行审核过严或过于宽松，都会导致严重的市场问题。不同类型的板块和不同类型的企业，不应该适用同样的或极为类似的证券上市条件。科创板注册制真正为创新型企业提供了融资的条件和渠道，同时，科创板实行市场化的证券定价机制，将选择权真正地交给了市场；致力于建立

① 周贝贝：《科创板并试点注册制提速 完善多层次资本市场》，载《新产经》2019 年第 7 期。

以信息披露为核心的证券发行审核制度，由投资者自行对上市企业进行投资价值判断。另外严格的退市制度等一系列资本市场基础性制度的完善，将使我国资本市场更加市场化、正常化和国际化。

三、监管转场：转移监管重心，证监会执法力量将增强

一直以来，证监会过宽的监管范围和过重的监管负担一直为学界和实务界所诟病。[①] 一方面，由于我国资本市场起步较晚，各类不规范的市场行为仍然较多，证监会对上市企业进行实质审核能够一定程度上将劣质企业拦在市场之外，从而保护投资者权益；但另一方面，过于严格的证券发行核准制度往往耗费大量监管资源，一旦出现证券欺诈等损害投资者权益的违法违规行为，投资者首先便会想到为这些上市企业进行“背书”的证券监管机关，长此以往，将极大损害监管机构的公信力。因此，证券发行核准制饱受质疑，证监会也逐渐意识到，过多的监管容易导致市场僵化，将对上市公司进行投资价值判断的权利和机会留给投资者，遵循市场化的证券市场运行逻辑，才是稳定发展的正确途径。科创板的注册制，正为这一设想提供了验证和实践的机会。

证券市场监管的关键在于对监管逻辑的认识和监管对象的识别。证券市场的发展逻辑在于尊重市场规律，为企业提供融资渠道，而证券监管的逻辑则在于为投资者提供保护，且不干涉市场自身的运转，这也是政府“守门人”角色的重要提示。因此在注册制下，证监会应及时转换角色定位，从事先监管逐渐向事中、事后监管转变。

此外，注册制将证券发行审核的权力下放给了证券交易所，交易所应发挥的一线监管职能，以及证券业协会的自律监管，也是注册制下证券监管重要的组成部分。

四、市场激活：创造良好融资环境，投资者可分享发展红利

科创板的设立搅动了我国“沉寂已久”的多层次资本市场，为证券市场注入了活力。其不仅为国内企业提供了融资环境，还允许红筹企业申请发行存

---

① 核准制下证券市场法律治理中最大的问题之一便是“角色错位”。参见吕成龙：《科创板时代中国证监会治理角色与模式的转变》，载《财经法学》2019 年第 4 期。

托凭证并在科创板上市,[①] 吸引“独角兽”回归，同时也使得国外企业与投资者能够更加便捷地进入中国市场，拓展了中国企业的发展空间和投资者的投资种类。

（一）科创企业可注册上市

随着信息时代下的科技创新浪潮，我国涌现出了大量优质的科技创新型企业，此前部分科技创新型企业因无法满足核准制下主板、中小板甚至是创业板的利润指标要求，而无法上市融资发展。其中一些长期处于资金短缺状态，另一些则寻求境外融资。科创板的设立和注册制的实施，为这类成长型的创新企业提供了便捷的融资渠道，将帮助科技创新企业得到用以发展的资金。

（二）促进板块间的良性竞争

上海证券交易所科创板的成立短期必然会对市场上其他板块的存量资金产生“抽血效应”，但任何成熟的资本市场，都有不同的交易所或板块形成良性的竞争。如美股的纽交所与纳斯达克，其多年的竞争使得两家交易所不断地创新发展。[②] 科创板将会与同为创新性、成长型企业提供服务的深圳证券交易所中小板、创业板形成最直接的良性竞争，有可能带动服务对象越来越模糊的中小板和创业板的制度变革，或迫使其重新进行定位，以通过差异化的安排对应多层次的资本市场，为更多类型的企业提供上市融资的机会。

新三板市场是为无法达到上市条件的创新型中小企业提供融资机会的交易场所，但因流动性不足、融资定价功能丧失、转板不畅等问题而逐步失去吸引力。许多的新三板企业选择海外上市或直接退出新三板市场直接申请主板上市，而科创板有可能成为解决新三板转板困境的“突破口”，成为承接新三板企业的场内交易市场，从而为新三板与主板搭建可供交流的桥梁。推出将成为如神州优车、长城华冠等优质的科技创新型新三板企业的转板方向。再者，目前新三板已通过内部分层（划分为基础层和创新层），在交易制度、发行制

① 参见《上海证券交易所科创板股票上市规则》（2019 年修订）第 13.1.1 条：“红筹企业申请发行股票或者存托凭证并在科创板上市的，适用中国证监会、本所关于发行上市审核注册程序的规定。……”

② 管清友、张奥平：《科创板的定位、影响及制度预判》，载《科技与金融》2018 年第 12 期。

度、信息披露的要求等制度供给方面，进行了差异化的安排，旨在促进新三板市场持续、健康发展。但现在看来，并未达到预期的效果，故科创板也许能够促进新三板精细化分层制度的再次改革和完善。

（三）投资者从中受益

对于投资者来说，科创板的推出增加了投资渠道。此前，证监会推出中国存托凭证（Chinese Depository Receipt，CDR），[①] 以吸引“独角兽”回归，科创板规则中亦允许红筹企业发行存托凭证并在科创板上市。一方面符合条件的创新企业不再适用核准制下严格的财务指标，未盈利的企业亦可发行，将极具成长性的优质创新企业留在了国内；另一方面，良好的融资环境也吸引着国外的优质创新企业。科创板为投资者提供了更多的优质投资对象，也丰富了投资选择，使投资者能够直接分享科技创新型企业快速成长带来的红利，有利于提振市场信心。

① CDR是指在境外（包括中国香港）上市公司将部分已发行上市的股票托管在当地保管银行，由中国境内的存托银行发行、在境内A股市场上市、以人民币交易结算、供国内投资者买卖的投资凭证，从而实现股票的异地买卖。

第二章

科创板的制度供给

第一节 《证券法》的修改

一、“一波三折”——因注册制改革而起的修法

2013年11月12日，十八届三中全会通过了《中共中央关于全面深化改革若干重大问题的决定》，在“加快完善现代市场体系”的改革目标下，明确提出应“推进股票发行注册制改革”，以完善金融市场体系。这是注册制第一次写进中央改革的纲领性文件中。在这一改革方向的指引之下，证监会等各方都为注册制的到来积极准备着。“实施股票发行注册制改革”还作为2015年的工作部署，写入了当年的政府工作报告。①

2015年4月20日，《证券法（修订草案）》提请全国人大常委会一审。该草案首次从法律层面明确了股票发行注册的申请条件和注册程序，取消了股票发行审核委员会制度，还规定了公开发行股票并拟在证券交易所上市交易的，由证券交易所负责对注册文件的齐备性、一致性、可理解性进行审核。交易所出具同意意见的，应当向证券监管机构报送注册文件和审核意见，证券监管机构10日内没有提出异议的，注册生效。此次的证券法修订草案直接而彻底地

---

① 参见李克强总理2015年3月5日在第十二届全国人民代表大会第三次会议上所作的政府工作报告，载 http：//www. gov. cn/guowuyuan/2015 –03/16/content_ 2835101. htm，最后访问日期：2019年7月26日。

改变了原有的证券发行审核制度，向注册制迈出了一大步，为注册制的实施勾画了蓝图。但同年6月至9月，近3个月的股市暴跌和崩盘似乎向市场和改革者释放了这样一种信号：实施注册制改革的时机尚不成熟。①

从股灾中吸取经验和教训的监管者们意识到证券市场的基础设施建设和对违规行为的监管与整顿是注册制顺利实施的前提和基础。因此，2015年12月，十二届全国人大常委会授权国务院在实施股票发行注册制改革中调整适用证券法有关规定，并在2018年2月又作出决定，将上述授权期限延长了两年至2020年2月29日。以采取一种较为缓和、循序渐进的方式推进注册制改革。

2017年4月，十二届全国人大常委会第二十七次会议对《证券法（修订草案)》进行了二次审议。草案二次审议稿针对证券市场的基础性制度问题在证券交易制度、上市公司收购制度、信息披露、投资者保护、多层次资本市场、证券监管等方面进行了完善。将修法的关注重点移向了注册制改革前相关配套制度的完善，在为注册制改革奠定基础的同时，也为证券市场的监管和政策发展指明了方向。

2019年4月12日，全国人大宪法和法律委员会召开会议，对《证券法（修订草案)》再次进行了审议。在“设立科创板并试点注册制”的大背景下，有意见便指出，股票发行注册制改革已开始实质推进，可在修订草案中增加相关内容，即在“证券发行”一章中增加一节“科创板注册制的特别规定”，对科创板发行股票的条件、注册程序、监督检查等基础制度作出规定；并明确国务院证券监督管理机构依照本法制定证券注册的具体办法。同时，将现行证券法关于证券发行的专章规定作为“一般规定”，单列一节。②

二、有法可依——《证券法》修订草案“三读”

2019年4月26日，中国人大网公布了《中华人民共和国证券法修订草案（三次审议稿)》（以下简称《证券法（三审稿)》)，并公开向社会各界征求意

---

① 由于疯狂的场外配资和高杠杆问题已经到了极为严重的地步，股市“泡沫”持续发酵，2015年6—7月，沪深股市连续暴跌4周，直到9月份国家实施“救市行动”之后，大盘才重新回到了3000点并趋于稳定。

② 参见《中华人民共和国证券法（修订草案）（三次审议稿）征求意见》，载http://www.law-lib.com/fzdt/newshtml/20/20190428092234.htm，最后访问日期：2019年7月28日。

见。在为期一个月的征求意见期间，共有1437人参与了意见征集，并收集了4245条意见。[①] 此次的修改稿不但对证券的范围、证券的公开发行、证券交易行为、投资者保护、证券监管等基础性制度给予关注，更为重要的是，对科创板和注册制改革进行了理性而全面的回应，为科创板及其试点的注册制提供了法律支持。具体的修改内容可概括为以下六个方面（见表1－2－1）：

表1－2－1 《证券法（三审稿）》的主要修订内容

主要方面	具体内容
增设科创板注册制专节	1. 在第二章"证券发行"中增加一节"科创板注册制的特别规定"（第38－42条）；
	2. 将"证券发行"专章拆分为"一般规定"与"科创板注册制的特别规定"两节。
扩大证券的定义范围	存托凭证与股票、公司债券、政府债券、证券投资基金份额、证券衍生品种等同属于"证券"。
规定"公开发行"的例外	1. 明确"依法实施员工持股计划的员工人数不计算在特定对象的200人内"；
	2. 众筹发行、小额发行可豁免核准和注册。
完善证券市场基础性制度	1. 删除了"暂停"上市交易这一说法，取消了证券暂停上市交易制度；
	2. 增设"信息披露"专章（第五章），更注重简明易懂；
	3. 明确证券交易所的自律管理职能及其在多层次资本市场中的作用。
强调投资者保护	1. 新增"投资者保护"专章（第六章）；
	2. 增加了关于证券纠纷调解的规定，投资者可向国家设立的投资者保护机构申请调解；
	3. 完善股东代表诉讼制度。

① 《证券法（修订草案三次审议稿）》于2019年4月26日至2019年5月25日公开征集意见，载http：//www.npc.gov.cn/npc/c8176/flcazqyj.shtml，最后访问日期：2019年7月27日。

续表

主要方面	具体内容
加大对证券违法行为的监管和打击力度	1. 明确禁止违规利用财政资金、银行信贷资金购买股票；
	2. 延长“限制被调查事件当事人的证券买卖期限”；
	3. 增加了“证券市场禁入”的内容。

资料来源：根据赵晓辉、许晟、刘慧：《证券法修订草案三审 聚焦七大看点》，载《检察风云》2019 年第 10 期整理、补充

注册制作为股票公开发行核准制度之一种，是政府对股票公开发行这一牵涉广泛的活动进行许可的方式。本次的三审稿中，便在“证券发行”一章中直接增设了“科创板注册制的特别规定”专节，通过 5 个条文对注册制适用的证券范围和种类、适用条件、证券交易所的作用、注册程序及不符注册条件的事后救济五个方面进行了较为基础的规定。将规定注册制适用主体范围的权力赋予了国务院，将规定证券注册具体办法的权力赋予了证监会，而将具体审核标准、审核程序等规则的制定权赋予了证券交易所，从原则性规定到具体的细节性规定，严格把控注册制的实施。

第三十八条（适用证券种类及范围）

对拟在科创板上市交易的股票、存托凭证的公开发行，实行注册制，其发行注册适用本节规定。

前款规定的股票、存托凭证的具体范围，由国务院规定。

国务院证券监督管理机构应当依照本法制定证券注册的具体办法。

第三十九条（适用条件）

发行人公开发行股票，应当符合下列条件，并经国务院证券监督管理机构注册：

（一）具备健全且运行良好的组织机构，具有完整的业务体系和直接面向市场独立经营的能力，不存在对持续经营有重大不利影响的情形；

（二）会计基础工作规范，内部控制制度健全且有效执行，最近三年财务会计报告被出具标准无保留意见审计报告；

（三）发行人及其控股股东、实际控制人最近三年不存在贪污、贿赂、侵占财产、挪用财产或者破坏社会主义市场经济秩序的刑事犯罪；

（四）经国务院批准的国务院证券监督管理机构规定的其他条件。

第四十条（证券交易所的职责与权限）

证券交易所受理公开发行证券并上市申请，审核并判断发行人是否符合发行条件、上市条件和信息披露要求，督促发行人完善信息披露内容。

具体审核标准、审核程序等规则由证券交易所制定，报国务院证券监督管理机构批准。

国务院证券监督管理机构定期或者不定期对证券交易所执行审核标准、审核程序的情况进行监督检查。

第四十一条（注册程序）

证券交易所审核通过后，应当将审核意见及发行人注册申请文件报送国务院证券监督管理机构注册。

国务院证券监督管理机构依照规定的注册程序、发行条件和信息披露要求，在二十个工作日内作出是否同意注册的决定。

证券发行注册审核过程中，发现存在重大违法违规嫌疑的，国务院证券监督管理机构可以要求证券交易所处理。尚未注册的，可以暂缓注册。

第四十二条（事后救济）

国务院证券监督管理机构对已作出的证券注册决定，发现不符合法定条件或者法定程序，尚未发行的，停止发行；已经发行的，可以责令发行人回购证券，或者责令负有责任的控股股东、实际控制人买回证券。

与主板市场（核准制）的相关制度规定相比，实行注册制的板块限于“科创板”，主体范围由国务院而非具体的成文法规定，带有更多的“尝试”性；与新三板等场外交易市场的制度规定相比，科创板注册制作为在主板推行注册制前的试点，则更加正式和严格。但值得注意的是，虽然将“注册制”的相关规定纳入三审稿，是注册制改革重大的、历史性的一步，但本次“入法”的注册制被置于“科创板”的板块背景之下，一定程度上限制了注册制的普适性，为今后的推行设置了法律上的障碍。有学者便对“注册制实施的具体板块是否要写入证券法”提出了质疑，并明确表示不支持在三审稿中对注册制的实施范围做出具体板块的限定。[①] 因此，关于注册制的未来、科创板与注册制间的关系，以

① 参见《中国证券法学研究会成功举办证券法修改高端论坛》，载中国金融服务法治微网：https：//mp. weixin. qq. com/s/rRKRswTpDX5u60AL9HL9kQ，最后访问日期：2019 年 7 月 28 日。

及科创板在我国证券市场中地位等问题，还有待进一步厘清和明确。

第二节　科创板相关的部门规章、规范性文件与相关规则

虽然证券法的修订仍未正式完成，但事实上，在全国人大常委会的授权之下，科创板注册制的试点并不会受到法律修订进程的直接影响。也即，作为注册制改革的试点，科创板的运行由一系列特别的部门规章、规范性文件与监管规则调整。有学者将其称为“1+2+6”规则体系。① 随着科创板的开板和正式运行，相关规则不断更新和出台，形成了以证监会、上海证券交易所的“1+2+6”规则体系为框架、中国证券登记结算有限责任公司、中国证券业协会等相关组织机构发布的配套规则为补充的一系列法律规范。具体可见表（表1-2-2）：

表1-2-2　科创板配套法律规范与相关规则

发布机关	文件名称	发布时间（2019年）	主要内容
证监会	《关于在上海证券交易所设立科创板并试点注册制的实施意见》（证监会公告〔2019〕第2号）	1月28日	明确了科创板注册制的指导思想、基本原则等总体要求；允许特殊股权结构企业和红筹企业上市，红筹企业可以申请发行存托凭证并在科创板上市；上海证券交易所负责科创板发行上市审核；证监会负责科创板股票发行注册。

① 该规则体系实际上由证监会的实施意见、管理办法和上海证券交易所的配套业务规则组成。“1”是指证监会《关于在上海证券交易所设立科创板并试点注册制的实施意见》；“2”是指证监会《科创板首次公开发行股票注册管理办法（试行）》（以下简称《注册管理办法》）和《科创板上市公司持续监管办法（试行）》（以下简称《持续监管办法》）；“6”是指上海证券交易所发布的六项业务规则，包括《科创板股票发行上市审核规则》《科创板股票上市委员会管理办法》《科技创新咨询委员会工作规则》《科创板股票发行与承销实施办法》《科创板股票上市规则》和《科创板股票交易特别规定》。参见冷静：《科创板注册制下交易所发行上市审核权能的变革》，载《财经法学》2019年第4期。

续表

发布机关	文件名称	发布时间（2019 年）	主要内容
证监会	《科创板首次公开发行股票注册管理办法（试行）》（证监会令第 153 号）	3 月 1 日	发行人申请首次公开发行股票并在科创板上市，应当符合科创板定位，符合发行条件、上市条件以及相关信息披露要求；发行人、保荐人、证券服务机构都应依法行事；具体规定了发行条件、注册程序、信息披露、发行与承销的特别规定、发行上市保荐的特别规定、监督管理和法律责任六大方面。
	《科创板上市公司持续监管办法（试行）》（证监会令第 154 号）	3 月 1 日	中国证券监督管理委员会对科创板上市公司及相关主体进行监督管理，交易所履行一线监管职责，加强信息披露与二级市场交易监管联动；对公司治理、信息披露、股份减持、重大资产重组、股权激励、终止上市、其他事项等七个方面提出了监管要求。
	《公开发行证券的公司信息披露内容与格式准则第 41 号——科创板公司招股说明书》（证监会公告〔2019〕6 号）	3 月 1 日	对招股说明书信息披露做出了最低要求；发行人作为信息披露第一责任人，应以投资者投资需求为导向编制招股说明书；对招股说明书中的风险因素等主要内容做出了具体要求。
	《公开发行证券的公司信息披露内容与格式准则第 42 号——首次公开发行股票并在科创板上市申请文件》（证监会公告〔2019〕7 号）	3 月 1 日	规定的申请文件目录是对申请文件的最低要求；保荐人应对发行人符合科创板定位要求出具专项意见；申请文件一经受理，未经同意，不得增加、撤回或更换。

续表

发布机关	文件名称	发布时间（2019年）	主要内容
证监会	《公开发行证券的公司信息披露编报规则第24号——科创板创新试点红筹企业财务报告信息特别规定》（证监会公告〔2019〕8号）	3月7日	对在境内公开发行股票或存托凭证并上市的红筹企业披露年度财务报告、首次发行股票或存托凭证的红筹企业申报财务报告，以及按照相关规定需要参照年度财务报告披露有关财务信息的内容及披露方式进行了具体要求。
证监会	（多部门联合发布）《关于在科创板注册制试点中对相关市场主体加强监管信息共享完善失信联合惩戒机制的意见》	6月28日	对科创板上市公司的监管信息查询、失信信息推送、信用记录应用、失信联合惩戒等信用信息共享方式做出了说明。
上海证券交易所	《上海证券交易所科创板股票发行上市审核规则》（上证发〔2019〕18号）	3月1日	发行人申请股票首次发行上市，应当向本所提交发行上市申请文件；本所对发行人的发行上市申请文件进行审核，审核通过的，将审核意见、发行上市申请文件及相关审核资料报送中国证监会履行注册程序；审核不通过的，作出终止发行上市审核的决定；对申请与受理、发行条件、上市条件的审核、信息披露的要求与审核、审核程序及自律管理等内容进行了规定。
上海证券交易所	《上海证券交易所科创板股票上市委员会管理办法》（上证发〔2019〕19号）	3月1日	对参与科创板股票发行上市审核工作的上市委员会的人员组成与任期、职责、上市委会议、上市委审议工作监督进行了规定。

续表

发布机关	文件名称	发布时间（2019 年）	主要内容
上海证券交易所	《上海证券交易所科技创新咨询委员会工作规则》（上证发〔2019〕20 号）	3 月 1 日	对委员的构成与选聘、工作职责与机制等事项进行了说明和规定。
	《上海证券交易所科创板股票发行与承销实施办法》（上证发〔2019〕21 号）	3 月 1 日	首次公开发行股票应当向证券公司、基金管理公司、信托公司、财务公司、保险公司、合格境外机构投资者和私募基金管理人等专业机构投资者以询价的方式确定股票发行价格。网下投资者应当向中国证券业协会注册，接受中国证券业协会自律管理；发行人和主承销商可以通过初步询价确定发行价格，或者在初步询价确定发行价格区间后，通过累计投标询价确定发行价格；对发行与承销事项进行了具体规定。
	《上海证券交易所科创板股票上市规则》（上证发〔2019〕22 号）	3 月 1 日（4 月 30 日第一次修订）	对科创板的股票上市与交易、持续督导、内部治理、信息披露、定期报告、应当披露的行业信息和经营风险等事项、股权激励、重大资产重组、退市、红筹企业和境内外事项的协调、日常监管和违反处理等做出了规定。
	《上海证券交易所科创板股票交易特别规定》（上证发〔2019〕23 号）	3 月 1 日	科创板股票交易实行投资者适当性管理制度；个人投资者参与科创板股票交易应当符合一定条件；投资者参与科创板股票交易，应当使用沪市 A 股证券账户。
	……包括上海证券交易所发布的与科创板有关的 32 份通知（详见本书第三篇，此不赘述）		

续表

发布机关	文件名称	发布时间（2019年）	主要内容
中国证券登记结算有限责任公司	《中国证券登记结算有限责任公司科创板股票登记结算业务细则（试行）》	3月1日	对证券账户、在科创板上市和已发行拟上市的股票涉及的登记、存管、清算交收与风险管理等事项进行了规定。
中国证券业协会	《科创板首次公开发行股票承销业务规范》（中证协发〔2019〕148号）	5月31日	中国证券业协会对科创板首次公开发行股票的承销商实施自律管理；对路演推介、发行定价、配售、信息披露、投资价值研究报告、自律管理等方面进行了规定。
中国证券业协会	《科创板首次公开发行股票网下投资者管理细则》（中证协发〔2019〕149号）	5月31日	证券公司、基金管理公司、信托公司、财务公司、保险公司、合格境外机构投资者以及符合一定条件的私募基金管理人等专业机构投资者，在中国证券业协会注册后，可以参与科创板首发股票网下询价；对网下询价的具体方式和要求做出了规定。

除以上规则外，根据证监会于3月1日发布的《关于在上海证券交易所设立科创板并试点注册制的实施意见》第5条的规定，符合《国务院办公厅转发证监会关于开展创新企业境内发行股票或存托凭证试点若干意见的通知》（国办发〔2018〕21号）规定的红筹企业，可以申请发行股票或存托凭证并在科创板上市。存托凭证是一国证券市场中流通的代表外国公司有价证券的可转让凭证。在我国，存托凭证（即 Chinese Depository Receipt，以下简称 CDR）是指上市公司将部分已发行上市的股票托管在当地保管银行，由中国境内的存托银行发行、在境内A股市场上市、以人民币交易结算，从而实现股票的异地买卖。其对于我国的金融市场开放和“独角兽”回归具有重要的意义。因此，对于这一可在科创板上交易的极为特殊、意义重大的证券类型，证监会已于2018年6月6日发布了《存托凭证发行与交易管理办法（试行）》等9份文

件，对存托凭证的发行、上市和交易、信息披露、存托和托管、投资者保护、法律责任进行了系统性的规定，[①] 以“规则先行”为科创板的稳定运行和CDR在科创板的上市、交易奠定了基础，凸显了科创板在深化证券市场对外开放中的重要作用。

7月23日，中国证券业协会发布公告称，为规范首次公开发行股票网下投资者及其配售对象的网下询价与申购行为，根据《科创板首次公开发行股票网下投资者管理细则》（中证协发〔2019〕149号）规定，决定对在科创板首批新股发行项目网下询价过程中，存在违反《科创板首次公开发行股票网下投资者管理细则》第15条第11项规定的股票配售对象列入限制名单。[②] 从名单来看，林园投资、九章资产、伯通投资、混沌道然投资等知名私募都包括在内。[③] 由此可见，除法律效力较高的框架性法律文件外，规范科创板运作的各大规则也已逐步落实。

第三节 科创板的司法保障

2019年6月20日，最高人民法院发布《关于为设立科创板并试点注册制改革提供司法保障的若干意见》（法发〔2019〕17号），就注册制改革试点期间人民法院正确审理与科创板相关案件等问题，提出了17条具体意见。《关于为设立科创板并试点注册制改革提供司法保障的若干意见》是最高人民法院历史上首次为资本市场基础性制度改革安排而专门制定的系统性、综合性司法

---

① 有关CDR的具体文件可参见证监会网站：http：//neris. csrc. gov. cn/falvfagui/multipleFindController/indexJsp，最后访问日期：2019年8月1日。

② 毕舸：《29家私募被罚体现科创板制度刚性》，载《证券时报》2019年7月25日，第A03版。

③ 《首次公开发行股票配售对象限制名单公告（2019年第2号）》，载中国证券业协会官网：https：//www. sac. net. cn/tzgg/201907/t20190723_ 139510. html，最后访问日期：2019年8月3日。

文件。[①] 重点关注"为以市场机制为主导的股票发行制度改革顺利推进提供司法保障""依法提高资本市场违法违规成本""建立健全与注册制改革相适应的证券民事诉讼制度"等方面的司法制度供给。

首先，就《关于为设立科创板并试点注册制改革提供司法保障的若干意见》的效力和性质来看，其以"……的若干意见"为名，与"……适用法律若干问题的解释"或"……若干问题的规定"等司法解释不同，属于司法文件，[②] 而并非正式的司法解释。因此从理论上来说，其不具有可作为裁判依据在裁判文书中援引的法律效力。但作为最高人民法院发布的司法文件，其一定程度上代表了最高人民法院的观点与立场，在司法实践中可在裁判说理部分用于说理。[③]

其次，司法作为保障投资者权益的"最后一道防线"，其本质除在于规范市场运作外，最重要的即保护投资者权益。《关于为设立科创板并试点注册制改革提供司法保障的若干意见》在投资者保护方面也给予了重点关注，为中小投资者保护提出了更多的创新举措。因此，也被称为"投保骨干性司法文件"。[④]

《关于为设立科创板并试点注册制改革提供司法保障的若干意见》总共分为四部分，以下将逐条进行解析：

一、提高认识，增强为设立科创板并试点注册制改革提供司法保障的自觉性和主动性

1. 充分认识设立科创板并试点注册制的重要意义。习近平总书记在首届

---

① 参见最高人民审委会专职委员刘贵祥在 2019 年 6 月 21 日"最高人民法院《关于为设立科创板并试点注册制改革提供司法保障的若干意见》新闻发布会"上的讲话，载中华人民共和国最高人民法院官网：http：//courtapp. chinacourt. org/zixun – xiangqing – 165422. html，最后访问时期：2019 年 8 月 3 日。

② 在中华人民共和国最高人民法院的网站中，其在分类中属于"司法文件"，载 http：//courtapp. chinacourt. org/fabu – gengduo – 17. html，最后访问日期：2019 年 8 月 3 日。

③ 彭冰：《解读最高法为科创板提供司法保障的若干意见》，载壹零财经：http：//www. 01caijing. com/blog/331862. htm，最后访问日期：2019 年 8 月 5 日。

④ 宋一欣：《解读科创板 17 条：堪称投保骨干性司法文件》，载新浪财经：https：//finance. sina. com. cn/stock/kechuangban/2019 – 06 – 27/doc – ihytcerk9635272. shtml，最后访问日期：2019 年 8 月 5 日。

中国国际进口博览会开幕式上宣布在上海证券交易所设立科创板并试点注册制，充分体现了以习近平同志为核心的党中央对资本市场改革发展的高度重视和殷切希望。中央经济工作会议提出，资本市场在金融运行中具有牵一发而动全身的作用，要通过深化改革，打造一个规范、透明、开放、有活力、有韧性的资本市场。从设立科创板入手，稳步试点股票发行注册制，既是深化金融供给侧结构性改革、完善资本市场基础制度的重要体现，也有利于更好发挥资本市场对提升关键技术创新和实体经济竞争力的支持功能，更好地服务高质量发展。各级人民法院要坚持以习近平新时代中国特色社会主义思想为指导，认真落实习近平总书记关于资本市场的一系列重要指示批示精神，妥善应对涉科创板纠纷中的新情况、新问题，把保护投资者合法权益、防范化解金融风险作为证券审判的根本性任务，为加快形成融资功能完备、基础制度扎实、市场监管有效、投资者合法权益得到有效保护的多层级资本市场体系营造良好司法环境。

2. 准确把握科创板定位和注册制试点安排。科创板是资本市场的增量改革，也是资本市场基础制度改革创新的“试验田”。科创板主要服务于符合国家战略、突破关键核心技术、市场认可度高的科技创新企业，发行上市条件更加包容，不要求企业上市前必须盈利，允许“同股不同权”企业和符合创新试点规定的红筹企业上市，实行更加市场化的发行承销、交易、并购重组、退市等制度。根据全国人大常委会授权，股票发行注册制改革过程中调整适用《证券法》关于股票公开发行核准制度的有关规定。本次注册制试点总体分为上海证券交易所审核和证监会注册两个环节，证监会对上海证券交易所的审核工作进行监督，建立健全以信息披露为中心的股票发行上市制度。各级人民法院要坚持稳中求进工作总基调，立足证券刑事、民事和行政审判实际，找准工作切入点，通过依法审判进一步落实中央改革部署和政策要求，推动形成市场参与各方依法履职、归位尽责及合法权益得到有效保护的良好市场生态，为投资者放心投资，科创公司大胆创新提供有力司法保障。

解析：

【点明了科创板和注册制背景下，对各级法院开展工作的总要求】

（1）要求各级法院应“充分认识设立科创板并试点注册制的重要意义”，“准确把握科创板定位和注册制试点安排”。

（2）在上海证券交易所设立科创板并试点注册制，目的在于通过深化改革，打造一个规范、透明、开放、有活力、有韧性的资本市场。

（3）设立科创板的意义：稳步试点股票发行注册制，深化金融供给侧结构性改革，完善资本市场基础制度，更好发挥资本市场对提升关键技术创新和实体经济竞争力的支持功能，更好地服务高质量发展。

（4）科创板的定位：主要服务于符合国家战略、突破关键核心技术、市场认可度高的科技创新企业，发行上市条件更加包容，不要求企业上市前必须盈利。

（5）允许“同股不同权”企业和符合创新试点规定的红筹企业上市，实行更加市场化的发行承销、交易、并购重组、退市等制度。

（6）本次注册制试点总体分为上海证券交易所审核和证监会注册两个环节，证监会对上海证券交易所的审核工作进行监督，建立健全以信息披露为中心的股票发行上市制度。

（7）各级人民法院要妥善应对涉科创板纠纷中的新情况、新问题，把保护投资者合法权益、防范化解金融风险作为证券审判的根本性任务，为多层级资本市场体系营造良好司法环境。

二、尊重资本市场发展规律，依法保障以市场机制为主导的股票发行制度改革顺利推进

3. 支持证券交易所审慎开展股票发行上市审核。根据改革安排，上海证券交易所主要通过向发行人提出审核问询、发行人回答问题方式开展审核工作。在案件审理中，发行人及其保荐人、证券服务机构在发行上市申请文件和回答问题环节所披露的信息存在虚假记载、误导性陈述或者重大遗漏的，应当判令承担虚假陈述法律责任；虚假陈述构成骗取发行审核注册的，应当判令承

担欺诈发行法律责任。为保障发行制度改革顺利推进，在科创板首次公开发行股票并上市企业的证券发行纠纷、证券承销合同纠纷、证券上市保荐合同纠纷、证券上市合同纠纷和证券欺诈责任纠纷等第一审民商事案件，由上海金融法院试点集中管辖。

解析：

【上市审核中的虚假陈述与欺诈发行；上海金融法院集中管辖】

（1）明确了科创板虚假陈述和欺诈发行的情形。

发行人、保荐人、证券服务机构在向上海证券交易所提交申请文件时，若存在相关违法违规情形，应承担虚假陈述或欺诈发行的法律责任。

（2）上海金融法院对证券发行纠纷、证券承销合同纠纷、证券上市保荐合同纠纷、证券上市合同纠纷和证券欺诈责任纠纷等第一审民商事案件，试点集中管辖。

4. 保障证券交易所依法实施自律监管。由于科创板上市门槛具有包容性和科创公司技术迭代快、盈利周期长等特点，客观上需要加强事中事后监管。对于证券交易所经法定程序制定的科创板发行、上市、持续监管等业务规则，只要不具有违反法律法规强制性规定情形，人民法院在审理案件时可以依法参照适用。为统一裁判标准，根据《最高人民法院关于上海金融法院案件管辖的规定》（法释〔2018〕14号）第三条的规定，以上海证券交易所为被告或者第三人与其履行职责相关的第一审金融民商事案件和行政案件，仍由上海金融法院管辖。

解析：

【证券交易所自律监管；法院可依法参照适用交易所规则】

（1）明确上海证券交易所的自律监管职责。

（2）上海证券交易所制定的科创板相关业务规则，法院可以在审理时参照适用。

（3）以上海证券交易所为被告或者第三人与其履行职责相关的第一审金融民商事案件和行政案件，由上海金融法院管辖。

5. 确保以信息披露为中心的股票发行民事责任制度安排落到实处。民事责任的追究是促使信息披露义务人尽责归位的重要一环，也是法律能否“长出牙齿”的关键。在证券商事审判中，要按照本次改革要求，严格落实发行人及其相关人员的第一责任。发行人的控股股东、实际控制人指使发行人从事欺诈发行、虚假陈述的，依法判令控股股东、实际控制人直接向投资者承担民事赔偿责任。要严格落实证券服务机构保护投资者利益的核查把关责任，证券服务机构对会计、法律等各自专业相关的业务事项未履行特别注意义务，对其他业务事项未履行普通注意义务的，应当判令其承担相应法律责任。准确把握保荐人对发行人上市申请文件等信息披露资料进行全面核查验证的注意义务标准，在证券服务机构履行特别注意义务的基础上，保荐人仍应对发行人的经营情况和风险进行客观中立的实质验证，否则不能满足免责的举证标准。对于不存在违法违规行为而单纯经营失败的上市公司，严格落实证券法投资风险“买者自负”原则，引导投资者提高风险识别能力和理性投资意识。

解析：

【不同的证券服务机构对发行人信息披露的注意义务标准不同】

（1）发行人的控股股东、实际控制人要直接向投资者承担虚假陈述的民事赔偿责任，是《证券法》第 69 条在科创板中的延伸和运用。着重强调了发行人的第一责任。

（2）将证券服务机构对专业事项的核查分为特别注意义务和普通注意义务。为会计师事务所、律师事务所等服务机构虚假陈述责任的科学、合理的划分提供了明确的依据。

（3）明确了保荐人有全面核查验证的注意义务。保荐人在证券服务机构的专业判断基础上，仍应对发行人的经营情况和风险进行客观中立的实质验证。保荐人具有强于其他证券服务机构的注意义务，应全盘把握和了解发行人的实质情况，也应承担更加严格的民事责任。

（4）对于单纯经营失败的上市公司，应遵循“买者自负”原则，尤其是科创板注册制下，证监会对上市公司披露的文件不再具有形式上的“背书”责任，法院的审判应注意上市公司是否真的存在信息披露上的违法违规。

6. 尊重科创板上市公司构建与科技创新特点相适应的公司治理结构。科创板上市公司在上市前进行差异化表决权安排的，人民法院要根据全国人大常委会对进行股票发行注册制改革的授权和公司法第一百三十一条的规定，依法认定有关股东大会决议的效力。科创板上市公司为维持创业团队及核心人员稳定而扩大股权激励对象范围的，只要不违反法律、行政法规的强制性规定，应当依法认定其效力，保护激励对象的合法权益。

解析：

【科创板上市公司的股权结构与股权激励对象】

（1）允许科创板上市公司在上市前进行差异化表决权安排。是根据《公司法》第 131 条："国务院可以对公司发行本法规定以外的其他种类的股份，另行作出规定。"

（2）允许科创板上市公司为维持创业团队及核心人员稳定，而在《上市公司股权激励管理办法》第 8 条规定的范围内，扩大股权激励对象的范围。[①]

7. 加强对科创板上市公司知识产权司法保护力度。依法审理涉科创板上市公司专利权、技术合同等知识产权案件，对于涉及科技创新的知识产权侵权行为，加大赔偿力度，充分体现科技成果的市场价值，对情节严重的恶意侵权行为，要依法判令其承担惩罚性赔偿责任。进一步发挥知识产权司法监督职能，积极探索在专利民事侵权诉讼中建立效力抗辩审理制度，促进知识产权行政纠纷的实质性解决，有效维护科创板上市公司知识产权合法权益。

---

① 《上市公司股权激励管理办法》（2018 修正）第 8 条规定："激励对象可以包括上市公司的董事、高级管理人员、核心技术人员或者核心业务人员，以及公司认为应当激励的对公司经营业绩和未来发展有直接影响的其他员工，但不应当包括独立董事和监事。外籍员工任职上市公司董事、高级管理人员、核心技术人员或者核心业务人员的，可以成为激励对象。

单独或合计持有上市公司 5% 以上股份的股东或实际控制人及其配偶、父母、子女，不得成为激励对象。下列人员也不得成为激励对象：（一）最近 12 个月内被证券交易所认定为不适当人选；（二）最近 12 个月内被中国证监会及其派出机构认定为不适当人选；（三）最近 12 个月内因重大违法违规行为被中国证监会及其派出机构行政处罚或者采取市场禁入措施；（四）具有《公司法》规定的不得担任公司董事、高级管理人员情形的；（五）法律法规规定不得参与上市公司股权激励的；（六）中国证监会认定的其他情形。"

解析：

【对科创板上市公司知识产权的保护】

（1）重视对知识产权的司法保护。在科创板上市的企业多为高新技术企业，一般需要拥有关键核心技术，科技创新能力突出。核心专利和技术可以说是企业的核心资产。根据《科创板首次公开发行股票注册管理办法（试行）》第12条第3项关于发行条件的规定，发行人不能存在主要资产、核心技术、商标等的重大权属纠纷。因此，知识产权侵权将极大影响相关企业的科创板上市安排，有可能带来巨额经济损失，故对知识产权纠纷予以高度重视并提供司法保障是必要和及时的。

（2）科创板更看重企业的技术含量，知识产权归属对科创板上市企业更具重大性。在知识产权案件的审理过程中，还应发挥知识产权司法监督职能，确保知识产权归属明晰。积极探索在专利民事侵权诉讼中建立效力抗辩审理制度，促进知识产权行政纠纷的实质性解决。

三、维护公开公平公正市场秩序，依法提高资本市场违法违规成本

8. 严厉打击干扰注册制改革的证券犯罪和金融腐败犯罪，维护证券市场秩序。依法从严惩治申请发行、注册等环节易产生的各类欺诈和腐败犯罪。对于发行人与中介机构合谋串通骗取发行注册，以及发行审核、注册工作人员以权谋私、收受贿赂或者接受利益输送的，依法从严追究刑事责任。压实保荐人对发行人信息的核查、验证义务，保荐人明知或者应当明知发行人虚构或者隐瞒重要信息、骗取发行注册的，依法追究刑事责任。依法从严惩治违规披露、不披露重要信息、内幕交易、利用未公开信息交易、操纵证券市场等金融犯罪分子，严格控制缓刑适用，依法加大罚金刑等经济制裁力度。对恶意骗取国家科技扶持资金或者政府纾困资金的企业和个人，依法追究刑事责任。加强与证券行政监管部门刑事信息共享机制建设，在证券案件审理中发现涉嫌有关犯罪线索的，应当及时向侦查部门反映并移送相关材料。推动完善证券刑事立法，及时制定出台相关司法解释，为促进市场健康发展提供法律保障。

解析：

【对证券犯罪和金融腐败犯罪的处罚】

（1）强调要严厉打击在证券发行、交易等证券市场活动全环节出现的欺诈、虚假陈述、内幕交易、操纵市场等扰乱证券市场的行为。

（2）明确强调要依法从严惩治腐败犯罪，严格控制缓刑适用，加大罚金刑。首先，依法从严惩治内幕交易、利用未公开信息交易和操纵市场等犯罪，对发行审核、注册工作人员以权谋私、收受贿赂的行为依法从严追究刑事责任。

（3）再次强调保荐人责任和对发行人的核查、验证义务。保荐人在明知或者应当明知发行人虚构或者隐瞒重要信息、骗取发行注册的，应依法追究刑事责任。

（4）对于扰乱证券市场的金融犯罪分子，严格控制缓刑的适用，对与其犯罪目的正相关的罚金刑等经济制裁，可在法律允许的范围内加大适用的力度和频率。

（5）加强证券领域的“行刑联动”。不仅在证监会调查过程中发现有犯罪情形的应及时移送司法机关，在证券案件审理中发现涉嫌有关犯罪线索的，也应当及时向侦查部门反映并移送相关材料。

9. 依法受理和审理证券欺诈责任纠纷案件，强化违法违规主体的民事赔偿责任。根据注册制试点安排，股票发行上市审核由过去监管部门对发行人资格条件进行实质判断转向以信息披露为中心，主要由投资者自行判断证券价值。在审理涉科创板上市公司虚假陈述案件时，应当审查的信息披露文件不仅包括招股说明书、年度报告、临时报告等常规信息披露文件，也包括信息披露义务人对审核问询的每一项答复和公开承诺；不仅要审查信息披露的真实性、准确性、完整性、及时性和公平性，还要结合科创板上市公司高度专业性、技术性特点，重点关注披露的内容是否简明易懂，是否便于一般投资者阅读和理解。发行人的高级管理人员和核心员工通过专项资产管理计划参与发行配售的，人民法院应当推定其对发行人虚假陈述行为实际知情，对该资产管理计划的管理人或者受益人提出的赔偿损失诉讼请求，不予支持。加强对内幕交易和操纵市场民事赔偿案件的调研和指导，积极探索违法违规主体对投资者承担民事赔偿责任的构成要件和赔偿范围。加大对涉科创板行政处罚案件和民事赔偿案件的司法执行力度，使违法违规主体及时付出违法违规代价。

解析：

【证券欺诈案件中对科创板公司信息披露的具体要求和判断】

（1）法院应依法受理和审理证券欺诈责任纠纷案件。但未提及是否取消前置程序。根据最高人民法院2002年发布的《关于受理证券市场因虚假陈述引发的民事侵权纠纷案件有关问题的通知》（法明传〔2001〕43号）第2条："人民法院受理的虚假陈述民事赔偿案件，其虚假陈述行为，须经中国证券监督管理委员会及其派出机构调查并作出生效处罚决定。当事人依据查处结果作为提起民事诉讼事实依据的，人民法院方予依法受理。"及最高人民法院《关于审理证券市场因虚假陈述引发的民事赔偿案件的若干规定》（法释〔2003〕2号）第6条："投资人以自己受到虚假陈述侵害为由，依据有关机关的行政处罚决定或者人民法院的刑事裁判文书，对虚假陈述行为人提起的民事赔偿诉讼，符合民事诉讼法第一百零八条规定的，人民法院应当受理。"投资者提出虚假陈述民事诉讼，应持有证监会对该上市公司的处罚决定，法院方可受理。这一规定一方面也是出于减轻投资者举证责任的考量，但无行政处罚决定是否便不可诉？有观点表示，根据立案登记司法解释规定，因虚假陈述、内幕交易和市场操纵行为引发的民事赔偿案件，立案受理时不再以监管部门的行政处罚和生效的刑事判决认定为前置条件。[①] 但目前相关司法解释并未修改，这一问题也始终未明确。

（2）在注册制背景下，信息披露极为关键，因此审理涉科创板上市公司虚假陈述案件时，应当审查的信息披露文件包括招股说明书、年度报告、临时报告等常规信息披露文件，也包括信息披露义务人对审核问询的每一项答复和公开承诺等披露的文件。

---

① 杨城：《论我国虚假陈述民事责任主体的困境与创新》，载《证券市场导报》2017年第7期。

(3) 科创板上市公司披露的信息之表述应尽可能简明易懂。

(4) 发行人的高级管理人员和核心员工通过专项资产管理计划参与发行配售的，除有证据能够证明，否则应推定其对发行人虚假陈述行为实际知情。

(5) 对资产管理计划的管理人或者受益人提出的赔偿损失诉讼请求，不予支持。

(6) 明确加大对涉科创板行政处罚案件和民事赔偿案件的司法执行力度。

10. 依法审理公司纠纷案件，增强投资者对科创板的投资信心。积极调研特别表决权在科创板上市公司中可能存在的“少数人控制”“内部人控制”等公司治理问题，对于以公司自治方式突破科创板上市规则侵犯普通股东合法权利的，人民法院应当依法否定行为效力，禁止特别表决权股东滥用权利，防止制度功能的异化。案件审理中，要准确界定特别表决权股东权利边界，坚持“控制与责任相一致”原则，在“同股不同权”的同时，做到“同股不同责”。正确审理公司关联交易损害责任纠纷案件，对于通过关联交易损害公司利益的公司控股股东、实际控制人等责任主体，即使履行了法定公司决议程序也应承担民事赔偿责任；关联交易合同存在无效或者可撤销情形，符合条件的股东通过股东代表诉讼向关联交易合同相对方主张权利的，应当依法予以支持。

解析：

【关注特殊股权结构上市公司的普通股东合法权益保护】

(1) 科创板允许特殊股权结构的公司上市交易，因此研究科创板上市公司中可能存在的“少数人控制”“内部人控制”等公司治理问题，对保护普通股东合法权利，禁止特别表决权股东滥用权利极为重要。

(2) 案件审理中，要准确界定特别表决权股东权利边界，坚持“控制与责任相一致”原则，在“同股不同权”的同时，做到“同股不同责”。

(3) 在公司关联交易损害责任纠纷案件中，公司控股股东、实际控制人应承担严格责任，即使履行了法定公司决议程序也应承担民事赔偿责任。

(4) 鼓励股东积极行权。关联交易合同存在无效或者可撤销情形，符合条件的股东可通过股东代表诉讼向关联交易合同相对方主张权利的。

11. 依法界定证券公司投资者适当性管理民事责任，落实科创板投资者适当性要求。投资者适当性管理义务的制度设计，是为了防止投资者购买与自身风险承受能力不相匹配的金融产品而遭受损失。科技创新企业盈利能力具有不确定性、退市条件更为严格等特点，决定了科创板本身有一定风险。对于证券公司是否充分履行投资者适当管理义务的司法审查标准，核心是证券公司在为投资者提供科创板股票经纪服务前，是否按照一般人能够理解的客观标准和投资者能够理解的主观标准向投资者履行了告知说明义务。对于因未履行投资者适当性审查、信息披露及风险揭示义务给投资者造成的损失，人民法院应当判令证券公司承担赔偿责任。

解析：

【证券公司的投资者适当性管理义务】

（1）强调证券公司应加强投资者适当性管理，贯彻科创板投资者适当性要求。

（2）证券公司在为投资者提供相关服务前，应按照一般人能够理解的客观标准和投资者能够理解的主观标准向投资者履行了告知说明义务，否则应对投资者的损失承担相应赔偿责任。

12. 依法审理股票配资合同纠纷，明确股票违规信用交易的民事责任。股票信用交易作为证券市场的重要交易方式和证券经营机构的重要业务，依法属于国家特许经营的金融业务。对于未取得特许经营许可的互联网配资平台、民间配资公司等法人机构与投资者签订的股票配资合同，应当认定合同无效。对于配资公司或交易软件运营商利用交易软件实施的变相经纪业务，亦应认定合同无效。

解析：

【严格管控场外配资】

（1）提示股票信用交易依法属于国家特许经营的金融业务。

（2）严格限制场外配资，明确规定了场外配资合同无效。

（3）对于配资公司或交易软件运营商利用交易软件实施的变相经纪业务，还应进一步认定和确认是配资公司与投资者的合同无效，还是变相经纪业务下的证券买卖合同无效。

四、有效保护投资者合法权益，建立健全与注册制改革相适应的证券民事诉讼制度

13. 推动完善符合我国国情的证券民事诉讼体制机制，降低投资者诉讼成本。根据立法进程和改革精神，全力配合和完善符合我国国情的证券民事诉讼体制、机制。立足于用好、用足现行代表人诉讼制度，对于共同诉讼的投资者原告人数众多的，可以由当事人推选代表人，国务院证券监督管理机构设立的证券投资者保护机构以自己的名义提起诉讼，或者接受投资者的委托指派工作人员或委托诉讼代理人参与案件审理活动的，人民法院可以指定该机构或者其代理的当事人作为代表人。支持依法成立的证券投资者保护机构开展为投资者提供专门法律服务等证券支持诉讼工作。按照共同的法律问题或者共同的事实问题等标准划分适格原告群体，并在此基础上分类推进诉讼公告、权利登记和代表人推选。代表人应当经所代表原告的特别授权，具有变更或者放弃诉讼请求等诉讼权利，对代表人与被告签订的和解或者调解协议，人民法院应当依法进行审查，以保护被代表投资者的合法权益。推动建立投资者保护机构辅助参与生效判决执行的机制，借鉴先行赔付的做法，法院将执行款项交由投资者保护机构提存，再由投资者保护机构通过证券交易结算系统向胜诉投资者进行二次分配。积极配合相关部门和有关方面，探索行政罚款、刑事罚金优先用于民事赔偿的工作衔接和配合机制。研究探索建立证券民事、行政公益诉讼制度。

解析：

【证券民事诉讼中的代表人诉讼；执行款提存；民事赔偿的实质优先】

（1）明确提出应完善符合我国国情的证券民事诉讼体制机制，对证券民事诉讼的诉讼方式和相关工作进行了具体的安排和说明。

（2）证券民事诉讼可使用代表人诉讼制度，证券投资者保护机构以自己的名义提起诉讼，人民法院可以指定该机构或者其代理的当事人作为代表人。

（3）将执行款项交由投资者保护机构提存，推动投资者保护机构辅助参与生效判决执行。这是借鉴“先行赔付”机制的做法，将执行款项交由投资者保护机构提存，再由投资者保护机构通过证券交易结算系统向投资者进行分配，效率较高，其事实效果值得关注。

（4）行政罚款、刑事罚金优先用于民事赔偿。虽然“民事赔偿优先”早已有之，但其一般仅限于诉讼阶段，只优先于刑事罚金。现实中很多上市公司承担了行政罚款后（该行政罚款直接收归国库），已无力承担民事赔偿和刑事罚金，因此将赔偿款首先用于民事赔偿，优先于行政罚款，极大地保护了投资者的受偿权，有利于民事赔偿落到实处。

14. 加强配套程序设计，提高投资者举证能力。证券侵权案件中，投资者在取得和控制关键证据方面往往处于弱势地位。探索建立律师民事诉讼调查令制度，便利投资者代理律师行使相关调查权，提高投资者自行收集证据的能力。研究探索适当强化有关知情单位和个人对投资者获取证据的协助义务，对拒不履行协助取证义务的单位和个人要依法予以民事制裁。

解析：

【提高投资者举证能力】

（1）探索建立律师民事诉讼调查令制度，提高投资者举证能力。在证券市场虚假陈述、欺诈等民事诉讼中，投资者作为个体，其举证能力较弱，完全依靠行政机关的处罚前置又会限制投资者的诉权。因此，从提高投资者收集证据的能力角度入手，为举证提供制度支撑和保障，对我国证券民事诉讼制度的完善具有重大意义。

（2）强化有关知情单位和个人对投资者获取证据的协助义务，对拒不履行协助取证义务的单位和个人要依法予以民事制裁。这是为投资者举证提供的有力的司法支持。

15. 大力开展证券审判机制创新，依托信息化手段提高证券司法能力。推动建立开放、动态、透明的证券侵权案件专家陪审制度，从证券监管机构、证券市场经营主体、研究机构等单位遴选专家陪审员，参与证券侵权案件审理。要充分发挥专家证人在案件审理中的作用，探索专家证人的资格认定和管理办法。研究开发建设全国法院证券审判工作信息平台，通过信息化手段实现证券案件网上无纸化立案，实现群体性诉讼立案便利化，依托信息平台完善群体诉讼统一登记机制，解决适格原告权利登记、代表人推选等问题。着力解决案件审理与证券交易数据的对接问题，为损失赔偿数额计算提供支持，提高办案效率。

解析：

【专家陪审；善用信息化手段推进诉讼】

（1）建立开放、动态、透明的证券侵权案件专家陪审制度。证券民事诉讼的陪审员应具有证券方面的专业知识。

（2）开发建设全国法院证券审判工作信息平台，提高办案效率。通过信息化手段实现案件审理的无纸化和便利化，以科技创新助推审判和诉讼方式的优化。

16. 全面推动证券期货纠纷多元化解工作，推广证券示范判决机制。坚持把非诉讼纠纷解决机制挺在前面，落实《关于全面推进证券期货纠纷多元化解机制建设的意见》，依靠市场各方力量，充分调动市场专业资源化解矛盾纠纷，推动建立发行人与投资者之间的纠纷化解和赔偿救济机制。对虚假陈述、内幕交易、操纵市场等违法行为引发的民事赔偿群体性纠纷，需要人民法院通过司法判决宣示法律规则、统一法律适用的，受诉人民法院可选取在事实认定、法律适用上具有代表性的案件作为示范案件，先行审理并及时作出判决，引导其他当事人通过证券期货纠纷多元化解机制解决纠纷，加大对涉科创板矛盾纠纷特别是群体性案件的化解力度。

解析：

【推动证券期货纠纷多元化解】

（1）善用市场专业资源化解矛盾纠纷，推动建立发行人与投资者之间的纠纷化解和赔偿救济机制。可通过中国证券投资者保护基金有限责任公司、中证中小投资者服务中心等投资者保护机构进行纠纷的调解，注重以非诉方式化解证券期货纠纷。

（2）推广证券示范判决机制。受诉人民法院可选取在事实认定、法律适用上具有代表性的案件作为示范案件，先行审理并及时作出判决。

17. 加强专业金融审判机构建设，提升证券审判队伍专业化水平。根据金融机构分布和金融案件数量情况，在金融案件相对集中的地区探索设立金融法庭，对证券侵权案件实行集中管辖。其他金融案件较多的人民法院，可以设立专业化的金融审判合议庭。积极适应金融供给侧结构性改革和金融风险防控对人民法院工作的新要求，在认真总结审判经验的基础上，加强对涉科创板案件的分析研判和专业知识储备，有针对性地开展证券审判专题培训，进一步充实各级人民法院的审判力量，努力建设一支政治素质高、业务能力强的过硬证券审判队伍。

解析：

【设立金融法庭、金融审判合议庭】

（1）重视类似“上海金融法院”的专业化法院的建设。在金融案件相对集中的地区探索设立金融法庭，对证券侵权案件实行集中管辖。

（2）注重审判团队的专业化。

《关于为设立科创板并试点注册制改革提供司法保障的若干意见》不仅在强调科创板的制度意义、定位以及实施注册制的具体程序的基础上，指明了法院工作的总方向，还从法律认定方面对虚假陈述、欺诈等证券民事诉讼的具体情形进行了一定的说明；同时，对代表人诉讼制度、投资者举证责任、证券服务机构的义务区分、证券交易所的监管职责等细节问题给予了关注，可以说较为全面地提示了科创板注册制实施过程中可能会遇到的关键性法律问题。虽然《关于为设立科创板并试点注册制改革提供司法保障的若干意见》出台的时间早于科创板开板，但一些企业撤回科创板上市申请的事实证明，法院根据相关经验，及时甚至略微超前地对科创板运行进行了司法方面的“护航”，不但为市场留足了适应和缓冲的时间，也对上市公司的行为起到了一定的规范作用。

第四节　监管机构对中介机构的最新执业要求

2019 年 8 月 23 日，证监会发布了《律师事务所从事首次公开发行股票并上市法律业务执业细则（试行）（征求意见稿）》（以下简称《执业细则征求意见稿》），并向社会公开征求意见。《执业细则征求意见稿》旨在进一步规范和指导律师事务所及律师从事首次公开发行股票并上市证券法律业务活动，适应科创板股票发行注册制下提升中介机构能力、强化中介机构责任的要求，明确律师事务所及律师查验事项范围和勤勉尽责标准，督促律师事务所及律师归位尽责。

《执业细则征求意见稿》全文分为 12 章，共计 79 条。其立足于《证券法》《首次公开发行股票并上市管理办法》《首次公开发行股票并在创业板上市管理办法》《科创板首次公开发行股票注册管理办法（试行）》等首发上市的相关法律、规章中关于首发条件的规定，对律师事务所从事首发法律业务的主要查验事项和内容作出更具体、详细的规定。① 主要内容包括总则、发行人的主体资格、发行人的独立性、业务、主要财产、公司治理、规范运作、关联交易和同业竞争、发行人的募集资金运用和业务发展目标、诉讼和仲裁等情况的核查以及附则等，覆盖了律师事务所出具法律意见书的主要事项。

截至目前，《执业细则征求意见稿》仍处于征求意见阶段。② 但可以看到《执业细则征求意见稿》从实操层面对律师事务所从事首发律师业务的主要查验事项和内容进行了细化，有利于推动律师查验方式的标准化、规范化，对推动优质企业上市、优化资本市场服务实体经济能力具有积极意义。

---

① 参见《中国证监会关于〈律师事务所从事首次公开发行股票并上市法律业务执业细则（试行）〉（征求意见稿）的起草说明》。

② 《执业细则征求意见稿》意见反馈截止时间为 2019 年 9 月 7 日。

第二篇

实 务 篇

第一章

科创板上市基本条件

第一节　科创板应符合《证券法》的基本条件

一、证券法的一般规定及证监会监管规则

科创板是我国资本市场新设立的一个板块，需要符合《证券法》的一般规定。2019 年 1 月 28 日，证监会发布《关于在上海证券交易所设立科创板并试点注册制的实施意见》（以下简称《实施意见》）。3 月 1 日，证监会发布《科创板首次公开发行股票注册管理办法（试行）》（中国证券监督管理委员会令第 153 号）和《科创板上市公司持续监管办法（试行）》（中国证券监督管理委员会令第 154 号）。《实施意见》明确，在科创板试点注册制，合理制定科创板股票发行条件和更加全面深入精准的信息披露规则体系。上海证券交易所负责科创板发行上市审核，中国证监会负责科创板股票发行注册。证监会将加强对上海证券交易所审核工作的监督，并强化新股发行上市事前事中事后全过程监管。《科创板首次公开发行股票注册管理办法（试行）》强调，首次公开发行股票并在科创板上市，应当符合发行条件、上市条件以及相关信息披露要求，依法经上海证券交易所发行上市审核并报经中国证券监督管理委员会履行发行注册程序。因此，科创板的上市仍需要符合《证券法》的基本条件以及证监会的相关监管规则。

二、科创板上市规则对证券法一般规定的延续与变通

《上海证券交易所科创板股票上市规则》第二章第一节规定了发行人申请

在科创板上市条件，其中第1项规定应当符合中国证监会规定的发行条件。该条规定是对于《证券法》第50条第1款第2项“股票经国务院证券监督管理机构核准已公开发行”的延续和变通。按照《证券法》的规定，股票的发行、上市应当分别向证监会和交易所两个部门提出申请，并且由两个部门决定。在股票公开发行后，才能申请上市交易，所以《证券法》将“股票经国务院证券监督管理机构核准已公开发行”作为上市的条件之一，以核准制为基础。但科创板是一种创新的制度，发行、上市申请是同时向交易所提出，由交易所同时进行审核。但在上市审核的时候股票还没有发行，所以“符合中国证监会规定的发行条件”成为了上市条件之一。

此外，《上海证券交易所科创板股票上市规则》规定的发行人申请科创板上市的基本条件第2、3项也与《证券法》规定的基本条件一致，即发行后股本总额不低于人民币3000万元；公开发行的股份达到公司股份总数的25%以上；公司股本总额超过人民币4亿元的，公开发行股份的比例为10%以上。

第二节　科创板以市值为中心，兼顾营业收入、净利润、现金流等指标的五套标准

一、科创板企业上市标准

根据《上海证券交易所科创板股票上市规则》（2019年修订）2.1.2条及《上海证券交易所科创板股票发行上市审核规则》第22条的规定，发行人申请股票首次发行上市的，应当至少符合下列上市标准中的一项：

（1）预计市值不低于人民币10亿元，最近两年净利润均为正且累计净利润不低于人民币5000万元，或者预计市值不低于人民币10亿元，最近一年净利润为正且营业收入不低于人民币1亿元；①

（2）预计市值不低于人民币15亿元，最近一年营业收入不低于人民币2

① 简称第一套上市标准。

亿元，且最近三年累计研发投入占最近三年累计营业收入的比例不低于15%；①

（3）预计市值不低于人民币20亿元，最近一年营业收入不低于人民币3亿元，且最近三年经营活动产生的现金流量净额累计不低于人民币1亿元；②

（4）预计市值不低于人民币30亿元，且最近一年营业收入不低于人民币3亿元；③

（5）预计市值不低于人民币40亿元，主要业务或产品需经国家有关部门批准，市场空间大，目前已取得阶段性成果。医药行业企业需至少有一项核心产品获准开展二期临床试验，其他符合科创板定位的企业需具备明显的技术优势并满足相应条件。④

该条所称净利润以扣除非经常性损益前后的孰低者为准，所称净利润、营业收入、经营活动产生的现金流量净额均指经审计的数值。（见表2-1-1）

表2-1-1 科创板企业五套上市标准

上市标准	简称	市值及财务指标
第22条（一）	第一套	预计市值不低于人民币10亿元，最近两年净利润均为正且累计净利润不低于人民币5000万元，或者预计市值不低于人民币10亿元，最近一年净利润为正且营业收入不低于人民币1亿元。
第22条（二）	第二套	预计市值不低于人民币15亿元，最近一年营业收入不低于人民币2亿元，且最近三年累计研发投入占最近三年累计营业收入的比例不低于15%。
第22条（三）	第三套	预计市值不低于人民币20亿元，最近一年营业收入不低于人民币3亿元，且最近三年经营活动产生的现金流量净额累计不低于人民币1亿元
第22条（四）	第四套	预计市值不低于人民币30亿元，且最近一年营业收入不低于人民币3亿元。

① 简称第二套上市标准。
② 简称第三套上市标准。
③ 简称第四套上市标准。
④ 简称第五套上市标准。

续表

上市标准	简称	市值及财务指标
第22条（五）	第五套	预计市值不低于人民币40亿元，主要业务或产品需经国家有关部门批准，市场空间大，目前已取得阶段性成果。医药行业企业需至少有一项核心产品获准开展二期临床试验，其他符合科创板定位的企业需具备明显的技术优势并满足相应条件。

二、适用于红筹企业的上市标准

《上海证券交易所科创板股票上市规则》（2019年修订）2.1.3条及《上海证券交易所科创板股票发行上市审核规则》第23条规定，符合《国务院办公厅转发证监会关于开展创新企业境内发行股票或存托凭证试点若干意见的通知》（国办发〔2018〕21号）相关规定的红筹企业，可以申请发行股票或存托凭证并在科创板上市。

营业收入快速增长，拥有自主研发、国际领先技术，同行业竞争中处于相对优势地位的尚未在境外上市红筹企业，申请发行股票或存托凭证并在科创板上市的，市值及财务指标应当至少符合下列上市标准中的一项，发行人的招股说明书和保荐人的上市保荐书应当明确说明所选择的具体上市标准：

（1）预计市值不低于人民币100亿元；

（2）预计市值不低于人民币50亿元，且最近一年营业收入不低于人民币5亿元。[①]（见表2－1－2）

表2－1－2　红筹企业在科创板上市的上市标准

上市标准（第六套）	简称	市值及财务指标
红筹企业上市标准1	第六套1	预计市值不低于人民币100亿元
红筹企业上市标准2	第六套2	预计市值不低于人民币50亿元，且最近一年营业收入不低于人民币5亿元

① 简称第六套标准。

三、适用于表决权差异安排的企业上市标准

根据《上海证券交易所科创板股票上市规则》2.1.4条及《上海证券交易所科创板股票发行上市审核规则》第24条的规定：发行人具有表决权差异安排的，市值及财务指标应当至少符合下列标准中的一项：

（1）预计市值不低于人民币100亿元；

（2）预计市值不低于人民币50亿元，且最近一年营业收入不低于人民币5亿元。[①]

发行人特别表决权股份的持有人资格、公司章程关于表决权差异安排的具体规定，应当符合《上海证券交易所科创板股票上市规则》第四章第五节的规定（见表2-1-3）。

表2-1-3 有表决权差异安排的企业在科创板上市的上市标准

上市标准（第七套）	简称	市值及财务指标
特殊表决权上市标准1	第七套1	预计市值不低于人民币100亿元
特殊表决权上市标准2	第七套2	预计市值不低于人民币50亿元，且最近一年营业收入不低于人民币5亿元

从目前拟上市的科创板企业来看，多达80%的企业选择的具体上市标准为《上海证券交易所科创板股票上市规则》第2.1.2条第（一）项。截至2019年8月15日，上海证券交易所公告的申请科创板上市企业共152家，其中129家选用了第一套上市标准，4家选用了第二套上市标准，1家选用了第三套上市标准，11家选用了第四套上市标准，4家选用了第五套上市标准。[②]选用特殊上市标准的企业共有3家，其中1家选用了第六套红筹企业的上市标准，1家选用了第七套表决权差异安排的上市标准，还有1家（九号机器人有限公司，简称“九号智能”），既属于红筹企业，亦存在有特别表决权的股份，因此同时选用第六套和第七套两套上市标准（两套上市标准的市值及财务指

① 简称第七套标准。

② 数据来源于Wind金融终端数据库。

标相同）。① 申请科创板上市的企业的上市标准选用情况如下（见表2－1－4）：

表2－1－4 向上海证券交易所申请在科创板上市的企业选用的上市标准

序号	发行人简称	适用标准	选择的具体上市标准
1	华兴源创	第一套	预计市值不低于人民币10亿元，最近两年净利润均为正且累计净利润不低于人民币5000万元，或者预计市值不低于人民币10亿元，最近一年净利润为正且营业收入不低于人民币1亿元。
2	睿创微纳	第一套	预计市值不低于人民币10亿元，最近两年净利润均为正且累计净利润不低于人民币5000万元，或者预计市值不低于人民币10亿元，最近一年净利润为正且营业收入不低于人民币1亿元。
3	杭可科技	第一套	预计市值不低于人民币10亿元，最近两年净利润均为正且累计净利润不低于人民币5000万元，或者预计市值不低于人民币10亿元，最近一年净利润为正且营业收入不低于人民币1亿元。
4	澜起科技	第一套	预计市值不低于人民币10亿元，最近两年净利润均为正且累计净利润不低于人民币5000万元，或者预计市值不低于人民币10亿元，最近一年净利润为正且营业收入不低于人民币1亿元。
5	光峰科技	第一套	预计市值不低于人民币10亿元，最近两年净利润均为正且累计净利润不低于人民币5000万元，或者预计市值不低于人民币10亿元，最近一年净利润为正且营业收入不低于人民币1亿元。
6	铂力特	第一套	预计市值不低于人民币10亿元，最近两年净利润均为正且累计净利润不低于人民币5000万元，或者预计市值不低于人民币10亿元，最近一年净利润为正且营业收入不低于人民币1亿元。
7	安集科技	第一套	预计市值不低于人民币10亿元，最近两年净利润均为正且累计净利润不低于人民币5000万元，或者预计市值不低于人民币10亿元，最近一年净利润为正且营业收入不低于人民币1亿元。

① 参见《九号机器人有限公司公开发行存托凭证并在科创板上市招股说明书（申报稿）》。

续表

序号	发行人简称	适用标准	选择的具体上市标准
8	乐鑫科技	第一套	预计市值不低于人民币 10 亿元，最近两年净利润均为正且累计净利润不低于人民币 5000 万元，或者预计市值不低于人民币 10 亿元，最近一年净利润为正且营业收入不低于人民币 1 亿元。
9	新光光电	第一套	预计市值不低于人民币 10 亿元，最近两年净利润均为正且累计净利润不低于人民币 5000 万元，或者预计市值不低于人民币 10 亿元，最近一年净利润为正且营业收入不低于人民币 1 亿元。
10	福光股份	第一套	预计市值不低于人民币 10 亿元，最近两年净利润均为正且累计净利润不低于人民币 5000 万元，或者预计市值不低于人民币 10 亿元，最近一年净利润为正且营业收入不低于人民币 1 亿元。
11	西部超导	第一套	预计市值不低于人民币 10 亿元，最近两年净利润均为正且累计净利润不低于人民币 5000 万元，或者预计市值不低于人民币 10 亿元，最近一年净利润为正且营业收入不低于人民币 1 亿元。
12	南微医学	第一套	预计市值不低于人民币 10 亿元，最近两年净利润均为正且累计净利润不低于人民币 5000 万元，或者预计市值不低于人民币 10 亿元，最近一年净利润为正且营业收入不低于人民币 1 亿元。
13	心脉医疗	第一套	预计市值不低于人民币 10 亿元，最近两年净利润均为正且累计净利润不低于人民币 5000 万元，或者预计市值不低于人民币 10 亿元，最近一年净利润为正且营业收入不低于人民币 1 亿元。
14	华峰测控	第一套	预计市值不低于人民币 10 亿元，最近两年净利润均为正且累计净利润不低于人民币 5000 万元，或者预计市值不低于人民币 10 亿元，最近一年净利润为正且营业收入不低于人民币 1 亿元。
15	赛特新材	第一套	预计市值不低于人民币 10 亿元，最近两年净利润均为正且累计净利润不低于人民币 5000 万元，或者预计市值不低于人民币 10 亿元，最近一年净利润为正且营业收入不低于人民币 1 亿元。

续表

序号	发行人简称	适用标准	选择的具体上市标准
16	芯源微	第一套	预计市值不低于人民币10亿元，最近两年净利润均为正且累计净利润不低于人民币5000万元，或者预计市值不低于人民币10亿元，最近一年净利润为正且营业收入不低于人民币1亿元。
17	财富趋势	第一套	预计市值不低于人民币10亿元，最近两年净利润均为正且累计净利润不低于人民币5000万元，或者预计市值不低于人民币10亿元，最近一年净利润为正且营业收入不低于人民币1亿元。
18	成都先导	第一套	预计市值不低于人民币10亿元，最近两年净利润均为正且累计净利润不低于人民币5000万元，或者预计市值不低于人民币10亿元，最近一年净利润为正且营业收入不低于人民币1亿元。
19	中联数据	第一套	预计市值不低于人民币10亿元，最近两年净利润均为正且累计净利润不低于人民币5000万元，或者预计市值不低于人民币10亿元，最近一年净利润为正且营业收入不低于人民币1亿元。
20	京源环保	第一套	预计市值不低于人民币10亿元，最近两年净利润均为正且累计净利润不低于人民币5000万元，或者预计市值不低于人民币10亿元，最近一年净利润为正且营业收入不低于人民币1亿元。
21	道通科技	第一套	预计市值不低于人民币10亿元，最近两年净利润均为正且累计净利润不低于人民币5000万元，或者预计市值不低于人民币10亿元，最近一年净利润为正且营业收入不低于人民币1亿元。
22	奥特维	第一套	预计市值不低于人民币10亿元，最近两年净利润均为正且累计净利润不低于人民币5000万元，或者预计市值不低于人民币10亿元，最近一年净利润为正且营业收入不低于人民币1亿元。
23	宏晟光电	第一套	预计市值不低于人民币10亿元，最近两年净利润均为正且累计净利润不低于人民币5000万元，或者预计市值不低于人民币10亿元，最近一年净利润为正且营业收入不低于人民币1亿元。

续表

序号	发行人简称	适用标准	选择的具体上市标准
24	兴图新科	第一套	预计市值不低于人民币 10 亿元，最近两年净利润均为正且累计净利润不低于人民币 5000 万元，或者预计市值不低于人民币 10 亿元，最近一年净利润为正且营业收入不低于人民币 1 亿元。
25	联赢激光	第一套	预计市值不低于人民币 10 亿元，最近两年净利润均为正且累计净利润不低于人民币 5000 万元，或者预计市值不低于人民币 10 亿元，最近一年净利润为正且营业收入不低于人民币 1 亿元。
26	佛朗斯	第一套	预计市值不低于人民币 10 亿元，最近两年净利润均为正且累计净利润不低于人民币 5000 万元，或者预计市值不低于人民币 10 亿元，最近一年净利润为正且营业收入不低于人民币 1 亿元。
27	禾信仪器	第一套	预计市值不低于人民币 10 亿元，最近两年净利润均为正且累计净利润不低于人民币 5000 万元，或者预计市值不低于人民币 10 亿元，最近一年净利润为正且营业收入不低于人民币 1 亿元。
28	慧辰资讯	第一套	预计市值不低于人民币 10 亿元，最近两年净利润均为正且累计净利润不低于人民币 5000 万元，或者预计市值不低于人民币 10 亿元，最近一年净利润为正且营业收入不低于人民币 1 亿元。
29	山大地纬	第一套	预计市值不低于人民币 10 亿元，最近两年净利润均为正且累计净利润不低于人民币 5000 万元，或者预计市值不低于人民币 10 亿元，最近一年净利润为正且营业收入不低于人民币 1 亿元。
30	德马科技	第一套	预计市值不低于人民币 10 亿元，最近两年净利润均为正且累计净利润不低于人民币 5000 万元，或者预计市值不低于人民币 10 亿元，最近一年净利润为正且营业收入不低于人民币 1 亿元。
31	南新制药	第一套	预计市值不低于人民币 10 亿元，最近两年净利润均为正且累计净利润不低于人民币 5000 万元，或者预计市值不低于人民币 10 亿元，最近一年净利润为正且营业收入不低于人民币 1 亿元。

续表

序号	发行人简称	适用标准	选择的具体上市标准
32	三友医疗	第一套	预计市值不低于人民币 10 亿元，最近两年净利润均为正且累计净利润不低于人民币 5000 万元，或者预计市值不低于人民币 10 亿元，最近一年净利润为正且营业收入不低于人民币 1 亿元。
33	吉贝尔	第一套	预计市值不低于人民币 10 亿元，最近两年净利润均为正且累计净利润不低于人民币 5000 万元，或者预计市值不低于人民币 10 亿元，最近一年净利润为正且营业收入不低于人民币 1 亿元。
34	新数网络	第一套	预计市值不低于人民币 10 亿元，最近两年净利润均为正且累计净利润不低于人民币 5000 万元，或者预计市值不低于人民币 10 亿元，最近一年净利润为正且营业收入不低于人民币 1 亿元。
35	开普云	第一套	预计市值不低于人民币 10 亿元，最近两年净利润均为正且累计净利润不低于人民币 5000 万元，或者预计市值不低于人民币 10 亿元，最近一年净利润为正且营业收入不低于人民币 1 亿元。
36	泽达易盛	第一套	预计市值不低于人民币 10 亿元，最近两年净利润均为正且累计净利润不低于人民币 5000 万元，或者预计市值不低于人民币 10 亿元，最近一年净利润为正且营业收入不低于人民币 1 亿元。
37	光通天下	第一套	预计市值不低于人民币 10 亿元，最近两年净利润均为正且累计净利润不低于人民币 5000 万元，或者预计市值不低于人民币 10 亿元，最近一年净利润为正且营业收入不低于人民币 1 亿元。
38	光云科技	第一套	预计市值不低于人民币 10 亿元，最近两年净利润均为正且累计净利润不低于人民币 5000 万元，或者预计市值不低于人民币 10 亿元，最近一年净利润为正且营业收入不低于人民币 1 亿元。
39	瑞松科技	第一套	预计市值不低于人民币 10 亿元，最近两年净利润均为正且累计净利润不低于人民币 5000 万元，或者预计市值不低于人民币 10 亿元，最近一年净利润为正且营业收入不低于人民币 1 亿元。

续表

序号	发行人简称	适用标准	选择的具体上市标准
40	秦川物联	第一套	预计市值不低于人民币 10 亿元，最近两年净利润均为正且累计净利润不低于人民币 5000 万元，或者预计市值不低于人民币 10 亿元，最近一年净利润为正且营业收入不低于人民币 1 亿元。
41	洁特生物	第一套	预计市值不低于人民币 10 亿元，最近两年净利润均为正且累计净利润不低于人民币 5000 万元，或者预计市值不低于人民币 10 亿元，最近一年净利润为正且营业收入不低于人民币 1 亿元。
42	普元信息	第一套	预计市值不低于人民币 10 亿元，最近两年净利润均为正且累计净利润不低于人民币 5000 万元，或者预计市值不低于人民币 10 亿元，最近一年净利润为正且营业收入不低于人民币 1 亿元。
43	兴欣新材	第一套	预计市值不低于人民币 10 亿元，最近两年净利润均为正且累计净利润不低于人民币 5000 万元，或者预计市值不低于人民币 10 亿元，最近一年净利润为正且营业收入不低于人民币 1 亿元。
44	德林海	第一套	预计市值不低于人民币 10 亿元，最近两年净利润均为正且累计净利润不低于人民币 5000 万元，或者预计市值不低于人民币 10 亿元，最近一年净利润为正且营业收入不低于人民币 1 亿元。
45	华夏天信	第一套	预计市值不低于人民币 10 亿元，最近两年净利润均为正且累计净利润不低于人民币 5000 万元，或者预计市值不低于人民币 10 亿元，最近一年净利润为正且营业收入不低于人民币 1 亿元。
46	金科环境	第一套	预计市值不低于人民币 10 亿元，最近两年净利润均为正且累计净利润不低于人民币 5000 万元，或者预计市值不低于人民币 10 亿元，最近一年净利润为正且营业收入不低于人民币 1 亿元。
47	清溢光电	第一套	预计市值不低于人民币 10 亿元，最近两年净利润均为正且累计净利润不低于人民币 5000 万元，或者预计市值不低于人民币 10 亿元，最近一年净利润为正且营业收入不低于人民币 1 亿元。

续表

序号	发行人简称	适用标准	选择的具体上市标准
48	复旦张江	第一套	预计市值不低于人民币 10 亿元，最近两年净利润均为正且累计净利润不低于人民币 5000 万元，或者预计市值不低于人民币 10 亿元，最近一年净利润为正且营业收入不低于人民币 1 亿元。
49	迈得医疗	第一套	预计市值不低于人民币 10 亿元，最近两年净利润均为正且累计净利润不低于人民币 5000 万元，或者预计市值不低于人民币 10 亿元，最近一年净利润为正且营业收入不低于人民币 1 亿元。
50	赛伦生物	第一套	预计市值不低于人民币 10 亿元，最近两年净利润均为正且累计净利润不低于人民币 5000 万元，或者预计市值不低于人民币 10 亿元，最近一年净利润为正且营业收入不低于人民币 1 亿元。
51	罗克佳华	第一套	预计市值不低于人民币 10 亿元，最近两年净利润均为正且累计净利润不低于人民币 5000 万元，或者预计市值不低于人民币 10 亿元，最近一年净利润为正且营业收入不低于人民币 1 亿元。
52	东方基因	第一套	预计市值不低于人民币 10 亿元，最近两年净利润均为正且累计净利润不低于人民币 5000 万元，或者预计市值不低于人民币 10 亿元，最近一年净利润为正且营业收入不低于人民币 1 亿元。
53	金山办公	第一套	预计市值不低于人民币 10 亿元，最近两年净利润均为正且累计净利润不低于人民币 5000 万元，或者预计市值不低于人民币 10 亿元，最近一年净利润为正且营业收入不低于人民币 1 亿元。
54	连山科技	第一套	预计市值不低于人民币 10 亿元，最近两年净利润均为正且累计净利润不低于人民币 5000 万元，或者预计市值不低于人民币 10 亿元，最近一年净利润为正且营业收入不低于人民币 1 亿元。
55	有方科技	第一套	预计市值不低于人民币 10 亿元，最近两年净利润均为正且累计净利润不低于人民币 5000 万元，或者预计市值不低于人民币 10 亿元，最近一年净利润为正且营业收入不低于人民币 1 亿元。

续表

序号	发行人简称	适用标准	选择的具体上市标准
56	八亿时空	第一套	预计市值不低于人民币10亿元，最近两年净利润均为正且累计净利润不低于人民币5000万元，或者预计市值不低于人民币10亿元，最近一年净利润为正且营业收入不低于人民币1亿元。
57	中国电器	第一套	预计市值不低于人民币10亿元，最近两年净利润均为正且累计净利润不低于人民币5000万元，或者预计市值不低于人民币10亿元，最近一年净利润为正且营业收入不低于人民币1亿元。
58	建龙微纳	第一套	预计市值不低于人民币10亿元，最近两年净利润均为正且累计净利润不低于人民币5000万元，或者预计市值不低于人民币10亿元，最近一年净利润为正且营业收入不低于人民币1亿元。
59	祥生医疗	第一套	预计市值不低于人民币10亿元，最近两年净利润均为正且累计净利润不低于人民币5000万元，或者预计市值不低于人民币10亿元，最近一年净利润为正且营业收入不低于人民币1亿元。
60	嘉必优	第一套	预计市值不低于人民币10亿元，最近两年净利润均为正且累计净利润不低于人民币5000万元，或者预计市值不低于人民币10亿元，最近一年净利润为正且营业收入不低于人民币1亿元。
61	奥福环保	第一套	预计市值不低于人民币10亿元，最近两年净利润均为正且累计净利润不低于人民币5000万元，或者预计市值不低于人民币10亿元，最近一年净利润为正且营业收入不低于人民币1亿元。
62	卓越新能	第一套	预计市值不低于人民币10亿元，最近两年净利润均为正且累计净利润不低于人民币5000万元，或者预计市值不低于人民币10亿元，最近一年净利润为正且营业收入不低于人民币1亿元。
63	白山科技	第一套	预计市值不低于人民币10亿元，最近两年净利润均为正且累计净利润不低于人民币5000万元，或者预计市值不低于人民币10亿元，最近一年净利润为正且营业收入不低于人民币1亿元。

续表

序号	发行人简称	适用标准	选择的具体上市标准
64	博拉网络	第一套	预计市值不低于人民币 10 亿元，最近两年净利润均为正且累计净利润不低于人民币 5000 万元，或者预计市值不低于人民币 10 亿元，最近一年净利润为正且营业收入不低于人民币 1 亿元。
65	硕世生物	第一套	预计市值不低于人民币 10 亿元，最近两年净利润均为正且累计净利润不低于人民币 5000 万元，或者预计市值不低于人民币 10 亿元，最近一年净利润为正且营业收入不低于人民币 1 亿元。
66	长阳科技	第一套	预计市值不低于人民币 10 亿元，最近两年净利润均为正且累计净利润不低于人民币 5000 万元，或者预计市值不低于人民币 10 亿元，最近一年净利润为正且营业收入不低于人民币 1 亿元。
67	浩欧博	第一套	预计市值不低于人民币 10 亿元，最近两年净利润均为正且累计净利润不低于人民币 5000 万元，或者预计市值不低于人民币 10 亿元，最近一年净利润为正且营业收入不低于人民币 1 亿元。
68	神工股份	第一套	预计市值不低于人民币 10 亿元，最近两年净利润均为正且累计净利润不低于人民币 5000 万元，或者预计市值不低于人民币 10 亿元，最近一年净利润为正且营业收入不低于人民币 1 亿元。
69	三达膜	第一套	预计市值不低于人民币 10 亿元，最近两年净利润均为正且累计净利润不低于人民币 5000 万元，或者预计市值不低于人民币 10 亿元，最近一年净利润为正且营业收入不低于人民币 1 亿元。
70	致远互联	第一套	预计市值不低于人民币 10 亿元，最近两年净利润均为正且累计净利润不低于人民币 5000 万元，或者预计市值不低于人民币 10 亿元，最近一年净利润为正且营业收入不低于人民币 1 亿元。
71	昊海生科	第一套	预计市值不低于人民币 10 亿元，最近两年净利润均为正且累计净利润不低于人民币 5000 万元，或者预计市值不低于人民币 10 亿元，最近一年净利润为正且营业收入不低于人民币 1 亿元。

续表

序号	发行人简称	适用标准	选择的具体上市标准
72	万德斯	第一套	预计市值不低于人民币10亿元，最近两年净利润均为正且累计净利润不低于人民币5000万元，或者预计市值不低于人民币10亿元，最近一年净利润为正且营业收入不低于人民币1亿元。
73	久日新材	第一套	预计市值不低于人民币10亿元，最近两年净利润均为正且累计净利润不低于人民币5000万元，或者预计市值不低于人民币10亿元，最近一年净利润为正且营业收入不低于人民币1亿元。
74	映翰通	第一套	预计市值不低于人民币10亿元，最近两年净利润均为正且累计净利润不低于人民币5000万元，或者预计市值不低于人民币10亿元，最近一年净利润为正且营业收入不低于人民币1亿元。
75	普门科技	第一套	预计市值不低于人民币10亿元，最近两年净利润均为正且累计净利润不低于人民币5000万元，或者预计市值不低于人民币10亿元，最近一年净利润为正且营业收入不低于人民币1亿元。
76	金达莱	第一套	预计市值不低于人民币10亿元，最近两年净利润均为正且累计净利润不低于人民币5000万元，或者预计市值不低于人民币10亿元，最近一年净利润为正且营业收入不低于人民币1亿元。
77	佰仁医疗	第一套	预计市值不低于人民币10亿元，最近两年净利润均为正且累计净利润不低于人民币5000万元，或者预计市值不低于人民币10亿元，最近一年净利润为正且营业收入不低于人民币1亿元。
78	嘉元科技	第一套	预计市值不低于人民币10亿元，最近两年净利润均为正且累计净利润不低于人民币5000万元，或者预计市值不低于人民币10亿元，最近一年净利润为正且营业收入不低于人民币1亿元。
79	华特股份	第一套	预计市值不低于人民币10亿元，最近两年净利润均为正且累计净利润不低于人民币5000万元，或者预计市值不低于人民币10亿元，最近一年净利润为正且营业收入不低于人民币1亿元。

续表

序号	发行人简称	适用标准	选择的具体上市标准
80	诺康达	第一套	预计市值不低于人民币 10 亿元，最近两年净利润均为正且累计净利润不低于人民币 5000 万元，或者预计市值不低于人民币 10 亿元，最近一年净利润为正且营业收入不低于人民币 1 亿元。
81	国科环宇	第一套	预计市值不低于人民币 10 亿元，最近两年净利润均为正且累计净利润不低于人民币 5000 万元，或者预计市值不低于人民币 10 亿元，最近一年净利润为正且营业收入不低于人民币 1 亿元。
82	凌志软件	第一套	预计市值不低于人民币 10 亿元，最近两年净利润均为正且累计净利润不低于人民币 5000 万元，或者预计市值不低于人民币 10 亿元，最近一年净利润为正且营业收入不低于人民币 1 亿元。
83	航天宏图	第一套	预计市值不低于人民币 10 亿元，最近两年净利润均为正且累计净利润不低于人民币 5000 万元，或者预计市值不低于人民币 10 亿元，最近一年净利润为正且营业收入不低于人民币 1 亿元。
84	天宜上佳	第一套	预计市值不低于人民币 10 亿元，最近两年净利润均为正且累计净利润不低于人民币 5000 万元，或者预计市值不低于人民币 10 亿元，最近一年净利润为正且营业收入不低于人民币 1 亿元。
85	沃尔德	第一套	预计市值不低于人民币 10 亿元，最近两年净利润均为正且累计净利润不低于人民币 5000 万元，或者预计市值不低于人民币 10 亿元，最近一年净利润为正且营业收入不低于人民币 1 亿元。
86	泰坦科技	第一套	预计市值不低于人民币 10 亿元，最近两年净利润均为正且累计净利润不低于人民币 5000 万元，或者预计市值不低于人民币 10 亿元，最近一年净利润为正且营业收入不低于人民币 1 亿元。
87	联瑞新材	第一套	预计市值不低于人民币 10 亿元，最近两年净利润均为正且累计净利润不低于人民币 5000 万元，或者预计市值不低于人民币 10 亿元，最近一年净利润为正且营业收入不低于人民币 1 亿元。

续表

序号	发行人简称	适用标准	选择的具体上市标准
88	广大特材	第一套	预计市值不低于人民币10亿元，最近两年净利润均为正且累计净利润不低于人民币5000万元，或者预计市值不低于人民币10亿元，最近一年净利润为正且营业收入不低于人民币1亿元。
89	卓易科技	第一套	预计市值不低于人民币10亿元，最近两年净利润均为正且累计净利润不低于人民币5000万元，或者预计市值不低于人民币10亿元，最近一年净利润为正且营业收入不低于人民币1亿元。
90	华熙生物	第一套	预计市值不低于人民币10亿元，最近两年净利润均为正且累计净利润不低于人民币5000万元，或者预计市值不低于人民币10亿元，最近一年净利润为正且营业收入不低于人民币1亿元。
91	柏楚电子	第一套	预计市值不低于人民币10亿元，最近两年净利润均为正且累计净利润不低于人民币5000万元，或者预计市值不低于人民币10亿元，最近一年净利润为正且营业收入不低于人民币1亿元。
92	方邦股份	第一套	预计市值不低于人民币10亿元，最近两年净利润均为正且累计净利润不低于人民币5000万元，或者预计市值不低于人民币10亿元，最近一年净利润为正且营业收入不低于人民币1亿元。
93	宝兰德	第一套	预计市值不低于人民币10亿元，最近两年净利润均为正且累计净利润不低于人民币5000万元，或者预计市值不低于人民币10亿元，最近一年净利润为正且营业收入不低于人民币1亿元。
94	石头科技	第一套	预计市值不低于人民币10亿元，最近两年净利润均为正且累计净利润不低于人民币5000万元，或者预计市值不低于人民币10亿元，最近一年净利润为正且营业收入不低于人民币1亿元。
95	海天瑞声（IPO终止）	第一套	预计市值不低于人民币10亿元，最近两年净利润均为正且累计净利润不低于人民币5000万元，或者预计市值不低于人民币10亿元，最近一年净利润为正且营业收入不低于人民币1亿元。

续表

序号	发行人简称	适用标准	选择的具体上市标准
96	安恒信息	第一套	预计市值不低于人民币10亿元，最近两年净利润均为正且累计净利润不低于人民币5000万元，或者预计市值不低于人民币10亿元，最近一年净利润为正且营业收入不低于人民币1亿元。
97	山石网科	第一套	预计市值不低于人民币10亿元，最近两年净利润均为正且累计净利润不低于人民币5000万元，或者预计市值不低于人民币10亿元，最近一年净利润为正且营业收入不低于人民币1亿元。
98	博瑞医药	第一套	预计市值不低于人民币10亿元，最近两年净利润均为正且累计净利润不低于人民币5000万元，或者预计市值不低于人民币10亿元，最近一年净利润为正且营业收入不低于人民币1亿元。
99	视联动力	第一套	预计市值不低于人民币10亿元，最近两年净利润均为正且累计净利润不低于人民币5000万元，或者预计市值不低于人民币10亿元，最近一年净利润为正且营业收入不低于人民币1亿元。
100	安博通	第一套	预计市值不低于人民币10亿元，最近两年净利润均为正且累计净利润不低于人民币5000万元，或者预计市值不低于人民币10亿元，最近一年净利润为正且营业收入不低于人民币1亿元。
101	威胜信息	第一套	预计市值不低于人民币10亿元，最近两年净利润均为正且累计净利润不低于人民币5000万元，或者预计市值不低于人民币10亿元，最近一年净利润为正且营业收入不低于人民币1亿元。
102	热景生物	第一套	预计市值不低于人民币10亿元，最近两年净利润均为正且累计净利润不低于人民币5000万元，或者预计市值不低于人民币10亿元，最近一年净利润为正且营业收入不低于人民币1亿元。
103	杰普特	第一套	预计市值不低于人民币10亿元，最近两年净利润均为正且累计净利润不低于人民币5000万元，或者预计市值不低于人民币10亿元，最近一年净利润为正且营业收入不低于人民币1亿元。

续表

序号	发行人简称	适用标准	选择的具体上市标准
104	瀚川智能	第一套	预计市值不低于人民币10亿元，最近两年净利润均为正且累计净利润不低于人民币5000万元，或者预计市值不低于人民币10亿元，最近一年净利润为正且营业收入不低于人民币1亿元。
105	美迪西	第一套	预计市值不低于人民币10亿元，最近两年净利润均为正且累计净利润不低于人民币5000万元，或者预计市值不低于人民币10亿元，最近一年净利润为正且营业收入不低于人民币1亿元。
106	龙软科技	第一套	预计市值不低于人民币10亿元，最近两年净利润均为正且累计净利润不低于人民币5000万元，或者预计市值不低于人民币10亿元，最近一年净利润为正且营业收入不低于人民币1亿元。
107	苑东生物	第一套	预计市值不低于人民币10亿元，最近两年净利润均为正且累计净利润不低于人民币5000万元，或者预计市值不低于人民币10亿元，最近一年净利润为正且营业收入不低于人民币1亿元。
108	恒安嘉新	第一套	预计市值不低于人民币10亿元，最近两年净利润均为正且累计净利润不低于人民币5000万元，或者预计市值不低于人民币10亿元，最近一年净利润为正且营业收入不低于人民币1亿元。
109	紫晶存储	第一套	预计市值不低于人民币10亿元，最近两年净利润均为正且累计净利润不低于人民币5000万元，或者预计市值不低于人民币10亿元，最近一年净利润为正且营业收入不低于人民币1亿元。
110	创鑫激光	第一套	预计市值不低于人民币10亿元，最近两年净利润均为正且累计净利润不低于人民币5000万元，或者预计市值不低于人民币10亿元，最近一年净利润为正且营业收入不低于人民币1亿元。
111	申联生物	第一套	预计市值不低于人民币10亿元，最近两年净利润均为正且累计净利润不低于人民币5000万元，或者预计市值不低于人民币10亿元，最近一年净利润为正且营业收入不低于人民币1亿元。

续表

序号	发行人简称	适用标准	选择的具体上市标准
112	海尔生物	第一套	预计市值不低于人民币10亿元，最近两年净利润均为正且累计净利润不低于人民币5000万元，或者预计市值不低于人民币10亿元，最近一年净利润为正且营业收入不低于人民币1亿元。
113	晶丰明源	第一套	预计市值不低于人民币10亿元，最近两年净利润均为正且累计净利润不低于人民币5000万元，或者预计市值不低于人民币10亿元，最近一年净利润为正且营业收入不低于人民币1亿元。
114	聚辰股份	第一套	预计市值不低于人民币10亿元，最近两年净利润均为正且累计净利润不低于人民币5000万元，或者预计市值不低于人民币10亿元，最近一年净利润为正且营业收入不低于人民币1亿元。
115	博众精工	第一套	预计市值不低于人民币10亿元，最近两年净利润均为正且累计净利润不低于人民币5000万元，或者预计市值不低于人民币10亿元，最近一年净利润为正且营业收入不低于人民币1亿元。
116	交控科技	第一套	预计市值不低于人民币10亿元，最近两年净利润均为正且累计净利润不低于人民币5000万元，或者预计市值不低于人民币10亿元，最近一年净利润为正且营业收入不低于人民币1亿元。
117	木瓜移动	第一套	预计市值不低于人民币10亿元，最近两年净利润均为正且累计净利润不低于人民币5000万元，或者预计市值不低于人民币10亿元，最近一年净利润为正且营业收入不低于人民币1亿元。
118	当虹科技	第一套	预计市值不低于人民币10亿元，最近两年净利润均为正且累计净利润不低于人民币5000万元，或者预计市值不低于人民币10亿元，最近一年净利润为正且营业收入不低于人民币1亿元。
119	中科星图	第一套	预计市值不低于人民币10亿元，最近两年净利润均为正且累计净利润不低于人民币5000万元，或者预计市值不低于人民币10亿元，最近一年净利润为正且营业收入不低于人民币1亿元。

续表

序号	发行人简称	适用标准	选择的具体上市标准
120	传音控股	第一套	预计市值不低于人民币10亿元，最近两年净利润均为正且累计净利润不低于人民币5000万元，或者预计市值不低于人民币10亿元，最近一年净利润为正且营业收入不低于人民币1亿元。
121	鸿泉物联	第一套	预计市值不低于人民币10亿元，最近两年净利润均为正且累计净利润不低于人民币5000万元，或者预计市值不低于人民币10亿元，最近一年净利润为正且营业收入不低于人民币1亿元。
122	贝斯达	第一套	预计市值不低于人民币10亿元，最近两年净利润均为正且累计净利润不低于人民币5000万元，或者预计市值不低于人民币10亿元，最近一年净利润为正且营业收入不低于人民币1亿元。
123	世纪空间	第一套	预计市值不低于人民币10亿元，最近两年净利润均为正且累计净利润不低于人民币5000万元，或者预计市值不低于人民币10亿元，最近一年净利润为正且营业收入不低于人民币1亿元。
124	微芯生物	第一套	预计市值不低于人民币10亿元，最近两年净利润均为正且累计净利润不低于人民币5000万元，或者预计市值不低于人民币10亿元，最近一年净利润为正且营业收入不低于人民币1亿元。
125	天奈科技	第一套	预计市值不低于人民币10亿元，最近两年净利润均为正且累计净利润不低于人民币5000万元，或者预计市值不低于人民币10亿元，最近一年净利润为正且营业收入不低于人民币1亿元。
126	江苏北人	第一套	预计市值不低于人民币10亿元，最近两年净利润均为正且累计净利润不低于人民币5000万元，或者预计市值不低于人民币10亿元，最近一年净利润为正且营业收入不低于人民币1亿元。
127	利元亨	第一套	预计市值不低于人民币10亿元，最近两年净利润均为正且累计净利润不低于人民币5000万元，或者预计市值不低于人民币10亿元，最近一年净利润为正且营业收入不低于人民币1亿元。

续表

序号	发行人简称	适用标准	选择的具体上市标准
128	安翰科技	第一套	预计市值不低于人民币 10 亿元，最近两年净利润均为正且累计净利润不低于人民币 5000 万元，或者预计市值不低于人民币 10 亿元，最近一年净利润为正且营业收入不低于人民币 1 亿元。
129	科前生物	第一套	预计市值不低于人民币 10 亿元，最近两年净利润均为正且累计净利润不低于人民币 5000 万元，或者预计市值不低于人民币 10 亿元，最近一年净利润为正且营业收入不低于人民币 1 亿元。
130	国盾量子	第二套	预计市值不低于人民币 15 亿元，最近一年营业收入不低于人民币 2 亿元，且最近三年累计研发投入占最近三年累计营业收入的比例不低于 15%。
131	上海拓璞	第二套	预计市值不低于人民币 15 亿元，最近一年营业收入不低于人民币 2 亿元，且最近三年累计研发投入占最近三年累计营业收入的比例不低于 15%。
132	先临三维	第二套	预计市值不低于人民币 15 亿元，最近一年营业收入不低于人民币 2 亿元，且最近三年累计研发投入占最近三年累计营业收入的比例不低于 15%。
133	赛诺医疗	第二套	预计市值不低于人民币 15 亿元，最近一年营业收入不低于人民币 2 亿元，且最近三年累计研发投入占最近三年累计营业收入的比例不低于 15%。
134	天准科技	第三套	发行人选择的具体上市标准为：预计市值不低于人民币 20 亿元，最近一年营业收入不低于人民币 3 亿元，且最近三年经营活动产生的现金流量净额累计不低于人民币 1 亿元。
135	中国通号	第四套	预计市值不低于人民币 30 亿元，且最近一年营业收入不低于人民币 3 亿元。
136	埃夫特	第四套	预计市值不低于人民币 30 亿元，且最近一年营业收入不低于人民币 3 亿元。
137	亿华通	第四套	预计市值不低于人民币 30 亿元，且最近一年营业收入不低于人民币 3 亿元。

续表

序号	发行人简称	适用标准	选择的具体上市标准
138	天合光能	第四套	预计市值不低于人民币 30 亿元，且最近一年营业收入不低于人民币 3 亿元。
139	容百科技	第四套	预计市值不低于人民币 30 亿元，且最近一年营业收入不低于人民币 3 亿元。
140	中微公司	第四套	预计市值不低于人民币 30 亿元，且最近一年营业收入不低于人民币 3 亿元。
141	虹软科技	第四套	预计市值不低于人民币 30 亿元，且最近一年营业收入不低于人民币 3 亿元。
142	晶晨股份	第四套	预计市值不低于人民币 30 亿元，且最近一年营业收入不低于人民币 3 亿元。
143	硅产业	第四套	预计市值不低于人民币 30 亿元，且最近一年营业收入不低于人民币 3 亿元。
144	特宝生物	第四套	预计市值不低于人民币 30 亿元，且最近一年营业收入不低于人民币 3 亿元。
145	和舰芯片	第四套	预计市值不低于人民币 30 亿元，且最近一年营业收入不低于人民币 3 亿元。
146	前沿生物	第五套	预计市值不低于人民币 40 亿元，主要业务或产品需经国家有关部门批准，市场空间大，目前已取得阶段性成果。医药行业企业需至少有一项核心产品获准开展二期临床试验，其他符合科创板定位的企业需具备明显的技术优势并满足相应条件。
147	天智航	第五套	预计市值不低于人民币 40 亿元，主要业务或产品需经国家有关部门批准，市场空间大，目前已取得阶段性成果。医药行业企业需至少有一项核心产品获准开展二期临床试验，其他符合科创板定位的企业需具备明显的技术优势并满足相应条件。

续表

序号	发行人简称	适用标准	选择的具体上市标准
148	百奥泰	第五套	预计市值不低于人民币 40 亿元，主要业务或产品需经国家有关部门批准，市场空间大，目前已取得阶段性成果。医药行业企业需至少有一项核心产品获准开展二期临床试验，其他符合科创板定位的企业需具备明显的技术优势并满足相应条件。
149	泽璟制药	第五套	预计市值不低于人民币 40 亿元，主要业务或产品需经国家有关部门批准，市场空间大，目前已取得阶段性成果。医药行业企业需至少有一项核心产品获准开展二期临床试验，其他符合科创板定位的企业需具备明显的技术优势并满足相应条件。
150	华润微电子	第六套 2	预计市值不低于人民币 50 亿元，且最近一年收入不低于 5 亿元。
151	九号智能	第六套 2、第七套 2	预计市值不低于人民币 50 亿元，且最近一年收入不低于 5 亿元。
152	优刻得	第七套 2	预计市值不低于人民币 50 亿元，且最近一年收入不低于 5 亿元。

资料来源：上海证券交易所依法公开的相关企业的招股说明书

第三节　红筹和特殊股权结构企业上市标准

一、红筹企业上市标准

根据上海证券交易所的规定，红筹企业特指注册地在境外、主要经营活动在境内的企业。《国务院办公厅转发证监会关于开展创新企业境内发行股票或存托凭证试点若干意见的通知》（国办发〔2018〕21 号）、《科创板首次公开发行股票注册管理办法（试行）》（中国证券监督管理委员会第 153 号）、《上海证券交易所科创板股票上市规则》（上证发〔2019〕53 号）对红筹企业及其上市标准作了规定。

（一）发行条件

红筹企业可以通过发行股票或存托凭证在科创板上市。存托凭证是指由存托人签发、以境外证券为基础在中国境内发行、代表境外基础证券权益的证券。

根据《国务院办公厅转发证监会关于开展创新企业境内发行股票或存托凭证试点若干意见的通知》（国办发〔2018〕21号）规定，对红筹企业境内发行股票或存托凭证的要求有如下几点：

1. 已在境外上市的大型红筹企业，市值不低于2000亿元人民币；

2. 尚未在境外上市的创新企业（包括红筹企业和境内注册企业），最近一年营业收入不低于30亿元人民币且估值不低于200亿元人民币；

3. 尚未在境外上市的创新企业（包括红筹企业和境内注册企业），营业收入快速增长，拥有自主研发、国际领先技术，同行业竞争中处于相对优势地位。

对于红筹企业适用上述第3项的判断标准，《科创板首次公开发行股票注册管理办法（试行）》（中国证券监督管理委员会令第153号）交由交易所制定具体规则，并报证监会批准。[①]《上海证券交易所科创板股票发行上市审核规则》（上证发〔2019〕18号）对红筹企业适用上述第3项的判断标准予以明细。其中规定，营业收入快速增长，拥有自主研发、国际领先技术，同行业竞争中处于相对优势地位的红筹企业，申请发行股票或存托凭证并在科创板上市的，发行人至少需要符合以下两项标准之一：（1）预计市值不低于人民币100亿元；（2）预计市值不低于人民币50亿元，且最近一年营业收入不低于人民币5亿元。同时，发行人的招股说明书和保荐人的上市保荐书中应当对发行人所选择的市值标准进行说明。

---

① 《科创板首次公开发行股票注册管理办法（试行）》（中国证券监督管理委员会令第153号）第80条第2款规定："前款规定的规定红筹企业在科创板发行上市，适用《若干意见》'营业收入快速增长，拥有自主研发、国际领先技术，同行业竞争中处于相对优势地位'的具体标准，由交易所制定具体规则，并报中国证监会批准。"

（二）文件准备

红筹企业在境内发行存托凭证并上市的，除需要获得上海证券交易所出具的同意发行上市审核意见和中国证监会作出同意注册决定外，还应当提交如下材料：（1）本次发行的存托凭证已经中国结算存管的证明文件；（2）经签署的存托协议；（3）托管协议文本；（4）托管人出具的存托凭证所对应基础证券的托管凭证等文件。

此外，红筹企业还需要就境内发行上市事宜提交股东大会决议。但根据公司注册地公司法等法律法规和公司章程或者章程性文件规定，红筹企业无须就本次境内发行上市事宜提交股东大会审议的，其申请上市时可以不提交股东大会决议，但应当提交相关董事会决议。

（三）红筹企业的信息披露事宜

1. 一般规定

红筹企业应当在境内设立证券事务机构，并聘任信息披露境内代表，负责办理公司股票或者存托凭证上市期间的信息披露和监管联络事宜。信息披露境内代表应当具备境内上市公司董事会秘书的相应任职能力，熟悉境内信息披露规定和要求，并能够熟练使用中文。

2. 协议控制架构或者类似特殊安排的红筹企业信息披露

红筹企业具有协议控制架构或者类似特殊安排的，应当充分、详细披露相关情况，特别是风险、公司治理等信息，以及依法落实保护投资者合法权益规定的各项措施。此外，红筹企业应当在年度报告中披露协议控制架构或者类似特殊安排在报告期内的实施和变化情况，以及该等安排下保护境内投资者合法权益有关措施的实施情况。

根据《上海证券交易所科创板股票发行上市审核问答（二）》（上证发〔2019〕36号），部分按相关规定申请科创板发行上市的红筹企业，如存在协议控制架构或类似特殊安排，将不具有持股关系的主体（以下简称被合并主体）纳入合并财务报表合并范围，在此情况下，发行人应：（1）充分披露协议控制架构的具体安排，包括协议控制架构涉及的各方法律主体的基本情况、主要合同的核心条款等；（2）分析披露被合并主体设立目的、被合并主体的相关活动以及如何对相关活动作出决策、发行人享有的权利是否使其目前有能力主导被合并主体的相关活动、发行人是否通过参与被合并主体相关活动而享有可变回报、发行人是否有能力运用对被合并主体的权利影响其回报金额、投资方与其他各方的关系；（3）结合上述情况和会计准则规定，分析披露发行人合并依据是否充分，详细披露合并报表编制方法。保荐机构及申报会计师应对上述情况进行核查，就合并报表编制是否合规发表明确意见。

3. 红筹企业发行上市存托凭证的信息披露

红筹企业在上海证券交易所上市存托凭证的，应当在年度报告和中期报告中披露存托、托管相关安排在报告期内的实施和变化情况以及报告期末前10名境内存托凭证持有人的名单和持有量。

除了年度报告和中期报告的披露外，红筹企业发行上市存托凭证的，还要履行临时信息披露义务。当发生存托人、托管人发生变化；存托的基础财产发生被质押、挪用、司法冻结或者其他权属变化；对存托协议、托管协议作出重大修改；存托凭证与基础证券的转换比例发生变动等情形时，红筹企业应当及时进行披露。如若红筹企业变更存托凭证与基础证券的转换比例的，应当经上海证券交易所同意。

4. 信息披露的调整适用

红筹企业和相关信息披露义务人适用本规则相关信息披露要求和持续监管规定，可能导致其难以符合公司注册地、境外上市地有关规定及市场实践中普遍认同的标准的，可以向本所申请调整适用，但应当说明原因和替代方案，并聘请律师事务所出具法律意见。但上海证券交易所认为依法不应调整适用的，红筹企业和相关信息披露义务人应当执行《上海证券交易所科创板股票上市规则》相关规定。

（四）投资者保护

《国务院办公厅转发证监会关于开展创新企业境内发行股票或存托凭证试点若干意见的通知》（国办发〔2018〕21号）允许试点红筹企业股权结构、公司治理、运行规范等事项适用境外注册地公司法等法律法规规定，但关于投资者权益保护的安排要求总体上应不低于境内法律要求。试点企业不得有任何损害境内投资者合法权益的特殊安排和行为。发行股票的，应执行境内现行投资者保护制度；尚未盈利试点企业的控股股东、实际控制人和董事、高级管理人员在企业实现盈利前不得减持上市前持有的股票。发行存托凭证的，应确保存托凭证持有人实际享有权益与境外基础股票持有人权益相当，由存托人代表境内投资者对境外基础股票发行人行使权利。投资者合法权益受到损害时，试点企业应确保境内投资者获得与境外投资者相当的赔偿。

二、特殊股权结构企业上市标准

特殊股权结构也称为特殊表决权安排，是指按照《公司法》第 131 条的规定，在一般规定的普通股份之外，发行拥有特别表决权的股份。每一特别表决权的股份拥有的表决权数量大于每一普通股份拥有的表决权数量，其他股东权利与普通股份相同。我国现行《公司法》第 126 条第 1 款规定“股份的发行，实行公平、公正的原则，同种类的每一股份应当具有同等权利”。这一规定确立了“同股同权”的原则。但随着技术的发展，越来越多的科创企业诞生，新技术、独特的商业模式、具有企业家精神的创始人团队等要素在企业发展过程中开始发挥越来越重要的作用。诸如阿里巴巴等独角兽企业都采用特殊股权结构的安排来使公司创始人及其他大股东化解公司上市后失去公司控制权的风险。

《上海证券交易所科创板股票上市规则》（上证发〔2019〕53 号）、《上海证券交易所科创板股票发行上市审核规则》（上证发〔2019〕18 号）等规则对科创板特殊股权结构（表决权差异安排）作了规定。

（一）特殊股权结构的设置

对于拟在科创板上市并设置特殊表决权的企业，在设置时间上，最晚应于发行人首次公开发行并上市前。如果发行人在首次公开发行并上市前未设置完成表决权差异安排的，那么其将不能在上市后以任何方式设置表决权差异安排。

在设置程序上，发行人内部决定在首次公开发行并上市前设置表决权差异安排的，需要经出席股东大会的股东所持 2/3 以上的表决权通过。

（二）特别表决权主体

并不是发行人内部任何股东都可以持有特别表决权股份，科创板中特别表决权股份的持有人资格具有一定限制。在主体资格方面，出于科创企业自身需要，《上海证券交易所科创板股票上市规则》将持有特别表决权股份的股东限制为同时满足以下条件：（1）对上市公司发展或者业务增长等作出重大贡献；（2）在公司上市前及上市后持续担任公司董事的人员或者该等人员实际控制的持股主体。

在持有特别表决权股份股东的权利方面，除一般股东权利外，单独或者合计持有公司10%以上已发行有表决权股份的股东有权提议召开临时股东大会；单独或者合计持有公司3%以上已发行有表决权股份的股东有权提出股东大会议案。

（三）特别表决权行使要求

在表决权比例方面，上市公司应当保证普通表决权比例不低于10%。在出现以下特定情形时，特别表决权股份应当按照1∶1的比例转换为普通股份：

1. 持有特别表决权股份的股东不再符合《上海证券交易所科创板股票上市规则》第4.5.3条规定的资格和最低持股要求，或者丧失相应履职能力、离任、死亡。此时，特别表决权股份自相关情形发生时即转换为普通股份，相关股东应当立即通知上市公司，上市公司应当及时披露具体情形、发生时间、转换为普通股份的特别表决权股份数量、剩余特别表决权股份数量等情况。

2. 实际持有特别表决权股份的股东失去对相关持股主体的实际控制；

3. 持有特别表决权股份的股东向他人转让所持有的特别表决权股份，或者将特别表决权股份的表决权委托他人行使；

4. 公司的控制权发生变更。此时，上市公司已发行的全部特别表决权股份均应当转换为普通股份。

在特别表决权行使方面，当对公司章程作出修改、改变特别表决权股份享有的表决权数量、聘请或者解聘独立董事、聘请或者解聘为上市公司定期报告出具审计意见的会计师事务所、公司合并、分立、解散或者变更公司形式事项进行表决时，每一特别表决权股份享有的表决权数量应当与每一普通股份的表决权数量相同。

（四）市值标准

存在表决权差异安排的发行人申请股票或者存托凭证首次公开发行并在科创板上市的，除了表决权的安排方面外，在市值方面，发行人至少需要符合以下两项标准之一：（1）预计市值不低于人民币100亿元；（2）预计市值不低于人民币50亿元，且最近一年营业收入不低于人民币5亿元。同时，发行人的招股说明书和保荐人的上市保荐书中应当对发行人所选择的市值标准进行说明。

（五）外部监督机制

科创板对特别表决权构建了包括信息披露和监事出具专项意见的监督机制。在信息披露方面，上市公司具有表决权差异安排的，应当在定期报告中披露该等安排在报告期内的实施和变化情况，以及该等安排下保护投资者合法权益有关措施的实施情况。前述情况出现重大变化或者调整的，公司和相关信息披露义务人应当及时予以披露。在监事监督方面，监事会应当在年度报告中，就持有特别表决权股份股东的持有资格条件，是否出现应当转换为普通股的情形，特别表决权比例，持有特别表决权股份的股东是否存在滥用特别表决权或者其他损害投资者合法权益等事项出具专项意见。

此外，上市公司或者持有特别表决权股份的股东应当按照上海证券交易所及中国证券登记结算有限责任公司的有关规定，办理特别表决权股份登记和转换成普通股份登记事宜。

第二章

科创板上市程序

第一节　提交上市申请文件

一、预沟通

根据《上海证券交易所科创板股票发行上市审核规则》第 12 条规定，在提交发行上市申请文件前，对于重大疑难、无先例事项等涉及本所业务规则理解与适用的问题，发行人及保荐人可以通过本所发行上市审核业务系统进行咨询；确需当面咨询的，可以通过本所发行上市审核业务系统预约。此预沟通机制的设置能够帮助申请人以及保荐人更好地理解交易所的规则，以及时完善申请材料，促进审核效率的提高。

二、提交上市申请

根据《上海证券交易所科创板股票发行上市审核规则》第 11 条规定，发行人申请股票首次发行上市，应当向交易所提交发行上市申请文件。发行人应当按照规定聘请保荐人进行保荐，并委托保荐人通过上海证券交易所发行上市审核业务系统保送下列发行上市申请文件：

（1）中国证监会规定的招股说明书、发行保荐书、审计报告、法律意见书、公司章程、股东大会决议等注册申请文件；

（2）上市保荐书；

（3）上海证券交易所要求的其他文件。

发行上市申请文件的内容与格式应当符合中国证监会和上海证券交易所的相关规定，即应当以电子文档的形式报送工作底稿和验证版的招股说明书。

科创板的文件报送要求全流程电子化报送，实现了全面无纸化，能够更加方便快捷地报送并大幅提高送审效率，并强调工作底稿和验证版招股说明书的报送，强化中介机构的责任。

三、补正申请材料

根据《上海证券交易所科创板股票发行上市审核规则》第 13 条规定，发行上市申请文件与中国证监会及本所规定的文件目录不相符、文档名称与文档内容不相符、文档格式不符合本所要求、签章不完整或者不清晰、文档无法打开或者存在本所认定的其他不齐备情形的，发行人应当予以补正，补正时限最长不超过 30 个工作日。发行人补正发行上市申请文件的，本所收到发行上市申请文件的时间以发行人最终提交补正文件的时间为准。本所按照收到发行人发行上市申请文件的先后顺序予以受理。

该条规定明确了补正的时限，并明确将按照收到发行人上市申请文件的先后顺序予以受理，提高了受理的可预期性。

第二节　受理与预披露

一、交易所受理

根据《上海证券交易所科创板股票发行上市审核规则》第 13 条规定，本所收到发行上市申请文件后五个工作日内，对文件进行核对，作出是否受理的决定，告知发行人及其保荐人，并在本所网站公示。

第 14 条规定了不予受理发行人的发行上市申请文件的情形，包括以下两种：

（1）招股说明书、发行保荐书、上市保荐书等发行上市申请文件不齐备且未按要求补正。

（2）保荐人、证券服务机构及其相关人员不具备相关资质；或者因证券违法违规被采取限制资格、限制业务活动、一定期限内不接受其出具的相关文件等相关措施，尚未解除；或者因首次公开发行并上市、上市公司发行证券、并购重组业务涉嫌违法违规，或者其他业务涉嫌违法违规且对市场有重大影响被立案调查、侦查，尚未结案。

二、申请复审

《上海证券交易所科创板股票发行上市审核规则》第61、62条规定，本所对发行上市申请不予受理或者终止审核的，发行人可以在收到本所相关文件后五个工作日内，向本所申请复审。但因发行人撤回发行上市申请或者保荐人撤回保荐终止审核的，发行人不得申请复审。

发行人根据前条规定申请复审的，应当向本所提交下列申请文件：

（1）复审申请书；

（2）保荐人就复审事项出具的意见书；

（3）律师事务所就复审事项出具的法律意见书；

（4）本所规定的其他文件。

第63条规定，上海证券交易所收到复审申请后20个工作日内，召开上市委员会复审会议。上市委员会复审期间，原决定的效力不受影响。上市委员会复审会议认为申请复审理由成立的，上海证券交易所对发行上市申请予以受理或者重新审核，审核时限自受理之日或重新审核之日起算，上海证券交易所对审核时限另有规定的除外；复审会议认为申请复审理由不成立的，上海证券交易所维持原决定。上海证券交易所因审核不通过作出终止发行上市审核的决定后，发行人提出异议申请复审的，参加上市委员会原审议会议的委员，不得参加本次复审会议。

三、预披露

根据《上海证券交易所科创板股票发行上市审核规则》第16条规定，上海证券交易所受理发行上市申请文件当日，发行人应当在上海证券交易所网站预先披露招股说明书、发行保荐书、上市保荐书、审计报告和法律意见书等文件。

上海证券交易所受理发行上市申请后至中国证监会作出注册决定前，发行人应当按照本规则的规定，对预先披露的招股说明书、发行保荐书、上市保荐书、审计报告和法律意见书等文件予以更新并披露。依照前两款规定预先披露的招股说明书等文件不是发行人发行股票的正式文件，不能含有股票发行价格信息，发行人不得据此发行股票。发行人应当在预先披露的招股说明书的显要位置声明：“本公司的发行申请尚需经上海证券交易所和中国证监会履行相应程序。本招股说明书不具有据以发行股票的法律效力，仅供预先披露之用。投资者应当以正式公告的招股说明书作为投资决定的依据。”

该项预披露的规定将披露时点前置，能够使监管方、投资者、社会各界更早了解到发行人的相关信息，为及时履行监管职责和投资者尽早进行投资研判提供了更及时、更丰富的信息。

第三节　问询与审核

一、首轮问询

《上海证券交易所科创板股票发行上市审核规则》第 39 条规定，对股票首次发行上市申请，上海证券交易所发行上市审核机构自受理之日起 20 个工作日内，通过保荐人向发行人提出首轮审核问询。在首轮审核问询发出前，发行人及其保荐人、证券服务机构及其相关人员不得与审核人员接触，不得以任何形式干扰审核工作。

第 40 条规定，在首轮审核问询发出后，发行人及其保荐人对本所审核问询存在疑问的，可以通过上海证券交易所发行上市审核业务系统进行沟通；确需当面沟通的，可以通过上海证券交易所发行上市审核业务系统预约。

二、多轮问询

《上海证券交易所科创板股票发行上市审核规则》第 41 条规定，首轮审核问询后，存在下列情形之一的，上海证券交易所发行上市审核机构收到发行人回复后 10 个工作日内可以继续提出审核问询：

（1）首轮审核问询后，发现新的需要问询事项；

（2）发行人及其保荐人、证券服务机构的回复未能有针对性地回答上海证券交易所发行上市审核机构提出的审核问询，或者本所就其回复需要继续审核问询；

（3）发行人的信息披露仍未满足中国证监会和上海证券交易所规定的要求；

（4）本所认为需要继续审核问询的其他情形。

第42条规定，发行人及其保荐人、证券服务机构应当按照本所发行上市审核机构审核问询要求进行必要的补充调查和核查，及时、逐项回复上海证券交易所发行上市审核机构提出的审核问询，相应补充或者修改发行上市申请文件，并于上市委员会审议会议结束后10个工作日内汇总补充报送与审核问询回复相关的保荐工作底稿和更新后的验证版招股说明书。发行人及其保荐人、证券服务机构对上海证券交易所发行上市审核机构审核问询的回复是发行上市申请文件的组成部分，发行人及其保荐人、证券服务机构应当保证回复的真实、准确、完整，并在回复后及时在本所网站披露问询和回复的内容。

三、出具审核报告

《上海证券交易所科创板股票发行上市审核规则》第47条规定，本所发行上市审核机构收到发行人及其保荐人、证券服务机构对本所审核问询的回复后，认为不需要进一步审核问询的，将出具审核报告并提交上市委员会审议。

发行上市审核机构所进行的为第一步的实质性审查，该审查将督促发行人及中介机构进一步完善信息披露，实质性审查通过后出具审核报告，再由上市委员会进行审议。

四、上市委员会审议

上市审核机构完成第一步实质性审查后，将审核报告交由上市委员会进行审议。上市委员会召开审议会议，对本审核报告及发行上市申请文件进行审议。每次审议会议由5名委员参加，其中会计、法律专家至少各一名。上市委员会进行审议时要求对发行人及其保荐人进行现场问询的，发行人代表及保荐代表人应当到会接受问询，回答委员提出的问题。上市委员会审议时，参会委员就审核报告的内容和发行上市审核机构提出的初步审核意见发表意见，通过合议形成同意或者不同意发行上市的审议意见。

上海证券交易所结合上市委员会的审议意见，出具同意发行上市的审核意见或者作出终止发行上市审核的决定。上市委员会同意发行人发行上市，但要求发行人补充披露有关信息的，上海证券交易所发行上市审核机构告知保荐人组织落实；发行上市审核机构对发行人及其保荐人、证券服务机构的落实情况予以核对，通报参会委员，无须再次提请上市委员会审议。发行人对相关事项补充披露后，上海证券交易所出具同意发行上市的审核意见。

五、证监会审核申报文件

上海证券交易所审核通过的，向中国证监会报送同意发行上市的审核意见、相关审核资料和发行人的发行上市申请文件。中国证监会要求上海证券交易所进一步问询的，上海证券交易所向发行人及保荐人、证券服务机构提出反馈问题。证监会仍然保留有实质审查权。

六、中止审核与终止审核的情形

（一）中止审核的情形

1. 发行人及其控股股东、实际控制人涉嫌贪污、贿赂、侵占财产、挪用财产或者破坏社会主义市场经济秩序的犯罪，或者涉嫌欺诈发行、重大信息披露违法或其他涉及国家安全、公共安全、生态安全、生产安全、公众健康安全等领域的重大违法行为，被立案调查或者被司法机关立案侦查，尚未结案；

2. 发行人的保荐人或者签字保荐代表人、证券服务机构或者相关签字人员因首次公开发行并上市、上市公司发行证券、并购重组业务涉嫌违法违规，或者其他业务涉嫌违法违规且对市场有重大影响被中国证监会立案调查，或者被司法机关侦查，尚未结案；

3. 发行人的保荐人、证券服务机构被中国证监会依法采取限制业务活动、责令停业整顿、指定其他机构托管或者接管等监管措施，尚未解除；

4. 发行人的签字保荐代表人、证券服务机构相关签字人员被中国证监会依法采取市场禁入、限制证券从业资格等监管措施，尚未解除；

5. 保荐人或者签字保荐代表人、证券服务机构或者相关签字人员，被交易所实施一定期限内不接受其出具的相关文件的纪律处分，尚未解除；

6. 发行人提交的文件已过有效期，需要补充提交；

7. 发行人及保荐人主动要求中止审核，理由正当并经交易所同意。

（二）终止审核的情形

1. 发行上市申请文件内容存在重大缺陷，严重影响投资者理解和本所审核；

2. 发行人撤回发行上市申请或者保荐人撤销保荐；

3. 发行人未在规定时限内回复本所审核问询或者未对发行上市申请文件作出解释说明、补充修改；

4. 发行上市申请文件被认定存在虚假记载、误导性陈述或者重大遗漏；

5. 发行人阻碍或者拒绝上海证券交易所依法实施的检查；

6. 发行人及其关联方以不正当手段严重干扰上海证券交易所发行上市审核工作；

7. 发行人的法人资格终止；

8.《上海证券交易所科创板股票发行上市审核规则》第 64 条第 1 款规定的中止审核情形未能在三个月内消除，或者未能在《上海证券交易所科创板股票发行上市审核规则》第 65 条规定的时限内完成相关事项；

9. 上海证券交易所审核不通过。

第四节 注册与发行、挂牌上市

一、证监会注册决定

中国证监会在 20 个工作日内对发行人的注册申请作出同意注册或者不予注册的决定。中国证监会同意注册的决定自作出之日起 1 年内有效，发行人应当在注册决定有效期内发行股票，发行时点由发行人自主选择。

中国证监会在注册程序中，决定退回上海证券交易所补充审核的，上海证券交易所发行上市审核机构对要求补充审核的事项重新审核，并提交上市委员会审议。上海证券交易所审核通过的，重新向中国证监会报送审核意见及相关资料；审核不通过的，作出终止发行上市审核的决定。

中国证监会作出注册决定后至股票上市交易前，发生重大事项，可能导致发行人不符合发行条件、上市条件或者信息披露要求的，发行人应当暂停发行；已经发行的，暂缓上市。上海证券交易所发现发行人存在上述情形的，有权要求发行人暂缓上市。发行人及其保荐人应当将上述情况及时报告上海证券交易所并作出公告，说明重大事项相关情况及发行人将暂停发行、暂缓上市。上海证券交易所经审核认为相关重大事项导致发行人不符合发行条件、上市条件或者信息披露要求的，将出具明确意见并向中国证监会报告。

二、更新与修改

发行人应当根据上海证券交易所审核意见或者其他需要更新预先披露文件的情形，修改相关信息披露文件；上海证券交易所向中国证监会报送同意发行上市的审核意见时，发行人应当将修改后的招股说明书、发行保荐书、上市保荐书、审计报告和法律意见书等文件在中国证监会网站和上海证券交易所网站同步公开。

三、披露招股意向书和招股说明书

发行人在取得中国证监会同意注册决定后，启动股票公开发行前，应当在上海证券交易所网站和中国证监会指定网站披露招股意向书。

发行价格确定后5个工作日内，发行人应当在上海证券交易所网站和中国证监会指定网站刊登招股说明书，同时在中国证监会指定报刊刊登提示性公告，告知投资者网上刊登的地址及获取文件的途径。

招股说明书的有效期为6个月，自公开发行前最后一次签署之日起计算。发行人应当使用有效期内的招股说明书完成本次发行。

招股说明书中引用的财务报表在其最近一期截止日后6个月内有效。特别情况下发行人可以申请适当延长，延长至多不超过1个月。财务报表应当以年度末、半年度末或者季度末为截止日。

四、发行与承销

根据《科创板首次公开发行股票注册管理办法（试行）》（中国证券监督

管理委员会令第153号）规定，首次公开发行股票，应当向经中国证券业协会注册的证券公司、基金管理公司、信托公司、财务公司、保险公司、合格境外机构投资者和私募基金管理人等专业机构投资者（以下统称“网下投资者”）询价确定股票发行价格。

发行人和主承销商可以根据自律规则，设置网下投资者的具体条件，并在发行公告中预先披露。

第三章

企业在科创板上市前的准备工作

第一节　企业为什么选择在科创板上市

由于科创板定位于科创企业的上市，在退市、股权激励、持续督导、经营性信息披露和风险提示等方面，均结合科创公司的实际情况作出了差异化安排，科创企业选择在科创板上市，具有诸多优势。

一、试点注册制，提升融资便利性

股市的主要功能在于融资，企业发行股票的重要原因也在于进行直接融资。由于股市对国民经济的重要性，各国都对股市进行监管，其中注册制和发行制是企业首次发行上市的两种发行制度安排。

核准制是一种行政管理色彩较为浓厚的股票发行上市制度，证券监管机构发挥的作用更为显著，核准制下不仅要遵从注册制所要求的形式审查，还要关注公司的治理结构、管理层素质等影响公司发展的关键因素，来据以判断发行人的发行条件是否符合。核准制下，由于发行条件的实质性限制，很多中小企业很难发行上市，造成企业股票发行上市严重，甚至出现了 IPO“堰塞湖”。根据证监会官网公开信息，截至 2019 年 8 月 15 日，IPO 待审企业共计 475 家。其中，上海证券交易所主板 179 家（包括已通过发审会的 7 家企业），深圳证券交易所中小板 100 家（包括已通过发审会的 3 家企业），深圳证券交易所创业板 196 家（包括已通过发审会的 4 家企业）。

注册制的重点在于监管者对发行人在进行股票发行申请的判断，仅仅是对其申报文件的全面、真实、准确和及时来进行形式审查，并不涉及对投资人公司治理结构、发展前景、盈利与否进行判断。其特点是以市场机制为主导，由投资者自身对发行人股票进行判断。如科创板上市设置了5套标准，采取市场化的询价方式定价，不对发行价设置限制，将更多的选择权交付市场。上海证券交易所负责判断企业是否符合科创板股票发行条件、上市条件和信息披露要求。率先试点注册制的科创板，将大幅降低企业上市门槛，便利企业上市，提升企业融资便利性。

此外，证监会也将会对上海证券交易所的审核工作进行监督，督促上海证券交易所提高审核工作透明度，审核过程和审核意见向全社会进行公开，有利于减少自由裁量的空间。

二、局部优化信批规则体系，减轻企业负担

股市交易的核心即在于信息披露，上市企业在上市过程中往往面临着较大的信息披露成本。如企业发布相关报告中的财务报表要经过会计师、律师等专业机构的审查并发表意见，而这些都是需要进行付费的，这些都构成了企业信息披露成本。

相较于其他上市板块，科创板相关规则从简明清晰、便利使用的角度出发，按照信息披露业务类型对规则进行适当整合。对科创板不涉及的事项或业务，相关指引不再适用；而对部分经过长期市场实践已形成成熟、稳定做法的事项，如董事会决议公告等，公司可参照科创板公司业务管理系统提供的模板披露。科技创新企业的特点在于其价值成长性，故而处于发展阶段前期的科创企业选择科创板上市，会面临较小的信息披露成本，有利于降低企业负担。

三、股权激励规则更灵活，激发公司活力

科创板定位于依靠关键核心技术的科创产业，而此类企业对核心技术、核心技术人员有着较大关系，因此公司的利益表现与核心技术人员（员工）的重度依赖。基于此，科创板现行规则在员工股权激励方面制定了更为包容性的规则。如拓宽了激励对象范围。《上市公司股权激励管理办法》将单独或者合计持有上市公司5%以上股份的股东或实际控制人及其配偶、父母、子女，排除在激励对象范畴外。而科创板对此予以放宽，《科创板上市公司持续监管办法（试行）》（中国证券监督管理委员会令第154号）以及《上海证券交易所

科创板股票上市规则》（上证发〔2019〕53 号）（中国证券监督管理委员会令公告〔2018〕17 号）均明确规定只要科创公司应当充分说明单独或者合计持有上市公司 5% 以上股份的股东或实际控制人及其配偶、父母、子女成为激励对象的必要性、合理性，则上述人员可以成为激励对象。

此外，在出资方式方面，《关于试点创新企业实施员工持股计划和期权激励的指引》（中国证券监督管理委员会公告〔2018〕17 号）均明确员工入股应主要以货币出资，但并不仅限于货币。除货币外，员工也可以以科技成果出资入股，但应该提供科技成果的所有权属证明并依法评估作价，如果涉及产权登记的，只要及时办理财产权转移手续即可。

相比于现行 A 股上市企业股权清晰、股东人数以及激励对象出资等方面，科创板有着诸多突破性规定，更有利于将企业的长远利益与公司员工的个人利益绑定起来，激发公司的活力。

四、允许亏损企业发行上市，上市条件更包容

主板、中小板、创业板对于申报上市的企业要求较高净利润指标，关注企业的持续盈利能力，《关于在上海证券交易所设立科创板并试点注册制的实施意见》（以下简称《注册制实施意见》）允许符合科创板定位、尚未盈利或存在累计未弥补亏损的企业在科创板上市。在此基础上，科创板构建了预计市值、收入、净利润、研发投入、现金流等多元的判断企业上市的条件，形成了判断一般企业上市“五套标准”以及红筹企业科创板与特殊股权结构上市标准，更关注企业的经营能力，有利于有前景的暂时亏损的企业发行上市，获得融资。（见表 2－3－1）

表 2－3－1　科创板上市五套标准所要求的市值及其他上市条件

序号	预计市值（亿元）	上市条件
1	≥10	最近两年净利润均为正且累计净利润不低于人民币 5000 万元；（或）
		最近一年净利润为正且营业收入不低于人民币 1 亿元。

续表

序号	预计市值（亿元）	上市条件
2	≥15	最近一年营业收入不低于人民币 2 亿元，且最近三年累计研发投入占最近三年累计营业收入的比例不低于 15%。
3	≥20	最近一年营业收入不低于人民币 3 亿元，且最近三年经营活动产生的现金流量净额累计不低于人民币 1 亿元。
4	≥30	最近一年营业收入不低于人民币 3 亿元。
5	≥40	主要业务或产品需经国家有关部门批准，市场空间大，目前已取得阶段性成果。医药行业企业需至少有一项核心产品获准开展二期临床试验，其他符合科创板定位的企业需具备明显的技术优势并满足相应条件。

五、审核透明高效，上市时间预期可控

根据《上海证券交易所科创板股票发行上市审核规则》（以下简称《审核规则》（上证发〔2019〕18 号）的规定，对股票首次发行上市申请，上海证券交易所发行上市审核机构自受理之日起 20 个工作日内，通过保荐人向发行人提出首轮审核问询。申请股票首次发行上市的，上海证券交易所在受理发行上市申请文件之日起 3 个月内出具同意发行上市的审核意见或者作出终止发行上市审核的决定。但这 3 个月，不包括发行人及其保荐人、证券服务机构对上海证券交易所审核问询内容进行回复的时间。对于发行人及其保荐人、证券服务机构回复上海证券交易所审核问询的时间，也有相应的规定，即总计不超过 3 个月。

而根据《注册制实施意见》证监会将会依照规定的发行条件和信息披露要求，在 20 个工作日内作出是否同意注册的决定。

根据上述规则，在科创板申请注册的企业，在 3 到 6 个月内会收到上海证券交易所同意发行或终止发行的明确的审核意见。通过上海证券交易所发行审核的企业，从上海证券交易所受理其发行上市申请文件到成功注册，历时约 4 到 7 个月。如首批上市的烟台睿创、华兴源创、天准科技三家企业从申请受理

到注册生效，用时不到 3 个月。而在主板，从申请被受理到完成上市，平均审核周期需要在 15 个月左右。

六、树立品牌，提升企业声誉

科创板的设立有着明确的战略定位，即符合国家战略，拥有关键核心技术，科技创新能力突出，主要依靠核心技术开展生产经营，具有稳定的商业模式，市场认可度高，社会形象良好，具有较强成长性的企业。企业如若能经历一轮轮的问询并最终成功在科创板上市，会向市场潜在客户、消费者展示企业更为良好的企业形象，有利于更为有效地开拓市场。此外，上市具有很强的品牌效应，因上市而提升企业或企业家名誉的例子比比皆是，经典的上市案例更是成为理论界和实务界研究的对象。科创板无疑是 2019 年资本市场的热点事件，其中的发行条件、上市标准等具体规则的运用，聚焦了监管部门、学界、中介机构、投资者的目光，企业如果能在科创板上市，有利于提升企业的知名度。

除上述提及的推出注册制、允许亏损企业上市等举措外，科创板在上市后 5 个交易日内不设涨跌幅限制、严格退市机制、允许特殊治理结构的企业上市等众多领域推出一系列举措，将会创建一个以机构投资者为主的更为规范的、国际化的市场，满足科技企业的上市需求。

第二节　选择科创板上市中介机构

科创板的重要特点即在于试行注册制。注册制的特点即在于弱化对企业上市的事前审核，不再对企业是否符合上市条件进行实质审核，监管机构将监管重点转向以信息披露为中心的事中、事后监管，要求挂牌企业和中介机构分别对信息披露承担第一和第二位责任，更加强化中介机构证券市场“看门人”的作用。科创板的包容性制度设计，拓展了中介机构的业务空间。但科创板的注册制试点改革，使得中介机构的责任更为突出。以会计师事务所、保荐机构、律师事务所为代表的中介机构是对科创板上市企业最为了解的知情人。故而，在科创板上市规则中，给予中介机构更多责任。如何选择上市中介机构，是企业申请在科创板上市成功与否的重要因素。

一、股票发行上市所需要的中介机构

股票发行上市一般需要聘请保荐机构、会计师事务所、律师事务所、资产评估机构等中介机构。

（一）保荐机构

保荐机构是指按照《证券发行上市保荐业务管理办法》（2017 年修正）规定的条件和程序，经中国证监会批准注册登记的证券经营机构，其主要职责是尽职推荐发行人证券发行上市，上市后持续督导发行人履行规范运作、信守承诺、信息披露等义务。

保荐机构在企业发行上市过程中主要负责以下工作：

（1）协助企业拟定改制重组方案及设立股份公司；

（2）根据《保荐人尽职调查工作准则》的要求对公司进行尽职调查；

（3）对公司主要股东、董事、监事和高级管理人员等进行辅导和专业培训，帮助其了解与股票发行上市有关的法律法规，知悉上市公司及其董事、监事和高级管理人员的法定义务和责任；

（4）帮助发行人完善组织结构和内部治理，规范企业行为，明确业务发展目标和募集资金投向等；

（5）组织发行人和中介机构制作发行申请文件，并依法对公开发行募集文件进行全面核查，向中国证监会尽职推荐并出具发行保荐报告；

（6）组织发行人和中介机构对中国证监会的审核反馈意见进行回复或整改；

（7）负责证券发行的主承销工作，组织承销团承销；

（8）与发行人共同组织路演、询价和定价工作；

（9）在发行人证券上市后，持续督导发行人履行规范运作、信守承诺、信息披露等持续督导义务。

科创板对保荐机构的定价询价能力提出更高要求。科创板的特点之一在于试行注册制，而注册制下首次发行上市的定价由市场决定，券商等中介机构的角色将由通过审批，成功上市变更为定价和承销，这对中介机构的价值发现、价值确定等方面的能力提出更高要求。可以说，中介机构的声誉、能力等将会影响申请企业的上市成功与否。

2019 年 3 月 3 日上海证券交易所发布了《上海证券交易所科创板企业上市推荐指引》（上证发〔2019〕30 号）。该指引规定保荐机构应当按照《注册制实施意见》《科创板首次公开发行股票注册管理办法（试行）》《审核规则》明确的科创板定位要求，优先推荐下列企业：（1）符合国家战略、突破关键核心技术、市场认可度高的科技创新企业；（2）属于新一代信息技术、高端装备、新材料、新能源、节能环保以及生物医药等高新技术产业和战略性新兴产业的科技创新企业；（3）互联网、大数据、云计算、人工智能和制造业深度融合的科技创新企业。

（二）会计师事务所和注册会计师

企业股票发行上市必须聘请具有证券从业资格的会计师事务所承担有关审计和验资等工作，会计师事务所的主要工作如下：

（1）负责企业财务报表审计，并出具 3 年一期的审计报告；

（2）负责企业资本验证，并出具有关验资报告；

（3）负责企业盈利预测报告审核，并出具盈利预测审核报告；

（4）负责企业内部控制鉴证，并出具内部控制鉴证报告；

（5）负责核验企业的非经常性损益明细项目和金额；

（6）对发行人主要税种纳税情况出具专项意见；

（7）对发行人原始财务报表与申报财务报表的差异情况出具专项意见；

（8）提供与发行上市有关的会计咨询服务。

（三）律师事务所和律师

企业股票公开发行上市必须依法聘请律师事务所担任法律顾问，其主要工作如下：

（1）对改制重组方案和股份公司的设立以及股票发行上市的各种文件的合法性进行判断；

（2）协助和指导发行人起草公司章程；

（3）出具法律意见书；

（4）出具律师工作报告；

（5）对有关申请文件提供鉴证意见；

（6）对企业发行上市涉及的法律事项进行审查，并协助企业规范、调整和完善。

（四）资产评估机构和评估师

以实物和专有技术对发行人出资的话，需要履行资产评估程序，聘请专业的资产评估机构进行资产评估手续。

二、拟科创板上市企业如何选择中介机构

根据《中国证券监督管理委员会行政许可实施程序规定》（2018 年修订）第 22 条①和《〈中国证券监督管理委员会行政许可实施程序规定〉第十五条、第二十二条有关规定的适用意见一证券期货法律适用意见第 13 号》的规定，为申请人制作、出具有关申请材料的证券公司、证券服务机构因涉嫌违法违规被中国证监会及其派出机构立案调查，或者被司法机关侦查，尚未结案，且涉案行为与其为申请人提供服务的行为属于同类业务或者对市场有重大影响的，中国证监会在审查申请材料过程中，应当作出中止审查的决定。其中，对证券服务机构在各类行政许可事项中提供服务的行为，按照同类业务处理。倘若申报企业选择的中介机构，在申报过程中因其他业务行为被中国证监会立案调查，那么申报企业的相关申请材料会存在被中止审查的风险。故而如何选择中介机构，对科创企业上市至关重要。

（一）拟科创板上市企业选择中介机构时应该注意的方面

企业股票发行上市需要聘请中介机构，企业和中介机构之间是一种双向选

---

① 《中国证券监督管理委员会行政许可实施程序规定》（2018 修订）第 22 条规定："在审查申请材料过程中，有下列情形之一的，应当作出中止审查的决定，通知申请人：……（三）为申请人制作、出具有关申请材料的证券公司、证券服务机构因涉嫌违法违规被中国证监会及其派出机构立案调查，或者被司法机关侦查，尚未结案，且涉案行为与其为申请人提供服务的行为属于同类业务或者对市场有重大影响；（四）为申请人制作、出具有关申请材料的证券公司、证券服务机构的有关人员因涉嫌违法违规被中国证监会及其派出机构立案调查，或者被司法机关侦查，尚未结案，且涉案行为与其为申请人提供服务的行为属于同类业务或者对市场有重大影响；……"

择的关系，企业在选择中介机构时应该注意以下几个方面：

1. 中介机构是否具有从事证券业务的资格。在我国，会计师事务所和资产评估师事务所从事股票发行上市业务必须具有证券从业资格，证券公司须具有保荐承销业务资格。

2. 中介机构的执业能力、执业经验和执业质量。企业需要对中介机构的执业能力、执业经验和执业质量进行了解，选择具有较强执业能力、熟悉企业所从事行业的中介机构，以保证中介机构的执业质量。此外，中介机构的声誉实际上是其整体实力的综合反映，良好的声誉是中介机构内在质量的可靠保证。

3. 中介机构之间应该进行良好的合作。股票发行上市是发行人以及各中介机构“合力”的结果，中介机构之间应该能够进行良好的合作，尤其是在保荐机构与律师、会计师等之间。

4. 费用。中介机构的费用是科创企业控制发行上市成本需要考虑的一个重要问题，具体收费或收费标准一般由双方协商确定。

（二）拟科创板上市企业选择保荐机构应注意的问题

企业选择保荐机构应该注意的问题具体包括：

1. 保荐机构的知名度、专业水平和行业声誉。

保荐机构的知名度和美誉度代表了市场各参与者对该保荐机构的认可程度。

2. 保荐机构的经营稳健性和资产质量。

保荐制下保荐人与发行人之间呈现长期合作特点及证券市场的高风险特征。

保荐机构经营的稳健性、资产质量的优劣对能否真正实现发行人与保荐人的长期稳定合作十分重要。

3. 保荐机构的业务支持平台

保荐人职责要求对发行人的整体价值和发展潜力作出尽职调查和准确判断。

一个成功的保荐项目，需要行业研究、价值判断、市场销售、企业管理等多方面人才和专家参与，才能高质量地完成。

要求券商的各个业务部门密切配合，分工协作，形成合力。

4. 保荐机构派出人员的专业水准、沟通与协调能力、敬业精神和道德素养。

5. 保荐机构对项目的重视程度。

（三）拟科创板上市企业选择律师应注意的问题

对于公司而言，律师事务所的选择将从以下几个角度考虑：

1. 律师团队的互补性。（1）建议选择合伙人、律师、助理团队统一协调、优势互补形式的律师事务所；（2）不应该只关注律师事务所的规模，应关注主要律师的从业经验、执业能力和敬业精神。

2. 执业能力。证券法律业务作为专业性很强的一种业务，要求从事该项业务的律师不仅具有良好的职业道德，严格遵守执业纪律，同时还应具备提供相应服务的专业能力。否则，就不能保证服务质量。尽管2002年12月23日中国证监会、司法部《关于取消律师及律师事务所从事证券法律业务资格审批的通告》取消了证券律师确认资格制度，使得任何一个取得律师执业证书的人都能从事证券法律业务。今天的律师素质和服务领域也比十几年前有了很大的进步，整个律师业的执业水平和职业道德水准都有了一个很大的提高。但是证券市场作为资本市场的主要表现形式，它也是一个高风险的市场。如此庞大规模市场的任何一个构成元素，即公司发行股票及股票上市交易，所有大的环节都有律师介入和参与，这对律师的知识结构和执业水平提出了极大的挑战。律师不仅仅需要具备扎实的法律功底，还需要具备公司运作、财务会计、金融证券等方面的基础知识。

律师不仅应是一个法律专家，也应当是个社会知识的专家。律师的业务涉及社会各个领域，服务对象涉及各行各业，律师服务的广泛性决定了律师想要更好地提供法律服务，履行自己的职责，除了具有法学专业知识结构外，还必须具有丰富的社会知识，对于经济、金融、财务、会计、商务等知识都应该有广泛的了解。律师对相应的知识掌握得越丰富、越深厚，提供服务的能力就越强。

律师的研究能力也很重要。因为公司改制与上市中有很多法律疑难问题，如科创企业所涉及的核心技术人员认定、知识产权、红筹架构的搭建和拆除等问题，对律师的专业性和研究能力提出了更高的要求。

3. 投入程度。不仅需要考察律师机构的规模、人员构成、以往该律师事务所参与企业改制上市的经验、水平等，更应该重点考察律师所在公司项目中投入的人员数量、资深律师的配备情况以及其他支持性资源的投入程度。不仅考察律师事务所改制上市项目的运作经验，更应该关注律师事务所能够派驻公司项目的经办律师的执业经验。

4. 主办律师和参与律师的经验、水平、责任心等因素。（1）是否参与过改制及上市项目；（2）在参与过的项目中是否担任过项目负责人；（3）牵头的项目负责人（最好是合伙人）能否现场办公；（4）参与项目的律师是否熟悉证券市场，是否具有证券市场实际操作的经验；（5）是否对改制上市有一定的认识。如果多年从事诉讼等非公司改制、上市业务，则无法对改制有切身体会，更无法对改制上市提出有意义的法律咨询。因此，在选择律师事务所时，应该关注该所在公司改制上市业务的经验，以及公司项目的参与律师在公司改制上市业务方面的经验。

（四）拟科创板上市企业选择会计师、资产评估师应注意的问题

企业选择会计师、资产评估师时可以考虑：

（1）是否具备证券从业资格；

（2）专业能力和业界的影响力；

（3）距离本公司的远近。会计师、资产评估师和律师不尽相同，会计师、资产评估师要投入很多人力和时间去做审计和评估，和监管机构打交道的时候并不多，所以可选择离本公司较近的会计师、资产评估师。

| 第三篇 |

重要法律问题及案例篇

第一章

红筹企业申请科创板上市问题

红筹企业是指在指注册地在境外、主要经营活动在境内的企业。2019 年证监会发布《关于在上海证券交易所设立科创板并试点注册制的实施意见》，允许符合《国务院办公厅转发证监会关于开展创新企业境内发行股票或存托凭证试点若干意见的通知》（国办发〔2018〕21 号）规定的红筹企业直接登陆科创板且试点注册制，红筹企业登陆科创板的帷幕就此拉开。

截至 2019 年 8 月 10 日，科创板共迎来 2 家红筹企业申请上市，[①] 一家为九号机器人有限公司（以下简称“九号智能”），一家为华润微电子有限公司（以下简称“华润微”）。对于拟申请科创板上市的相关企业及中介机构从业人员来说，这两家企业的审核进度及审核问询情况值得我们持续关注，有助于我们从实操层面理解和把握交易所审核尺度。

第一节　红筹企业在境内上市的监管政策演变[②]

红筹企业在境内上市的监管政策大体经历了三个阶段。

---

① 根据证监会《关于开展创新企业境内发行股票或存托凭证试点若干意见》的规定，红筹企业是指注册地在境外、主要经营活动在境内的企业。

② 熊川等：《七个切面深度解读科创板之五——当红筹企业遇见科创板》，载 http://www.sohu.com/a/294118825_120051855，最后访问日期：2019 年 8 月 8 日。

一、红筹企业拟境内上市需拆除红筹架构

根据 2012 年以前证监会的审核精神，已搭建红筹架构的企业如果寻求 A 股上市，要求拆除全部红筹架构，已经搭建的红筹架构不论形成原因、注册地点均需清理，以明晰股权、简化层次、便于持续监管。

自 2012 年以后，由于越来越多的红筹企业希望回到 A 股上市，监管层也意识到，对红筹架构采取“一刀切”的做法可能确实给不少优秀的企业回归 A 股造成了障碍，因此证监会的审核精神有所调整，要求搭建红筹架构的企业的控制权由境外转回境内，即实际控制人由原通过境外公司控制发行人，调整为实际控制人直接持有发行人股权或通过境内持股主体控制发行人的架构，但考虑到税收优惠，可保留部分外资成分。对于实际控制人非中国国籍的，则要求发行人本着简洁清晰原则设置持股架构。

二、试点创新企业境内发行股票或存托凭证制度的建立及初步尝试

2018 年 3 月 22 日，国务院办公厅转发了证监会《关于开展创新企业境内发行股票或存托凭证试点的若干意见》（国办发〔2018〕21 号），其第 3 条规定，试点企业应当是符合国家战略、掌握核心技术、市场认可度高，属于互联网、大数据、云计算、人工智能、软件和集成电路、高端装备制造、生物医药等高新技术产业和战略性新兴产业，且已达到相当规模的创新企业。试点企业可以是已境外上市的大型红筹企业，或尚未境外上市的企业（包括红筹企业和境内注册企业）。如果是已境外上市的红筹企业，市值应不低于 2000 亿元人民币。尚未境外上市的企业应符合以下两个标准之一：（1）最近一年经审计的主营业务收入不低于 30 亿元人民币，且企业估值不低于 200 亿元人民币；（2）营业收入快速增长，拥有自主研发、国际领先技术，同行业竞争中处于相对优势地位。试点企业具体标准由证监会制定。

2018 年 6 月 6 日，中国证监会发布了《存托凭证发行与交易管理办法（试行）》（中国证券监督管理委员会令第 143 号）及《试点创新企业境内发行股票或存托凭证并上市监管工作实施办法》（中国证券监督管理委员会公告〔2018〕13 号）等一系列配套措施。随后，沪深交易所于同年 6 月 15 日又分别发布《上海证券交易所试点创新企业股票或存托凭证上市交易实施办法》（上证发〔2018〕38 号）、《深圳证券交易所试点创新企业股票或存托凭证上市交易实施办法》（深证上〔2018〕284 号）等配套业务规则，至此，我国

CDR 制度规则框架初见雏形。

与此同时，小米集团于 2018 年 6 月 7 日向证监会申请发行 CDR，成为 CDR 试点的第一单申请，并于 6 月 14 日收到证监会的反馈意见。但 2018 年 6 月 18 日，小米集团向中国证监会提交《关于推迟召开发审委会议的申请》，决定分步实施在香港和内地的上市计划，即先在香港上市后，再择机通过发行 CDR 的方式在境内上市。虽然首单 CDR 申请最终未能落地，但透过证监会的反馈问题，我们能够大致梳理出证监会在对于创新型红筹企业申请发行 CDR 审核时的关注重点，对于创新型红筹企业发行股票或 CDR 及相关中介机构工作的开展具有指导性的意义。

从小米集团的招股说明书体例以及证监会反馈意见来看，尽管《存托凭证发行与交易管理办法（试行）》（中国证券监督管理委员会令第 143 号）所规定的存托凭证发行条件较之《科创板首次公开发行股票注册管理办法（试行）》和《首次公开发行股票并在创业板上市管理办法》（2018 年修正）相对精简，但根据我们对反馈意见的分析可以发现，对于 A 股 IPO 项目中较为关注的股权、同业竞争、关联交易、合法合规情况（资质、行政处罚等）、类金融业务剥离、管理层的稳定等重大法律问题，证监会在小米集团 CDR 项目中同样予以了特别关注并要求中介机构发表意见，可见实操层面并未因为小米集团属于 CDR 首例试点或重点企业而降低审核要求。

三、科创板针对红筹企业的制度设计

2019 年科创板以及注册制落地，为红筹企业在境内发行股票又打开了一扇门。《上海证券交易所科创板股票上市规则》（2019 年修订）第 2. 1. 3 款规定，符合《创新企业境内发行股票或存托凭证试点意见》相关规定的红筹企业，可以申请发行股票或存托凭证并在科创板上市。

对于营业收入快速增长，拥有自主研发、国际领先技术，同行业竞争中处于相对优势地位的尚未在境外上市的红筹企业，市值和财务指标符合下列其中一项标准的，可以申请在科创板上市：

（1）预计市值不低于人民币 100 亿元；

（2）预计市值不低于人民币 50 亿元，且最近一年营业收入不低于人民币 5 亿元。

从上述规定可以看出，对于尚未在境外上市的红筹企业申请在科创板上市

的门槛已经明确规定，而且实质上有所降低。

《上海证券交易所科创板股票上市规则》第2.1.4款规定发行人具有表决权差异安排的（即同股不同权安排），其市值和财务指标也是预计市值不低于100亿元，或者预计市值不低于50亿元，且最近一年营业收入不低于5亿元。

第二节　从两个案例看红筹企业的科创板上市之路（九号智能　华润微）

一、九号智能的科创板上市之路

2019年4月17日，九号智能在科创板申请发行存托凭证被受理，① 成为首例在科创板申请发行存托凭证的公司。

九号智能系根据开曼法律注册于开曼群岛的有限公司。公司主要生产智能电动平衡车、智能电动滑板车、智能服务机器人。公司于2014年成立，之后引入了包括红杉资本、顺为资本等领先的投资机构。

九号智能有限公司基本信息（见表3-1-1）：②

表3-1-1　九号智能有限公司基本信息统计

中文名称	九号机器人有限公司
英文名称	Nineboat Limited
成立日期	2014年12月10日
注册地址	Maricorp Services Ltd, PO Box 2075, George Town, Grand Cayman KY1-1105, Cayman Islands
主要生产经营地	北京市海淀区西小口路66号中关村东升科技园A1号楼101室

① 存托凭证，是指由存托人签发、以境外证券为基础在中国境内发行、代表境外基础证券权益的证券。

② 参见《九号机器人有限公司公开发行存托凭证并在科创板上市招股说明书（申报稿）》第33页。

续表

中文名称	九号机器人有限公司
授权股本	500,000,000 股
已发行股本	63,368,250 股
实际控制人	高禄峰、王野
在其他交易场所（申请）挂牌或上市的情况	无
行业分类	C39 计算机、通信和其他电子设备制造业

九号智能构建了 VIE 架构。根据九号智能招股书披露，发行人进行 A 轮融资时搭建了 VIE 架构，当时考虑到境外融资的便利性，并且科创板相关政策尚未出台。签署的 VIE 协议，即公司下属中国境内运营实体（即 VIE 公司）及其工商登记的股东（即 VIE 公司股东）均分别与相应的外商独资企业（即 WFOE）签署的《独家咨询与服务协议》、《独家购买权协议》、《股权质押协议》、《股东表决权委托协议》及《配偶同意函》（合称“协议控制文件”或“VIE 协议”）。

根据其招股说明书，九号智能的股权结构（见图 3-1-1）：

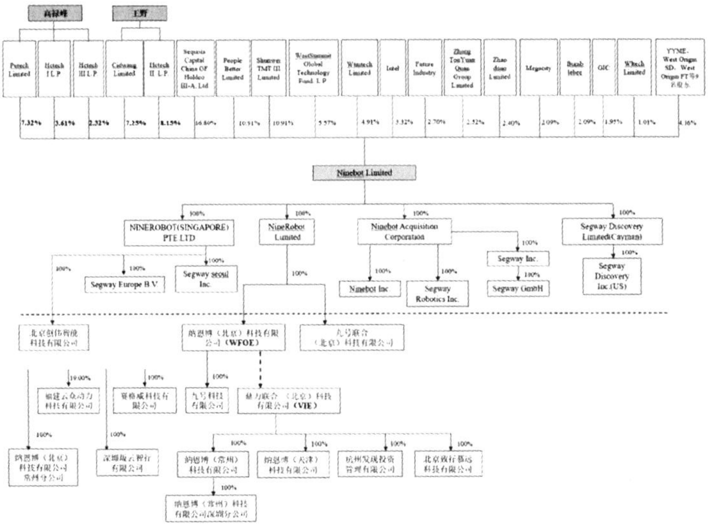

图 3-1-1　九号智能股权结构

注：加粗字体的股权比例为拥有特殊投票权（1∶5）的股权比例，其他股权比例为非拥有特殊投票权的其他类型股的股权比例

九号智能设置了表决权差异安排。根据九号智能招股书披露，发行人股份分为 A 类普通股股份（普通股份）和 B 类普通股股份（特别表决权股份）。每份 B 类普通股股份具有 5 份表决权，每份 B 类普通股股份的表决权数量相同；除表决权差异外，A 类普通股股份与 B 类普通股股份具有的其他股东权利完全相同。公司股东对公司特定事项行使表决权时，每一 B 类普通股股份享有的表决权数量仍与每一 A 类普通股股份的表决权数量相同。①

九号智能具有红筹架构且存在表决权差异安排，拟适用《上海证券交易所科创板股票上市规则》（2019 年修订）第 2. 1. 3 及 2. 1. 4 第二套上市标准。根据其招股书披露，九号智能 2018 年度经审计的营业收入为 42. 48 亿元，高于 5 亿元；同时根据九号智能 2017 年 7 月进行的 C 轮融资估值情况，公司估值 15. 2 亿美元，约人民币 100 亿元，超过人民币 50 亿元，且 2018 年经营业绩较 2017 年保持高速增长。因此本次发行上市申请适用《上海证券交易所科创板股票上市规则》第 2. 1. 3 及 2. 1. 4 第二套标准，即预计市值不低于人民币 50 亿元，且最近一年营业收入不低于人民币 5 亿元。

九号智能在报告期内还是亏损状态。截至 2018 年 12 月 31 日，公司的累计未弥补亏损超过 31 亿元。按照九号智能的拟募集金额、拟发行股份数、发行后的股份总数以及其 2018 年的营业收入计算，估计其市值应该在 200 亿以上，市销率在 4. 8 倍以上。如果九号智能发行上市成功，说明中国 A 股市场也能接纳未盈利的红筹企业在境内上市，而且估值不低。

2019 年 5 月 12 日九号智能的审核状态显示为“中止”。据报道，由于其需要增加一期审计，因此公司申请中止审核以完成加审工作，并更新申报资料。目前，九号智能已恢复审理。截至 2019 年 8 月 18 日其状态为“已受理”。

二、华润微的科创板上市之路

2019 年 6 月 16 日，华润微在科创板发行股票申请被受理。根据其招股说明书披露，华润微是一家拥有芯片设计、晶圆制造、封装测试等全产业链一体化经营能力的半导体企业。根据中国半导体协会统计的数据，以销售额计，公

① 参见《九号机器人有限公司公开发行存托凭证并在科创板上市招股说明书（申报稿）》第 243 页。

司在2017年中国半导体企业中排名第九，是前十名企业中唯一一家以IDM模式为主运营的半导体企业。以2017年度销售额计，发行人是中国规模最大的功率器件企业。①

2003年，华润微（集团）有限公司和陈正宇博士为实现无锡华润上华半导体等半导体资产在香港上市，经过一系列重组将无锡华润上华半导体等境内公司权益置入CSMC（即发行人的前身），并以CSMC作为上市主体向香港联交所申请上市。在香港上市期间，华润微（集团）有限公司取得发行人控制权并将自身下属的半导体资产和业务整合并入发行人，后发行人于2011年11月从香港联交所私有化退市。

华润微电子有限公司基本信息（见表3－1－2）：②

表3－1－2 华润微电子有限公司基本信息统计表

中文名称	华润微电子有限公司
英文名称	China Resources Microelectronics Limited
成立日期	2003年1月28日
注册地址	Vistra (Cayman) Limited, P. O. Box 31119 Grand Pavilion, Hibiscus Way, 802 West Bay Road, Grand Cayman, KY1－1205 Cayman Islands
主要生产经营地	无锡市梁溪路14号
授权股本总额	2,000,000,000股
已发行股份总数	878,982,146股
实际控制人	中国华润
在其他交易所（申请）挂牌或上市情况	无
行业分类	根据中国证监会《上市公司行业分类指引》（2012年修订），公司属于“制造业”中的“计算机、通信和其他电子设备制造业”，行业代码“C39”。

① 参见《华润微电子有限公司首次公开发行股票并在科创板上市招股说明书（申报版）》第28页。

② 参见《华润微电子有限公司首次公开发行股票并在科创板上市招股说明书（申报版）》第25页。

根据华润微招股说明书（申报稿）披露：华润微为依据《开曼群岛公司法》设立且合法有效存续的公司法人。发行人不存在特别表决权股份或类似公司治理特殊安排。公司股权结构（见图3－1－2）：

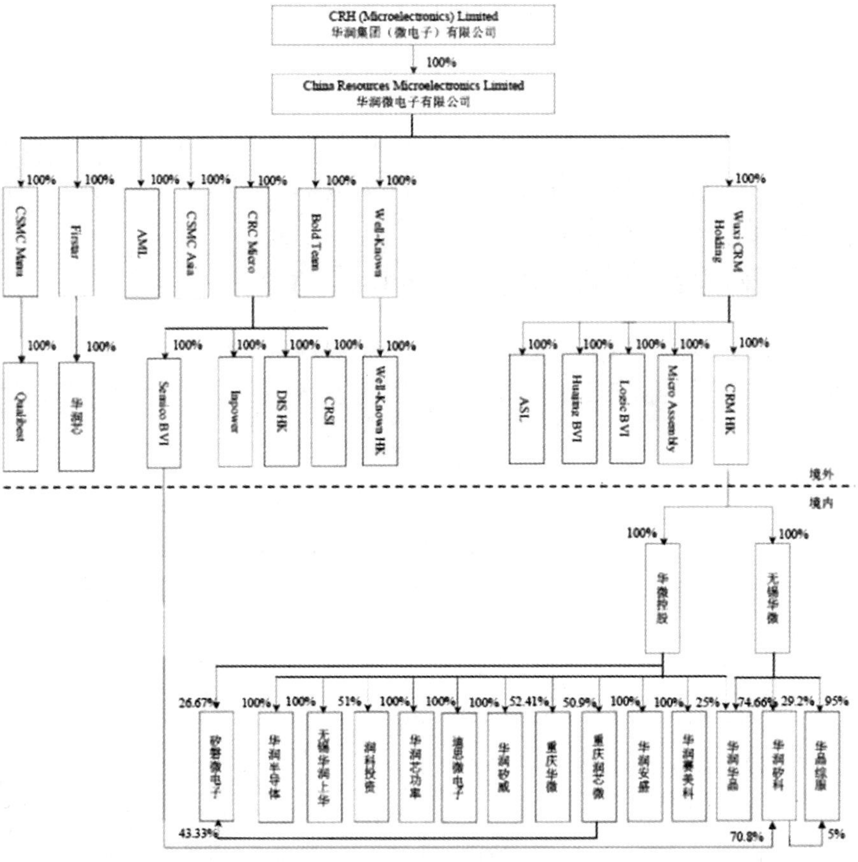

图3－1－2　华润微电子有限公司股权结构

华润微选择的具体上市标准为《上海证券交易所科创板股票上市规则》第2.1.3条的第二套标准“预计市值不低于人民币50亿元，且最近一年收入不低于5亿元”。

2019年7月24日，上海证券交易所审核中心出具对华润微第一轮审核问询函，公司进入“问询阶段”。但2019年7月31日，华润微审核状态显示为“中止”。

第三节 红筹企业申请科创板上市的机遇、挑战与选择

从监管政策的演变来看，对于红筹企业，尤其是创新型的红筹企业回归境内资本市场，监管层一直是持欢迎态度的，本次科创板新规亦是释放了积极的信号。

但从科创板相关规定来看，红筹企业具体上市条件仍较为严格，普通红筹企业想要达到在科创板上市的财务及市值指标仍难度不小。而且在具体操作层面，还有许多问题需要加强制度的建设并经过实践的检验。这对拟申请在科创板上市的红筹企业来说都是挑战。

截至目前，从已向科创板提交上市申请的红筹企业来看，九号智能和华润微都未拆除红筹架构，而是直接以红筹企业身份申请科创板上市，作为第一个在科创板申请发行存托凭证的亏损红筹企业和第一个在科创板申请发行股票的红筹企业，它们的科创板上市历程及交易所对其的审核问询关注点，都将对新型红筹企业境内发行股票或CDR及相关中介机构工作的开展具有指导性的意义。虽然截至2019年8月18日，华润微自2019年7月24日被问询后，于7月31日中止审核；九号智能自2019年4月17日被受理后，经历了中止审核，目前恢复审核还未被问询，两家企业截至目前都还未有审核问询回复披露；但这两家企业值得我们后续持续关注。

同时，我们也看到，在申请科创板上市的企业中，有的企业有过搭建红筹架构的经历，在申请科创板上市时拆除了红筹架构，如优刻得科技股份有限公司、安集科技（证券代码：688019）等。对于是否拆除红筹架构，我们认为需要考虑自身的业务战略、资本战略、现有投资者的具体情况、不同资本市场的特点等具体情况来设计和确定具体的上市方案。

第二章

红筹架构搭建和拆除问题

科创板首批注册成功的25家企业中，安集科技（证券代码：688019）、晶晨股份（证券代码：688099）、乐鑫科技（证券代码：688018）、中微公司（证券代码：688012）、虹软科技（证券代码：688088）、光峰科技（证券代码：688007）等都曾搭建过境外红筹上市架构，它们在转境内上市（挂牌）过程中，选择了拆除红筹架构转境内上市的方式。本章节从红筹架构搭建及拆除、交易所对曾搭建红筹架构的企业于科创板上市时所关注的相关法律问题展开，以期对拟科创板上市企业及相关中介机构有一定的指导意义。

第一节　红筹架构搭建模式及其拆除的一般步骤

谈到红筹架构的拆除，则需先简述红筹架构的搭建问题。根据证监会《关于开展创新企业境内发行股票或存托凭证试点若干意见》（国办发〔2018〕21号）规定，红筹企业是指注册地在境外、主要经营活动在境内的企业。以境内运营主体（OPCO）权益转移至境外的路径为划分标准，红筹架构模式可被划分为直接持股模式和协议控制模式两类。总体上来说，红筹架构模式的选择取决于OPCO从事的业务是否受到外商投资准入的限制。①

---

① 申林平主编：《红筹（VIE结构）企业回归实务与案例分析》，法律出版社2016年版，第7页。

一、直接持股模式

直接持股模式是指实际控制人控制的红筹企业直接或间接持有OPCO100%股权。在此种模式下，拆除红筹架构首先要将实际控制人对OPCO的控制权由境外转移至境内，即由实际控制人或其境内设立的公司直接持有OPCO股权（真正的外资股东仍可通过境外公司持有OPCO股权），OPCO的性质由外商独资企业（WFOE）变更为内资企业或中外合资企业，之后再注销红筹架构中的相关特殊目的公司。

在实践操作中，对OPCO控制权由境外转移到境内，可通过股权转让或增资的方式，即通过实际控制人或其设立的境内公司受让境外公司持有的OPCO股权，或者通过实际控制人或其设立的境内公司直接对OPCO进行增资的方式实现OPCO控制权从境外到境内的转移。这两种方式各有利弊如下：就股权转让方式而言，其虽然可解决境外投资人退出的资金需求，但在没有新引进境内投资人的情况下，实际控制人作为股权受让方的资金压力较大，同时可能会涉及所得税的缴纳；就增资方式而言，其虽然可以避免所得税缴纳风险、节约资金跨境流动的时间和费用成本，但实际控制人作为增资方仍存在很大的资金压力。

二、协议控制模式

协议控制架构，即英文的“Variable Interest Entities”。红筹企业通过协议的方式控制境内运营实体，红筹企业合并境内运营实体的收入和利润等，以使红筹企业经营业绩等符合上市要求。

协议控制架构的红筹企业常见的股权架构（见图3-2-1）：

在此种模式下，拆除红筹架构须解除WFOE与OPCO、OPCO股东之间签署的包括《独家购买权合同》《独家技术咨询和服务协议》《股权质押合同》《授权委托书》《确认函》等在内的一整套控制协议。如果境外投资人希望在红筹架构拆除过程中退出，红筹企业还须回购境外投资人持有的股份，此时若红筹企业没有资金，则可视情况采取以下方式：（1）实际控制人利用其与WFOE的《借款协议》将钱还给WFOE；（2）实际控制人和/或境内新投资人向OPCO增资，OPCO收购WFOE的100%股权；（3）OPCO购买WFOE资产；（4）实际控制人和/或境内其他投资人直接以较高的价格购买 WFOE 股权，再以较低的价格入股 OPCO。之后 WFOE 或其上级公司以清算或分红的方式将收到的款项层层上缴，由红筹企业向拟退出的境外投资人支付回购价款，最后注销红筹架构中的相关特殊目的公司。①

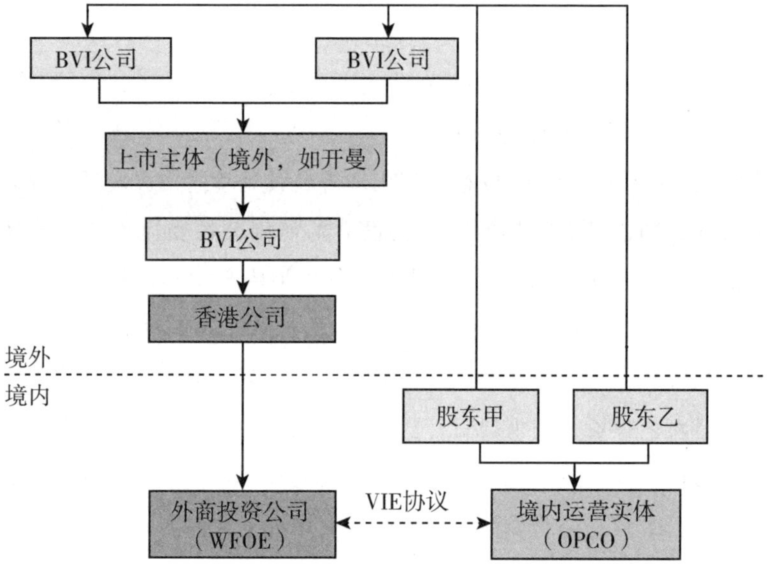

图 3－2－1　协议控制架构的红筹企业股权架构

第二节　红筹架构拆除的主要法律问题及案例分析（光峰科技　晶晨股份）

根据近期上海证券交易所对相关红筹回归企业科创板上市的审核问询情况，我们归纳了涉及的主要问题，包括税务合规性问题；外汇事项；实际控制人、管理层事项；资产、业务事项；协议控制模式下的特殊事项等。

① 沈军：《九号机器人被中止审核，红筹企业如何拆除境外架构迎接科创板？——以每日互动等近期上市项目为例》，载 http：//www. tongshang. com. cn/index/research/detail？ id＝128，最后访问日期：2019 年 8 月 8 日。

一、海外架构搭建、拆除过程中税务的合规性（光峰科技688007）[①]

无论红筹架构搭建还是拆除，税务筹划和税务合规都是必须要慎重考虑的问题，同时也是监管审核的重点问题之一。

2010年，发行人光峰科技的实际控制人李屹收购境外特殊目的公司APPO的权益，并通过APPO在境内设立的外商独资企业绎立锐光与光峰有限签署VIE协议，搭建了发行人的境外架构。后续，为筹划境内上市，光峰有限通过一系列境内外安排对发行人的股权结构和业务进行重组，终止了与绎立锐光的VIE协议，拆除了境外架构。截至发行人启动拆除境外架构之日（即2018年5月18日），APPO合计向29名员工/顾问授予期权，其中有10名激励对象已经离职。发行人的实际控制人李屹在设立境外投资平台APEX、Long Pine，收购境外投资平台Blackpine时未及时办理外汇登记手续。

交易所在问询函中请发行人光峰科技说明海外架构搭建、存续及解除过程中各交易步骤、环节和安排是否符合境内外税务等相关法律法规规定。

公司相关中介机构经核查了《境外法律意见书》及《补充境外法律意见书》、发行人提供的APPO海外架构搭建、存续、拆除中的相关资料及APPO历史股东资料及出具的书面确认、中国人民银行深圳市中心支行办公室出具的《企业无违法违规记录查询证明》（编号：2019－0007号、2019－0319号）、光峰有限、绎立锐光及/或李屹签署的相关VIE协议、工商登记资料、相关完税凭证、外汇主管部门出具的业务登记凭证、商务主管部门核发的相关商务登记/备案文件、税务机关出具的完税证明等。经过上述核查，公司相关中介机构认为：

（一）海外架构搭建过程中

根据当时适用的《非居民企业所得税源泉扣缴管理暂行办法》（2009年1月1日起实施）（已失效），非居民企业取得来源于中国境内的股息、红利等权益性投资收益和利息、租金、特许权使用费所得、转让财产所得以及其他所得应当缴纳的企业所得税，实行源泉扣缴，以依照有关法律规定或者合同约定

① 参见《关于〈关于深圳光峰科技股份有限公司首次公开发行股票并在科创板上市申请文件的审核问询函〉的回复》第72～79页。

对非居民企业直接负有支付相关款项义务的单位或者个人为扣缴义务人。根据国家税务总局《关于加强非居民企业股权转让所得企业所得税管理的通知》（国税函〔2009〕698号，以下简称《698号文》）（已失效），非居民企业股权转让所得是指非居民企业转让中国居民企业的股权（不包括在公开的证券市场买入并卖出中国居民企业的股票）所取得的所得。

根据当时有效的《个人所得税法》第8条，个人所得税以所得人为纳税义务人，以支付所得的单位或者个人为扣缴义务人。

综上，公司相关中介机构认为，由于发行人在境外架构搭建期间的交易中均非扣缴义务人，上述APPO的股份变动情况对本次发行不会造成实质性影响。

（二）境外架构拆除过程中

根据毕马威企业咨询（中国）有限公司深圳分公司（以下简称“毕马威中国”）出具的税务分析报告，（1）拆除境外架构过程中，鉴于APPO或APPO2向股东回购股份时，APPO2未直接持有中国境内股权及资产，因此根据《关于非居民企业间接转让财产企业所得税若干问题的公告》（国家税务总局公告2015年第7号，以下简称《7号公告》），前述回购交易应不涉及中国所得税；（2）根据《7号公告》，非居民企业间接转让的中国应税资产包括股权及其他类似权益；VIE的控制是否属于“其他类似权益”尚不明确，目前尚未发现相关案例。

根据国家税务总局深圳市南山区税务局出具的《税务违法记录证明》，发行人于报告期内未发现有重大税务违法记录。

公司相关中介机构认为，海外架构搭建、拆除过程中各交易步骤、环节和安排符合境内税务相关法律法规规定。

小　结

红筹架构搭建和拆除过程中涉及的税务事项一般集中在红筹架构拆除过程中发生股权转让的所得纳税的处理。在红筹架构的搭建和拆除过程中，涉及相关主体的股权在不同股东之间频繁变化的情况，而股权转让时转让对价的确定关乎所得税的缴纳。在确定股权转让对价时，应遵循公平交易原则，合理确定交易价格。

红筹架构和搭建过程中涉及的另一个税务相关方面问题则是外商投资企业的性质变为内资或外资持股比例低于25%后其之前享有的所得税优惠的处理。在作出外商投资企业之前享有的税收优惠不予补缴的判断性结论时应当有明确的依据，如外商投资企业系按照外资优惠外的其他优惠政策（如高新产业优惠、经济特区优惠）享有税收优惠或拆除红筹架构后外商投资企业的外资比例仍不低于25%，否则该外商投资企业存在补缴税收优惠的风险。

二、未履行外汇登记手续是否属于重大违法行为（晶晨股份688099）

董事、监事、高级管理人员、核心技术人员是科创企业的核心团队，对于红筹架构企业，其董事、监事、高级管理人员、核心技术人员是否履行国家外汇管理局《关于境内居民通过特殊目的公司境外投融资及返程投资外汇管理有关问题的通知》（汇发〔2014〕37号以下简称《37号文》）项下的外汇登记手续，也是问询审核的重点。

交易所在审核问询函中请发行人晶晨股份补充披露该等未办理外汇登记的中国籍股东是否包括公司的实际控制人、发行人现任的董事、监事、高级管理人员、核心技术人员，如包括，该等行为是否属于重大违法行为。

相关中介机构经核查，根据发行人提供的文件，发行人的核心技术人员潘照荣、钟富尧曾经分别在2015年5月、2015年7月就其所持晶晨集团的期权进行行权并成为晶晨集团的股东，晶晨集团于2017年1月回购了潘照荣、钟富尧所持晶晨集团的股权，该次回购完成后至今，潘照荣和钟富尧未在晶晨集团持有股权。即发行人的核心技术人员潘照荣、钟富尧存在依照晶晨集团期权计划行权后持有晶晨集团股份但未履行外汇登记的情形，属于违反《外汇管理条例》等外汇登记管理规定的行为，存在对个人处5万元以下罚款的可能性。《行政处罚法》第29条，“违法行为在二年内未被发现的，不再给予行政处罚，法律另有规定的除外。前款规定的期限，从违法行为发生之日起计算；违法行为有连续或者继续状态的，从行为终了之日起计算。”根据上述规定，由于潘照荣、钟富尧的违规行为自2017年1月已经终止，截至本补充法律意见书出具日，已逾《行政处罚法》规定的2年处罚时效。根据上海市公安局相关派出所于2019年2月出具的无犯罪证明，未发现潘照荣、钟富尧有违法犯罪的记录。根据潘照荣、钟富尧填写的核心技术人员调查表，潘照荣、钟富尧在最近36个月内未受到过行政处罚。

据此，未办理外汇登记的中国籍股东不包括公司的实际控制人、发行人现任的董事、监事、高级管理人员；由于发行人的核心技术人员潘照荣、钟富尧曾经存在的外汇违规行为未造成直接行政处罚的后果，且截至本补充法律意见书出具日，已逾《行政处罚法》规定的2年处罚时效，因此，潘照荣、钟富尧因上述外汇违规行为受到行政处罚的可能性较低，亦不会对发行人构成为重大违法行为。

小 结

红筹回归过程中涉及的外汇事项主要包括红筹架构搭建以及后续融资、返程投资及红筹架构拆除过程中的外汇初始登记、变更登记及注销登记、可能的外汇处罚情况以及各环节涉及进出境资金的来源及外汇合规性。

根据国家外汇管理局《关于境内居民通过境外特殊目的公司融资及返程投资外汇管理有关问题的通知》（汇发〔2005〕75号）（已失效）、《通过特殊目的公司境外投融资及返程投资外汇管理有关问题的通知》（《37号文》）等规定，境内居民自然人通过个人特殊目的公司进行返程投资应当办理外汇登记，若在未办理外汇登记的情形下存在涉嫌套汇行为和外汇出境行为，可能会对上市产生实质性障碍；在特定情形出现时，境内居民自然人还应当办理外汇变更登记及注销登记。

企业拆除红筹架构回归中国证券市场，之前应做外汇登记/补登记而未做的事项会成为其历史沿革方面的法律瑕疵。为了减少发行审核过程中的风险，凡涉及上述登记事项的个人或法人，应尽最大可能与当地外汇管理部门取得沟通办理补登记，减小前期不合规事项对境内拟上市主体可能造成的不利影响。

同时，根据《37号文》《外国投资者境内直接投资外汇管理规定》（汇发〔2013〕21号）（已被修改）和《直接投资外汇业务操作指引》（汇发〔2015〕13号）等规定，返程投资设立的外商投资企业整个存续期间内重大事项（包括外汇资金出入境事项），外商投资企业需要进行相应登记。

第三章

境外上市公司分拆科创板上市

分拆上市通常指上市公司将部分资产或业务分拆到境内外证券市场公开发行股票并上市的行为。在成熟的资本市场，分拆上市是企业实现扩张的重要手段之一。在此，我们将分拆上市进一步分为如下三类：境内A股上市公司分拆境内上市；境内A股上市公司分拆境外上市；境外上市公司分拆境内上市。

对于境内A股上市公司分拆境内上市，2019年3月证监会发布并实施的《科创板上市公司持续监管办法（试行）》（中国证券监督管理委员会令第154号），明确规定“达到一定规模的上市公司，可以依据法律法规、中国证监会和交易所有关规定，分拆业务独立、符合条件的子公司在科创板上市”，这为上市公司分拆融资，搭建资本市场的融资平台提供了契机，也意味着A股市场分拆境内上市将在科创板取得突破。在这之前，虽然法律层面并未明确禁止境内A股上市公司分拆境内上市，但由于实际操作中监管层对于分拆后A股上市的审核较严，市场上并无A股上市公司通过分拆控股子公司成功在A股上市的案例。

对于境内A股上市公司分拆境外上市，2004年证监会出台《关于规范境内上市公司所属企业到境外上市有关问题的通知》（证监发〔2004〕67号），该通知对A股上市公司分拆后境外上市进行了规范。境内A股上市公司分拆后发行H股赴港上市，及分拆子公司通过红筹架构（包括VIE架构）在境外上市，成为境内A股上市公司分拆上市的主要选择之一。

对于香港联交所上市公司境内分拆上市，本次科创板申请上市公司——心脉医疗（证券代码：688016），其间接控股股东微创医疗（证券代码00853. HK）为香港联交所主板上市公司，从实操层面，交易所对心脉医疗的审核问询，对相关拟分拆上市的境外上市公司及中介机构从业人员，都具有重要借鉴意义。

第一节　心脉医疗基本情况

心脉医疗（证券代码：688016），成立于2012年8月17日，注册资本人民币为5397.8147万元，住所地在上海市浦东新区康新公路3399弄1号，公司主要从事主动脉及外周血管介入医疗器械的研发、生产和销售。心脉医疗的控股股东为香港上市公司微创医疗，注册于开曼群岛。微创医疗除通过其全资子公司维尔京心脉持有香港心脉全部权益之外，还通过其全资子公司微创投资持有发行人0.83%股份。因此，微创医疗合计间接持有发行人心脉医疗61.79%股份。心脉医疗股权结构图如下（见图3－3－1）：①

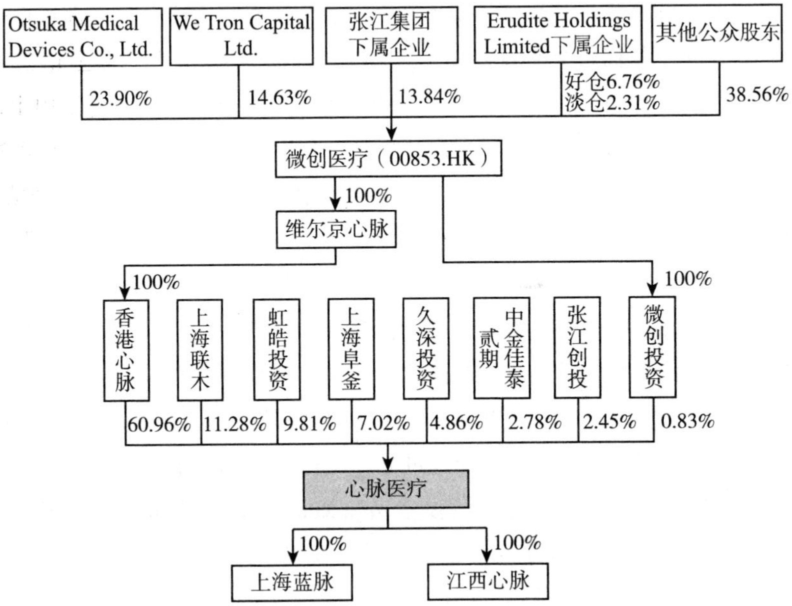

图3－3－1　心脉医疗股权结构

资料来源：《上海微创心脉医疗科技股份有限公司首次公开发行股票并在科创板上市招股说明书》

---

① 参见《上海微创心脉医疗科技股份有限公司首次公开发行股票并在科创板上市招股说明书（申报稿）》第64页。

第二节 科创板关于上市公司分拆上市的规定

2019年3月24日，上海交易所发布并实施的《上海证券交易所科创板股票发行上市审核问答（二）》问题4规定，发行人的部分资产来自上市公司，中介机构核查应当重点关注哪些方面?

如发行人部分资产来自于上市公司，保荐机构和发行人律师应当针对以下事项进行核查并发表意见：

（1）发行人取得上市公司资产的背景、所履行的决策程序、审批程序与信息披露情况，是否符合法律法规、交易双方公司章程以及证监会和证券交易所有关上市公司监管和信息披露要求，是否存在争议或潜在纠纷。

（2）发行人及其关联方的董事、监事和高级管理人员在上市公司及其控制公司的历史任职情况及合法合规性，是否存在违反竞业禁止义务的情形；上述资产转让时，发行人的董事、监事和高级管理人员在上市公司的任职情况，与上市公司及其董事、监事和高级管理人员是否存在亲属及其他密切关系。如存在上述关系，在相关决策程序履行过程中，上述人员是否回避表决或采取保护非关联股东利益的有效措施。

（3）资产转让完成后，发行人及其关联方与上市公司之间是否就上述转让资产存在纠纷或诉讼。

（4）发行人及其关联方的董事、监事、高级管理人员以及上市公司在转让上述资产时是否存在损害上市公司及其中小投资者合法利益的情形。

（5）发行人来自上市公司的资产置入发行人的时间，在发行人资产中的占比情况，对发行人生产经营的作用。

（6）境内外上市公司分拆子公司在科创板上市，是否符合相关规定。

第三节　交易所关于分拆上市的审核问询问题（心脉医疗）

交易所在对心脉医疗的审核问询中，将分拆上市情况作为审核问询的重要问题之一，具体包括如下内容：问询微创医疗分拆发行人在境内上市履行的法定程序；联交所对分拆境内上市关注的主要问题；关于联交所上市公司分拆上市的相关法律法规及监管规则的要求，发行人是否已履行所有法定程序，是否符合相关法律法规和监管规则的要求；是否存在对原股东的强制配售义务；控股股东及其董监高在上市期间的是否曾受到香港证监会、联交所或相关管理部门的处罚或监管措施，是否存在违法违规的情况；发行人信息披露与微创医疗在香港的信息披露是否存在重大差异等。现在摘选部分如下：

一、分拆过程中联交所关注的主要问题（心脉医疗 688016）

对于上海证券交易所问询的“联交所对分拆境内上市关注的主要问题”，相关中介机构经核查，在本次分拆提交申请过程中，微创医疗收到香港联交所相关问询，香港联交所主要关注问题如下：

（1）关于本次分拆的背景：微创医疗于 2016 年 10 月 13 日申请分拆发行人于深圳证券交易所创业板上市并已获批的情况下，说明发行人未在创业板上市的原因，自前述申请分拆后的业务经营活动变化情况及持有发行人权益比例降低的原因，以及本次分拆是否符合微创医疗及其股东利益；

（2）说明在本次分拆上市后微创医疗持有发行人权益比例降低，对微创医疗财务信息的影响；

（3）就《香港联合交易所有限公司证券上市规则第 15 项应用指引》的规定，说明微创医疗申请本次分拆的相关情况，包括管理连续性、财务情况、运营独立性、财务独立性、保证配额等；

（4）说明关于发行人申请在科创板上市的相关情况，包括科创板开设及进展情况、在科创板上市及交易的相关规定、发行人申请在科创板上市已取得的批准情况。

二、关于联交所上市公司分拆上市的相关法律法规及监管规则的要求（心脉医疗 688016）

对于上海证券交易所问询的“联交所上市公司分拆上市的相关法律法规及监管规则的要求”，相关中介机构经核查，回复如下：

根据盛德律师事务所出具的《分拆事项备忘录》，香港联交所主板上市公司对子公司分拆上市的主要规定为《香港联合交易所有限公司证券上市规则第 15 项应用指引》（以下简称《第 15 号指引》）。

根据微创医疗在香港联交所披露的公告信息、其董事会同意本次分拆上市的决议、就本次分拆上市向香港联交所提交的申请文件及针对问询的回复文件，以及盛德律师事务所出具的《分拆事项备忘录》，本次分拆上市符合《第 15 号指引》规定的各项原则，具体如下：

（一）新公司须符合基本上市准则

《第 15 号指引》第 3（a）项规定：“如现有发行人（‘母公司’）拟分拆上市的机构（‘新公司’）是在本交易所营运的证券市场（GEM 除外）上市，新公司必须符合《上市规则》中有关新上市申请人的所有规定，包括载于《上市规则》第八章的基本上市准则。”

鉴于微创医疗是分拆心脉医疗在上海证券交易所科创板上市，并非在香港联交所营运的证券市场上市，因此上述《第 15 号指引》第 3（a）项规定并不适用微创医疗本次分拆上市。

（二）母公司最初上市后的三年内不得作分拆上市

根据《第 15 号指引》第 3（b）项规定：“鉴于母公司最初上市的审批是基于母公司在上市时的业务组合，而投资者当时会期望母公司继续发展该等业务。因此，如母公司上市年期不足三年，上市委员会一般不会考虑其分拆上市的申请。”

根据微创医疗在香港联交所披露的公告信息及其董事会同意本次分拆上市的决议，微创医疗系在 2010 年在香港联交所主板上市，自上市时起至董事会批准实施本次分拆上市时的期间已超过三年。因此，本次分拆上市符合《第 15 号指引》第 3（b）项规定。

（三）母公司经分拆后余下之业务

根据《第 15 号指引》第 3（c）项规定："母公司除保留其在新公司的权益外，自己亦须保留有相当价值的资产及足够业务的运作（不包括其在新公司的权益），以独立地符合《上市规则》第八章的规定。在母公司（不包括其在新公司的权益）未能符合第 8.05 条的最低盈利规定的情况下，母公司如能证明其（不包括其在新公司的权益）未能符合第 8.05 条的最低盈利规定的原因，纯粹是由于市况大幅逆转，则联交所可能给予豁免。"

根据《香港联合交易所有限公司证券上市规则》第 8.05（1）（a）条有关最低盈利之规定："具备不少于 3 个会计年度的营业记录，而在该段期间，新申请人最近一年的股东应占盈利不得低于 2000 万港元，及其前两年累计的股东应占盈利亦不得低于 3000 万港元。上述盈利应扣除日常业务以外的业务所产生的收入或亏损。"

根据微创医疗于 2018 年 12 月 17 日就本次分拆上市向香港联交所提交的申请文件及其披露的年度报告及中期报告，除心脉医疗涉及的业务外，微创医疗其他主要业务包括骨科医疗器械业务、心血管介入产品业务、心律管理设备业务、电生理医疗器械业务、神经介入产品业务、外科医疗器械业务、糖尿病及内分泌医疗器械业务。而且，在不包括其在发行人的权益情况下，微创医疗在 2018 年度、2017 年度中任一年度股东应占盈利均不低于 2000 万港元，且 2017 年度、2016 年度累计股东应占盈利及 2016 年度、2015 年度累计股东应占盈利亦均不低于 3000 万港元。因此，本次分拆上市符合《第 15 号指引》第 3（c）项规定。

（四）考虑分拆上市申请时所采用的原则

根据《第 15 号指引》第 3（d）项规定："考虑有关以分拆形式上市的申请时，上市委员会将采用下列原则：（i）由母公司及新公司分别保留的业务应予以清楚划分；（ii）新公司的职能应能独立于母公司；（iii）对母公司及新公司而言，分拆上市的商业利益应清楚明确，并在上市文件中详尽说明；以及（iv）分拆上市应不会对母公司股东的利益产生不利的影响。"

根据微创医疗就本次分拆上市向香港联交所提交的申请文件，（i）发行人业务与微创医疗的其他业务，存在明确界线；（ii）发行人独立运作，拥有自身的管理团队和生产场地；除彭博在发行人任董事长并在微创医疗任职外，发行人及微创医疗的董事、高级管理人员均不存在其他重合情况；发行人与微创医疗财务独立；发行人与微创医疗均具有独立的采购及销售系统，发行人在采购及销售方面对微创医疗不存在依赖；（iii）微创医疗就本次分拆上市事项涉及的商业事项已作出详细说明；（iv）本次分拆上市不存在对微创医疗的股东的利益产生不利的影响情况。因此，本次分拆上市符合《第15号指引》第3（d）项规定。

（五）分拆上市建议须获得股东批准

根据《第15号指引》第3（e）项规定："分拆上市建议须获得股东批准（1）目前，根据《上市规则》及在适用关连交易的条文的情况下，（根据《上市规则》第14.07条）如有关交易的任何百分比率计算达25%或25%以上，须获股东批准。"

2019年3月18日，微创医疗董事会做出决议，批准微创医疗分拆心脉医疗并在上海证券交易所科创板上市。根据盛德律师事务所出具的《分拆事项备忘录》，本次分拆上市项目的交易测试比率在25%以下，因此本次分拆上市仅需经过董事会的批准而不需要经过股东的批准。因此，本次分拆上市符合《第15号指引》第3（e）项规定。

（六）保证获得新公司股份的权利

根据《第15号指引》第3（f）项规定："上市委员会要求母公司向其现有股东提供一项保证，使他们能获得新公司股份的权利，以适当考虑现有股东的利益，方式可以是向他们分派新公司的现有股份，或是在发售新公司的现有股份或新股份中，让他们可优先申请认购有关股份。"

根据微创医疗就本次分拆上市向香港联交所提交的申请文件，以及《中国证券登记结算有限责任公司关于符合条件的外籍人员开立A股证券账户有关事项的通知》《上海证券交易所科创板股票交易特别规定》等中国相关法律法规的规定，除符合一定资格条件的境外投资者外，其他境外投资者不具备直接开立A股账户并参与科创板股票交易的资格。

2019年3月29日，香港联交所向微创医疗发出书面通知，有条件豁免微创医疗给予其股东获得心脉医疗股份的保证，该条件是微创医疗能够在公告中陈述：“（1）不向股东提供保证配额的原因；（2）中国法律法规对提供保证配额的法律限制；（3）董事会建议分拆豁免公平合理，并符合公司及其股东的整体利益。”2019年4月3日，微创医疗在香港联交所披露《建议分拆上海微创心脉医疗科技股份有限公司并于上海证券交易所科创板独立上市》的公告，根据香港联交所书面通知的要求在公告中作出了相应陈述。

因此，本次分拆上市符合《第15号指引》第3（f）项规定。

（七）分拆上市的公告

根据《第15号指引》第3（g）项规定：“发行人必须在呈交A1表格（或任何海外司法管辖区所规定的同等文件）时或之前公布其分拆上市申请。”

根据微创医疗在香港联交所披露的公告信息，微创医疗就本次分拆上市已于2019年4月3日作出公告。经公司相关中介机构核查，发行人系于2019年4月3日向上海证券交所提交本次发行上市申请。因此，本次分拆上市符合《第15号指引》第3（g）项规定。

综上所述，公司相关中介机构认为，“微创医疗分拆发行人在上海证券交易所科创板上市，符合《第15号指引》的相关规定。”

小 结

对于香港联交所上市公司境内分拆上市，除需关注香港上市公司是否已履行法定程序；是否符合联交所上市公司分拆上市的相关法律法规及监管规则的要求；发行人母公司及其董监高在上市期间是否曾受到香港证监会、联交所或相关管理部门的处罚或监管措施，是否存在违法违规的情况等问题外，拟上市公司及相关中介机构还需要重点关注发行人的业务独立性，发行人与母公司是否存在同业竞争等问题。

第四章

“H+科创板”上市企业相关问题

自科创板推出以来，“H+科创板”两地上市模式正成为部分港股上市公司尤其是生物医药类公司所青睐的路径。2019年5月22日，香港交易所集团行政总裁李小加在联交所官网发表网志《做最好的自己——上市新规一周年回顾》中，对上海证券交易所科创板与香港上市之间的关系，李小加表示“香港与内地资本市场的关系一直以来都是优势互补，不是非此即彼的关系”，“科创板的推出，会让新经济上市的蛋糕越做越大，香港也会同样受惠，比如有一些企业会考虑A+H的双重上市安排，如果沪港通纳入科创板股票，也会吸引更多国际投资者通过香港投资内地，提升香港对于国际资本的吸引力。”

截至2019年8月18日，H股上市公司中国通号（证券代码：688009）已在科创板成功上市；H股上市公司昊海生物于2019年7月15日经上市委会议审核通过，并于2019年7月23日提交注册；上海复旦张江生物医药股份有限公司于科创板的上市申请已获得受理，2019年6月11日被交易所问询，2019年7月31日状态显示为中止；据报道2018年年底登陆港股的君实生物也表示拟申请在科创板上市。

第一节 港股和科创板的相同点、不同点

中国通号、复旦张江、昊海生科作为港股上市公司，为什么选择回归A

股上市，笔者认为其一可能是为了增加募资渠道，其二可能是增加国内股份的流通性。而为何选择科创板而非国内其他板块实现回归 A 股上市，则其一可能是被科创板审核效率和速度以及市场化定价方式所吸引；另一方面，港股和科创板上市规则存在许多相同点，存在制度设计上的相似性。其相似性有如下几点：

第一，港股和科创板都允许不同投票权架构（即表决权差异安排）的公司上市。第二，都允许未盈利的公司上市。第三，允许 VIE 架构企业上市。第四，都是采用注册制上市方法。第五，对投资者都有一定的门槛。申请开通科创板权限，前 20 个交易日证券账户及资金账户内的资产日均不低于人民币 50 万元，且参与证券交易满 24 个月；而内地投资者要想通过港股通渠道交易港股，同样有 50 万元的门槛要求。第六，都没有市盈率上限要求，因为可以让未盈利的企业上市，原则上市盈率都无法计算。第七，类似的限售期。科创板参与配售的保荐机构相关子公司应当事先与发行人签署配售协议，承诺按照股票发行价格认购发行人首次公开发行股票数量 2% 至 5% 的股票，且限售期为 24 个月。上海证券交易所科创板股票公开发行自律委员会建议通过摇号抽签方式抽取 6 类中长线资金对象中 10% 的账户，中签账户的管理人承诺中签账户获配股份锁定，持有期限为自发行人股票上市之日起 6 个月。

港股和科创板还有一些不同点，如涨跌幅限制的不同。科创板股票上市后 5 日内不设涨跌幅限制，之后涨跌幅为 20%；而港股股票上市后一直都没有涨跌幅限制。其次，港股市场实行“T＋0”交易制度，而科创板股票实行“T＋1”的交易制度。这点差异被市场普遍认为是港股与科创板的重点差异。

第二节　交易所关于“H＋科创板”公司审核问询问题（中国通号　昊海生物）

中国通号和昊海生物作为 H 股上市公司，两家公司基本信息如下（见表 3－4－1）：

中国通号基本信息如下：

表 3－4－1 中国通号基本信息统计

中文名称	中国铁路通信信号股份有限公司
成立日期	2010 年 12 月 29 日
注册地址	北京市丰台区汽车博物馆南路 1 号院中国通号大厦 A 座 20 层
主要生产经营地	北京市丰台区汽车博物馆南路 1 号院中国通号大厦
注册股本	878,981.90 万元
控股股东	中国铁路通信信号集团有限公司
实际控制人	国务院国资委
在其他交易场所（申请）挂牌或上市的情况	9 于 2015 年 8 月 7 日在香港联合证券交易所主板挂牌上市，股票代码：03969. HK。
行业分类	C37 铁路、船舶、航空航天和其他运输设备制造业
选择的具体上市标准	《上海证券交易所科创板股票上市规则》2.1.2 条规定的第四套上市标准，即预计市值不低于人民币 30 亿元，且最近一年营业收入不低于人民币 3 亿元。

昊海生物基本信息如下（见表 3－4－2）：

表 3－4－2 昊海生物基本信息统计

中文名称	上海昊海生物科技股份有限公司
成立日期	2007 年 1 月 24 日
注册地址	上海市松江工业区洞泾路 5 号
主要生产经营地	上海市长宁区虹桥路 1386 号文广大厦 23 楼
注册股本	16,004.53 万元
法定代表人	侯永泰
实际控制人/控股股东	蒋伟、游捷
在其他交易场所（申请）挂牌或上市的情况	公司于 2015 年 4 月 30 日在香港联交所主板挂牌上市，股票代码：06826

续表

中文名称	上海昊海生物科技股份有限公司
行业分类	医药制造业
选择的具体上市标准	《上海证券交易所科创板股票上市规则》2.1.2 条规定的第一套上市标准，即预计市值不低于人民币 10 亿元，近两年净利润均为正且累计净利润不低于人民币 5000 万元。

一、科创板申报文件的信息披露与发行人在联交所的信息披露是否存在重大差异（中国通号 688009）

中国通号在申请科创板上市时被交易所询问“本次申报文件的信息披露与发行人在联交所的信息披露是否存在重大差异。”

中国通号及其相关中介机构经核查，回复如下：“根据香港联交所的相关规定，发行人需要在香港联交所网站上根据香港联交所的相关规定进行信息披露。公司相关中介机构对发行人于香港联交所披露的文件内容进行了查阅并与本次发行上市申请文件所披露的信息进行了比对，主要差异及原因说明如下：

发行人于 2015 年 8 月 7 日在香港联交所上市，2015 年度、2016 年度、2017 年度及 2018 年度，公司按照国际财务报告准则编制财务报表于香港联交所进行有关信息披露。2016 年度、2017 年度及 2018 年度在香港联交所披露的财务报表是按照国际财务报告准则编制的，本次发行上市申请文件所披露的 2016 年度、2017 年度及 2018 年度财务报表是按照中国企业会计准则编制的，因此本次发行上市申请文件所披露的财务报表与香港联交所披露的财务报表在适用的会计准则上存在一定差异。

从披露的形式和具体内容来看，发行人本次发行上市的申请文件与公司在香港联交所披露的文件在格式和具体内容详尽方面存在一定差异，该等差异系因境内外上市规则和监管规则对于信息披露的要求不同所致。本次发行上市的招股说明书根据《公开发行证券的公司信息披露内容与格式准则第 41 号——科创板公司招股说明书》等境内法律法规的要求编制，发行人在上海证券交易所受理本次发行上市的申请后，于香港联交所网站同步进行了披露。

本次发行上市申请文件披露的关联人范围与在香港联交所披露的关联人范

围存在一定差异，该等差异系因境内外上市规则对关联（连）人的界定依据不同。

此外，公司相关中介机构对香港联交所网站、香港证监会网站以及发行人网站进行了检索，查阅了发行人于香港联交所网站披露的信息并经发行人境外常年法律顾问高伟绅律师事务所确认，自发行人 H 股上市以来，发行人不存在因信息披露违法违规原因受到香港联交所作出的公开批评等监管措施，或香港证券及期货事务监察委员会作出的任何民事或刑事处罚。

综上，公司相关中介机构认为，截至本补充法律意见书出具之日，发行人本次发行上市申请文件所披露的信息与公司在香港联交所披露的信息相关差异主要是由于境内外上市规则和监管规则差异所致，不存在实质性重大差异。”①

二、发行人在联交所主板挂牌上市期间的合规性（昊海生物）

昊海生物于 2015 年 9 月 10 日收到联交所出具的询问函，于 2015 年 9 月 17 日收到联交所就同件事宜出具之跟进询问函，以及于 2015 年 12 月 30 日收到联交所就同件事宜最终出具的警诫函，联交所未就该事宜采取进一步监管措施和处罚。上海证券交易所在问询函中请发行人说明公司在联交所主板挂牌上市期间，是否曾受到联交所或香港证监会处罚。

相关中介机构经核查公司收到的问询函、警诫函及相关回复文件；沟通取得并查阅了公司境外法律顾问出具的确认意见；检索香港证监会网站的公示信息；沟通取得并查阅了公司联席公司秘书出具的确认意见。

经核查，相关中介机构认为，根据发行人联席公司秘书于 2019 年 4 月 11 日出具的确认函，除香港联交所于 2015 年 9 月 10 日、9 月 17 日、12 月 30 日就同件事宜分别出具的询问函、跟进询问函及警诫函外，并无知悉香港联交所对发行人有关未能遵守联交所证券上市规则的书面投诉或询问。

根据乐博律师事务所于 2019 年 4 月 11 日出具的确认函，除联交所于 2015 年 9 月 10 日、9 月 17 日、12 月 30 日就同件事宜分别出具的询问函、跟进询问函及警诫函外，自 2015 年 4 月 30 日至 2019 年 4 月 11 日期间，乐博律师事务

① 参见《关于中国铁路通信信号股份有限公司首次公开发行股票并在科创板上市申请文件的审核问询函的回复》第 462～463 页。

所并无知悉联交所对发行人有关未能遵守香港联交所证券上市规则的书面投诉或询问。

除联交所于2015年出具的询问函、警诫函外，发行人在联交所主板挂牌上市期间未受到联交所作出的其他监管措施，未受到香港证监会作出的任何处罚。①

---

① 参见《关于上海昊海生物科技股份有限公司首次公开发行股票并在科创板上市申请文件的审核问询函之回复报告》第230~233页。

第五章

新三板企业转科创板上市相关问题

在首批登陆科创板上市的25家企业中，有5家企业有新三板挂牌或申请挂牌的经历，其中天准科技（证券代码：688003）、西部超导（证券代码：688122）、南微医学（证券代码：688029）、嘉元科技（证券代码：688388）4家企业均成功挂牌新三板。航天宏图（证券代码：688066）曾申请新三板挂牌，后主动撤回。对新三板企业科创板上市面临的相关审核问询问题，我们于本章中进行归纳总结，以期对相关拟科创板上市公司及相关中介机构有所助益。

第一节　关于发行人在股转系统终止挂牌时，对异议股东权益保护的问题（天准科技688003）

根据天准科技招股书披露，天准科技在股权系统终止挂牌后，2018年2月，发行人股东刘磊、陈聚鑫、吴胜娟、李慧静分别将其持有的发行人股份转让给天准合智。本次股权转让系公司控股股东、实际控制人履行公司股票在股转系统终止挂牌时的承诺，即由控股股东或其指定的第三方收购对公司股票终止挂牌事宜异议股东持有的公司股份。经协商，由天准合智收购上述4名自然人股东所持有的全部天准科技的股份。①

---

① 见《苏州天准科技股份有限公司招股说明书（申报稿）》第1-1-48页，之“报告期内的股本和股东变化情况”。

2018年2月8日，受让方天准合智以14.90元/股的价格受让刘磊股份4000股；2018年2月9日，受让方天准合智分别以13.16元/股的价格受让陈聚鑫股份4000股、吴胜娟股份4000股、李慧静股份3000股；

上海证券交易所在审核问答中对此提出了“发行人在股转系统公告的异议股东权益保护的主要措施，包括但不限于现金选择权的提供方、价格”“不同的异议股东回购请求权人提供不同价格的回购是否符合发行人在股转系统的信息披露文件及股转系统的相关规定，是否存在潜在争议”的问题。

相关中介机构核查了发行人于股转系统披露的《苏州天准科技股份有限公司关于申请股票终止挂牌对异议股东权益保护措施的公告》。

2017年11月3日，发行人于股转系统披露了《苏州天准科技股份有限公司关于申请股票终止挂牌对异议股东权益保护措施的公告》，具体内容如下：“为保护未出席公司2017年第六次临时股东大会且对公司终止挂牌及上述议案存在异议的股东的利益，公司控股股东、实际控制人承诺：在公司股票终止挂牌后的10个自然日内，控股股东、实际控制人或其指定第三方对异议股东持有的公司股份进行收购，收购价格不低于该异议股东取得公司股份时的成本价格（如该异议股东购买股票后存在派息、送股、资本公积金转增股本等除权除息事项，收购价格应按照相应调整后的价格计算），异议股东多次买入并卖出公司股票的，成本按‘先进先出’原则计算，具体价格及回购方式以双方协商确定为准。如异议股东未在上述期限内书面提出股份回购要求，则视为同意继续持有公司股份，有效期满后承诺人不再承担上述回购义务。”

查阅了天准合智与异议股东签署的《股份转让协议》；查阅异议股东通过股转系统买卖天准科技股份的交易记录、款项支付的银行凭证；对部分异议股东进行走访。发表意见认为：上述股份回购价格系以天准科技在股转系统终止挂牌前的最后一个交易日的收盘价13.16元为定价参考依据，在此基础上经各方协商确定。上述回购虽然存在不同的股权转让价格，但该等股权转让价格的约定系各方真实的意思表示，并且符合发行人于2017年11月3日在股转系统披露的《苏州天准科技股份有限公司关于申请股票终止挂牌对异议股东权益保护措施的公告》中载明的承诺，亦不违反股转系统的相关规定，股份转让真实、合法、有效，不存在潜在争议。

随着股转系统摘牌企业增多，如何保护股东，特别是异议股东权益成为关注的重点。2019 年 3 月 8 日，全国中小企业股份转让系统有限责任公司发布《全国中小企业股份转让系统挂牌公司申请股票终止挂牌及撤回终止挂牌业务指南》（股转系统公告〔2019〕315 号），其第 3 条规定："挂牌公司、公司股东或相关方应当制定合理的异议股东保护措施，通过股票回购、现金补偿等方式对股东权益保护作出安排，并主动联系异议股东，对保护措施进行解释说明。主办券商应当督促挂牌公司及时履行信息披露义务，协助挂牌公司对异议股东作出妥善安排。"

其第 5 条规定："主办券商和律师应当就下列事项进行核查，并逐项发表明确意见：（一）挂牌公司主动终止挂牌原因；（二）终止挂牌是否履行了相应审议程序和信息披露义务；（三）异议股东保护措施是否充分合理；（四）公司是否存在涉嫌违法违规行为及其整改情况；（五）公司是否存在未办结的股票发行、并购重组等业务；（六）全国股转公司要求发表的其他意见。主办券商和律师对前款第三项发表意见时，应对相关义务人与异议股东的沟通情况和达成一致的情况进行重点核查并发表意见。异议股东保护措施涉及相关主体实施股份回购的，主办券商和律师应对挂牌公司及回购义务人与异议股东的联系情况和回购协议签署情况进行重点核查并发表意见。"

无论从全国股份转系统还是科创板，都强调股转系统摘牌的企业应做好异议股东的权益保护。相关企业应按照全国股转系统的要求做好异议股东权益的保护工作，相应中介机构也应注意此方面的核查义务。

第二节　新三板挂牌期间信息披露与本次申请文件存在差异问题（天准科技 688003）

根据招股说明书披露，天准科技于 2015 年 8 月至 2018 年 1 月在股转系统挂牌并公开转让。2016 年原始财务报表与申报财务报表的资本公积、盈余公积、未分配利润、营业成本、销售费用、管理费用、资产减值损失及所得税费用等多个科目存在差异。

因此，上海证券交易所在审核问询中请发行人说明原始报表与申报报表差异较多、相关科目大额差异的原因、会计基础是否规范、财务会计人员是否具备专业胜任能力。并请保荐机构、发行人律师和申报会计师核查挂牌期间的所有公司披露信息与本次申请文件和财务报告披露的内容是否存在实质性差异。

根据天准科技对上海证券交易所审核问询的回复，2105 年、2016 年、2017 年是由于调整事项（包括对运输费进行重分类调整、对水电费进行重分类调整、厘定应收账款坏账准备、调整股份支付金额等）造成差异。

各中介机构经核查 2015 年 8 月至 2018 年 1 月期间在股转系统挂牌期间发行人公开披露文件共计 223 份，发行人挂牌期间信息披露与本次申请文件的差异情况，包括财务数据方面的差异，及非财务数据方面的差异。财务数据方面的差异是由于本次申报，发行人将市值增长分享计划中实际控制人代员工支付的个人所得税作股份支付处理，并据此对申请文件财务数据进行了进一步更正。详见本问题回复之“一、请发行人说明原始报表与申报报表差异较多、相关科目大额差异的原因、会计基础是否规范、财务会计人员是否具备专业胜任能力；请保荐机构和申报会计师说明各个科目调整的原因，并就相关调整是否符合会计准则的规定发表明确意见。”

第三节　新三板挂牌期间信息披露的合规性（西部超导 688122）

即便针对已经离开新三板的公司，上海证券交易所下发的科创板问询函也会关注相关公司在挂牌期间的信息披露、股权交易情况、运营、股份变动等方面是否合法合规，挂牌期间是否受到行政处罚或采取监管措施。

根据西部超导《招股书（申报版）》披露，2016 年 4 月 25 日，股转公司印发《关于给予西部超导材料科技股份有限公司自律监管措施的决定》（股转系统〔2016〕109 号），对公司处以责令改正和要求提交书面承诺的自律监管措施。公司按股转公司的要求进行了规范整改，并于 2016 年 5 月 9 日向股转公司提交了《西部超导材料科技股份有限公司关于全国中小企业股份转让系统有限责任公司自律监管措施的承诺函》（西超字〔2016〕41 号）。

上海证券交易所审核问询“请发行人说明被股转系统采取自律监管措施的事项，公司的整改措施”。

相关中介机构经核查，西部超导存在的信息披露不规范行为如下：2015年半年报存在合并报表财务附注资产负债表中应收票据、开发支出项目注释披露不完整，损益表中期间费用、主营业务税金及附加项目注释披露不完整，现金流量表中经营活动、筹资活动、投资活动部分渐进流量项目注释披露不完整，关联交易披露不完整等问题。

相关中介机构经核查认为，发行人挂牌期间在信息披露方面存在违法违规情形，但发行人受到股转公司采取的自律监管措施后，及时采取了有效的整改措施，并按股转公司的要求提交了书面承诺，对本次发行上市不构成实质性法律障碍。

公司已采取如下规范整改措施：公司已在会计师事务所的督导下重新进行2015年半年度报告的编制工作，避免信息遗漏及错误的发生，已于2016年5月9日在全国中小企业股份转让系统指定信息披露平台（http://www.neeq.com.cn/）发布更正公告以及更正后的2015年半年度报告。①

小结

根据新三板（退市）企业科创板IPO的审核问询情况，上海证券交易所问询函内容主要涉及以下内容：

是否存在“三类股东”。新三板挂牌公司主要融资的手段包括定向增发，投资者多通过契约型私募基金、资产管理计划（主要指基金子公司和券商资管计划）和信托计划增资。这种背景下，“三类股东”存在于不少曾经交易或增资的新三板类公司中。在新三板公司转科创板上市过程中，“三类股东”仍是问询内容的重点。关于“三类股东”问题，可参考本篇“第二十章‘三类股东’问题”。

① 参见《关于西部超导材料科技股份有限公司首次公开发行股票并在科创板上市申请文件审核问询函的回复》第232页。

公司在股转系统挂牌及挂牌期间信披、股权交易情况、运营、股份变动等方面是否合法合规；挂牌期间是否受到行政处罚或被采取监管措施；首发申请文件与公司在新三板挂牌期间的信披是否一致等方面。即便针对已经离开新三板的公司，上海证券交易所下发的科创板问询函也会关注相关公司在挂牌期间的上市行为是否合法合规。如果存在不规范行为，还要求公司如实披露整改措施。

本次申报文件与挂牌期间披露文件的差异性。这几乎是新三板转科创板上市企业都会遇到的问题。

此外核心技术人员的认定、员工持股计划、实控人的认定、研发费用、是否符合科创板定位等，也成为新三板企业科创板 IPO 中被问询关注的问题。

第六章

尚未盈利企业上市——第五套上市标准

所谓科创板“第五套上市标准”是指《上海证券交易所科创板股票上市规则》（2019 年修订）第 2. 1. 2 条之“（五）预计市值不低于人民币 40 亿元，主要业务或产品需经国家有关部门批准，市场空间大，目前已取得阶段性成果。医药行业企业需至少有一项核心产品获准开展二期临床试验，其他符合科创板定位的企业需具备明显的技术优势并满足相应条件。”从该规定来看，第五套上市标准不仅是五套上市标准中突破较大的，而且从高投入、周期长，且短期基本不会盈利的生物制药行业特点来看，是最适合生物医药企业的上市规则。但截至 2019 年 8 月 18 日，交易所已受理的 152 家科创板上市申请中，仅有苏州泽璟生物制药股份有限公司（以下简称“泽璟制药”）、① 百奥泰生物制药股份有限公司（以下简称百奥泰）、② 前沿生物药业（南京）股份有限公司（以下简称“前沿生物”）、③ 北京天智航医疗科技股份有限公司（以下简

① 根据上海证券交易所官网显示，上海证券交易所于 2019 年 6 月 10 日受理泽璟制药的科创板上市申请。2019 年 7 月 8 日被交易所问询。截至 2019 年 8 月 18 日，泽璟生物尚在问询阶段。载 http：//kcb. sse. com. cn/renewal/xmxq/index. shtml？auditId = 179，最后访问日期：2019 年 8 月 18 日。

② 根据上海证券交易所官网显示，上海证券交易所于 2019 年 7 月 8 日受理百奥泰的科创板上市申请。2019 年 8 月 5 日被交易所问询。截至 2019 年 8 月 18 日，百奥泰尚未披露第一轮审核问询回复，目前尚在问询阶段。载 http：//kcb. sse. com. cn/renewal/xmxq/index. shtml？auditId = 209，最后访问日期：2019 年 8 月 18 日。

③ 根据上海证券交易所官网显示，上海证券交易所于 2019 年 8 月 13 日受理前沿生物的科创板上市申请。截至 2019 年 8 月 18 日，前沿生物尚未被交易所问询。载 http：//kcb. sse. com. cn/renewal/xmxq/index. shtml？auditId = 255，最后访问日期：2019 年 8 月 18 日。

称“天智航”）共计4家企业采用了第五套上市标准,[①] 其他企业或基于保守观望心态多采用第一套上市标准。

泽璟制药作为第一家采用第五套上市标准的科创板上市企业，交易所对其相关审核问询问题，对相关企业及中介机构来说，都极具学习价值。

第一节 关于尚未盈利企业上市的相关规定

一、关于尚未盈利或最近一期存在累计未弥补亏损的企业上市的规定

《上海证券交易所科创板股票发行上市审核问答》第2条规定：

（一）发行人信息披露要求

1. 原因分析。尚未盈利或最近一期存在累计未弥补亏损的发行人，应结合行业特点分析并披露该等情形的成因，如：产品仍处研发阶段，未形成实际销售；产品尚处于推广阶段，未取得客户广泛认同；产品与同行业公司相比技术含量或品质仍有差距，未产生竞争优势；产品产销量较小，单位成本较高或期间费用率较高，尚未体现规模效应；产品已趋于成熟并在报告期内实现盈利，但由于前期亏损较多，导致最近一期仍存在累计未弥补亏损；其他原因。发行人还应说明尚未盈利或最近一期存在累计未弥补亏损是偶发性因素，还是经常性因素导致。

2. 影响分析。发行人应充分披露尚未盈利或最近一期存在累计未弥补亏损对公司现金流、业务拓展、人才吸引、团队稳定性、研发投入、战略性投入、生产经营可持续性等方面的影响。

3. 趋势分析。尚未盈利的发行人应当披露未来是否可实现盈利的前瞻性信息，对其产品、服务或者业务的发展趋势、研发阶段以及达到盈亏平衡状态时主要经营要素需要达到的水平进行预测，并披露相关假设基础；存在累计未

---

① 根据上海证券交易所官网显示，上海证券交易所于2019年8月7日受理天智航的科创板上市申请。截至2019年8月18日，前沿生物尚未被交易所问询。载 http：//kcb. sse. com. cn/renewal/xmxq/index. shtml? auditId =254，最后访问日期：2019年8月18日。

弥补亏损的发行人应当分析并披露在上市后的变动趋势。披露前瞻性信息时应当声明其假设的数据基础及相关预测具有重大不确定性，提醒投资者进行投资决策时应谨慎使用。

4. 风险因素。尚未盈利或最近一期存在累计未弥补亏损的发行人，应充分披露相关风险因素，包括但不限于：未来一定期间无法盈利或无法进行利润分配的风险，收入无法按计划增长的风险，研发失败的风险，产品或服务无法得到客户认同的风险，资金状况、业务拓展、人才引进、团队稳定、研发投入等方面受到限制或影响的风险等。未盈利状态持续存在或累计未弥补亏损继续扩大的，应分析触发退市条件的可能性，并充分披露相关风险。

5. 投资者保护措施及承诺。尚未盈利或最近一期存在累计未弥补亏损的发行人，应当披露依法落实保护投资者合法权益规定的各项措施；还应披露本次发行前累计未弥补亏损是否由新老股东共同承担以及已履行的决策程序。尚未盈利企业还应披露其控股股东、实际控制人和董事、监事、高级管理人员、核心技术人员按照相关规定作出的关于减持股份的特殊安排或承诺。

（二）中介机构核查要求

保荐机构及申报会计师应充分核查上述情况，对发行人尚未盈利或最近一期存在累计未弥补亏损是否影响发行人持续经营能力明确发表结论性意见。

二、关于市值指标的规定

《上海证券交易所科创板股票发行上市审核问答》第 8 条规定，《上市规则》规定的上市标准中包含市值，针对市值指标，发行上市审核及监管中要求：

发行人在提交发行上市申请时，应当明确所选择的具体上市标准，保荐机构应当对发行人的市值进行预先评估，并在《关于发行人预计市值的分析报告》中充分说明发行人市值评估的依据、方法、结果以及是否满足所选择上市标准中的市值指标的结论性意见等。保荐机构应当根据发行人特点、市场数据的可获得性及评估方法的可靠性等，谨慎、合理地选用评估方法，结合发行人报告期外部股权融资情况、可比公司在境内外市场的估值情况等进行综合判断。

在初步询价结束后，发行人预计发行后总市值不满足所选择的上市标准的，应当根据《上海证券交易所科创板股票发行与承销实施办法》的相关规定中止发行。对于预计发行后总市值与申报时市值评估结果存在重大差异的，保荐机构应当向上海证券交易所说明相关差异情况。上海证券交易所在对保荐机构执业质量进行评价时，将考量上述因素。

第二节　采用第五套上市标准的理由和依据（泽璟生物）

根据招股说明书披露，泽璟生物采用第五套上市标准。交易所在问询函中，要求发行人逐项说明论证发行人符合第五套上市标准的理由和依据。

相关中介机构进行下列核查：（1）查阅了发行人报告期内的增资协议、工商设立及变更登记文件、审计报告、验资报告、评估报告、相关三会决议文件；（2）查阅了发行人已取得的业务资质、药品临床试验批件；（3）结合公司的实际情况，选取可比公司的市值/研发费用以及分析可比公司产品管线的进度作为可比估值参考；（4）查阅行业研究资料和统计资料、咨询行业分析师、了解发行人竞争对手情况等途径进行了审慎的调查分析和独立判断；（5）对发行人管理层进行了访谈。

经核查，相关中介机构认为，根据《上海证券交易所科创板股票发行上市审核规则》第22条第2款第5项的规定，“（五）预计市值不低于人民币40亿元，主要业务或产品需经国家有关部门批准，市场空间大，目前已取得阶段性成果。医药行业企业需至少有一项核心产品获准开展二期临床试验，其他符合科创板定位的企业需具备明显的技术优势并满足相应条件”。

（一）预计市值不低于人民币40亿元

截至本回复出具日，发行人已连续多轮获得多家有医药行业投资经验的机构投资者投资，发行人最近一次（2018年上半年启动2018年下半年完成）市场化融资的投后估值约为人民币47.5亿元。

同时，选取估值指标可比公司市值/研发费用进行测算（可比公司市值选取7家境内外创新药上市公司当前市值，研发费用数据来源自可比公司2018年报），可比公司市值/研发费用平均值乘以发行人预计研发费用可算出发行人预计市值不低于人民币40亿元。

综上所述，预计发行人IPO市值不低于人民币40亿元。

（二）主要业务或产品需经国家有关部门批准，市场空间大，目前已取得阶段性成果

发行人是一家专注于肿瘤、出血及血液疾病、肝胆疾病等多个治疗领域的创新驱动型化学及生物新药研发企业，发行人主要产品（药品）上市需经国家药品监督管理部门的批准。发行人主要产品甲苯磺酸多纳非尼片、外用重组人凝血酶的市场空间大，主要产品市场规模及前景分析详见招股说明书“第六节业务与技术”之“一、发行人的主营业务及主要产品”部分。

截至本回复出具日，发行人正在开展11个创新药物的23项在研项目，其中甲苯磺酸多纳非尼片、外用重组人凝血酶及盐酸杰克替尼片的多种适应症已分别处于II/III期临床试验阶段；奥卡替尼及注射用重组人促甲状腺激素处于I期临床试验阶段；盐酸杰克替尼乳膏已经提交IND申请，目前正在准备伦理递交；盐酸杰克替尼片治疗重症斑秃适应症已经提交IND申请；盐酸杰克替尼治疗其他自身免疫相关疾病和ZG5266处于IND申请的准备阶段；此外，小分子新药ZG0588及ZG170607、抗肿瘤双靶点抗体新药ZG005及ZG006处于临床前研发阶段，预计将于2020~2021年提交IND申请。发行人5个在研药品已累计取得16项药品临床试验批件，详见招股说明书“第六节业务与技术”之“八、发行人的生产经营资质证书”之“（二）药品临床试验批件”。

（三）医药行业企业需至少有一项核心产品获准开展二期临床试验

截至本回复出具日，发行人正在进行核心产品多纳非尼一线治疗晚期肝细胞癌、三线治疗晚期结直肠癌、一线治疗局部晚期/转移性放射性碘难治性分化型甲状腺癌的III期临床试验，核心产品外用重组人凝血酶治疗外科手术渗血的III期临床试验，以及核心产品盐酸杰克替尼片治疗骨髓纤维化的II期临床试验。发行人核心产品获准开展二期临床试验。

综上所述，发行人已连续多轮获得多家有医药行业投资经验的机构投资者

投资，截至报告期末最近一次获得投资后的估值约为47.5亿元；发行人产品管线中的5个在研药品已累计取得16项药品临床试验批件；多个核心产品市场规模较大，且已获准并处于II/III期临床试验阶段，具备明显的技术优势。发行人符合《上海证券交易所科创板股票发行上市审核规则》规定的第五套上市标准。

小 结

截至2019年8月18日，上海证券交易所已受理科创板申报企业共计152家，其中仅有泽璟生物、百奥泰、前沿生物、天智航4家新药研发公司选择第五套上市标准。

第五套标准对于生物制药企业来说既是机会也是挑战。一方面，第五套标准可以让符合标准的新药研发企业获得资本市场的支持；另一方面，从目前大多数申报科创板的新药研发企业选择第一套上市标准来说，第五套上市标准对生物制药企业具有太多不确定性。

从交易所对泽璟生物问询关于“公司符合第五套上市标准的理由和依据”来看，我们建议有意选择第五套上市标准申报科创板的生物制药企业，应注意企业估值的公允性和可信性，一方面是生物制药企业本身价值评估方法的选择，这是企业估值公允性的根本；另一方面是外部股权融资方面，这包括外部投资机构和认购估值两方面。外部投资机构的选择须注意其独立性，即外部投资机构和企业、企业的实际控制人或大股东无关联关系；再者外部投资机构对企业的估值是判断企业是否符合第五套上市标准市值要求的重要佐证，如果申报企业已进行了多轮融资，而最后一轮融资估值距离申报时间较短，则最后一轮估值应超过第五套上市标准所规定的市值要求，即市值不低于40亿元人民币。相关中介机构也需注意做好相应方面的尽调和核查。

第七章

表决权差异安排问题

表决权差异安排，即“同股不同权”，又称“双重股权架构”，即发行人按照《公司法》第131条的规定，在一般规定的普通股份之外，发行拥有特别表决权的股份。每一特别表决权的股份拥有的表决权数量大于每一普通股份拥有的表决权数量，其他股东权利与普通股份相同。特别表决权股份一般由创始团队持有。表决权差异安排使科创企业的创始人，实现了在拥有较少股份的同时，避免了多轮融资引发的股权稀释问题，能够持续对公司予以控制，保证创始团队控股股东地位、维持公司控制权稳定，提升公司的治理效率。目前美股、港股均接纳同股不同权的股权架构设置。科创板则是国内对表决权差异化安排的初次尝试。当然，在表决权差异安排下，如何平衡投资者的利益，则是需要考虑的另一个重要问题。因此监管层对特别表决权设置了诸多限制条件。

截至2019年8月10日，科创板受理的上市申请中，优刻得科技股份有限公司（以下简称“优刻得”）和九号机器人有限公司设置了表决权差异安排。

第一节　表决权差异安排的相关规定

一、公司法相关规定

《公司法》第131条规定，国务院可以对公司发行本法规定以外的其他种类的股份，另行作出规定。

二、科创板相关规定

《关于在上海证券交易所设立科创板并试点注册制的实施意见》《上海证券交易所科创板股票发行上市审核规则》及《上海证券交易所科创板股票上市规则》（2019 年修订）均对表决权差异安排作出明确规定。

（一）设置表决权差异安排的科创板上市企业的上市标准

《上海证券交易所科创板股票发行上市审核规则》及《上海证券交易所科创板股票上市规则》（2019 年修订）规定，发行人具有表决权差异安排的，市值及财务指标应当至少符合下列标准中的一项：

1. 预计市值不低于人民币 100 亿元；

2. 预计市值不低于人民币 50 亿元，且最近一年营业收入不低于人民币 5 亿元。

（二）表决权差异安排应在首发上市前设置完成

《上海证券交易所科创板股票上市规则》（2019 年修订）第 4. 5. 2 条规定，表决权差异安排应在首次公开发行并上市前完成设置。发行人首次公开发行并上市前设置表决权差异安排的，应当经出席股东大会的股东所持 2/3 以上的表决权通过；发行人在首次公开发行并上市前不具有表决权差异安排的，不得在首次公开发行并上市后以任何方式设置此类安排。

（三）设置表决权差异安排公司应充分信息披露

《上海证券交易所科创板股票上市规则》（2019 年修订）第 4. 5. 1 条规定，上市公司具有表决权差异安排的，应当充分、详细披露相关情况特别是风险、公司治理等信息，以及依法落实保护投资者合法权益规定的各项措施。

（四）特别表决权股份股东主体资格有特殊要求

《上海证券交易所科创板股票上市规则》（2019 年修订）4. 5. 3 条规定，持有特别表决权股份的股东应当为对上市公司发展或者业务增长等作出重大贡献，并且在公司上市前及上市后持续担任公司董事的人员或者该等人员实际控制的持股主体。

持有特别表决权股份的股东在上市公司中拥有权益的股份合计应当达到公司全部已发行有表决权股份10%以上。

（五）特别表决权股份对应表决权数量存在限制

《上海证券交易所科创板股票上市规则》（2019年修订）第4.5.7条规定，上市公司应当保证普通表决权比例不低于10%。即特别表决权比例不超过90%。

《上海证券交易所科创板股票上市规则》（2019年修订）第4.5.4条规定上市公司章程应当规定每份特别表决权股份的表决权数量。每份特别表决权股份的表决权数量应当相同，且不得超过每份普通股份的表决权数量的10倍。

该规则第4.5.5条规定，除公司章程规定的表决权差异外，普通股份与特别表决权股份具有的其他股东权利应当完全相同。

（六）上市后特别表决权比例不得增加

《上海证券交易所科创板股票上市规则》（2019年修订）第4.5.6条规定，上市公司股票在本所上市后，除同比例配股、转增股本情形外，不得在境内外发行特别表决权股份，不得提高特别表决权比例。

上市公司因股份回购等原因，可能导致特别表决权比例提高的，应当同时采取将相应数量特别表决权股份转换为普通股份等措施，保证特别表决权比例不高于原有水平。

（七）符合持股比例要求的表决权股东均可提议召开股东大会、提出股东大会议案

《上海证券交易所科创板股票上市规则》（2019年修订）第4.5.7条规定，单独或者合计持有公司10%以上已发行有表决权股份的股东有权提议召开临时股东大会；单独或者合计持有公司3%以上已发行有表决权股份的股东有权提出股东大会议案。

（八）特别表决权股份的交易限制

《上海证券交易所科创板股票上市规则》（2019年修订）第4.5.8条规定，特别表决权股份不得在二级市场进行交易，但可以按照上海证券交易所有关规定进行转让。

(九) 特定情况下特别表决权股份应当照 1∶1 的比例转换为普通股份

《上海证券交易所科创板股票上市规则》(2019 年修订)第 4.5.9 条规定，出现下列情形之一的，特别表决权股份应当按照 1∶1 的比例转换为普通股份：

1. 持有特别表决权股份的股东不再符合本规则第 4.5.3 条规定的资格和最低持股要求，或者丧失相应履职能力、离任、死亡；

2. 实际持有特别表决权股份的股东失去对相关持股主体的实际控制；

3. 持有特别表决权股份的股东向他人转让所持有的特别表决权股份，或者将特别表决权股份的表决权委托他人行使；

4. 公司的控制权发生变更。

发生前款第 4 项情形的，上市公司已发行的全部特别表决权股份均应当转换为普通股份。

发生本条第 1 款情形的，特别表决权股份自相关情形发生时即转换为普通股份，相关股东应当立即通知上市公司，上市公司应当及时披露具体情形、发生时间、转换为普通股份的特别表决权股份数量、剩余特别表决权股份数量等情况。

(十) 对特别表决权的其他限制

《上海证券交易所科创板股票上市规则》(2019 年修订)第 4.5.10 条规定，上市公司股东对下列事项行使表决权时，每一特别表决权股份享有的表决权数量应当与每一普通股份的表决权数量相同：

1. 对公司章程作出修改；

2. 改变特别表决权股份享有的表决权数量；

3. 聘请或者解聘独立董事；

4. 聘请或者解聘为上市公司定期报告出具审计意见的会计师事务所；

5. 公司合并、分立、解散或者变更公司形式。

三、其他相关规定

2019 年修订的《上市公司章程指引》第 15 条规定，存在特别表决权股份的上市公司，应当在公司章程中规定特别表决权股份的持有人资格、特别表决权股份拥有的表决权数量与普通股份拥有的表决权数量的比例安排、持有人所持特别表决权股份能够参与表决的股东大会事项范围、特别表决权股份锁定安排及转让限制、特别表决权股份与普通股份的转换情形等事项。公司章程有关上述事项的规定，应当符合交易所的有关规定。

第二节 表决权差异安排的相关问询问题（优刻得）

截至2019年8月10日，优刻得是科创板受理的首家设置了表决权差异安排的申请上市企业，截至2019年7月31日中止审核前，已进行了三轮审核问询回复。[①] 根据优刻得招股书披露，优刻得于2019年3月17日设置特别表决权，公司实际控制人季昕华、莫显峰、华琨所持有的每份A类股份拥有的表决权数量为每份B类股份拥有的表决权的5倍。交易所对其表决权差异安排进行了重点问询。

一、发行人的表决权差异安排是否符合相关规定（优刻得）

交易所对发行人优刻得设置表决权差异安排是否符合相关规定进行了问询，相关中介机构经核查，认为：

（一）发行人为一家符合要求的科技创新企业

如保荐机构出具的《保荐机构关于发行人符合科创板定位要求的专项意见》所述并经相关中介机构核查，发行人系一家合法设立并有效存续的股份有限公司，且为一家符合科创板定位的科技创新企业，符合《双创意见》有关实行“同股不同权”治理结构的企业应当为一家“科技企业”，以及《关于在上海证券交易所设立科创板并试点注册制的实施意见》（以下简称《注册制实施意见》）有关设置特别表决权安排的企业应当为一家“科技创新企业”的要求。具体情况请见发行人《关于符合科创板定位要求的专项说明》、保荐机构《关于发行人符合科创板定位要求的专项意见》所述。

---

① 截至2019年8月14日，九号机器人有限公司还未在上海证券交易所官方网站披露交易所对其第一轮审核问询的回复。

（二）发行人预计市值满足设置特别表决权安排的要求

发行人预计市值不低于人民币 50 亿元，且设置表决权差异安排前发行人最近一年营业收入不低于人民币 5 亿元，符合《上市规则》有关发行人可以设置表决权差异制度的基本前提要求。

基于上述，发行人有权根据《公司法》《双创意见》及《试点意见》的规定设置特别表决权股份。

（三）发行人设置特别表决权的程序及公司章程规定等符合《注册实施意见》《上市规则》《上市公司章程指引》等相关规定

经相关中介机构核查，发行人已于 2019 年 3 月 17 日召开 2019 年第一次临时股东大会通过《公司章程》及《公司章程（草案）》，并在《公司章程》及《公司章程（草案）》中为发行人规定了设置特别表决权安排的各项要求及公司治理准则，符合《注册制实施意见》、《上海证券交易所科创板股票上市规则》（2019 年修订）及 2019 年 4 月 17 日修订的《上市公司章程指引》有关发行人设置特别表决权安排的决策程序、持有人资格、公司章程规定等相关要求，具体情况请见本审核问询函之问题 1 之"（四）对照《科创板股票上市规则》第四章第五节关于特别表决权设置的股东大会程序、持有人资格、公司章程关于表决权差异安排的具体规定、锁定安排及转让限制等，逐条说明发行人上述安排是否符合规定"之"1. 关于特别表决权设置的股东大会程序"部分所述。

（四）发行人已在其招股说明书中充分披露并提示有关差异化表决安排的主要内容、相关风险等

发行人已在招股说明书中充分披露并特别提示有关差异化表决安排的主要内容、相关风险及对公司治理的影响，以及依法落实保护投资人合法权益的各项措施，具体请见本审核问询函之问题 1 之"（一）请发行人充分披露表决权差异安排的主要内容、对公司治理和其他投资者股东权利的影响，并对上述特别表决权股份设置及特殊公司治理结构作充分风险揭示和重大事项提示"部分所述。

综上所述，相关中介机构认为，发行人设置特别表决权股份符合《公司法》《注册制实施意见》及 2019 年 4 月 17 日修订的《上市公司章程指引》等相关规定。

二、境内外表决权差异安排不同的原因（优刻得）

2015 年优刻得（开曼）进行 C 轮融资时，季昕华、莫显峰、华琨作为唯一股东的持股平台 Tornado Investment Group Limited，Moxianfeng Investment Co，Ltd 及 Liyunwei Investment Co，Ltd 所持股份被指定为 B 类普通股，每股享有 3 票投票权。交易所针对上述情况，请发行人优刻得说明本次设置的表决权比例高于优刻得（开曼）之前设置的表决权比例的原因及存在差异的原因及合理性。相关中介机构经核查，认为：

（一）本次设置的表决权比例高于优刻得（开曼）之前设置的表决权比例的原因

优刻得（开曼）层面设置特别表决权后，三名共同实际控制人季昕华、莫显峰及华琨在优刻得（开曼）层面合计持有 41.08% 的股份，按照每 1 份特别表决权股份对应 3 份普通表决权股份，三名共同实际控制人季昕华、莫显峰及华琨合计持有表决权比例合计为 67.65%。该等安排增强了公司股权结构和控制权结构的稳定性，公司决策及运行良好。

发行人决定终止红筹架构后，先后经历了多次增资，三名共同实际控制人季昕华、莫显峰及华琨在发行人中直接持有权益的份额合计降为发行人已发行有表决权股份的 26.8347%。本次发行及上市前，在发行人设置特别表决权安排的前提下，按照每 1 份特别表决权股份对应 5 份普通表决权股份，三名实际控制人合计持有发行人表决权的比例上升为 64.71%。

因此，本次设置的表决权比例高于优刻得（开曼）之前设置的表决权比例的原因，在于保持季昕华、莫显峰、华琨所持发行人表决权的比例（即 64.71%）基本保持与优刻得（开曼）历史上股东会层面表决权比例（即 67.65%）相似的比例，并承继优刻得（开曼）历史上存在特别表决权的比例安排。

（二）本次特别表决权比例与优刻得（开曼）存在差异的原因及合理性

如上所述，虽然本次设置的表决权比例（即 5∶1）高于优刻得（开曼）之前设置的表决权比例（即 3∶1），但季昕华、莫显峰、华琨所持发行人表决权的比例（即64.71%）基本保持与优刻得（开曼）历史上股东会层面表决权比例（即67.65%）相似的比例安排，没有高于优刻得（开曼）历史上三名共同实际控制人季昕华、莫显峰及华琨通过特别表决权安排所取得表决权比例，该等安排承继了优刻得（开曼）历史上存在特别表决权的比例情况，有利于增强公司股权结构和控制权结构的稳定性，具有合理性。

因此，相关中介机构认为，尽管本次发行人设置的表决权比例高于优刻得（开曼）之前设置的表决权比例，但该等设置从一定程度上整体延续了公司历史上的公司治理安排，有利于进一步保持和强化公司股权结构和控制权结构的延续性和稳定性，故该等差异的存在具有合理性。①

三、表决权差异安排运行时间短是否稳定有效（优刻得）

优刻得的表决权差异安排于2019年3月17日设置，运行时间较短。交易所在问询问题中要求发行人说明上述特殊公司治理结构是否稳定、有效，是否符合《科创板首次公开发行股票注册管理办法（试行）》（中国证券监督管理委员会令第53号）第12条关于控制权和实际控制人的发行条件规定。相关中介机构经核查认为：

（一）发行人的特殊公司治理结构持续稳定且有效

1. 设置特别表决权是对此前发行人稳定、有效的控制关系的进一步加强

经相关中介机构核查，发行人于2019年3月17日设置特别表决权前的最近2年内，季昕华、莫显峰及华琨三人具体管理发行人并共同对发行人的业务经营及发展起到决定性的作用，在发行人层面合计持股比例最高且一直处于控股地位，在发行人历届股东会/股东大会中均表决一致，且能够在发行人层面共同决定董事会半数以上成员，并在历次董事选举上保持一致决策，并经发行人股东在《公司章程》中确定为发行人的共同实际控制人，因此最近两年内发行人持续且稳定地由季昕华、莫显峰及华琨共同进行控制。具体请见本审核问询函回复之问题2之“（一）……说明发行人是否由三人共同控制”之回

① 参见《关于优刻得科技股份有限公司首次公开发行股票并在科创板上市申请文件审核问询》问题1，第5~23页。

复。2019 年 3 月 17 日，发行人设置特别表决权后，三名共同实际控制人合计持有发行人表决权的比例上升为 64.71%，进一步强化了其对发行人的控制能力。

因此，发行人设置特别表决权，允许季昕华、莫显峰及华琨增加其在发行人层面的表决权，是对由季昕华、莫显峰及华琨持续、稳定地对发行人形成共同控制关系的进一步加强，季昕华、莫显峰及华琨对发行人的共同控制权继续稳定、有效。

2. 设置特别表决权程序合法有效

2019 年 3 月 17 日，发行人召开 2019 年第一次临时股东大会，表决通过《关于〈优刻得科技股份有限公司关于设置特别表决权股份的方案〉的议案》，并在发行人层面设置特别表决权股份。前述议案经发行人全体股东一致通过并生效，并在全体股东一致通过并生效的《公司章程》中就发行人设置特别表决权股份进行了相应规定，故发行人设置的特别表决权股份安排是有效的。

3. 发行人其他股东潜在调整现有特别表决权安排的实操难度较大，现有特别表决权安排具有实际层面的稳定性

发行人多轮融资后其他股东持股比例较低，季昕华、莫显峰及华琨在发行人的合计持股比例最高。除季昕华、莫显峰及华琨外的其他股东若有意愿对现有特别表决权设置进行调整，则需要修改公司章程，而相关决议应当经不低于出席股东大会会议的股东所持表决权的 2/3 以上通过。在此情况下，尽管作出前述决议时每一特别表决权股份享有的表决权数量与每一普通股份的表决权数量相同，但由于公司股本结构分散，且其他股东不构成一致行动关系，除季昕华、莫显峰及华琨外其他股东推动调整现有特别表决权的议案通过股东大会决议仍有实质难度。因此，在发行人全体股东均已一致表决通过特别表决权制度的情况下，现有特别表决权安排具有实际层面的稳定性。

综上，相关中介机构认为，设置特别表决权是对此前发行人稳定、有效的控制关系的进一步加强，发行人的特殊公司治理结构持续稳定且有效。

（二）符合《科创板首次公开发行股票注册管理办法（试行）》第12条关于控制权和实际控制人的发行条件规定①

如本审核问询函之问题2之“（一）……说明发行人是否由三人共同控制”部分所述，发行人最近2年实际控制人没有发生变更；如《发行人关于公司设立以来股本演变情况的说明及其董事、监事、高级管理人员的确认意见》所述，发行人控股股东和受控股股东、实际控制人支配的股东持有的发行人的股份权属清晰；根据发行人出具的说明及保荐机构、发行人律师的核查，发行人不存在导致控制权可能变更的重大权属纠纷。而发行人经全体股东表决同意，为三名共同实际控制人设置具有特别表决权的股份，使得三名共同实际控制人进一步强化了控制权，并不导致发行人的控制权发生变化。

综上，相关中介机构认为，发行人的表决权差异安排虽然于2019年3月17日设置，运行时间较短，但该等特殊公司治理结构稳定且有效，并符合《科创板首次公开发行股票注册管理办法（试行）》第12条关于控制权和实际控制人的发行条件规定。

小　结

对于设置了表决权差异安排的申报科创板企业，交易所在问询函中一般会对表决权差异安排情况进行问询，以达到充分的信息披露。问询问题包括以下

---

① 《科创板首次公开发行股票注册管理办法（试行）》第12条规定：“发行人业务完整，具有直接面向市场独立持续经营的能力：

（一）资产完整，业务及人员、财务、机构独立，与控股股东、实际控制人及其控制的其他企业间不存在对发行人构成重大不利影响的同业竞争，不存在严重影响独立性或者显失公平的关联交易。

（二）发行人主营业务、控制权、管理团队和核心技术人员稳定，最近2年内主营业务和董事、高级管理人员及核心技术人员均没有发生重大不利变化；控股股东和受控股股东、实际控制人支配的股东所持发行人的股份权属清晰，最近2年实际控制人没有发生变更，不存在导致控制权可能变更的重大权属纠纷。

（三）发行人不存在主要资产、核心技术、商标等的重大权属纠纷，重大偿债风险，重大担保、诉讼、仲裁等或有事项，经营环境已经或者将要发生重大变化等对持续经营有重大不利影响的事项。”

内容：

（1）发行人设置特别表决权股份是否符合相关规定；

（2）发行人的表决权差异安排运行是否稳定、有效，是否符合《科创板首次公开发行股票注册管理办法（试行）》第12条关于控制权和实际控制人的发行条件规定；发行人的表决权差异安排是否符合《上海证券交易所科创板股票上市规则》（2019年修订）第四章第五节关于特别表决权设置的股东大会程序、持有人资格、公司章程关于表决权差异安排的具体规定、锁定安排及转让限制等；

（3）特别表决权股份持有主体是否符合《上海证券交易所科创板股票上市规则》（2019年修订）规定的条件，其持有特别表决权的必要性和合理性；

（4）如境外公司已设置特别表决权，还可以关注境内外表决权差异安排是否不同等。

对于拟设置表决权差异安排的公司，及已设置表决权差异安排拟申请科创板上市的企业，公司及相关中介机构需对照《上海证券交易所科创板股票发行上市审核规则》关于表决权差异安排的规定，合理设置，充分信息披露。

第八章

核心技术及核心技术人员

科创板设立的初衷即是为我国高新技术产业和战略新兴产业提供融资支持，以促进科创企业的发展。因此申报科创板上市的企业一般是拥有大量先进的知识产权、专有技术的科技创新企业，其拥有的核心技术通常是通过自主研发、转让和授权方式取得。同时，该类企业亦存在从国内外各大高校、龙头企业、海外先进公司引进核心技术人员的情形。无论以何种方式取得的核心技术，若其权利取得或使用存在不确定风险，都将对发行人主营业务的实际开展产生重大影响。因此，发行人核心技术的取得方式以及相关权属的稳定性和持续性，以及“核心技术人员”认定的合理性和稳定性，必然是法律核查工作中的重点，也是监管层关注的重点问题之一。

第一节　核心技术的核查要点及相关案例（申联生物　东方基金　恒安嘉新　赛诺医疗）

一、关于科创板上市企业定位的相关规定

表 3－8－1　关于科创板上市企业定位的相关规定

名称	发布主体	发布时间	具体规定
《国务院办公厅转发证监会关于开展创新	国务院	2018.03.30	试点企业应当是符合国家战略、掌握核心技术、市场认可度高，属于互联网、

续表

名称	发布主体	发布时间	具体规定
企业境内发行股票或存托凭证试点若干意见的通知》（国办发〔2018〕21号）			大数据、云计算、人工智能、软件和集成电路、高端装备制造、生物医药等高新技术产业和战略性新兴产业，且达到相当规模的创新企业。
《关于在上海证券交易所设立科创板并试点注册制的实施意见》	证监会	2019.1.30	在上交所新设科创板，坚持面向世界科技前沿、面向经济主战场、面向国家重大需求，主要服务于国家战略、突破关键核心技术、市场认可度高的科技创新企业。
《科创板首次公开发行股票注册管理办法（试行）》（证监发〔2000〕号）	证监会	2019.3.1	发行人申请首次公开发行股票并在科创板上市，应当符合科创板定位，面向世界科技前沿、面向经济主战场、面向国家重大需求。优先支持符合国家战略，拥有关键核心技术，科技创新能力突出，主要依靠核心技术开展生产经营，具有稳定的商业模式，市场认可度高，社会形象良好，具有较强成长性的企业。
《上海证券交易所科创板股票发行上市审核规则》（上证发〔2019〕18号）	上海证券交易所	2019.3.1	发行人申请股票首次发行上市，应当符合科创板定位，面向世界科技前沿、面向经济主战场、面向国家重大需求。优先支持符合国家战略，拥有关键核心技术，科技创新能力突出，主要依靠核心技术开展生产经营，具有稳定的商业模式，市场认可度高，社会形象良好，具有较强成长性的企业。
《上海证券交易所科创板企业上市推荐指引》（上证发〔2019〕30号）	上海证券交易所	2019.3.3	保荐机构应当按照《实施意见》《注册管理办法》《审核规则》明确的科创板定位要求，优先推荐下列企业：（一）符合国家战略、突破关键核心技术、市场认可度高的科技创新企业；（二）属于新一代信息技术、高端装备、新材料、新能源、节能环保以及生物医药等高新技术产业和战略性新兴产业的科技创新企业；（三）互联网、大数据、云计算、人工智能和制造业深度融合的科技创新企业。

二、核心技术的核查要点及相关案例

对于如何判断核心技术，因所处行业不同，发展阶段等产生了很多差异，很难有一套量化的判断标准。对于什么是（关键）核心技术，上海证券交易所在审核问答中进行了阐释。此外，在对申请科创板上市企业的审核问询中，也体现了上交所对（关键）核心技术在实操层面的审核判断。

（一）科创板关于核心技术的规定

《上海证券交易所科创板股票发行上市审核问答》（上证发〔2019〕29号）在回答如何把握“发行人应当符合科创板定位”这一问题中，提及对（关键）核心技术的判断标准。本书将其总结为以下几方面：核心技术在境内境外发展水平；专业资质；重要奖项；核心技术人员的科研能力；科研资金投入及科研成果；企业内部鼓励创新的体制机制；依靠核心技术开展生产经营的实际情况。

《上海证券交易所科创板股票发行上市审核问答》（上证发〔2019〕29号）对发行人是否符合科创板定位的把握主要审核以下三个方面：一是发行人是否符合发行条件；二是发行人是否符合上市条件；三是发行人的信息披露是否符合要求。在对上述事项进行审核判断时，将关注发行人是否符合科创板定位。发行人应当对其是否符合科创板定位进行审慎评估，保荐机构应当就发行人是否符合科创板定位进行专业判断。

发行人也可以对自身是否符合科创板定位进行自我评估。发行人进行自我评估时，应当尊重科技创新规律、资本市场规律和企业发展规律，并结合自身和行业科技创新实际情况，准确理解、把握科创板定位，重点考虑以下因素：

（1）所处行业及其技术发展趋势与国家战略的匹配程度；

（2）企业拥有的核心技术在境内与境外发展水平中所处的位置；

（3）核心竞争力及其科技创新水平的具体表征，如获得的专业资质和重要奖项、核心技术人员的科研能力、科研资金的投入情况、取得的研发进展及其成果等；

（4）保持技术不断创新的机制、技术储备及技术创新的具体安排；

（5）依靠核心技术开展生产经营的实际情况等。

（二）发行人是否独立掌握完整技术（申联生物）

申联生物医药（上海）股份有限公司（以下简称“申联生物”）是一家从事兽用生物制品研发、产销售的高新技术公司，主要产品为猪口蹄疫苗。

针对公司核心技术主要来源于自主研发，部分成果通过合作研发取得。另外，发行人有多个发明专利与兰研所为共同专利权人。交易所在第一轮审核问询中就对其核心技术问询。请申联生物说明在所有合作研发中，与其他研发合作方的关系与权利义务划分，发行人是否独立掌握完整的核心技术，是否对其他方存在重大依赖。

相关中介机构经过如下核查：

（1）查阅了发行人与合作方签署的相关技术合作协议，发行人取得的新兽药注册证书，发行人取得的专利权证书；

（2）检索了国家兽药基础数据库、国家知识产权局网站信息；

（3）取得了国家知识产权局出具的证明文件；

（4）访谈了发行人研发中心负责人；

（5）取得了发行人出具的说明。

相关中介机构经核查认为：

（1）发行人目前掌握的核心技术均通过自主研发创新取得，发行人通过合作研发方式共取得5项新兽药注册证书权利义务归属清晰、收益分成约定明确；发行人与兰研所合作研发项目权利义务、利益分配等约定清晰，双方对合作取得的专利均具有使用权；

（2）发行人在口蹄疫合成肽疫苗和口蹄疫灭活疫苗领域已独立掌握完整的核心技术，不存在对其他方的依赖。

后交易所在第二轮审核问询中对核心技术继续问询：发行人核心技术对共有专利是否存在依赖，发行人持续经营能力是否依赖于共有专利或相关单位。

相关中介机构经核查：

（1）公司掌握的口蹄疫合成肽疫苗关键核心技术情况。公司所掌握的口蹄疫合成肽疫苗关键核心技术，包括 Fmoc/tBu 策略固相合成工业化生产技术、抗原多肽浓缩纯化技术、化学切断工艺精准控制技术、抗原表位筛选技术、多肽结构构建技术、多肽“结构库”合成工艺技术、猪口蹄疫合成肽疫苗检验技术等，覆盖了产品设计、生产及检测等各环节，这一系列技术构成了公司的合成肽技术平台。

（2）公司与兰研所共有专利情况。公司独立掌握的口蹄疫合成肽疫苗 7 项关键核心技术覆盖产品设计、生产及检测等各环节，上述 3 项共有专利应用了抗原表位筛选技术这一核心技术，公司与兰研所共享上述 3 项共有专利，公司与兰研所均拥有上述 3 项共有专利的所有权和使用权。公司口蹄疫疫苗研发采取与兰研所合作研发模式符合政策要求和行业惯例，公司与兰研所合作研发成功口蹄疫疫苗新产品后，独立开展疫苗生产及疫苗销售，此外，公司可依据独立掌握的核心技术开发其他合成肽疫苗产品。因此，公司核心技术对共有专利不存在依赖，公司持续经营能力不依赖于共有专利或相关单位。

相关中介机构经核查认为：经过多年研发创新，发行人已独立掌握多项完整的口蹄疫合成肽疫苗核心技术及多项口蹄疫灭活疫苗储备技术，并在自主研发创新过程中以原始申请注册方式取得 17 项发明专利、40 项实用新型专利，发行人掌握的核心技术不存在对合作研发的依赖，发行人持续经营能力不存在依赖于合作研发或相关单位的情形。

（三）技术安全风险（东方基因、恒安嘉新）

核心技术及关键技术人员是科创企业的运行关键。如果科创企业的关键技术泄露，将会使企业丧失核心竞争力。

交易所对浙江东方基因生物制品股份有限公司问询了是否存在核心技术泄露或失去技术竞争力问题。发行人在“疟疾即时诊断产品世界卫生组织预认证资助”协议项下除需按照进度向基金会提供材料以获得分批资助，还需在一定期间内对项目中获得的项目成果、背景技术及知识、经验等负有及时传播和许可比尔及梅琳达·盖茨基金会使用等相关义务。交易所请发行人进一步说明“在一定期间内对项目中获得的项目成果、背景技术及知识、经验等负有及时传播和许可比尔及梅琳达·盖茨基金会使用等相关义务”是否涉及发行人的核心技术；是否可能导致发行人核心技术泄露或失去技术竞争力。

相关中介机构进行了如下核查：

（1）查阅发行人同比尔及梅琳达·盖茨基金会签署的相关协议；

（2）对发行人研发负责人进行访谈；

（3）查阅发行人出具的说明。

相关中介机构经核查认为：

（1）是否涉及发行人的核心技术。根据“疟疾快速诊断测试世界卫生组织预认证支持”协议，发行人具备在一定期间内对项目中获得的项目成果、背景技术及知识、经验等负有及时传播和许可比尔及梅琳达·盖茨基金会使用等相关义务。其中，背景技术指在项目过程中使用的、由发行人或第三方在项目之前或项目范围以外创建的任何和所有产品、服务、流程、技术、材料、软件、数据、其他创新以及知识产权。由于发行人的疟疾诊断产品应用了发行人自主研发的高浓度纳米金制备技术、不同颗粒大小纳米金标记技术等核心技术，因此，在比尔及梅琳达·盖茨基金会的要求下，上述义务在一定程度上可能涉及发行人现有的部分核心技术为第三方知晓的可能。

（2）是否可能导致发行人核心技术泄露或失去技术竞争力。发行人的上述义务存在发行人部分核心技术为第三方知晓的可能，但发行人不会导致发行人失去技术竞争力，主要基于以下原因：

首先，本次资助的主要目的是推动全球人类抗疟事业发展。比尔及梅琳达·盖茨基金会的主要目的在于与发行人建立良好的合作关系，支持发行人产品取得世界卫生组织认证，以性价比较高的疟疾即时诊断产品共同推动全球人类抗疟事业发展，传播、使用发行人的技术不是其主要诉求。

其次，“技术换市场”有助于提高公司的持续盈利能力及国际知名度。由于产品进行世界卫生组织预认证的成本较高，本次通过与比尔及梅琳达·盖茨基金会的合作，发行人可以实现“技术换市场”，即在向比尔及梅琳达·盖茨基金会开放部分核心技术（若比尔及梅琳达·盖茨基金会要求）用于学术推广的基础上，获得资金用于世界卫生组织预认证。发行人获得世界卫生组织预认证后，将进入世界卫生组织体系国际采购供应商名录，成为抗艾滋病、结核和疟疾全球基金、联合国人口基金等国际公益组织优先采购的供应商，进一步拓展非洲、东南亚等海外市场，提升持续盈利能力及国际知名度。

发行人目前掌握的核心技术中，疟疾产品涉及仅其中一部分，因此关于该产品的技术传播及许可使用不会导致发行人失去技术竞争力。

再次，发行人的技术竞争力来源于其高效、完善的研发生产体系。发行人的技术竞争力来源其高效、完善的研发体系。针对一款特定的产品，如疟疾即时诊断产品，若其他企业无法完整复制发行人的研发生产体系，即使发行人将其涉及的技术在全球范围进行传播，由于其他企业应用上述技术，自主研发生产的类似产品在稳定性、灵敏度等性能指标上亦较难达到发行人的产品性能，不会导致发行人失去技术竞争力。

最后，发行人持续对现有核心技术迭代升级。发行人重视技术研发，依托全球化的研发体系，持续进行行业前沿信息收集、技术分析与产品规划，及时了解全球行业技术动向，不断对现有核心技术进行迭代升级，以此保证发行人的技术水平处于国际先进的水平。由于发行人的核心技术一直处于持续升级的状态，因此即使发行人将部分现有技术在全球范围进行传播，不会导致发行人失去技术竞争力。

综上所述，相关中介机构认为，根据协议且在比尔及梅琳达·盖茨基金会的要求下，协议中关于发行人的相关义务在一定程度上可能会涉及发行人现有的部分核心技术，但是，基于疟疾即时诊断产品仅涉及发行人一部分核心技术，其他企业较难完整复制发行人的研发生产体系以及发行人持续对现有核心技术迭代升级等因素，上述义务不会导致发行人失去技术竞争力。

同样，恒安嘉新也被交易所问询到“发行人与启明星辰在技术研发、业务等方面是否存在合作，发行人是否存在隔离措施，是否存在核心技术泄露或无法有效保密的风险”问题。

相关中级机构经核查认为，发行人与启明星辰在技术研发方面不存在合作，发行人技术来源均为自主研发，不存在来自启明星辰或共同研发的情况，启明星辰对发行人生产经营的具体作用极小；发行人已建立有效隔离措施，保障核心技术不泄露或无法有效保密，包括保密教育培训制度、涉密人员管理制度、涉密载体保密管理制度、信息系统、信息设备和保密设施设备管理制度、宣传报道保密管理制度；启明星辰作为公司股东，目前仅向公司委派了监事李丽佳。根据发行人出具的说明并经核查，截至本补充法律意见书之日，启明星辰及启明星辰委派的监事均严格按照恒安嘉新公司章程规定行使股东权利并履行监事职责，即启明星辰未接触到公司技术、业务等内部核心资料，其委派的监事亦无相关权限。因此，启明星辰入股不会导致公司核心技术泄露或无法有效保密不存在核心技术泄露或无法有效保密的风险。①

（四）专利数量与自主研发能力的关联度（塞诺医疗）

专利数量在某中程度上展现了企业的研发能力状况，是证明企业研发能力强弱，是否具备核心技术及科创能力的重要参考标准。因此，专利数量某种程度上也成为了审核科创企业是否具备自主研发能力的参考之一。

根据赛诺医疗科学技术股份有限公司（以下简称“赛诺医疗”）招股书披露，赛诺医疗授权发明专利 84 项，少于专利许可数量，也远少于同行业公司美敦力、先健科技拥有的 4600 余项、875 项专利。交易所在审核问询函中要求发行人说明其专利数量远少于同行业公司，是否具有自主研发能力。

相关中介机构经核查认为，发行人目前已拥有发明专利 84 项，专利独占许可 122 项。发行人独占许可授权来自法国原子能委员会及巴黎第七大学，相应独占专利许可主要内容为材料表面改性处理及方法，可适用于包括生物医用等多个领域。相应专利不能直接应用于发行人产品，发行人及发行人附属公司形成了可用于生物医用领域的产品设计及工艺方法专利体系，并形成自主工业化规模生产工艺及自有设备。

专利数量并不应作为评估产品创新性及专利保护强弱的绝对因素，专利质量更为重要。发行人专注于心脑血管类高值介入产品，围绕核心产品 BuMA 系列药物支架建立了产品设计、创新工艺方法等全面专利保护。发行人药物支架产品首次应用电子接枝方法至药物支架领域，将相应设计进行了全面保护；

① 为便于阅读，对原文有删减。参见《北京市康达律师事务所关于恒安嘉新（北京）科技股份公司首次公开发行股票并在科创板上市的补充法律意见书》。

同时发行人创新电子接枝涂层工艺亦通过专利建立了有效保护，为发行人规模工业化应用提供有效保障。

发行人现有已上市产品为冠脉药物洗脱支架，冠脉球囊及颅内动脉球囊。相比于同行业公司美敦力、先健科技专利数量存在差距。美敦力、先健科技成立时间早，产品覆盖适应症较多，技术领域相对更广泛。而发行人设立时间较晚，产品聚焦于心脑血管领域，技术相对集中，故专利数量存在差异具有合理性。

综上，发行人依据目标治疗领域进行产品设计开发及布局，发行人依据产品特点及预期临床应用进行关键核心技术研发及专利保护，相应核心技术均为自主研发。发行人基于核心技术不断丰富在研管线，并向相关领域拓展，产品布局从国内市场逐步拓展至主流发达国家市场，发行人掌握核心技术并具有自主研发能力。

第二节　核心技术人员的认定及相关案例（世纪空间　睿创微纳　映翰通　华熙生物　天合光能）

一、核心技术人员认定的标准

科创板的定位是科技创新型企业，故而在科创板上市条件中，要求申请科创板上市公司的招股书中披露企业核心技术人员，说明企业认定核心技术人员的判定条件。

根据《上海证券交易所科创板股票发行上市审核问答》第 6 条要求"原则上，核心技术人员通常包括公司技术负责人、研发负责人、研发部门主要成员、主要知识产权和非专利技术的发明人或设计人、主要技术标准的起草者等"。

另本书从已披露的拟科创板上市企业的招股书中节选若干企业的核心技术人员的认定标准，列式如表 3－8－2：

表 3-8-2　若干企业的核心技术人员的认定标准

序号	公司名称	认定标准
1	二十一世纪空间技术应用股份有限公司	1. 原则上与公司签署劳动合同并在公司连续工作不少于 10 年; 2. 承担省级以上重大科研项目，并担任课题负责人; 3. 具备硕士以上学位，取得高级以上相关技术专业职称; 4. 担任公司级专项技术总监以上职务; 5. 对于公司引进的在科研方面能够发挥重要作用的技术人才，或其他对公司技术研发能够发挥重要作用的核心技术骨干，经公司履行相应决策程序后也可以认定为核心技术人员。
2	北京安博通科技股份有限公司	技术及研发人员的工作经历、专业背景、所在岗位的重要性、学历教育程度，及其在发行人技术提升、产品研发等方面所做出的重要贡献。
3	聚辰半导体股份有限公司	据与发行人研发部门负责人访谈，并结合员工的任职履历、对主要研发项目的参与情况、对公司业务发展的参与情况、专利发明人情况，并重点考虑对公司发展的贡献情况等因素来综合界定核心技术人员。
4	南京万德斯环保科技股份有限公司	1. 拥有深厚且与发行人主营业务相匹配的学历背景及从业经历; 2. 在发行人研发部门、技术部门或管理部门任主要负责人; 3. 主持或参与和发行人核心技术相关的技术研发项目及专利申请，并到核心及关键作用。
5	先临三维科技股份有限公司	1. 公司技术及研发相关负责人，有多年与公司发展匹配的开发经验; 2. 在公司任职期间，负责或参与了重点研发项目，主导核心技术、主要产品的开发，为公司取得授权专利、非专利技术等多项知识产权。
6	青岛海尔生物医疗股份有限公司	综合考虑任职年限、工作职责、技术职称、绩效表现、在核心技术开发中所承担的角色及贡献程度等因素，决定该人员是否为核心技术人员。发行人认定核心技术人员的标准为对公司技术发展有突出贡献、在公司核心产品研发中具有重要作用、符合公司未来战略发展方向且在公司任职时间较长的核心员工。
7	三达膜环境技术股份有限公司	1. 拥有与公司业务匹配的丰富的工作经验或较高的学历背景; 2. 在公司科技创新及研发岗位上担任重要职务; 3. 任职期间主导完成多项核心技术的研发，带领业务团队完成多项专利申请及重大科研项目的执行。公司认定的核心技术人员包括公司技术负责人、研发负责人、主要知识产权和非专利技术的发明人或设计人、主要技术标准的起草者等。

由上可知，除上海证券交易所《上海证券交易所科创板股票发行上市审核问答》列举的认定标准外，任职年限（在本公司的任职年限）、对公司的贡献情况、所在岗位的重要性等维度，是综合判断某一员工是否属于核心技术人员的标准。

二、发行人核心技术人员认定的全面性（世纪空间、睿创微纳）

对于发行人核心技术人员认定的全面性是上海证券交易所审核中较为关注的问题，也是出现频率较高的问题。

（一）发行人重大科研项目负责人未被认定为核心技术人员，发行人核心技术人员认定是否全面（世纪空间）

交易所在问询函中提到“发行人最近2年承担的重大科研项目中，两项国家重点研发计划‘生态环境要素大数据的共享交互技术研发及平台构建’及‘城市化的区域时空格局及动态演变特征分析’的项目/课以负责人分别是周会珍和陈婷，均担任公司部门副总经理。请保荐机构及发行人律师对周会珍和陈婷最近2年内，在发行人单位任职期间实现的科研成果，形成科研成果的应用情况等进行核查，并对发行人核心技术人员认定是否全面发表明确意见”。

相关中介机构经核查认为，根据发行人提供的《二十一世纪空间技术应用股份有限公司核心技术人员认定管理办法》及说明，发行人设立了明确的核心技术人员认定标准，具体为：（1）原则上与公司签署劳动合同并在公司连续工作不少于10年；（2）承担省级以上重大科研项目，并担任课题负责人；（3）具备硕士以上学位，取得高级以上相关技术专业职称；（4）担任公司级专项技术总监以上职务。此外，对于公司引进的在科研方面能够发挥重要作用的技术人才，或其他对公司技术研发能够发挥重要作用的核心技术骨干，经公司履行相应决策程序后也可以认定为核心技术人员。

上述认定标准从入职时长、项目经验、学历职称、公司职务等方面对核心技术人员进行了严格认定。根据上述标准，发行人已认定的核心技术人员均符合认定标准，目前周会珍及陈婷暂不符合发行人核心技术人员的认定标准。此外，根据发行人具的说明，目前发行人拥有一支高素质的科研队伍，还有技术研发人员具备与周会珍、陈婷相似的学术背景或项目经验，亦未认定为核心技术人员：虽然未将上述人员认定为核心技术人员，但发行人通过实施员工持股计划等方式增强了员工对公司的归属感。实现了骨干人员个人利益与公司长远利益的一致性。

综上，相关中介机构认为，发行人建立了明确的核心技术人员认定标准，核心技术人员认定全面。

（二）较多专利的发明人未被认定为核心技术人员，发行人核心技术人员认定是否全面（睿创微纳 688002）

交易所对烟台睿创微纳技术股份有限公司（以下简称“睿创微纳”）的问询函中问询到“进一步结合发行人各项专利的发明人、集成电路布图设计权的创作人、核心技术对应的研发人员等情况，说明核心技术人员认定是否全面、合理，核心技术人员是否与之前任职单位存在技术、专利等纠纷”。

相关中介机构经核查认为，公司的核心技术人员是马宏、王宏臣和陈文礼，主要基于以下三点原因：（1）从对公司的技术贡献度和重要性方面，公司核心技术主要体现在 IC 集成电路设计和 MEMS 设计两方面。马宏总体负责技术研发，王宏臣负责 IC 集成电路设计及 MEMS 平台建设，陈文礼负责 MEMS 产品设计研发。三人已完整覆盖公司核心技术领域。（2）从专利等知识产权方面，发行人共持有 41 项发明专利，马宏作为发明人涵盖 6 项，占比 14.63%；王宏臣作为发明人涵盖 24 项，占比 58.54%；陈文礼作为发明人涵盖 15 项，占比 36.59%。三人合计涵盖公司 78% 发明专利。发行人共持有 14 项集成电路布图设计专有权，陈文礼作为创作人涵盖 8 项，占比 57.14%。（3）从承担公司的重大项目及课题方面，王宏臣是国家十三五“核高基”重大专项项目负责人，陈文礼是某型号项目《高性能非制冷红外焦平面探测器研制》专项负责人。

因此，综合考虑对公司的技术贡献度、知识产权数量、重大课题承担等方面，公司认定马宏、王宏臣和陈文礼为核心技术人员是全面、合理的。

此外，公司作为一家技术驱动型公司，注重技术研发，经过多年积累，研发团队取得了较多专利及集成电路布图设计专有权。除上述三人外，还有王鹏、熊笔锋、甘先锋等人申请了较多专利技术。然而，由于上述人员系马宏、王宏臣、陈文礼属下的具体执行人员，在其带领下具体负责某一微观板块具体内容的执行工作。因此，未认定为公司核心技术人员。

三、发行人最近二年内核心技术人员是否发生重大不利变化（映翰通）

产品科技含量高，对核心技术的自主知识产权。其市场竞争优势在较大程度上依赖于科创公司所培养的核心技术人员。如果出现技术外泄或者核心技术人员流失情况，将会对科创公司的技术创新能力造成重大影响。

《上海证券交易所科创板股票发行上市审核问答》将核心技术人员的变化与董事、高级管理人员予以并列认定。在具体认定过程中，应根据实质重于形式的原则对发行人核心技术人员是否发生重大不利变化予以认定。其中可以从人员总数和是否对发行人生产经营产生重大不利影响两个方面来进行分析。一是最近 2 年内的变动人数及比例，在计算人数比例时，以董事、高级管理人员及核心技术人员合计总数作为基数。二是董事、高级管理人员及核心技术人员离职或无法正常参与发行人的生产经营是否对发行人生产经营产生重大不利影响。

变动后新增的董事、高级管理人员及核心技术人员来自原股东委派或发行人内部培养产生的，原则上不构成重大不利变化。发行人管理层因退休、调任等原因发生岗位变化的，原则上不构成重大不利变化，但发行人应当披露相关人员变动对公司生产经营的影响。

如果最近 2 年内发行人董事、高级管理人员及核心技术人员变动人数比例较大或上述人员中的核心人员发生变化，进而对发行人的生产经营产生重大不利影响的，应视为发生重大不利变化。

例如，发行人新增核心技术人员是否构成重大不利变化（映翰通），北京映翰通网络技术股份有限公司（以下简称“映翰通”或“发行人”）2018 年增加 6 人认定为核心技术人员，交易所在审核问询函中请发行人说明上述新增核心技术人员的认定依据及合理性，是否符合发行人内部认定标准、履行相应程序，是否构成重大不利变化。

相关中介机构经核查认为：2018 年 4 月，公司将张立殷、郑毅彬、戴义波、李居昌、吴才龙及姚蔷 6 人增加认定为公司核心技术人员。根据发行人提供的《Inhand 核心技术人员认证制度》《核心技术人员评定表》、核心技术人员公示文件等资料，发行人新增核心技术人员均履行了核心人员认定程序。

最近两年，虽然公司核心技术人员出现较大变动，但是该变动是基于公司业务需要，且核心技术人员团队不断扩大，有利于增强公司的研发能力，属于对公司能够产生重大有利影响的变化。综上，相关中介机构认为，发行人核心技术人员的内部认定标准、认定程序已经充分披露；新增6名核心技术人员符合发行人的核心技术人员内部认定标准且已经履行了相应的程序；因为发行人增加认定核心技术人员导致发行人核心技术人员变动较大，但上述变动不属于对公司造成重大不利的变化。

四、董事、高管及核心技术人员变动对公司生产经营的影响（华熙生物、天合光能）

科创企业董事、高管及核心技术人员的变动反映了该企业管理层的稳定性。而企业管理层的稳定性则是判断该企业能否具有持续发展、持续盈利的能力的重要标准。

交易所在华熙生物、天合光能的审核问询中均对其报告期内发行人董事、高管及核心技术人员变动对公司生产经营的影响提出问询。

华熙生物科技股份有限公司（以下简称“华熙生物”或“发行人”），交易所对其审核问询函中提到“补充披露报告期内发行人董事、高管及核心技术人员变动对公司生产经营的影响”。

相关中介机构经核查认为，随着公司的业务发展和治理结构的完善，发行人近两年董事人数增加，人员结构有所变动。2017年年初的6名董事中，除1名董事因个人原因和1名股东委派董事因股东变更辞职外，有4名董事仍在公司任职，与2017年年初相比，公司原任董事未发生重大变化；其他董事变化主要为完善公司治理结构和公司经营发展需要，不属于重大变化，未对公司报告期内业务和生产经营决策的连续性和稳定性构成重大不利影响。独立董事的设置及董事会人员的增加加强了公司的内部控制，内部决策机制不断完善，实现公司的可持续发展。

随着公司的业务发展和治理结构的完善，发行人高级管理人员增加，人员结构有所变动。2017年年初的5名高级管理人员中，有4名高级管理人员仍在公司任职，有3名仍担任高级管理人员，与2017年年初相比，公司原高级管理人员未发生重大变化；其他高级管理人员变化是因业务发展及完善健全治理结构导致，不属于重大变化，未对公司报告期内业务和生产经营决策的连续性和稳定性构成重大不利影响。高级管理人员的增加及结构的优化进一步加强了公司的治理水平，增强了公司核心竞争力。

天合光能股份有限公司同样被交易所问询要求“补充披露报告期内发行人董事、高管及核心技术人员变动对公司生产经营的影响”。

相关中介机构经核查认为，根据《上海证券交易所科创板股票发行上市审核问答》的规定，变动后新增的上述人员来自原股东委派或发行人内部培养产生的，原则上不构成重大不利变化。发行人管理层因退休、调任等原因发生岗位变化的，原则上不构成重大不利变化。

发行人最近2年董事、高级管理人员和核心技术人员的变动人数共计5人，占人员总数（20人，扣除兼任董事、高级管理人员的重合部分）的25%，变动比例较小；另外，前述5人中，2人为独立董事，其会3人系新股东委派的董事及公司新引入的技术人才，未对发行人生产经营产生重大不利影响。

基于上述，最近2年内发行人的董事、高级管理人员及核心技术人员未发生重大变化，上述董事、高级管理人员及核心技术人员的变动不会对发行人生产经营产生重大不利影响。

第九章

股权激励

2019 年 3 月，科创板主要规则制度正式颁布，科创板股权激励制度作为科创企业吸引人才、留住人才、激励人才的重要手段，也具有较为鲜明的创新性。

基于期权行权对股权结构稳定性及对实际控制人持股比例的影响等，A 股其他市场拟上市企业不能将上市前授予员工的期权带到上市成功后行权，因此传统 A 股市场上市的企业员工所获授的期权必须在上市申报之前行权完毕，这种规则带来了许多弊端，存在激励效果不确定，员工在一定程度上会有资金沉淀，员工离职后股权纠纷风险增大等问题。

而科创板企业多属于技术密集型企业，对于人才的依赖度非常大，企业对于人才的吸引力十分关键，股权激励制度能够很好地实现企业与员工利益之间的结合与捆绑，对于员工的激励程度和激励效果将成为企业是否能够留住人才的重要因素。2019 年 3 月 3 日，《上海证券交易所科创板股票发行上市审核问答》，明确了科创板拟上市公司可以存在首发申报前制定的期权激励计划，并在上市后实施，并规定了上市后行权的期权在价格、锁定期、信息披露等方面的具体要求。

第一节　科创板股权激励规则解读

关于股权激励的规定主要有：《上市公司股权激励管理办法》《关于试点

创新企业实施员工持股计划和期权激励的指引》《科创板上市公司持续监管办法（试行）》《上海证券交易所科创板股票发行与承销实施办法》《上海证券交易所科创板股票发行上市审核问答》《上海证券交易所科创板股票上市规则》。

特别是《上海证券交易所科创板股票上市规则》及《上海证券交易所科创板股票发行上市审核问答》对股权激励制度作了专门规定。与《上市公司股权激励管理办法》，科创板对股权激励做了一定突破。

一、激励模式：限制性股票、股票期权和交易所认可的其他方式

我国资本市场拟上市公司实施股权激励目前主要通过限制性股票和期权此两种模式来进行。科技类拟上市企业通常存在业务发展处于初创时期、人员流动性较大等原因，多选择采取期权模式来实施股权激励。

《上海证券交易所科创板股票上市规则》第 10.1 条规定，上市公司可以本公司股票为标的，采用限制性股票、股票期权或者本所认可的其他方式，对董事、高级管理人员及其他员工进行长期性激励，应当遵守本章规定，履行相应审议程序和信息披露义务。

二、科创板上市公司股权激励所涉及的股票总数累计不得超过公司股本总额的20%

《上市公司股权激励管理办法》第 14 条规定，上市公司全部在有效期内的股权激励计划所涉及的标的股票总数累计不得超过公司股本总额的 10%。非经股东大会特别决议批准，任何一名激励对象通过全部在有效期内的股权激励计划获授的本公司股票，累计不得超过公司股本总额的 1%。

《上海证券交易所科创板股票上市规则》第 10.8 条规定，上市公司可以同时实施多项股权激励计划。上市公司全部在有效期内的股权激励计划所涉及的标的股票总数，累计不得超过公司股本总额的 20%。

科创板扩大了股权激励的比例上限，将上市公司全部在有效期内的股权激励计划所涉及的标的股票总数的累计限额由 10% 提升至 20%。

《上海证券交易所科创板股票发行上市审核问答》对发行人存在首发申报前制定的期权激励计划，并准备在上市后实施的股权激励做出了相关解释，发

行人存在首发申报前制定、上市后实施的期权激励计划的，应体现增强公司凝聚力、维护公司长期稳定发展的导向。原则上应符合下列要求：

"3. 期权的行权价格由股东自行商定确定，但原则上不应低于最近一年经审计的净资产或评估值；4. 发行人全部在有效期内的期权激励计划所对应股票数量占上市前总股本的比例原则上不得超过15%，且不得设置预留权益"。

综上，我们将上述情况归纳为表3-9-1：

表3-9-1 科创板上市公司股权激励类型与股票占比

类型	股权激励计划所对应股票数量占公司总股本比例
科创板上市公司股权激励股份比例	≤20%
科创板拟上市公司上市前股权激励股份比例	≤15%
除科创板上市公司外的境内A股其他上市公司股权激励股份比例	≤10%

三、科创板股权激励计划激励对象范围扩大

《上市公司股权激励管理办法》及《上海证券交易所科创板股票上市规则》均规定，激励对象可以包括上市公司的董事、高级管理人员、核心技术人员或者核心业务人员，以及公司认为应当激励地对公司经营业绩和未来发展有直接影响的其他员工，独立董事和监事除外。公司外籍员工，在上市公司担任董事、高级管理人员、核心技术人员或者核心业务人员的，可以成为激励对象。

但是对于单独或合计持有上市公司5%以上股份的股东、上市公司实际控制人及其配偶、父母、子女，《上市公司股权激励管理办法》第8条第2款规定，上述人员不得成为激励对象。《科创板股票上市规则》则作出了更合理的规定，即上述人员如果在上市公司担任董事、高级管理人员、核心技术人员或者核心业务人员的，可以成为激励对象。但是科创公司应当充分说明前述人员成为激励对象的必要性、合理性。

四、放宽限制性股票的授予价格限制

《上市公司股权激励管理办法》第23条规定，上市公司在授予激励对象

限制性股票时，应当确定授予价格或授予价格的确定方法。授予价格不得低于股票票面金额，且原则上不得低于下列价格较高者：（1）股权激励计划草案公布前1个交易日的公司股票交易均价的50%；（2）股权激励计划草案公布前20个交易日、60个交易日或者120个交易日的公司股票交易均价之一的50%。上市公司采用其他方法确定限制性股票授予价格的，应当在股权激励计划中对定价依据及定价方式作出说明。

《上市公司股权激励管理办法》第29条规定，上市公司在授予激励对象股票期权时，应当确定行权价格或者行权价格的确定方法。行权价格不得低于股票票面金额，且原则上不得低于下列价格较高者：（1）股权激励计划草案公布前1个交易日的公司股票交易均价；（2）股权激励计划草案公布前20个交易日、60个交易日或者120个交易日的公司股票交易均价之一。上市公司采用其他方法确定行权价格的，应当在股权激励计划中对定价依据及定价方式作出说明。

《科创板上市公司持续监管办法（试行）》和《上海证券交易所科创板股票上市规则》取消了上述监管要求。

《科创板上市公司持续监管办法（试行）》第24条规定，科创公司授予激励对象限制性股票的价格，低于市场参考价50%的，应符合交易所有关规定，并应说明定价依据及定价方式。出现前款规定情形的，科创公司应当聘请独立财务顾问，对股权激励计划的可行性、相关定价依据和定价方法的合理性、是否有利于公司持续发展、是否损害股东利益等发表意见。

《上海证券交易所科创板股票上市规则》第10.6条规定，上市公司授予激励对象限制性股票的价格，低于股权激励计划草案公布前1个交易日、20个交易日、60个交易日或者120个交易日公司股票交易均价的50%的，应当说明定价依据及定价方式。出现前款规定情形的，上市公司应当聘请独立财务顾问，对股权激励计划的可行性、相关定价依据和定价方法的合理性、是否有利于公司持续发展、是否损害股东利益等发表意见。

由上述规定可以看到，科创板此次放宽了限制性股票的价格限制，即科创公司授予激励对象限制性股票的价格可以低于市场参考价50%。将更加有利于科创公司股权激励的实施，有效发挥人才的激励作用。

五、提高股权激励实施的便利性

根据《上市公司股权激励管理办法》第44条规定，股权激励计划经股东大会审议通过后，上市公司应当在60日内授予权益并完成公告、登记；有获授权益条件的，应当在条件成就后60日内授出权益并完成公告、登记。上市公司未能在60日内完成上述工作的，应当及时披露未完成的原因，并宣告终止实施股权激励，自公告之日起3个月内不得再次审议股权激励计划。

《上海证券交易所科创板股票上市规则》针对限制性股票的登记制度取消了60日的限制期限，第10.7条规定“上市公司授予激励对象限制性股票，应当就激励对象分次获益设立条件，并在满足各次获益条件时分批次进行股份登记。”

六、锁定期限

（一）关于锁定期限，《上市公司股权激励管理办法》作了如下规定

《上市公司股权激励管理办法》第24条规定，限制性股票授予日与首次解除限售日之间的间隔不得少于12个月。

《上市公司股权激励管理办法》第25条规定，在限制性股票有效期内，上市公司应当规定分期解除限售，每期时限不得少于12个月，各期解除限售的比例不得超过激励对象获授限制性股票总额的50%。当期解除限售的条件未成就的，限制性股票不得解除限售或递延至下期解除限售，应当按照本办法第26条规定处理。

《上市公司股权激励管理办法》第30条规定，股票期权授权日与获授股票期权首次可行权日之间的间隔不得少于12个月。

《上市公司股权激励管理办法》第31条规定，在股票期权有效期内，上市公司应当规定激励对象分期行权，每期时限不得少于12个月，后一行权期的起算日不得早于前一行权期的届满日。每期可行权的股票期权比例不得超过激励对象获授股票期权总额的50%。当期行权条件未成就的，股票期权不得行权或递延至下期行权。

（二）科创板关于股权激励计划锁定期的规定

《上海证券交易所科创板股票上市规则》问题12规定，激励对象在发行

人上市后行权认购的股票，应承诺自行权日起三年内不减持，同时承诺上述期限届满后比照董事、监事及高级管理人员的相关减持规定执行。

《上海证券交易所科创板股票上市规则》第 2.4.3 条规定，公司上市时未盈利的，在公司实现盈利前，董事、监事、高级管理人员及核心技术人员自公司股票上市之日起 3 个完整会计年度内，不得减持首发前股份；在前述期间内离职的，应当继续遵守本款规定。公司实现盈利后，前两款规定的股东可以自当年年度报告披露后次日起减持首发前股份，但应当遵守本节其他规定。

《上海证券交易所科创板股票上市规则》第 2.4.5 规定，上市公司核心技术人员减持本公司首发前股份的，应当遵守下列规定：（1）自公司股票上市之日起 12 个月内和离职后 6 个月内不得转让本公司首发前股份；（2）自所持首发前股份限售期满之日起 4 年内，每年转让的首发前股份不得超过上市时所持公司首发前股份总数的 25%，减持比例可以累积使用；（3）法律法规、本规则以及本所业务规则对核心技术人员股份转让的其他规定。

七、上市前制定的股权激励计划，上市后实施的规定

《上海证券交易所科创板股票上市规则》问题 12 规定，发行人存在首发申报前制定、上市后实施的期权激励计划的，应体现增强公司凝聚力、维护公司长期稳定发展的导向。原则上应符合下列要求：

1. 激励对象应当符合《上海证券交易所科创板股票上市规则》第 10.4 条相关规定。

2. 激励计划的必备内容与基本要求，激励工具的定义与权利限制，行权安排，回购或终止行权，实施程序等内容，应参考《上市公司股权激励管理办法》的相关规定予以执行。

3. 期权的行权价格由股东自行商定确定，但原则上不应低于最近一年经审计的净资产或评估值。

4. 发行人全部在有效期内的期权激励计划所对应股票数量占上市前总股本的比例原则上不得超过 15%，且不得设置预留权益；

5. 在审期间，发行人不应新增期权激励计划，相关激励对象不得行权；

6. 在制订期权激励计划时应充分考虑实际控制人稳定，避免上市后期权

行权导致实际控制人发生变化；

7. 激励对象在发行人上市后行权认购的股票，应承诺自行权日起三年内不减持，同时承诺上述期限届满后比照董事、监事及高级管理人员的相关减持规定执行。

第二节 科创企业股权激励相关问询问题（硅产业）

上海硅产业集团股份有限公司（以下简称“硅产业”）的期权激励计划是严格意义上境内架构申请科创板上市企业中第一例上市前授予、上市后行权的期权激励计划。

硅产业招股说明书（申报稿）披露，2019 年4 月21 日公司2019 年第二次临时股东大会决议通过了《上海硅产业集团股份有限公司股票期权激励计划（草案）》，根据该计划，公司与高级管理人员、核心技术人员、骨干人员等签署了《股票期权授予协议》，并详细披露了本次发行前发行人的股权激励及相关安排，具体包括如下内容：

1. 激励对象：激励对象共计 267 人，包括硅产业及其控股子公司的核心管理人员、核心业务或技术人员，不包括独立董事或监事。激励人数大约占公司员工总数的 20%，遵循了激励理论的“二八原则”。

2. 行权价格：本计划期权的行权价格依据最近一次投资者增资硅产业的交易价格确定，并且不低于每股评估价。“硅产业”的主要股东为国资背景，期权方案选择了最近一次投资者的增资交易价格作为期权定价依据，且不低于每股评估价能够匹配国资企业审核逻辑的定价策略，将是最终拿到国资监管部门对于该期权方案无异议回复的重要保障。

3. 期权数量：本次期权计划授予期权数量不超过公司总股本的 5.87%，即不超过 9506.34 万股。严格遵循了授予期权低于总股本 15% 的政策要求。

4. 股票期权的有效期、等待期与行权安排：期权授予后等待期 24 个月，等待期后期权分三批行权，每批行权比例占授予期权总量的 1/3；每批期权行权后 3 年承诺不减持，禁售期结束后，所有激励对象比照公司董事、监事、法定高管的相关减持规定执行。

《硅产业招股书（申报版）》披露：2019 年 4 月，硅产业经股东大会批准通过拟授予激励对象不超过 1. 296 亿股的股票期权，同日，公司股东会批准了股票期权激励计划首次授予方案，授予激励对象不超过 9506. 34 万股的股票期权，行权价格为 3. 4536 元/股。

一、公司的股权激励计划是否符合上市规定（硅产业）

交易所在审核问询中请发行人说明“公司的股权激励计划是否符合上市规定”。相关中介机构经核查，认为：激励对象应当符合《上海证券交易所科创板股票上市规则》第 10. 4 条相关规定。

公司股票期权激励计划的激励对象包括公司及下属子公司高级管理人员、核心技术人员或者核心业务人员，及对公司及下属子公司经营业绩和未来发展有直接影响的其他员工，不包括独立董事和监事。对该等员工的股票期权激励，有利于公司及下属子公司未来经营的稳定，具有必要性、合理性。

公司股票期权激励计划的激励对象符合《上海证券交易所科创板股票上市规则》第 10. 4 条相关规定。根据公司监事会 2019 年 4 月 20 日出具的《关于股票期权激励计划对象名单的审核意见及公示情况说明》，激励对象不存在《上市公司股权激励管理办法》第 8 条第 2 款第 1 项至第 6 项规定的情形。

1. 激励计划的必备内容与基本要求，激励工具的定义与权利限制，行权安排，回购或终止行权，实施程序等内容，应参考《上市公司股权激励管理办法》的相关规定予以执行。

发行人《上海硅产业集团股份有限公司股票期权激励计划》等相关文件，其内容与基本要求，激励工具的定义与权利限制，行权安排，回购或终止行权等内容均参考了《上市公司股权激励管理办法》的相关规定予以制定。

《上海硅产业集团股份有限公司股票期权激励计划》等相关文件已经公司董事会、股东大会审议通过，相关激励对象履行了监事会审议、公示等程序，相关内容均参考《上市公司股权激励管理办法》的相关规定予以执行。

2. 期权的行权价格由股东自行商定确定，但原则上不应低于最近一年经审计的净资产或评估值。

根据《上海硅产业集团股份有限公司股票期权激励计划首次授予方案》，本次股票期权激励的行权价格根据最近一次投资者增资公司的交易价格确定，并且不低于按照国有资产评估管理规定经有关部门、机构核准或者备案的每股评估价格。本次授予的股票期权行权价格为34到6元/股，不低于最近一年经审计的净资产或评估值。

3. 发行人全部在有效期内的期权激励计划所对应股票数量占上市前总股本的比例原则上不得超过15%，且不得设置预留权益。

根据《上海硅产业集团股份有限公司股票期权激励计划首次授予方案》，本次股票期权激励计划实际授予激励对象的股票期权数量为不超过公司股本总额的5.87%，即不超过9006.34万股。发行人全部在有效期内的期权激励计划所对应股票数量占公司上市前总股本的比例未超过15%。

公司经批准的股票期权激励计划拟授予激励对象不超过1296亿股的股票期权，股权激励计划的有效期为5年，自股东大会批准该计划并确定授予日之日起计算。根据发行人说明，激励计划拟授予的1296亿股与实际授予9506.34万股股票期权的差额将不再授予，不属于预留权益。因此，发行人期权激励计划未设置预留权益。

4. 在审期间，发行人不应新增期权激励计划，相关激励对象不得行权。

根据《上海硅产业集团股份有限公司股票期权激励计划》，本次股票期权激励计划自股票期权授予日起的24个月为等待期，在等待期内，激励对象根据本计划获授的股票期权不得行权。

因此，除上述股票期权激励计划外，发行人在首次公开发行股票并在科创板上市前不存在其他期权激励计划，相关激励对象不得行权。

5. 在制订期权激励计划时应充分考虑实际控制人稳定，避免上市后期权行权导致实际控制人发生变化。

本次发行前，国盛集团和产业投资基金各自持有公司3048%的股份，为公司并列第一大股东，并且国盛集团和产业投资基金之间不存在一致行动关系，公司无实际控制人。根据《上海硅产业集团股份有限公司股票期权激励计划首次授予方案》，本次股票期权激励计划实际授予激励对象的股票期权数量为不超过公司股本总额的5.87%，即不超过9006.34万股，且任何一名激励对象通过本计划获授的股票期权对应的公司股票，不超过公司股本总额的1%。

综上所述，发行人不会因上市后期权行权而导致公司无实际控制人的情况发生变化。

6. 激励对象在发行人上市后行权认购的股票，应承诺自行权日起三年内不减持，同时承诺上述期限届满后比照董事、监事及高级管理人员的相关减持规定执行。

公司制定的《上海硅产业集团股份有限公司股票期权激励计划》约定："（1）激励对象在公司上市后因行权所获股票自行权日起3年内不得减持；（2）上述禁售期限届满后，激励对象应比照公司董事、监事及高级管理人员的相关减持规定执行。"

二、未授予部分的股票期权是否属于预留权益（硅产业）

关于交易所问询的"未授予部分的股票期权是否属于预留权益"，相关中介机构经核查，认为：

公司经批准的股票期权激励计划拟授予激励对象不超过1296亿股的股票期权，股权激励计划的有效期为5年，自股东大会批准该计划并确定授予日之日起计算。

根据《上海硅产业集团股份有限公司股票期权激励计划首次授予方案》，本次股票期权激励计划实际授予激励对象的股票期权数量为不超过公司股本总额的5.87%，即不超过9006.34万股。激励计划拟授予的1296亿股与实际授予9506.34万股股票期权的差额将不再授予，不属于预留权益。因此，发行人期权激励计划未设置预留权益。

三、公司行权价格的确定依据为最近一次投资者增资硅产业集团的交易价格是否合理（硅产业）

相关中介机构经核查，公司最近一次投资者增资事项经公司2019年3月

28日召开的股东大会审议通过，确定增资价格以评估值为基础并经交易各方协商确定。根据中联资产评估集团有限公司出具的《资产评估报告》（中联评报字〔2019〕第372号），截至2018年11月30日，公司的净资产评估值为到531,076.26万元，经交易各方充分考虑资产评估备案专家的指导意见，及评估基准日至本次交易期间公司所持Soitec的股票增值情况，协商确定发行人估值调整为559,488.34万元，本次增资价格为3.45元/股。前述资产评估结果已经国盛集团备案（备案编号：备沪国盛集团201900005）。

公司股票期权激励计划经公司2019年4月21日召开的股东大会审议通过，确定本次股票期权激励的行权价格根据最近一次投资者增资公司的交易价格定，并且不低于按照国有资产评估管理规定经有关部门、机构核准或者备案的每股评估价格。因此，本次授予的股票期权行权价格与上述投资者增资公司的交易价格一致。

综上所述，公司股票期权的授予时间与最近一次投资者增资公司的时间非常接近，该等价格按照发行人评估值且充分考虑了评估基准日至交易期间发行人净资产的变化情况。因此，行权价格的确定依据为最近一次投资者增资公司的交易价格，是合理的。

小 结

对于申报非科创板上市的企业来说，出于股权结构稳定的考虑，多数申报企业一般采取谨慎做法，在申报前对股权激励事项予以终结。

而《上海证券交易所科创板股票发行上市审核问答》对科创板拟上市企业"上市前制定上市后实施的股权激励计划"等内容作了进一步的明确规定，对上市前制定但在上市后实施的股权激励，并未予以制止，但应符合相应要求。除此之外，相比《上市公司股权激励管理办法》，科创板股权激励制度设计也作了一些突破，比如进一步提高了有效期内股权激励总额、进一步扩大了激励对象范围、设置了更加灵活的授予价格机制、新增了需要适度延长锁定期的适用情况以及实施了更加便捷灵活的股份登记机制。

从已披露的制定股权激励计划的申报科创板上市企业案例来看，科创板问询问题涉及股权激励的方方面面，比如补充披露股权激励人员名单、授予股权期权数量及占比；拟确认的股份支付费用和各期摊销的具体金额；股权激励计划是否符合《上海证券交易所科创板股票发行上市审核问答》的相关规定；公司行权价格的确定依据是否合理等。股权激励计划是一个涉及财务、税务、法律的综合问题，相关中介机构应按照股权激励相关规定逐项尽调审查。

第十章

员工持股

员工持股是公司留住核心员工、增强公司核心竞争力和稳定性的重要方式。实务操作中，公司往往采取成立有限公司或有限合伙人作为员工持股平台。

根据证券法规定，向特定对象发行证券累计超过二百人的，为公开发行。目前监管机构要求申请非科创板上市的企业需满足直接和间接股东穿透计算后的总人数不超过 200 人。如股东人数超过 200 人的需在上市前进行清理，或按照《非上市公众公司监管指引第 4 号——股东人数超过 200 人的未上市股份有限公司申请行政许可有关问题的审核指引》的要求进行规范和行政许可。在穿透计算股东人数时一般需层层追溯直到最终出资的自然人、上市公司或国资委。

2018 年 6 月 6 日，中国证监会颁布《关于试点创新企业实施员工持股计划和期权激励的指引》，明确支持“纳入试点的创新企业”实施员工持股计划和期权激励，并第一次确立了员工持股计划穿透计算的“闭环原则”。2019 年发布的《上海证券交易所科创板股票发行上市审核问答》对科创板员工持股计划的信息披露要求作出了明确规定，并明确了申报科创板上市企业可以适用“闭环原则”，即员工持股计划符合规定的，在计算公司股东人数时，按一名股东计算。

第一节 科创板关于员工持股计划的相关规定

《上海证券交易所科创板股票发行上市审核问答》对发行人在首发申报前实施员工持股计划的信息披露要求、中介机构核查要求作了明确规定。

一、首发申报前实施员工持股计划应当符合的要求

《上海证券交易所科创板股票发行上市审核问答》规定，“发行人首发申报前实施员工持股计划的应当体现增强公司凝聚力、维护公司长期稳定发展的导向，建立健全激励约束长效机制，有利于兼顾员工与公司长远利益，为公司持续发展夯实基础。原则上应当符合下列要求：

1. 发行人实施员工持股计划，应当严格按照法律、法规、规章及规范性文件要求履行决策程序，并遵循公司自主决定、员工自愿参加的原则，不得以摊派、强行分配等方式强制实施员工持股计划。

2. 参与持股计划的员工，与其他投资者权益平等，盈亏自负，风险自担，不得利用知悉公司相关信息的优势，侵害其他投资者合法权益。

员工入股应主要以货币出资，并按约定及时足额缴纳。按照国家有关法律法规，员工以科技成果出资入股的，应提供所有权属证明并依法评估作价，及时办理财产权转移手续。

3. 发行人实施员工持股计划，可以通过公司、合伙企业、资产管理计划等持股平台间接持股，并建立健全持股在平台内部的流转、退出机制，以及股权管理机制。

参与持股计划的员工因离职、退休、死亡等原因离开公司的，其间接所持股份权益应当按照员工持股计划的章程或相关协议约定的方式处置”。

二、员工持股计划穿透计算的“闭环原则”

《上海证券交易所科创板股票发行上市审核问答》规定，员工持股计划符合以下要求之一的，在计算公司股东人数时，按一名股东计算；不符合下列要求的，在计算公司股东人数时，穿透计算持股计划的权益持有人数。

1. 员工持股计划遵循“闭环原则”。员工持股计划不在公司首次公开发行股票时转让股份，并承诺自上市之日起至少36个月的锁定期。发行人上市前及上市后的锁定期内，员工所持相关权益拟转让退出的，只能向员工持股计划内员工或其他符合条件的员工转让。锁定期后，员工所持相关权益拟转让退出的，按照员工持股计划章程或有关协议的约定处理。

2. 员工持股计划未按照“闭环原则”运行的，员工持股计划应由公司员工持有，依法设立、规范运行，且已经在基金业协会依法依规备案。

三、发行人信息披露要求

《上海证券交易所科创板股票发行上市审核问答》规定，发行人应在招股说明书中充分披露员工持股计划的人员构成、是否遵循“闭环原则”、是否履行登记备案程序、股份锁定期等内容。

四、中介机构核查要求

《上海证券交易所科创板股票发行上市审核问答》规定，保荐机构及发行人律师应当对员工持股计划是否遵循“闭环原则”、具体人员构成、员工减持承诺情况、规范运行情况及备案情况进行充分核查，并发表明确核查意见。

第二节 “闭环原则”运行的员工持股平台（安集科技688019）

根据安集科技招股书披露，发行人安集科技曾向中国大陆籍员工和境外员工等人员授予股份。其中，授予境外人员的部分Anji Cayman股份由境外员工持股平台Anjoin出资认购，授予中国大陆籍员工的安集有限股权由境内员工持股平台安续投资出资认购。

交易所在问询函中请发行人说明：按照“闭环原则”运行的员工持股平台Anjoin，其“闭环”的认定是否符合《科创板股票发行上市审核问答》的规定。

相关中介机构经核查：

根据《科创板股票发行上市审核问答》，员工持股计划遵循“闭环原则”

需满足：员工持股计划不在公司首次公开发行股票时转让股份，并承诺自上市之日起至少36个月的锁定期。发行人上市前及上市后的锁定期内，员工所持相关权益拟转让退出的，只能向员工持股计划内员工或其他符合条件的员工转让。锁定期后，员工所持相关权益拟转让退出的，按照员工持股计划章程或有关协议的约定处理。

根据Anjoin及其股东ShuminWang、YuchunWang、KaiLuo、TaishihMaw、ArthurHsu、FrankChang、EricChen、AxlChen、ZhangXu出具《关于限售安排、自愿锁定股份的承诺函》，自发行人股票上市之日起三十六个月内，不转让或者委托他人管理其直接或者间接持有的发行人公开发行股票前已发行的股份，也不由发行人回购其直接或者间接持有的发行人公开发行股票前已发行的股份。

同时根据Anjoin全体出资人签订的《股东协议》，锁定期内，禁止任何股份转让，包括但不限于向任何现有股东或任何其他第三方的转让。锁定期结束后，任何股份的转让均应由持有百分之百管理股的所有股东通过书面批准予以决定。

综上所述，公司相关中介机构认为，Anjoin及其股东不在公司首次公开发行股票时转让股份，并承诺自上市之日起至少36个月的锁定期。发行人上市前及上市后的锁定期内，员工不转让所持相关权益。锁定期后，员工所持相关权益拟转让退出的，按照《股东协议》的约定处理。员工持股平台Anjoin“闭环”的认定符合《科创板股票发行上市审核问答》的规定。

第三节　未按照“闭环原则”运行的员工持股平台（新光光电688011）①

根据招股说明书披露，发行人新光光电前十大股东中包括盈新龙飞（持

① 参见《关于哈尔滨新光光电科技股份有限公司首次公开发行A股股票并在科创板上市申请文件审核问询回复》，第23～31页。

股比例1.9%）及哈博永新（持股比例1.38%）两个员工持股平台。交易所请发行人说明：是否遵循盈新龙飞、哈博永新是否遵循“闭环原则”、是否履行登记备案程序、股份锁定期安排。

相关中介机构经核查：

盈新龙飞/哈博永新关于员工持股平台出具的关于股份锁定和减持的承诺承诺：“自公司股票在上海证券交易所上市交易之日起十二个月内，不转让或者委托他人管理本企业持有的公司股份，也不由公司回购该部分股份。”因此，根据《上海证券交易所科创板股票发行上市审核问答》规定，盈新龙飞/哈博永新的锁定期限不符合“闭环原则”要求，未按照“闭环原则”运行。

盈新龙飞/哈博永新系发行人员工成立的用于持有发行人股权的主体，其投资资金来自全体合伙人的自有或自筹资金，不存在向他人募集资金的情形，也未委托基金管理人进行管理，不属于《证券投资基金法》《私募投资基金监督管理暂行办法》及《私募投资基金管理人登记和基金备案办法（试行）》等规定的私募基金或私募基金管理人，不需要履行相应的登记备案程序，盈新龙飞/哈博永新也未在中国证券投资基金业协会办理私募基金或私募基金管理人的登记备案程序。

综上所述，盈新龙飞、哈博永新未按照“闭环原则”运行，但发行人股东穿透至自然人、国有出资机构或私募投资基金的主体数未超过200人。

第四节 公司监事参与员工持股的合规性（乐鑫科技688018）

根据乐鑫科技招股书披露，发行人监事参与员工持股计划。交易所在审核问询中请发行人说明公司监事参与员工持股计划的合规性。

相关中介机构经核查，根据发行人的确认，姜江建、符运生作为发行人监事，同时也是发行人核心技术人员，持有乐鲀投资合伙份额具有合理性。

经公司相关中介机构核查《公司法》《证券法》《科创板首发管理办法》《科创板股票上市规则》及相关法律、法规、规范性文件，姜江建、符运生符合担任发行人监事的相关条件，并且前述规定对于发行人监事持有发行人股份未作禁止性规定。

根据姜江建、符运生出具的书面承诺，姜江建、符运生承诺其在担任发行人监事期间将勤勉尽责，其持有乐鈍投资合伙份额不会影响其监督责任的履行。

基于上述，公司相关中介机构认为，发行人监事姜江建、符运生参与员工持股未违反法律、法规、规范性文件的规定，不会影响其监督责任的履行，不会造成相关利益冲突。

第五节　员工持股计划中离职员工股份的处理（中微公司688012）

交易所对中微公司的审核问询中，问询了发行人关于“员工持股计划中离职员工股份的处理”问题，相关中介机构经核查，认为：

一、离职员工持股符合激励原则

经中微开曼董事会和股东会决议通过，中微开曼曾参照国际市场惯例设立期权计划并向相关员工授予期权，部分满足行权条件的员工进行了行权。根据发行人书面确认，离职员工持股的来源是其在发行人及其子企业任职期间，获得的中微开曼合法权益（期权或行权后的股份）或对发行人的合法投资（与其他投资人跟进投资），体现了发行人对员工在职期间所做贡献的认可，符合发行人的员工激励原则。

二、离职员工不能受让其他员工的退出份额，遵循“闭环原则”

根据《持股协议》，“于限售期内，除非经公司事先书面同意，员工不得以任何方式处置（包括但不限于转让、买卖、设置担保、委托管理，下同）其持有的员工持股平台的股权/合伙份额，各员工持股平台亦不得以任何方式处置其持有的底层平台的合伙份额/股权，各底层平台亦不得以任何方式处置其持有的公司股权”。在员工发生特定事件时，“员工持股管理人有权自行或指定第三方以公允价格购买不超过特定股数的该员工持有的员工持股平台的股权/合伙份额”。其中，员工持股管理人指定第三方的范围“不应超出公司和/

或其下属企业的员工，但如果法律和监管要求不再限制非公众公司的股东人数，则该范围限制自动取消”。

基于上述，公司相关中介机构认为，在限售期内，员工所持相关权益只能向发行人及其子企业的在职员工转让，离职员工不能受让其他员工的退出份额，符合“闭环原则”的要求，在计算发行人股东人数时，每个直接持有发行人股份的员工持股平台应各按一名股东计算。

小结

对于拟申报科创板的未上市企业而言，如果在申报前实施员工持股计划，根据科创板审核问答的规定，需要重点关注以下问题：

自愿原则。是否遵循公司自主决定、员工自愿参加的原则，是否存在以摊派、强行分配等方式强制实施员工持股计划的情形。

持股平台内的出资人是否均为发行人员工。

风险自担原则。参与持股计划的员工，是否与其他投资者权益平等，盈亏自负、风险自担，是否存在侵害其他投资者合法权益的情形。

关注员工持股计划的资金来源。除了货币现金，员工是否还以其他方式入股；如以其他方式入股，是否存在权属瑕疵，评估作价是否合理，是否履行了交付和变更登记的义务等。

是否建立健全了持股在平台内部的流转、退出机制及股权管理机制。

是否遵循了闭环原则，是否履行登记备案程序，股份锁定期安排等。

第十一章

实际控制人（包括无实际控制人）认定问题

实际控制人的认定是企业上市过程中的重要问题，也是科创板审核关注的主要问题之一。实务中，申报上市企业有可能基于规避最近两年（或三年）实际控制人未发生变更的发行条件、规避同业竞争、关联交易的认定范围、规避较严格的锁定期限制等，而对实际控制人作出不适当的认定。本章节就实际控制人认定的有关问题，结合科创板相关规定和相关案例进行总结。

第一节　实际控制人的相关规定

一、《公司法》

《公司法》第216条第3款规定，实际控制人，是指虽不是公司的股东，但通过投资关系、协议或者其他安排，能够实际支配公司行为的人。

二、《〈首次公开发行股票并上市管理办法〉第十二条“实际控制人没有发生变更”的理解和适用——证券期货法律适用意见第1号》

（一）关于控制权的理解

《〈首次公开发行股票并上市管理办法第十二条“实际控制人没有发生变更”的理解和适用——证券期货法律适用意见第1号》（以下简称《证券期货法律适用意见第1号》）规定：“公司控制权是能够对股东大会的决议产生重

大影响或者能够实际支配公司行为的权力，其渊源是对公司的直接或者间接的股权投资关系。因此，认定公司控制权的归属，既需要审查相应的股权投资关系，也需要根据个案的实际情况，综合对发行人股东大会、董事会决议的实质影响、对董事和高级管理人员的提名及任免所起的作用等因素进行分析判断。”

（二）共同实际控制人的认定条件

对于共同拥有公司控制权应符合的条件，《证券期货法律适用意见第1号》规定，发行人及其保荐人和律师主张多人共同拥有公司控制权的，应当符合以下条件：

（1）每人都必须直接持有公司股份和/或者间接支配公司股份的表决权；

（2）发行人公司治理结构健全、运行良好，多人共同拥有公司控制权的情况不影响发行人的规范运作；

（3）多人共同拥有公司控制权的情况，一般应当通过公司章程、协议或者其他安排予以明确，有关章程、协议及安排必须合法有效、权利义务清晰、责任明确，该情况在最近3年内且在首发后的可预期期限内是稳定、有效存在的，共同拥有公司控制权的多人没有出现重大变更；

（4）发行审核部门根据发行人的具体情况认为发行人应该符合的其他条件。

发行人及其保荐人和律师应当提供充分的事实和证据证明多人共同拥有公司控制权的真实性、合理性和稳定性，没有充分、有说服力的事实和证据证明的，其主张不予认可。相关股东采取股份锁定等有利于公司控制权稳定措施的，发行审核部门可将该等情形作为判断构成多人共同拥有公司控制权的重要因素。

如果发行人最近3年内持有、实际支配公司股份表决权比例最高的人发生变化，且变化前后的股东不属于同一实际控制人，视为公司控制权发生变更。

发行人最近3年内持有、实际支配公司股份表决权比例最高的人存在重大不确定性的，比照前款规定执行。

（三）视为公司控制权没有发生变更情形

对于视为公司控制权没有发生变更的情形，《证券期货法律适用意见第1

号》规定，发行人不存在拥有公司控制权的人或者公司控制权的归属难以判断的，如果符合以下情形，可视为公司控制权没有发生变更：

（1）发行人的股权及控制结构、经营管理层和主营业务在首发前 3 年内没有发生重大变化；

（2）发行人的股权及控制结构不影响公司治理有效性；

（3）发行人及其保荐人和律师能够提供证据充分证明。

相关股东采取股份锁定等有利于公司股权及控制结构稳定措施的，发行审核部门可将该等情形作为判断公司控制权没有发生变更的重要因素。

三、《上市公司收购管理办法》

《上市公司收购管理办法》第 84 条规定，有下列情形之一的，为拥有上市公司控制权：

（1）投资者为上市公司持股 50% 以上的控股股东；

（2）投资者可以实际支配上市公司股份表决权超过 30%；

（3）投资者通过实际支配上市公司股份表决权能够决定公司董事会半数以上成员选任；

（4）投资者依其可实际支配的上市公司股份表决权足以对公司股东大会的决议产生重大影响；

（5）中国证监会认定的其他情形。

四、《上海证券交易所科创板股票发行上市审核问答（二）》

《上海证券交易所科创板股票发行上市审核问答（二）》问题 5 对实际控制人的认定，规定如下：

（一）实际控制人认定的基本要求

实际控制人是拥有公司控制权的主体。在确定公司控制权归属时，应当本着实事求是的原则，尊重企业的实际情况，以发行人自身的认定为主，由发行人股东予以确认。保荐机构、发行人律师应通过对公司章程、协议或其他安排以及发行人股东大会（股东出席会议情况、表决过程、审议结果、董事提名和任命等）、董事会（重大决策的提议和表决过程等）、监事会及发行人经营管理的实际运作情况的核查对实际控制人认定发表明确意见。

发行人股权较为分散但存在单一股东控制比例达到30%的情形的，若无相反的证据，原则上应将该股东认定为控股股东或实际控制人。存在下列情形之一的，保荐机构应进一步说明是否通过实际控制人认定而规避发行条件或监管并发表专项意见：（1）公司认定存在实际控制人，但其他股东持股比例较高与实际控制人持股比例接近的，且该股东控制的企业与发行人之间存在竞争或潜在竞争的；（2）第一大股东持股接近30%，其他股东比例不高且较为分散，公司认定无实际控制人的。

（二）共同实际控制人

法定或约定形成的一致行动关系并不必然导致多人共同拥有公司控制权的情况，发行人及中介机构不应为扩大履行实际控制人义务的主体范围或满足发行条件而作出违背事实的认定。通过一致行动协议主张共同控制的，无合理理由的（如第一大股东为纯财务投资人），一般不能排除第一大股东为共同控制人。实际控制人的配偶、直系亲属，如其持有公司股份达到5%以上或者虽未超过5%但是担任公司董事、高级管理人员并在公司经营决策中发挥重要作用，除非有相反证据，原则上应认定为共同实际控制人。

共同实际控制人签署一致行动协议的，应当在协议中明确发生意见分歧或纠纷时的解决机制。对于作为实际控制人亲属的股东所持的股份，应当比照实际控制人自发行人上市之日起锁定36个月。保荐机构及发行人律师应重点关注最近2年内公司控制权是否发生变化，存在为满足发行条件而调整实际控制人认定范围嫌疑的，应从严把握，审慎进行核查及信息披露。

（三）实际控制人变动的特殊情形

实际控制人为单名自然人或有亲属关系多名自然人，实际控制人去世导致股权变动，股权受让人为继承人的，通常不视为公司控制权发生变更。其他多名自然人为实际控制人，实际控制人之一去世的，保荐机构及发行人律师应结合股权结构、去世自然人在股东大会或董事会决策中的作用、对发行人持续经营的影响等因素综合判断。

（四）实际控制人认定中涉及股权代持情形的处理

实际控制人认定中涉及股权代持情况的，发行人、相关股东应说明存在代持的原因，并提供支持性证据。对于存在代持关系但不影响发行条件的，发行人应在招股说明书中如实披露，保荐机构、发行人律师应出具明确的核查意见。如经查实，股东之间知晓代持关系的存在，且对代持关系没有异议、代持的股东之间没有纠纷和争议，则应将代持股份还原至实际持有人。发行人及中介机构通常不应以股东间存在代持关系为由，认定公司控制权未发生变动。对于以表决权让与协议、一致行动协议等方式认定实际控制人的，比照代持关系进行处理。

第二节　省财政厅为发行人实际控制人的依据（西部超导688122）

西部超导将省财政厅认定为实际控制人，交易所在问询函中要求说明将省财政厅认定为实际控制人的依据。相关中介机构经核查：

一、国家机关下发的相关文件

1. 国务院于2000年下发《关于调整中央所属有色金属企事业单位管理体制有关问题的通知》（国发〔2000〕17号），将西北有色金属研究院下放地方管理；

2. 陕西省机构编制委员会办公室于2000年11月8日下发《关于西安电炉研究所等四个单位变更管理的通知》（陕编办发〔2000〕105号），将西北有色金属研究院纳入省属事业机构编制管理范围。

依据上述文件，发行人的控股股东西北有色金属研究院已于2000年被纳入省属事业机构编制管理范围，业务主管单位为陕西省科技厅，资产权属隶属于陕西省财政厅。

二、其他相关依据

1. 西北院现行有效的《西北有色金属研究院章程》第4条规定，西北院注册资金为人民币10,852万元，由陕西省财政厅以货币方式投入。

2. 西北院于2017年10月11日出具《关于〈国有资产产权登记证〉的情况说明》，说明西北院是一家国有独资企业，其国有资产产权隶属于陕西省财政厅。

3. 陕西省财政厅于2017年10月12日确认西北院《关于〈国有资产产权登记证〉的情况说明》情况属实。

公司相关中介机构认为，依据上述文件，发行人的控股股东国有资产产权隶属于陕西省财政厅，因此，发行人实际控制人为陕西省财政厅。

第三节　未将持有大额股权的堂兄弟认定为实际控制人（利元亨）

根据招股书披露，利元亨投资持有发行人66.84%股份，周俊杰持有利元亨投资48.91%的股份。实际控制人周俊雄与董事、副总经理周俊杰为堂兄弟关系。而周俊杰未被一并认定为实际控制人。交易所在问询函中对此进行问询。相关中介机构经核查：

周俊杰未被一并认定为实际控制人，其主要原因在于：

一、周俊雄和卢家红夫妇已实际对发行人构成控制

1. 周俊雄和卢家红夫妇所持股份对公司形成控制

利元亨设立至今，周俊雄和卢家红夫妇通过直接持股及控制利元亨投资、弘邦投资、奕荣投资，始终持有或控制公司50%以上的股权及相应表决权。

2. 周俊雄和卢家红夫妇控制的表决权可决定董事半数以上成员任免

按照董事提名情况，周俊雄与卢家红通过实际支配公司的股份表决权能够决定董事会半数以上成员的任免。

3. 周俊雄和卢家红夫妇对公司经营决策有重大影响

周俊雄在利元亨有限先后担任执行董事、经理，在公司担任董事长、总经理，卢家红先后担任利元亨有限的监事和公司副董事长，对公司经营决策有重大影响。

周俊杰虽主管公司研发部门，但仍需向周俊雄汇报工作；周俊雄在日常经营管理决策及在董事会、股东（大）会表决时，无须经周俊杰同意或与其共同决策。

综上，周俊雄、卢家红二人已实际对发行人构成控制。

二、周俊杰未直接持有公司股份或者间接支配公司股份的表决权

承前所述，周俊雄对利元亨投资的持股比例超过50%，且一直担任利元亨投资的执行董事，为利元亨投资的控股股东及实际控制人。因此，周俊杰未直接持有公司股份，未间接支配公司股份的表决权，亦未通过公司章程、协议或其他安排明确共同拥有对公司的控制权。

因此，将周俊杰认定为共同实际控制人不满足《〈首次公开发行股票并上市管理办法〉第十二条“实际控制人没有发生变更”的理解和适用——证券期货法律适用意见第1号》中如下两项条件：（1）每人都必须直接持有公司股份和/或者间接支配公司股份的表决权；及（2）多人共同拥有公司控制权的情况，一般应当通过公司章程、协议或者其他安排予以明确，有关章程、协议及安排必须合法有效、权利义务清晰、责任明确，该情况在最近3年内且在首发后的可预期期限内是稳定、有效存在的，共同拥有公司控制权的多人没有出现重大变更。

三、周俊杰不属于认定为共同实际控制人的亲属范围

周俊雄及周俊杰系堂兄弟关系，非直系亲属，且周俊雄、周俊杰之间不存在共同控制利元亨投资及发行人或影响周俊雄、卢家红控制权的协议或安排；根据《上海证券交易所科创板股票发行上市审核问答（二）》“关于实际控制人的认定”“法定或约定形成的一致行动关系并不必然导致多人共同拥有公司控制权的情况，发行人及中介机构不应为扩大履行实际控制人义务的主体范围或满足发行条件而作出违背事实的认定”“实际控制人的配偶、直系亲属，如其持有公司股份达到5%以上或者虽未超过5%但是担任公司董事、高级管理人员并在公司经营决策中发挥重要作用，除非有相反证据，原则上应认定为共同实际控制人”。

因此，公司相关中介机构认为，周俊雄与周俊杰之间的堂兄弟关系不足以认定周俊杰与周俊雄为共同实际控制人。

第四节 实际控制人之女担任发行人董事、董事会秘书未被认定为实际控制人之一（天宜上佳688033）

根据《上海证券交易所科创板股票发行上市审核问答（二）》关于“共同实际控制人”规定，实际控制人的配偶、直系亲属，如其持有公司股份达到5%以上或者虽未超过5%但是担任公司董事、高级管理人员并在公司经营决策中发挥重要作用，除非有相反证据，原则上应认定为共同实际控制人。同时，现行有效的《〈首次公开发行股票并上市管理办法〉第十二条“实际控制人没有发生变更”的理解和适用——证券期货法律适用意见第1号》（证监法律字〔2007〕15号）第3条规定：“发行人及其保荐人和律师主张多人共同拥有公司控制权的，应当符合以下条件：（一）每人都必须直接持有公司股份和/或者间接支配公司股份的表决权……”

经公司相关中介机构核查，自天宜有限设立之日起至招股说明书出具之日，吴佩芳均为发行人的第一大股东、控股股东，直接持股比例均达到31.193%以上，且其一直担任发行人的执行董事/董事长、总经理职务；此外，截至招股说明书出具之日，吴佩芳控制的久太方合持有发行人4.1611%的股份。吴佩芳对公司的生产经营、管理决策、董事会和股东大会均具有重要控制力或影响力。

根据公司提供的资料并经核查，截至本招股说明书出具之日，杨铠璘系吴佩芳之女、并担任公司的董事和董事会秘书职务；杨铠璘未直接持有公司股份，其虽系久太方合的有限合伙人、持有久太方合2.88%的出资份额但并不能支配久太方合所持公司股份的表决权。截至本招股说明书出具之日，吴佩芳系久太方合的普通合伙人和执行事务合伙人、持有其48.20%的出资份额，有权决定久太方合的重大事项；吴佩芳能实际控制和支配久太方合所持公司股份的表决权。此外，根据发行人股东分别出具的承诺，发行人股东所持公司股份均由其真实持有，不存在通过协议、信托或其他任何方式代替其他方持有公司股份之情形。因此，杨铠璘未间接支配公司股份的表决权。

综上，公司相关中介机构认为，本次首发认定吴佩芳为公司实际控制人之情形系根据公司实际情况以及上述相关规定的要求而作出的；前述关于实际控制人的认定符合现行发行监管要求。

第五节　实际控制人的配偶担任公司高管未被认定为实际控制人，但参照实际控制人股份锁定（杭可科技 688006）

根据《公司法（2018 年修正）》第 216 条第 3 款和《上海证券交易所科创板股票上市规则》第 15.1 条第 12 款规定，实际控制人，是指虽不是公司的股东，但通过投资关系、协议或者其他安排，能够实际支配公司行为的人。根据《上海证券交易所科创板股票发行上市审核问答（二）》（上证发〔2019〕36 号）第 5 条相关规定，实际控制人的配偶、直系亲属，如其持有公司股份达到 5% 以上或者虽未超过 5% 但是担任公司董事、高级管理人员并在公司经营决策中发挥重要作用，除非有相反证据，原则上应认定为共同实际控制人。

根据发行人的工商资料及历次股东大会、董事会决议及发行人提供的书面说明，报告期内，严蕾不持有发行人股份；报告期初至 2017 年 2 月，严蕾担任发行人副总经理、财务总监；2017 年 3 月至报告期末，严蕾辞去发行人的财务总监职务，仅担任发行人的副总经理，主管发行人的辅助管理部门，未参与发行人的主要经营决策；自发行人设立至今，严蕾未参与发行人的董事和高级管理人员的提名及任免工作。

2019 年 5 月 5 日，严蕾出具《浙江杭可科技股份有限公司高级管理人员关于股份锁定的承诺函》。根据该承诺函，严蕾虽然并非发行人实际控制人，但其参照实际控制人做出了股份锁定承诺。

基于上述，严蕾系实际控制人曹政的配偶，但其不持有发行人股份，未参与发行人的主要经营决策，也未参与董事和高级管理人员的提名及任免工作，对发行人不具有控制力；虽然严蕾并非发行人实际控制人，但其已参照实际控制人做出了股份锁定承诺。

公司相关中介机构认为，发行人未将严蕾认定为实际控制人，不构成本次发行上市的实质性法律障碍。

第六节 共同实际控制人由4人变为5人不构成实际控制人的变更（天奈科技）

根据招股说明书披露，发行人的实际控制人为共同实际控制人，系其高管团队。2016年11月24日，郑涛、张美杰、严燕、蔡永略四人签署了有效期自签署之日起至发行人上市后5年的《一致行动协议书》。2017年11月23日，郑涛、张美杰、严燕、蔡永略、叶亚文签署了有效期自签署之日起至发行人上市后5年的《一致行动协议书之补充协议》，共同实际控制人由4人变为5人。

最近两年内，共同拥有公司控制权的多人仅新增叶亚文一人，共同拥有公司控制权的多人没有出现重大变更，持有、实际支配发行人股份表决权比例最高的人一直为郑涛。叶亚文担任公司副总经理，间接持有发行人的股份数量为1.5094%，增加叶亚文为实际控制人对共同控制权没有构成重大影响，符合发行人共同实际控制人为高级管理人员团队的实际情况。

因此，公司相关中介机构认为，最近两年内共同拥有公司控制权的多人没有出现重大变更。

第七节 实际控制人持股比例较低对公司治理的影响（睿创微纳688002）

报告期各期末，马宏作为公司的实际控制人，其持股比例分别为21.97%、21.38%和18.00%，持股比例较低，但是公司股权较为分散，其余股东持股比例较小，且除招股说明书中披露的关联关系外，不存在其他的关联关系和一致行动关系，马宏的持股数量在当前较任一其他股东而言均有较大的数量差异，在发行人股东大会依据公司章程的规定行使表决权过程中具有较大的优势地位，可以实现对于发行人内部的控制。根据发行人公司章程及其他内部管理制度的规定，马宏在发行人公司治理、经营决策、人事任免、技术研发论证方面享有优势地位。

公司作为技术驱动型企业，经过多年发展已经形成了以技术为先导的业务模式，高科技含量十分突出。作为发行人的技术带头人，马宏对于公司的技术发展战略和技术路径选择起到了决定性的作用，公司其余员工对马宏在公司技术发展上的作用亦十分认可，表明其对于公司报告期内以及未来的业务发展的重要性十分突出。

报告期内，马宏通过控制董事会、股东大会的方式保证其对于发行人内部公司治理的控制权，针对公司内部的重大决策，公司董事会各名董事、参与股东大会投票的股东均与马宏的意见保持一致。

报告期内，发行人的历次对外投资、重要内部制度的制定、重大技术研发项目立项、重大采购及销售方案制定、重大人事任免均由马宏作为总经理负责领导方案制定及实施。

发行人监事会自设立以来未就马宏及马宏领导下的董事会、管理层做出的经营决策及编制的年度报告提出质疑。

综上，发行人中介机构认为，发行人当前不存在可能导致控制关系变更的重大权属纠纷。本次发行及上市的实施不会对马宏的控制权稳定性以及公司治理有效性产生实质性影响。

第八节　无实际控制人对公司治理的影响（澜起科技 688008）

2017 年 1 月 1 日至 2018 年 4 月公司完成境外架构拆除前，公司原境外母公司 Montage Holding 董事分别为杨崇和、Stephen Kuong-Io Tai、邓向东、李荣信、李亚军、Yao SUN，上述六人从 2018 年 4 月完成境外架构拆除后即为公司董事至今。报告期内，公司高级管理人员均为 Stephen Kuong-Io Tai、梁铂钴及苏琳，未发生变化。报告期内，公司董事会及经营管理层保持稳定，公司主营业务未发生重大变化，经营情况和盈利能力持续提升。

公司已建立了健全的组织机构，由股东大会、监事会、董事会、总经理等高级管理人员和公司各部门组成，其中股东大会为公司的最高权力机构、董事会为公司的经营决策机构、监事会为公司的监督机构，相关人员和机构能够依法履行职责。公司还设置了研发部、质控部、运营部、市场应用技术部、市场部、销售部、公共关系部、行政部、财务部、人力资源部、法务部、董事会办公室、内审部等部门。

截至本问询函回复签署日，公司共召开四次股东大会，六次董事会，三次监事会，上述会议议案除关联方回避表决外均全票通过。报告期内公司的股权及控制结构不影响公司治理有效性。2017 年 1 月 1 日以来，公司第一大股东未发生变化（均为中电投控控制主体）；主要股东（持股前 51% 的股东）也未发生重大变化，公司整体股权和控制结构未产生重大变化。

此外，持股前 51% 的主要股东均已签署了股份锁定承诺，承诺自公司股票上市之日起 36 个月内，不转让或者委托他人管理本次发行前已持有的本公司股份，也不由本公司回购该部分股份。最近两年内，公司不存在实际控制人，股权及控制结构稳定，上述相关主体采取股份锁定措施的承诺也有利于公司股权及控制结构的稳定。

综上所述，公司相关中介机构认为，公司认定无实际控制人对公司治理有效性不存在重大不利影响，公司股权结构稳定。

第九节 在无实际控制人的情况下，发行人保持业务稳定和持续经营的措施（心脉医疗 688016）

根据《心脉医疗招股书（申报版）》披露：心脉医疗无实际控制人。心脉医疗的间接控股股东为香港联交所主板上市公司微创医疗，最近 24 个月内微创医疗的股权结构一直较为分散，不存在单一股东及其一致行动人合计持股比例超过 30% 或能够单独决定股东大会审议结果的情形，亦不存在单一股东及其一致行动人能够基于其提名的董事在董事会中的席位单独决定董事会的审议事项。因此，微创医疗任意单一股东及其一致行动人无法对微创医疗的决策形成控制。公司无实际控制人的状态最近24个月内未发生变化。

交易所在问询函中要求说明在无实际控制人的情况下，发行人保持业务稳定和持续经营的措施。相关中介机构经核查：

发行人在无实际控制人的情况下，保持业务稳定和持续经营的措施如下：

一、发行人具有健全的公司法人治理结构、规范有效的内部控制制度

截至回复出具之日，发行人依法建立了股东大会、董事会、监事会和聘任了高级管理人员，并相应制定规范有效的《股东大会议事规则》《董事会议事规则》《监事会议事规则》《独立董事工作制度》《董事会专门委员会工作制度》《总经理工作制度》《董事会秘书工作规则》《累积投票制度实施细则》《关联交易决策制度》《融资与对外担保管理制度》《对外投资管理制度》《防范大股东及其关联方资金占用制度》《内部审计制度》《货币资金管理制度》等法人治理制度文件，在无实际控制人的情况下可以保证其决策的延续性和内控制度的有效。

股份公司设立以来，发行人召开的历次股东大会、董事会、监事会的召集程序、表决方式、决议内容均符合法律法规及公司章程的相应规定。发行人根据已建立的法人治理制度对不同事项进行决策，确保决策机制运行的有效性，在发行人持续保持有效决策机制的前提下，发行人在报告期内实现了主营业务持续稳定增长。

二、发行人具备独立性，并组建了稳定的管理团队和核心技术团队

截至回复出具之日，发行人资产完整，业务及人员、财务、机构独立，具有完整的业务体系和直接面向市场独立经营的能力，且与主要核心技术人员均签署了劳动合同、保密协议和竞业限制协议，在独立性方面不存在严重缺陷。

发行人组建了稳定的管理团队和核心技术团队，发行人最近两年董事、高级管理人员及核心技术人员未发生重大不利变化。

三、发行人业务体系完整，在报告期内持续盈利

发行人资产完整，业务及人员、财务、机构独立，具有完整的业务体系和直接面向市场独立经营的能力。根据毕马威华振审字第1901529号《审计报

告》，发行人2016年度、2017年度、2018年度经审计扣除非经常性损益后孰低的归属于母公司所有者的净利润分别为3859.39万元、6221.91万元、8371.86万元，发行人在报告期内业务稳定并具有持续盈利的能力。

综上所述，公司相关中介机构认为，截至回复出具之日，发行人已建立健全的公司法人治理结构，并相应制定了有效的内部控制制度且自股份公司成立以来规范运行，资产完整且业务及人员、财务、机构独立。在无实际控制人的情况下，发行人已从公司治理、管理团队和核心技术团队、业务体系等方面作出有效安排，能够保证决策的延续性和业务的稳定性，具有持续经营能力。

小 结

从科创板已披露的审核问询回复来看，发行人对实际控制人的认定是监管层审核问询的高频问题。归纳起来，交易所在审核问询中主要关注以下几类问题：

（1）未被认定为共同实际控制人的理由和依据，比如实际控制人近亲属或其他一致行动人未被认定为实际控制人的原因及合理性。意在问询是否存在规避监管的情形；中介机构对此一方面需论述《上海证券交易所股票发行上市审核问答（二）》对实际控制人认定的基本要求，另一方面应围绕《证券期货法律适用意见第1号》多人共同控制的条件，以及《上海证券交易所股票发行上市审核问答（二）》规定的例外情形进一步展开。

（2）发行人无实际控制人的理由和依据。根据已披露的科创板申报企业信息，无实际控制人的情形主要为发行人股东或发行人控股股东的股东持股结构较为分散，无最终股东可以控制发行人股东大会、董事会和经营管理事项。在回复此类问询时，可回归实际控制人认定的基本要求，从股权结构、董事和高级管理人员的提名任免以及其他内部治理情况，逐一论证控制权归属情况。同时，中介机构可以考虑从未规避发行条件、股份限售期等监管要求的角度，论述认定无实际控制人的理由和依据的充分性。

（3）最近二年（或三年）内公司实际控制人是否发生重大变更，意在问询发行人实际控制权的稳定性；一般问询的点包括发行人各股东之间是否存在一致行动协议，其他股东是否存在控制发行人的可能性；一致行动协议的稳定性；一致行动协议模式下发生意见分歧或纠纷时的解决机制等。中介机构可根据实际情况论述一致行动关系形成的背景、过程、争议解决等。同时还应注意约定的一致行动等安排不存在规避发行条件等监管要求的情形。[①]

（4）发行人无实际控制人，或实际控制人持股比例偏低对公司治理的影响。对于此类问询问题，中介机构可以从持股比例偏低的实际控制人对公司的控制程度、公司治理结构、内部控制制度的建立情况及其规范有效性、管理团队和核心技术团队的稳定性等方面来阐述。

---

① 陶云峰、姜正建：《国浩视点丨科创板实际控制人认定有关问题之研究——基于上海证券交易所问询的视角》，载“国浩律师事务所”公众号，最后访问日期：2019 年 8 月 15 日。

第十二章

关于实际控制人（曾）在外任职的问题

科创板定位于科技创新型企业，从申请科创板上市企业披露的招股书来看，部分公司实际控制人（曾）在相关领域科研机构任职。交易所在问询函中对此情况予以重点问询。

第一节 实际控制人任职于中国科学院地理科学与资源研究所的合规性（航天宏图688066）

北京航天宏图信息技术股份有限公司（以下简称“航天宏图”）是一家遥感和北斗导航卫星应用服务商。公司成立于2008年1月24日，王宇翔、张燕夫妇为公司创始股东之一且系公司实际控制人。张燕于2008年1月创办世纪网图（后整体变更为航天宏图）并持有股份，2008年1月至2012年4月担任航天宏图执行董事、董事长、法定代表人。同时张燕自1997年7月至今就职于中国科学院地理科学与资源研究所，现任地图室工程师，未担任领导职务。

《北京航天宏图信息技术股份有限公司首次公开发行股票并在科创板上市申请文件的审核问询函》问询请发行人说明，“（1）张燕在外任职及创办企业是否符合相关规定及政策；（2）是否与任职单位约定保密、知识产权保护等事项，如有请披露并说明是否存在违反相关约定的情形”。

相关中介机构经核查：

一、发行人实际控制人张燕在外任职及创办企业符合相关规定及政策

1.《国务院关于印发实施〈中华人民共和国促进科技成果转化法〉若干规定的通知》（国发〔2016〕16号）之“二、激励科技人员创新创业”之第7条规定：“国家设立的研究开发机构、高等院校科技人员在履行岗位职责、完成本职工作的前提下，经征得单位同意，可以兼职到企业等从事科技成果转化活动，或者离岗创业，在原则上不超过3年时间内保留人事关系，从事科技成果转化活动。”

2.《中国科学院领导人员兼职和科技成果转化激励管理办法》第2条规定：“本办法适用于院属事业单位（以下简称单位）领导班子成员以及所长助理、内设党政部门领导人员等中层领导人员（以下统称领导人员）。”第3条规定：“单位领导班子成员经批准可兼任与本单位或本人科研教学领域相关的社会团体、基金会等职务，兼职数量一般不超过3个；在高水平学术期刊（影响因子位于本领域期刊的前列，下同）担任编委或在国际学术组织兼职的，兼职数量可根据实际情况适当放宽。”第4条规定：“单位正职（主要指所长、党委书记或担任法定代表人的其他领导人员，下同）一般不得在企业兼职，若确有需要，经批准可在主营业务涉及国家安全、有关领域的本单位出资企业（包括全资、控股和参股企业，下同）兼职。”第8条规定：“单位中层领导人员在社会团体、基金会、民办非企业单位和企业兼职的，根据工作需要和实际情况，按干部管理权限由所在单位审批，兼职数量应适当控制；个人按照有关规定在兼职单位获得的报酬，应当全额上缴本单位，由单位根据实际情况给予适当奖励。”

3.《中国科学院地理科学与资源研究所在职职工兼职管理规定》

第4条规定：“全职承担战略性先导科技专项、国家重大科技项目或我所‘十三五’重要任务的骨干人员，不得从事影响完成上述项目或任务的兼职活动。从事有关领域项目或担任的工作涉及国家秘密的工作人员，不得在境外机构、组织或外资企业从事兼职活动。”第5条规定：“所领导原则上不得在企业兼职。经院批准，可在本单位全资、控股及参股企业代表出资方从事非经营管理性兼职活动。”

该规定仅对单位的领导人员（含领导班子成员以及所长助理、内设党政部门领导人员等中层领导人员）或重要任务的骨干人员的对外投资、兼职作出限制，对其余工作人员并无限制。

二、未违反任职单位保密、知识产权保护等事项，不存在潜在纠纷

1. 中国科学院地理科学与资源研究所出具说明，“张燕在本所任职期间，未违反本所保密、知识产权保护等事项；我所与北京航天宏图信息技术股份有限公司不存在涉及保密、知识产权等方面的任何争议或潜纠纷”。

2. 公司实际控制人张燕出具说明，确认其未承担任职单位中国科学院地理科学与资源研究所的科研工作，其与任职单位未就保密、知识产权保护等事项进行特别约定。

经过上述核查，相关中介机构认为：发行人实际控制人张燕在外任职及创办企业符合相关规定及政策，未违反中国科学院地理科学与资源研究所保密、知识产权保护等事项；中国科学院地理科学与资源研究所与发行人之间不存在涉及保密、知识产权等方面的任何争议或潜在纠纷。

第二节 实际控制人曾任职于哈工大，是否存在兼职及兼职是否符合相关规定（新光光电 688011）

新光光电的实际控制人康为民、康立新，曾分别任哈尔滨工业大学（以下简称“哈工大”）光学目标仿真与测试技术研究所所长、教授。

交易所在审核问询中请发行人说明“发行人实际控制人康为民、康立新在哈工大及相关科研院所担任的具体职务、任职时间、工作内容、研究领域、主要研究成果，与发行人技术及产品的关系，在哈工大任职期间是否有职务发明，是否存在兼职及兼职是否符合相关规定”。

相关中介机构核查并披露：康为民、康立新在哈尔滨工业大学二级研究所的任职时间及任职具体职务、工作内容、研究领域、主要研究成果及与发行人技术及产品的关系。

关于在哈尔滨工业大学任职期间是否有职务发明。康为民、康立新均披露在发行人处的专利或主要技术不涉及其在哈尔滨工业大学任职期间的职务发明。

关于是否存在兼职及兼职是否符合相关规定。康为民先生在研究所任职期间存在于发行人处兼职的情况，就上述情况，哈尔滨工业大学电气工程及自动化学院出具了关于康为民先生兼职的确认函，确认对康为民先生在发行人处兼职的情况始终知情并同意，上述兼职行为不违反哈尔滨工业大学的相关规章制度；康立新非哈尔滨工业大学在编教职员工，其在外任职不属于兼职行为。

2018 年 3 月 26 日，哈尔滨工业大学出具《证明》："新光光电自 2007 年成立至今，其产品研制开发及加工生产所依托的相关技术及方法等知识产权均为新光光电自主研发，本校对此没有异议且不主张任何形式的权利。本校认定新光光电自成立至今不存在侵犯本校专利或其他知识产权的情况，且本校与新光光电自始至终不存在任何既有及潜在的知识产权纠纷。"①

发行人对上述情况在招股书中予以补充披露。

第三节　实际控制人曾任杂志社社长的合规性（申联生物）

申联生物实际控制人之一聂东升于 2003 年 7 月开始任发行人董事，并于 2006 年 9 月至今担任发行人董事长；同时，其 2001 年 10 月至 2011 年 3 月，任河南省畜牧兽医杂志社社长。

根据发行人的说明及发行人相关中介机构对发行人董事长聂东升的访谈，聂东升于 2001 年至 2011 年担任河南畜牧兽医杂志社社长，该杂志社系河南省畜牧局下属自收自支单位，不属于国家机关或参照《公务员法》管理的事业单位，聂东升担任该杂志社社长职务不属于公务员或参照《公务员法》管理的事业单位编制人员。

聂东升于 2003 年 7 月开始任发行人董事，并于 2006 年 9 月至今担任发行

① 参见《关于哈尔滨新光光电科技股份有限公司首次公开发行股票并在科创板上市申请文件审核问询回复》问题 8，第 51 ~ 53 页。

人董事长。根据河南畜牧兽医杂志社于2017年7月19日出具的《确认函》，聂东升前述任职事项符合该社关于鼓励员工自主择业、创新创业的精神，未违反国家相关法律、法规的要求，聂东升已于2011年从该社辞职，与该社不存在任何纠纷或潜在纠纷。

据此，发行人相关中介机构认为，聂东升的上述任职情况未违反《公司法》《公务员法》等相关任职规定。

小结

对于申请科创板上市企业的实际控制人（曾）在外任职，特别是（曾）在与申请科创板上市企业所处行业相关的科研机构等单位任职的，交易所一般予以重点关注，问询问题包括：

（1）公司实际控制人在外任职是否符合相关规定及政策。中介机构需要根据实际控制人（曾）任职单位的性质，及实际控制人在单位的岗位、职级，结合相关领域的规章制度，对是否符合相关规定及政策发表意见；建议取得所任职单位出具的实际控制人任职期间在外创业（或任职）不违反相关规定及政策的确认函或说明。

（2）是否违反任职单位保密、知识产权保护等事项，申报科创板上市企业所属知识产权是否系职务发明，是否存在（潜在）纠纷。对于实际控制人（曾）任职单位系与申请上市企业业务相关的行业，中介机构需重点核查公司的知识产权是否系职务发明，是否存在权利瑕疵，是否存在违反所任职单位保密、知识产权保护的行为；所任职单位对申请科创板上市企业核心技术/知识产权是否存在纠纷。建议能取得（曾）任职单位出具的确认公司核心技术/知识产权不存在（潜在）纠纷的确认函或说明。

第十三章

独立董事的任职资格

独立董事制度设立的初衷在于让上市公司聘请具有专业知识和管理能力的独立董事，对公司上市后的经营以相对独立的立场提供专业的意见。公司在通过董事会作出重大决策时，能够受到更多的制约，防止公司的经营决策损害广大公众股东的利益。

从科创板已披露的审核问询回复来看，独立董事的任职资格是否违反相关禁止性规定，独立董事的身份是否影响其独立性等问题仍是交易所关注点之一。

因此，拟上市公司在选择独立董事时，相关中介机构在尽职调查时，应当对拟任独董人选的从业任职经历谨慎核查，尽可能避免让监管部门认定独立董事的独立性存在瑕疵的情况。

第一节　关于独立董事任职资格的相关规定

一、《关于在上市公司建立独立董事制度的指导意见》

2001 年 8 月 16 日证监会发布并实施的《关于在上市公司建立独立董事制度的指导意见》是关于独立董事任职资格的主要规定。

《关于在上市公司建立独立董事制度的指导意见》第 2 条规定，担任独立董事应当符合下列基本条件：

（1）根据法律、行政法规及其他有关规定，具备担任上市公司董事的资格；

（2）具有本指导意见所要求的独立性；

（3）具备上市公司运作的基本知识，熟悉相关法律、行政法规、规章及规则；

（4）具有5年以上法律、经济或者其他履行独立董事职责所必需的工作经验；

（5）公司章程规定的其他条件。

《关于在上市公司建立独立董事制度的指导意见》第3条规定，独立董事必须具有独立性，下列人员不得担任独立董事：

（1）在上市公司或者其附属企业任职的人员及其直系亲属、主要社会关系（直系亲属是指配偶、父母、子女等；主要社会关系是指兄弟姐妹、岳父母、儿媳女婿、兄弟姐妹的配偶、配偶的兄弟姐妹等）；

（2）直接或间接持有上市公司已发行股份1%以上或者是上市公司前十名股东中的自然人股东及其直系亲属；

（3）在直接或间接持有上市公司已发行股份5%以上的股东单位或者在上市公司前五名股东单位任职的人员及其直系亲属；

（4）最近一年内曾经具有前三项所列举情形的人员；

（5）为上市公司或者其附属企业提供财务、法律、咨询等服务的人员；

（6）公司章程规定的其他人员；

（7）中国证监会认定的其他人员。

二、《深圳证券交易所独立董事备案办法》

2017年5月12日深圳证券交易所发布并颁布的《深圳证券交易所独立董事备案办法》第二章规定了独立董事的任职资格。其中：

《深圳证券交易所独立董事备案办法》第4条规定，独立董事候选人应当符合下列法律、行政法规、部门规章、规范性文件和本所业务规则有关独立董事任职资格、条件和要求的相关规定：

（1）《公司法》有关董事任职资格的规定；

（2）《公务员法》的相关规定（如适用）；

（3）《指导意见》的相关规定；

（4）中共中央纪委《关于规范中管干部辞去公职或者退（离）休后担任上市公司、基金管理公司独立董事、独立监事的通知》的相关规定（如适用）；

（5）中共中央组织部《关于进一步规范党政领导干部在企业兼职（任职）问题的意见》的相关规定（如适用）；

（6）中共中央纪委、教育部、监察部《关于加强高等学校反腐倡廉建设的意见》的相关规定（如适用）；

（7）中国人民银行《股份制商业银行独立董事和外部监事制度指引》等的相关规定（如适用）；

（8）中国证监会《证券公司董事、监事和高级管理人员任职资格监管办法》等的相关规定（如适用）；

（9）中国银监会《银行业金融机构董事（理事）和高级管理人员任职资格管理办法》《融资性担保公司董事、监事、高级管理人员任职资格管理暂行办法》等的相关规定（如适用）；

（10）中国保监会《保险公司董事、监事和高级管理人员任职资格管理规定》《保险公司独立董事管理暂行办法》等的相关规定（如适用）；

（11）本所主板、中小企业板及创业板《上市公司规范运作指引》等业务规则的相关规定；

（12）其他法律、行政法规、部门规章和规范性文件等有关独立董事任职资格、条件和要求的规定。

《深圳证券交易所独立董事备案办法》第7条规定，独立董事候选人应当具有独立性，下列人员不得担任独立董事：

（1）在上市公司或者其附属企业任职的人员及其直系亲属和主要社会关系；

（2）直接或间接持有上市公司已发行股份1%以上或者是上市公司前十名股东中的自然人股东及其直系亲属；

（3）在直接或间接持有上市公司已发行股份5%以上的股东单位或者在上市公司前五名股东单位任职的人员及其直系亲属；

（4）在上市公司控股股东、实际控制人及其附属企业任职的人员及其直系亲属；

（5）为上市公司及其控股股东、实际控制人或者其各自附属企业提供财务、法律、咨询等服务的人员，包括但不限于提供服务的中介机构的项目组全体人员、各级复核人员、在报告上签字的人员、合伙人及主要负责人；

（6）在与上市公司及其控股股东、实际控制人或者其各自的附属企业有重大业务往来的单位任职的人员，或者在有重大业务往来单位的控股股东单位任职的人员；

（7）最近 12 个月内曾经具有前六项所列情形之一的人员；

（8）最近 12 个月内，独立董事候选人、其任职及曾任职的单位存在其他影响其独立性情形的人员；

（9）本所认定不具有独立性的其他人员。

前款第（4）项、第（5）项及第（6）项中的上市公司控股股东、实际控制人的附属企业，不包括根据《股票上市规则》《创业板股票上市规则》第 10. 1. 4 条规定，与上市公司不构成关联关系的附属企业。

《深圳证券交易所独立董事备案办法》第 8 条规定，独立董事候选人应无下列不良记录：

（1）被中国证监会采取证券市场禁入措施，期限尚未届满的；

（2）被证券交易所公开认定不适合担任上市公司董事、监事和高级管理人员，期限尚未届满的；

（3）最近 36 个月内因证券期货违法犯罪，受到中国证监会行政处罚或者司法机关刑事处罚的；

（4）因涉嫌证券期货违法犯罪，被中国证监会立案调查或者被司法机关立案侦查，尚未有明确结论意见的；

（5）最近 36 个月内受到证券交易所公开谴责或三次以上通报批评的；

（6）作为失信惩戒对象等被国家发改委等部委认定限制担任上市公司董事职务的；

（7）在过往任职独立董事期间因连续三次未亲自出席董事会会议或者因连续两次未能亲自出席也不委托其他董事出席董事会会议被董事会提请股东大

会予以撤换，未满 12 个月的；

（8）深圳证券交易所认定的其他情形。

三、其他相关规定

《中共中央纪委、教育部、监察部关于加强高等学校反腐倡廉建设的意见》（教监〔2008〕15 号）、《中共中央组织部关于进一步规范党政领导干部在企业兼职（任职）问题的意见》（中组发〔2013〕18 号）、《中共教育部党组关于进一步加强直属高校党员领导干部兼职管理的通知》（教党〔2011〕22 号）、《教育部办公厅关于开展党政领导干部在企业兼职情况专项检查的通知》（教人厅函〔2015〕11 号）。

第二节　大学教授、博导是否具备独立董事任职资格核查（华兴源创 688001）

苏州华兴源创科技股份有限公司（以下简称“华兴源创”）独立董事陈立虎，任职自 2018 年 5 月 7 日至 2021 年 5 月 7 日。根据《华兴源创招股书（申报版）》披露，陈立虎自 1993 年至今担任苏州大学发虚教授、博导。上海证券交易所在审核问答中对陈立虎的独董任职资格进行问询。

相关中介机构经过如下核查：对陈立虎关于任职资格的相关情况进行了访谈；审阅了陈立虎的《违法犯罪记录证明》及其出具的声明与承诺，苏州大学王健法学院出具的《证明》、上市公司独立董事后续培训证书；相关中介机构于中国执行信息公开网等相关网站查询了陈立虎的相关情况。

陈立虎所任职单位出具确认文件，确认陈立虎任独董并领取董事津贴不违反规范性文件及该校相关规章制度。根据苏州大学王健法学院于 2018 年 3 月 19 日出具的《证明》，发行人独立董事陈立虎系该院全职教职员工，不具有副处级或副处级以上行政职级，亦不在该院或苏州大学其他院系担任行政职务，不属于《中共中央组织部关于进一步规范党政领导干部在企业兼职（任职）问题的意见》（中组发〔2013〕18 号）、《中共教育部党组关于进一步加强直属高校党员领导干部兼职管理的通知》（教党〔2011〕22 号）、《教育部办公厅关于开展党政领导干部在企业兼职情况专项检查的通知》（教人厅函〔2015〕11 号）等规范性文件中所述的“党政领导干部”，其担任发行人独立董事并领取独立董事津贴不违反前述规范性文件及该校相关规章制度，亦无其他违反前述规范性文件及该校相关规章制度的情形。

陈立虎不存在不符合独立董事任职资格的情形。根据对陈立虎的访谈以及于中国执行信息公开网等相关网站的公开信息查询，并根据陈立虎提供的任职资格证明及出具的声明与承诺，陈立虎已完成上海证券交易所上市公司独立董事培训并取得相关培训证书，不存在不符合独立董事任职资格的情形。

根据苏州市公安局姑苏分局娄门派出所于 2019 年 1 月出具的《违法犯罪记录证明》，未发现陈立虎有法律、法规、规章规定的相关违法犯罪记录。①

经核查，相关中介机构认为：陈立虎担任发行人独立董事已获得苏州大学王健法学院的认可，陈立虎符合关于独立董事任职资格的相关规定。

第三节 独立董事任职南京大学金陵学院商学院院长是否符合关于独立董事任职资格的相关规定（天奈科技）

根据招股说明书披露，发行人天奈科技独立董事于润自 2011 年 2 月至今就职于南京大学金陵学院商学院，担任院长。

根据《中共中央纪委、教育部、监察部关于加强高等学校反腐倡廉建设的意见》（教监〔2008〕15 号），学校党政领导班子成员应集中精力做好本职工作，除因工作需要、经批准在学校设立的高校资产管理公司兼职外，一律不得在校内外其他经济实体中兼职；根据中共中央组织部《关于进一步规范党政领导干部在企业兼职（任职）问题的意见》（中组发〔2013〕18 号），现职和不担任现职但未办理退（离）休手续的党政领导干部不得在企业兼职（任

① 参见《关于苏州华兴源创科技股份有限公司首次公开发行股票并在科创板上市申请文件审核问询回复》问题 6，第 23～24 页。

职）。同时，《教育部办公厅关于开展党政领导干部在企业兼职情况专项检查的通知》（教人厅函〔2015〕11号）对党政领导干部的范围进行了界定，具体为党政领导干部包括部机关、直属单位及其内设机构、直属高校及其院系等副处级以上干部。

根据教育部公布的全国普通高等学校名单，南京大学金陵学院为教育部批准成立的民办独立学院。发行人独立董事于润作为南京大学金陵学院商学院院长，不属于部机关、直属单位及其内设机构、直属高校及其院系等副处级以上干部，因此不属于党政领导干部，即不存在前述法规规定的禁止在企业兼职的情形。因此，该任职不会对于润的独立董事任职资格产生影响。

根据发行人独立董事于润签署的调查表、独立董事候选人声明并经公司相关中介机构核查，于润不存在《公司法》《公务员法》《中国共产党党员领导干部廉洁从政若干准则》《关于加强高等学校反腐倡廉建设的意见》《关于在上市公司建立独立董事制度的指导意见》等法律法规规定的禁止担任发行人独立董事的情形，于润作为发行人的独立董事符合关于独立董事任职资格的相关规定。①

综上，公司相关中介机构认为，于润作为独立董事符合关于独立董事任职资格的相关规定。

小　结

从交易所问询函来看，目前交易所对独立董事的问询，主要集中在独立董事在发行人以外其他单位任职的，该独立董事是否具备任职资格。中介机构可从独立董事任职单位关于兼职的相关规定政策，及取得任职单位出具说明/确认函，及独立董事人选本身是否符合独董任职资格角度论证和回函该问询问题。

① 参见《关于江苏天奈科技股份有限公司首次公开发行股票并在科创板上市申请文件审核问询回复》问题8，第66~67页。

第十四章

对赌协议相关问题

对赌协议一直是证监会对国内上市企业的关注点之一，也是科创板问询中的热点问题。

对赌协议（Valuation Adjustment Mechanism，VAM，“估值调整机制”）在 PE、VC 机构的投资条款中十分常见。其目的一是为了最大限度保护投资者利益，平衡投资者与融资者之间信息的不对称，在被投项目业绩不佳时投资者能尽可能地挽回损失；二是为了激励被投企业股东或管理层，鼓励企业用最短时间提升业绩。

根据投融双方的需求，对赌协议主要可分为对赌业绩型、对赌上市型和混合型三大类。常见的对赌协议条款包括现金补充条款、股权调整条款、股权回购条款、附期限回购条款、特殊股权条款等。

现金补偿条款，主要约定内容包括：当目标公司未能实现约定的里程碑事件时，目标公司或其控股股东将向投资者给予一定数量的现金补偿（反向对赌）或者反之由投资者用现金奖励方式补偿给目标公司或其控股股东（正向对赌）。

股权调整条款，主要约定内容包括：当目标公司未能实现约定的里程碑事件时，将触发对赌条款，投资者将以低价增资目标公司或者无偿受让控股股东股权，甚至会取代控股股东的控股地位。

股权回购条款，主要约定内容包括：当目标公司未能实现约定的里程碑事件时，将触发对赌条款，目标公司控股股东将以高于投资者投资款的价格回购投资者持有的股权。该回购价格为投资款加上固定回报。

附期限回购，如果该回购条件不是某一里程碑事件而是某一期限时，则该回购行为称为附期限回购，即融资方在融资后一定时间内将资金＋投资收益返还给投资人，该投资收益相当于利息，实质是一种借贷行为，存在一定法律风险。

特殊股权条款，主要约定内容包括：当目标公司未能实现约定的里程碑事件时，投资者的股权将转变为特殊股权，如优先股、拥有董事会一票否决权、超比例表决权等。

第一节　对赌协议的相关规定

一、科创板关于对赌协议的规定

2019 年 3 月 24 日，上海证券交易所发布《上海证券交易所科创板股票发行上市审核问答（二）》对对赌协议作出明确规定。

（一）原则要求发行人在申报前清理，满足相应条件的可以不清理

《上海证券交易所科创板股票发行上市审核问答（二）》规定，PE、VC 等机构在投资时约定估值调整机制（一般称为“对赌协议”）情形的，原则上要求发行人在申报前清理对赌协议，但同时满足以下要求的对赌协议可以不清理：一是发行人不作为对赌协议当事人；二是对赌协议不存在可能导致公司控制权变化的约定；三是对赌协议不与市值挂钩；四是对赌协议不存在严重影响发行人持续经营能力或者其他严重影响投资者权益的情形。保荐人及发行人律师应当就对赌协议是否符合上述要求发表专项核查意见。

（二）对对赌协议的信息披露要求

《上海证券交易所科创板股票发行上市审核问答（二）》规定，发行人应当在招股说明书中披露对赌协议的具体内容、对发行人可能存在的影响等，并进行风险提示。

2019 年 3 月 25 日证监会发布的《首发业务若干问题解答（一）》关于对

赌协议的规定，同《海证券交易所科创板股票发行上市审核问答（二）》一致。我们理解，如果科创板拟上市企业存在对赌协议，则需要详尽披露，包括历史上存在的对赌协议及其条款都需如实披露。因考虑到对赌协议会有损上市公司的股权以及经营的稳定性，证监会在多次保代培训中都强调“对赌条款在上会前必须终止执行”，而科创板在《上海证券交易所科创板股票发行上市审核问答（二）》中则稍微松了一个口子，在同时满足上述规定四个条件下的对赌协议可以不予清理。

二、最高人民法院关于对赌协议的最新规定

作为海外投资机构带来的舶来品，现行法律对于对赌协议没有明确规定，这导致司法实践中对对赌协议的效力认定出现分歧，最高人民法院（2012）民提字第11号判决（海富案）一直被奉为刚性指引：投资人与股东对赌有效，与目标公司对赌协议无效。

2019年7月3日至4日，最高人民法院在黑龙江省哈尔滨市召开了全国法院民商事审判工作会议。2019年8月6日，最高人民法院发布《全国法院民商事审判工作会议纪要（最高人民法院民二庭向社会征求意见稿）》（以下简称《会议纪要（征求意见稿）》）。最高人民法院对于涉及对赌协议效力的案件指明了总体的审判方向，“既要坚持鼓励投资方对实体企业特别是科技企业投资原则，从而在一定程度上缓解企业融资难问题；又要贯彻资本维持原则和保护债权人合法权益原则，平衡投资方、公司股东、公司以及公司债权人之间的利益”。最高人民法院提出“由目标公司按照事先约定的方式回购投资方的股权或者向投资方承担现金补偿义务，或者约定由目标公司的原股东（在投资方入股目标公司后，也可能仍然是股东，也可能不是）向目标公司承担现金补偿义务。如该协议不存在其他影响合同效力的事由的，应认定有效”。从中似乎可以看到最高人民法院对对赌协议效力的观点出现了变化。

《会议纪要（征求意见稿）》规定，“实践中所称的‘对赌协议’，是指在股权性融资协议中包含了股权回购或者现金补偿等对未来不确定事项进行交易安排的协议。从签约主体的角度看，有投资方与目标公司的股东或者实际控制人‘对赌’，投资方与目标公司‘对赌’，投资方与目标公司的股东和目标公

司‘对赌’等形式。人民法院在审理此类案件时，既要坚持鼓励投资方对实体企业特别是科技创新企业投资原则，从而在一定程度上缓解企业融资难问题；又要贯彻资本维持原则和保护债权人合法权益原则，平衡投资方、公司股东、公司以及公司债权人之间的利益。对于投资方与股东或者实际控制人签订的‘对赌协议’的效力，实践中并无争议。有争议的是投资方与目标公司（有时包括与目标公司的股东）签订的‘对赌协议’的效力，对此，应当把握如下处理规则：……所谓与目标公司对赌，指的是投资方与目标公司（有时包括目标公司的股东）签订的协议约定，当目标公司在约定期限内未能实现双方预设的目标时，由目标公司按照事先约定的方式回购投资方的股权或者向投资方承担现金补偿义务，或者约定由目标公司的原股东（在投资方入股目标公司后，也可能仍然是股东，也可能不是）向目标公司承担现金补偿义务。如该协议不存在其他影响合同效力的事由的，应认定有效。在对赌失败的情形，关于由目标公司的原股东向目标公司承担现金补偿义务的约定，不存在履行的法律障碍，投资方请求履行的，应予支持。但关于由目标公司回购投资方的股权或者向投资方承担现金补偿义务的约定，投资方请求履行的，能否判决强制履行，则要看是否符合《公司法》关于股份回购或者盈利分配等强制性规定。符合强制性规定的，应予支持。不符合强制性规定，存在法律上不能履行的情形的，则应当根据《合同法》第一百一十条的规定，驳回投资方请求履行上述约定的诉讼请求。例如，投资方请求目标公司收购其股权的，而目标公司一旦履行该义务，就会违反《公司法》第七十四条和第一百四十二条的规定。要不违反《公司法》的上述强制性规定，目标公司就必须履行减少公司注册资本的义务。因此，在目标公司没有履行减资义务的情况下，对投资方有关目标公司收购其股权的请求，就不应予以支持。又如，根据《公司法》第一百六十六条第四款的规定，公司只有在弥补亏损和提取公积金后仍有利润的情况下才能进行分配。投资方请求目标公司承担现金补偿义务的，由于投资方已经是目标公司的股东，如无其他法律关系如借款，只能请求公司分配利润。因此，人民法院应当查明目标公司是否有可以分配的利润。只有在目标公司有可以分配的利润的情况下，投资方的诉讼请求才能得到全部或者部分支持。否则，对投资方请求目标公司向其承担现金补偿义务的，不应予以支持”。

第二节 对赌协议中未上市恢复条款（回购义务条款）予以保留（铂力特 688333）

2016 年 11 月，机构投资者海宁国安、杭州沁朴、青岛金石与发行人签订了《增资协议》，与发行人及其实际控制人之一折生阳签订了《增资协议之补充协议》，前述协议约定了发行人、折生阳及相关机构投资者的回购条款（以本次发行上市为条件）、转让限制、优先增资权、最优惠待遇等对赌内容。折生阳与发行人部分股东西工大资产管理公司、萍乡晶屹、雷开贵、黄芃、薛蕾、贾鑫、赵晓明、王俊伟、杨东辉、萍乡博睿签署了《股东协议》，折生阳在回购相关机构投资者所持有发行人股份后有权要求该部分股东补偿。

2019 年 3 月，海宁国安、杭州沁朴、青岛金石与铂力特、公司实际控制人之一折生阳签署了《增资协议之补充协议的终止协议》，各方同意对《增资协议补充协议》中的回购条款、转让限制、优先增资权、最优惠待遇进行解除，但未终止折生阳在《增资协议补充协议》下对海宁国安、杭州沁朴、青岛金石等机构投资者的回购义务。根据海宁国安、杭州沁朴、青岛金石与铂力特、折生阳签署的《增资协议之补充协议的终止协议》，各方同意对《增资协议之补充协议》中的回购条款、转让限制、优先增资权、最优惠待遇进行解除，但未终止《增资协议之补充协议》中的下述条款，即“若上述申请文件未被中国证监会受理、或申请文件被公司撤回、或中止审查超过 12 个月、或申请被中国证监会终止审查或否决，以及因为其他原因导致甲方未能上市的，则乙方承诺将按照本补充协议约定的回购条款与丙方另行签订回购协议履行回购义务”。即未上市恢复条款予以保留，也即发行人实际控制人折生阳（丙方）的回购义务条款暴露，对此，发行人已不再作为对赌协议的当事人。但是对于未上市恢复条款予以保留情况下，上海证券交易所审核问询中问道“实际控制人折生阳对相关机构投资者的回购义务的资金来源，是否具备实际履约的能力，回购股份是否可能导致公司控制权的变化”。

一、实际控制人折生阳对相关机构投资者的回购义务的资金来源

根据实际控制人折生阳接受的访谈及其出具的说明，折生阳对相关机构投资者的回购义务的资金来源主要为银行存款、合法财产变现收入、投资分红收益等。

二、实际控制人折生阳具备实际履约能力

根据折生阳接受的访谈及其出具的说明，其自有资产主要包括银行存款，在西安多处均为核心区域价值较高的房产，持有的陕西华秦科技实业有限公司65%股权、陕西华秦新能源科技有限责任公司85.04%股权以及其他个人资产，上述资产足以覆盖其履行对相关机构投资者的回购义务所需的资金额，因此折生阳具备较强的实际履约能力。

三、回购股份不会导致公司控制权的变化

（一）若触发回购义务，公司股权结构变化情况

截至本问询函回复之日，折生阳持有公司19.07%股权，海宁国安持有公司4.00%股权，杭州沁朴持有公司2.00%股权，青岛金石持有公司4.00%股权，上述共计持有公司39.07%股权。

若回购义务被触发，则回购完成之后，折生阳将持有铂力特39.07%股权。根据《股东协议》及《股东协议之补充协议》的约定，在折生阳履行回购义务后，有权要求发行人部分股东（萍乡晶屹、萍乡博睿、薛蕾、西工大资产管理公司、雷开贵、黄芃、贾鑫、赵晓明、杨东辉）以其持有的发行人股份对折生阳进行补偿。因此，当回购条款触发且发行人部分股东履行补偿义务后，折生阳所持有的发行人股份将会增加。

（二）目前公司实际控制人确定依据

截至本问询函回复出具日，折生阳直接持有公司29.07%的股份；黄卫东为萍乡晶屹的执行事务合伙人，通过萍乡晶屹间接控制公司15.12%的股份；薛蕾直接持有公司5.94%的股份，并为萍乡博睿的执行事务合伙人，通过萍乡博睿间接控制公司3.24%的股份，三人合计控制公司53.37%的股份。

2015年12月，折生阳、黄卫东和薛蕾签署《一致行动协议》，协议约定，各方同意自协议签署之日起，对于须由公司董事会或股东大会审议的事项，各

方将充分协商并达成一致意见，并按协商一致的意见行使董事会或股东大会的表决权。

因此，公司实际控制人为黄卫东、折生阳和薛蕾。

（三）回购股份不会导致公司控制权的变化

根据折生阳出具的承诺，当部分股东履行补偿义务后，将继续履行已签署的《一致行动协议》。因此，当回购条款触发且发行人部分股东履行补偿义务后，折生阳所持有的发行人股份将会增加，但折生阳将继续严格履行已签署的《一致行动协议》，无意谋求单独控制权。

综上所述，回购股份不会导致公司控制权发生变化。

相关中介机构核查过程：

（1）查阅了与对赌条款（包括对赌条款的设立、执行、终止、恢复）有关的协议和文件，包括《增资协议之补充协议》《增资协议之补充协议的终止协议》《股东协议》《股东协议之补充协议》以及折生阳出具的《承诺函》；

（2）对发行人实际控制人折生阳进行了访谈；

（3）查阅了折生阳、黄卫东和薛蕾签署的《一致行动协议》；

（4）取得了发行人及发行人全体股东（西工大资产管理公司、萍乡晶屹、折生阳、雷开贵、黄芃、薛蕾、贾鑫、赵晓明、杨东辉、萍乡博睿、云鼎天元、三峡金石、西高投、青岛金石、海宁国安、杭州沁朴）出具的说明。①

第三节　对赌协议是否彻底解除，是否为附条件的中止效力（杭可科技 688006）②

2017 年 11 月，高雁峰与发行人、发行人控股股东曹骥和发行人其他股东

① 参见《关于西安铂力特增材技术股份有限公司首次公开发行股票并在科创板上市申请文件审核问询回复》问题 3，第 23 页。

② 参见《浙江杭可科技股份有限公司首次公开发行股票并在科创板上市申请文件第二轮审核问询函的回复报告》第 97 ~ 98 页。

签署《浙江杭可科技股份有限公司增资扩股协议之补充协议一》，合肥信联、宁波信珲、深圳力鼎、陈红霞、沈文忠与发行人控股股东曹骥签署《浙江杭可科技股份有限公司增资扩股协议之补充协议一》，其中约定：“终止《补充协议》:《补充协议》中与业绩承诺、股份价格调整、回购等相关条款，以及其他不符合届时有效的上市地有关法律法规或审核政策/审核要求，可能会对公司首次公开发行造成不利影响的约定自本协议生效起自动终止，各方就该等条款范围内的权利义务一并解除，涉及现金赔偿的条款及各方之间签署的书面承诺（如有）一并失效，各方对此无任何异议，并承诺放弃任何追诉权利。”

交易所对此问询“上述对赌协议是否彻底解除，是否为附条件的中止效力，是否存在其他替代性利益安排”。

相关中介机构经核查，2019 年 5 月 17 日，高雁峰、合肥信联、宁波信珲分别出具确认函，确认内容如下：“一、2016 年度杭可科技净利润未达到补充协议约定，触发现金补偿义务，截至本确认函签署之日，本人/本企业未要求执行补充协议项下条款；本人/本企业未曾向杭可科技方主张业绩承诺补偿、回购股份或其他任何权利，杭可科技方亦不存在任何应履行而未履行的义务或任何赔偿、补偿、缔约过失等责任，本人/本企业与杭可科技方不存在任何争议或纠纷。本人/本企业承诺今后也不会依据上述补充协议向杭可科技方主张补充协议项下的任何权利。二、截至本确认函签署之日，相关对赌协议已彻底解除，本人/本企业作为杭可科技的股东，与杭可科技方不存在关于回购股份、支付利益补偿或其他任何性质的替代性利益安排。”

同日，深圳力鼎、陈红霞、沈文忠分别出具确认函，确认内容如下：“一、截至本确认函签署之日，本人/本企业未曾向杭可科技方主张业绩承诺补偿、回购股份或其他任何权利，杭可科技方亦不存在任何应履行而未履行的义务或任何赔偿、补偿、缔约过失等责任，本人/本企业与杭可科技方不存在任何争议或纠纷。本人/本企业承诺今后也不会依据上述补充协议向杭可科技方主张补充协议项下的任何权利。二、截至本确认函签署之日，相关对赌协议已彻底解除，本人/本企业作为杭可科技的股东，与杭可科技方不存在关于回购股份、支付利益补偿或其他任何性质的替代性利益安排。”

综上所述，公司相关中介机构认为，高雁峰与发行人、发行人控股股东曹骥、发行人其他股东签署的，以及合肥信联、宁波信珲、深圳力鼎、陈红霞、沈文忠与发行人控股股东曹骥签署的《浙江杭可科技股份有限公司增资扩股协议之补充协议》均已彻底解除，并非附条件的中止，不存在其他替代性利益安排。

小 结

对于拟申报科创板的未上市企业而言，对于对赌协议需重点关注以下问题：

（1）发行人及相关股东之间是否曾存在对赌协议；

（2）对于存在 PE 股东的拟 IPO 公司，一般会问及对赌协议事宜；

（3）如果发行人历史沿革中存在对赌协议，需披露其签订时间、权利义务条款、违约责任、执行情况等具体内容，是否存在触发对赌协议生效的情形，并核查其是否合法有效、是否存在纠纷或潜在纠纷、是否存在可能导致公司控制权变化的约定，对赌协议是否与市值挂钩，是否存在严重影响发行人持续经营能力或者其他严重影响投资者权益的情形，是否对发行人的股权结构产生不利影响、发行人目前的股权结构是否稳定；

（4）如对赌协议已经解除，关注相关对赌协议的解除是否真实。

第十五章

“三类股东”问题

所谓“三类股东”是指契约型私募基金、资产管理计划（主要指基金子公司和券商资管计划）和信托计划。鉴于对“三类股东””可能存在股份代持、关联方隐藏持股、规避限售等问题的担忧，自2016年开始监管层对“三类股东”问题的处理就非常慎重，一般要求“三类股东”的发行人提出符合监管要求的整改计划，并对“三类股东”做穿透式披露。2019年发布的《上海证券交易所科创板股票发行上市审核问答二》对“三类股东”问题也做出了明确规定。

第一节　科创板关于“三类股东”相关规定

《上海证券交易所科创板股票上市规则》第4.1.8条规定：“持有上市公司5%以上股份的契约型基金、信托计划或资产管理计划，应当在权益变动文件中披露支配股份表决权的主体，以及该主体与上市公司控股股东、实际控制人是否存在关联关系。契约型基金、信托计划或资产管理计划成为上市公司控股股东、第一大股东或者实际控制人的，除应当履行前款规定义务外，还应当在权益变动文件中穿透披露至最终投资者。”

《上海证券交易所科创板股票发行上市审核问答（二）》第9条规定：“发行人在全国股份转让系统挂牌期间形成契约性基金、信托计划、资产管理计划等‘三类股东’的，对于相关信息的核查和披露有何要求？答：发行人在全国股份转让系统挂牌期间形成‘三类股东’持有发行人股份的，中介机构和发行人应从以下方面核查披露相关信息：（一）核查确认公司控股股东、实际控制人、第一大股东不属于‘三类股东’。（二）中介机构应核查确认发行人的‘三类股东’依法设立并有效存续，已纳入国家金融监管部门有效监管，并已按照规定履行审批、备案或报告程序，其管理人也已依法注册登记。（三）发行人应根据《关于规范金融机构资产管理业务的指导意见》（银发〔2018〕106 号）披露‘三类股东’相关过渡期安排，以及相关事项对发行人持续经营的影响。中介机构应当对前述事项核查并发表明确意见。（四）发行人应当按照要求对‘三类股东’进行信息披露。保荐机构及律师应对控股股东、实际控制人，董事、监事、高级管理人员及其近亲属，本次发行的中介机构及其签字人员是否直接或间接在‘三类股东’中持有权益进行核查并发表明确意见。（五）中介机构应核查确认‘三类股东’已作出合理安排，可确保符合现行锁定期和减持规则要求。”

第二节 “三类股东”问题（西部超导 688122）

西部超导材料科技股份有限公司（以下简称“西部超导”）于 2014 年 12 月 31 日在全国中小企业股份转让系统挂牌并公开转让，证券简称为西部超导，股票代码为 831628。2019 年 2 月 20 日西部超导公司股票在股转系统暂停转让。2019 年 7 月 2 日西部超导于股转系统终止挂牌。

西部超导截至问询函回复出具之日，股东共计 456 名，其中契约型基金、信托计划、资产管理计划等三类股东共计 18 名，均系西部超导于股转系统非公开发行股票或做市交易形成，其中 3 家为 2015 年 7 月定向发行股票形成，15 家为做市交易形成。

西部超导对“三类股东”的核查和信息披露如下：

一、发行人的控股股东、实际控制人、第一大股东不属于“三类股东”

发行人的控股股东、第一大股东系西北有色金属研究院。西北院成立于

2000年9月26日，现持有陕西省工商行政管理局于2016年10月27日核发的《营业执照》（统一社会信用代码：9161000043538987 9R），公司类型为内资企业法人。西北院系国有独资企业，其资产权属隶属于陕西省财政厅。发行人的实际控制人系陕西省财政厅。因此，发行人的控股股东、实际控制人、第一大股东不属于“三类股东”。

二、发行人的“三类股东”依法设立并有效存续，已纳入国家金融监管部门有效监管，并已按照规定履行审批、备案或报告程序，其管理人也已依法注册登记

（一）发行人三类股东及其管理人的登记、备案情况

发行人的18家三类股东均已根据《证券法》《证券投资基金法》《私募投资基金监督管理暂行办法》《私募投资基金管理人登记和基金备案办法（试行）》《基金管理公司特定客户资产管理业务试点办法》等相关法律法规的规定，办理了私募投资基金备案登记或基金专户产品备案登记；其管理人均已根据《私募投资基金监督管理暂行办法》《私募投资基金管理人登记和基金备案办法（试行）》《证券投资基金管理公司管理办法（2012年修订）》《基金管理公司特定客户资产管理业务试点办法》等相关法律法规的规定，办理私募投资基金管理人登记手续，或取得了中国证券监督管理委员会核发的从事特定客户资产管理业务或受托投资管理业务的批复。

（二）发行人的三类股东“依法设立、有效存续”的情况

根据从中国证券投资基金业协会网站（http：//www. amac. org. cn/）等公开信息平台对18家“三类股东”的基本信息进行网络检索，以及15家“三类股东”提供的资料，发行人的18家三类股东均在中国证券投资基金业协会办理了备案手续，除鑫沅资产－海通证券－安徽金瑞投资集团有限公司无法通过公开信息平台查询到相关信息外，其余可查询到的三类股东显示的运作状态均为“正在运作”。

综上，发行人的18名三类股东均依法设立并有效存续，已纳入国家金融监管部门有效监管，并已按照规定履行审批、备案或报告程序，其管理人也已依法注册登记。

三、三类股东的过渡期安排，以及相关事项对发行人持续经营的影响

（一）三类股东的过渡期安排

《关于规范金融机构资产管理业务的指导意见》（以下简称《指导意见》）第29条规定：“本意见实施后，金融监督管理部门在本意见框架内研究制定配套细则，配套细则之间应当相互衔接，避免产生新的监管套利和不公平竞争。按照‘新老划断’原则设置过渡期，确保平稳过渡。过渡期为本意见发布之日起至2020年底，对提前完成整改的机构，给予适当监管激励。”

截至本问询函回复出具之日，18家“三类股东”中的14家三类股东的管理人提交了《“三类股东”调查问卷》，经核查，西部超导的18名三类股东中，深圳久久益资产管理有限公司管理的两只私募基金产品，即深圳久久益资产管理有限公司－久久益菁英时代新三板大消费50指数基金及深圳久久益资产管理有限公司－久久益新三板创新层精选50指数基金不符合《指导意见》第21条关于“份额分级”的规定，需要在过渡期内进行整改。

截至本问询函回复出具之日，西部超导三类股东的管理人中，包括上述深圳久久益资产管理有限公司在内，有14家出具了《关于过渡期整改计划的承诺函》，对过渡期整改计划作出安排，剩余4家暂未获得其过渡期安排。

（二）过渡期安排事项对发行人生产经营的影响

截至本问询函回复出具之日，发行人的三类股东中，已有14家做出了过渡期安排，并出具了书面承诺，承诺其按照《指导意见》要求进行整改。发行人的所有三类股东合计持有发行人4,250,000股，持股比例合计1.0705%。发行人的三类股东持股数量较小，且尚未获取到有关过渡期安排方面资料的4家三类股东合计持有发行人92,000股，持股比例合计0.0232%，持股数量及比例极小。因此，发行人三类股东的过渡期安排对发行人的生产经营、股权稳定、实际控制人等事项均无重大影响。

四、控股股东、实际控制人，董事、监事、高级管理人员及其近亲属，本次发行的中介机构及其签字人员未直接或间接在“三类股东”中持有权益

根据已获取部分资料的15家三类股东所提供的产品合同、权益人信息表、

出资证明等文件，西部超导的控股股东、实际控制人、董监高及其亲属、本次发行的中介机构及其签字人员不存在直接或间接在三类股东中持有权益的情形。西部超导的董事、监事和高级管理人员、中介机构及其签字人员、已出具《声明》："本人及本人近亲属均不存在直接或间接在该等三类股东中持有权益的情形。"西部超导的三类股东中，已有14家出具了《说明》确认："1. 我公司管理的上述产品的权益人中无下述机构或人员：（1）西部超导的控股股东西北有色金属研究院和实际控制人陕西省财政厅；（2）西部超导的董事、监事、高级管理人员及其近亲属；（3）西部超导本次发行的中介机构及其签字人员。2. 我公司不存在不符合《关于规范金融机构资产管理业务的指导意见》相关要求的情形，资管新规有关过渡期方面及相关事项的要求对我公司正常经营不存在不利影响，对西部超导的持续经营亦不存在任何影响。"

五、发行人"三类股东"已作出合理安排，可确保符合现行锁定期和减持规则要求

截至本问询函回复出具之日，西部超导股权结构中存在的18名三类股东不属于西部超导控股股东、实际控制人，或持股5%以上股东。

（一）关于减持要求

西部超导的三类股东不存在持股总数超过公司股份总数1%的情况，也均为出具过关于减持股份或稳定股价的相关承诺，根据《上海证券交易所上市公司股东及董事、监事、高级管理人员减持股份实施细则》（上证发〔2017〕24号）的规定，因此不受现有减持规则的限制。

（二）关于锁定期

《公司法》第141条规定，公司公开发行股份前已发行的股份，自公司股票在证券交易所上市交易之日起一年内不得转让。

截至本问询函回复出具之日，西部超导股权结构中存在的18名三类股东均系依法设立并有效存续的契约型私募基金、资产管理计划。该等18名三类股东中，除中科招商投资管理集团股份有限公司－中科招商深耘新三板二号投资基金、北京养元投资管理有限公司－养元新三板优质蓝筹私募基金、上海新方程股权投资管理有限公司－新方程启辰新三板指数增强基金、乾鲲（深圳）

基金管理股份有限公司－乾鲲1号基金尚未提供有关资料，深圳达仁投资管理股份有限公司－达仁资管久久益增强型新三板做市指数基金、北京橙色印象科技有限公司－橙色新三板指数增强基金未提供基金合同外，有9项产品为固定期限产品，即产品存续期限届满，如无合同约定或补充约定，产品进入清算期。此外，中信建投新三板掘金2号资产管理计划已进入清算期。鑫沅资产－海通证券－安徽金瑞投资集团有限公司的资产委托人、资产管理人和资产托管人签署补充协议约定：本合同（即资产管理合同）的有效期为自生效之日起五年，合同到期日前30个自然日，如合同任何一方未提出书面终止要求，则本合同自动延期至2020年12月30日。

经核查该等9项产品的产品合同、中国证券投资基金业协会信息公示系统的查询结果等资料，由于存在无法流通变现的财产（如股东持有的西部超导股票已于股转系统暂停转让，或未来上市后其持有西部超导股票处于限售期，无法流通变现），在所有财产实现完全流通变现之前，管理人无法完全完成清算工作，实质上产品将持续处于存续状态。

因此，在与投资者协商一致的情况下，除对产品进行展期或协商推迟清算外，管理人必须为产品进行多次清算，即向投资者兑付部分具有流动性的资产变现后的投资回报，并继续持有无法流通变现的资产，实质上产品仍有效存续。三类股东作为西部超导股东持有的西部超导股份不会因为产品处于清算期发生变动，西部超导的股权结构不会因此受到不利影响。

经保荐机构和发行人律师核查，已提供产品合同的11名三类股东的管理人均在产品合同中揭示了包括产品流通性在内的投资风险；部分产品合同中约定了多次清算条款，如本基金持有多个未能按期变现投资标的的，管理人可按本条款约定进行多次变现及清算。

另外，为确保股东的存续安排符合现行锁定期与减持规定的要求，管理人已出具《承诺函》，承诺："对于存在需要展期情形的，本管理人承诺，首先尽最大可能与投资者协商，完成对产品的展期或再次展期，以符合西部超导首次公开发行及上市后锁定期的要求。如产品因不可展期，或展期后，产品存续期届满，导致本产品作为西部超导股东，不能够满足产品存续至西部超导首次公开发行及上市后锁定期的要求。本管理人承诺，不对该产品持有的西部超导股份进行清算，上述清算行为将在西部超导上市、锁定期限依法结束且按照上市后减持规则等相关法律法规规定的要求全部退出西部超导后进行。”

中信建投新三板掘金2号资产管理计划的管理人中信建投基金管理有限公司出具《承诺函》承诺：“本管理人承诺，将按照法律法规、监管规定及新三板掘金2号资产管理合同约定对新三板掘金2号进行清算，对于西部超导股份的变现将在西部超导上市、锁定期限届满且符合上市后减持规则等相关法律法规要求的情形下进行。本管理人承诺并保证，因产品延长清算期，导致投资者产生异议，或由此产生投资者与本管理人之间的纠纷，本管理人不会因此向西部超导和/或西部超导实际控制人追偿。在新三板掘金2号作为西部超导股东期间，本管理人将尽一切努力确保新三板掘金2号持有的西部超导股份清晰、稳定。”

综上所述，西部超导的三类股东已对存续期限做出了合理安排和承诺，能够满足锁定期及减持规则的要求。

小 结

西部超导按照《上海证券交易所股票上市发行审核问答》的要求，逐项对“三类股东”进行核查。西部超导的回复要点可归纳为：

（1）发行人的控股股东、实际控制人、第一大股东不属于“三类股东”；

（2）发行人的“三类股东”依法设立并有效存续，已纳入国家金融监管部门有效监管，并已按照规定履行审批、备案或报告程序，其管理人也已依法注册登记；

（3）详细披露了“三类股东”的过渡期安排，以及相关事项对发行人持续经营的影响；

（4）披露控股股东、实际控制人，董事、监事、高级管理人员及其近亲属，本次发行的中介机构及其签字人员未直接或间接在“三类股东”中持有权益；

（5）披露发行人“三类股东”已作出合理安排，可确保符合现行锁定期和减持规则要求。

如果拟申报科创板上市公司存在三类股东的，我们建议详细披露“三类股东”的相关情况，并尽调核查及提前规范：

(1) 公司控股股东、实际控制人、第一大股东及持有5%以上股份的股东一定不能属于三类股东；

(2) “三类股东”依法设立并规范运作，且已经纳入金融监管部门有效监管；并已按照规定履行审批、备案或报告程序，其管理人也已依法注册登记；

(3) 穿透核查“三类股东”并且核查过程进行信息披露；发行人的控股股东、实际控制人、董事、监事和高级管理人员及其近亲属、本次发行的中介机构及其签字人员不存在直接或间接在“三类股东”中持有权益的情形。并建议取得相关人员出具的承诺。

(4) “三类股东”出具关于满足存续期要求的承诺文件，承诺基金管理人将促使基金份额持有人、托管人同意于发行人上市审核期间至上市之日起满12个月期间维持基金的有效存续，若基金在前述期间内未能有效存续的，管理人将在符合法律法规的前提下以自己的名义受让本基金持有的发行人股份；

(5) 对“三类股东”作出符合要求的减持和锁定期安排。建议取得相关承诺函。

第十六章

股改存在累计未弥补亏损问题

市场中不少企业，尤其是一些互联网、生物医药企业在技术研发、市场培育等方面投入较大，存在累计未弥补亏损的情况。在证监会修改首发办法前，监管层一般要求首发企业报告期内 3 年连续盈利，且最近一期末不存在未弥补亏损，2019 年 1 月证监会《发行监管问答——关于首发企业整体变更设立股份有限公司时存在未弥补亏损事项的监管要求》的下发，给所有拟上市企业在整体变更时“消除”累计未弥补亏损，且不影响后续审核提供了法律依据。2019 年 3 月《上海证券交易所科创板股票发行上市审核问答》对股改时存在累计未弥补亏损问题做了明确规定。

第一节　科创板关于股改时存在未弥补亏损的相关规定

《上海证券交易所科创板股票发行上市审核问答》问题 13 规定，发行人在有限责任公司整体变更为股份有限公司时存在累计未弥补亏损的，信息披露有哪些要求？中介机构应当如何进行核查？

部分科创企业因前期技术研发、市场培育等方面投入较大，在有限责任公司整体变更为股份有限公司前，存在累计未弥补亏损。此类发行人可以依照发起人协议，履行董事会、股东会等内部决策程序后，以不高于净资产金额折股，通过整体变更设立股份有限公司方式解决以前累计未弥补亏损，持续经营时间可以从有限责任公司成立之日起计算。整体变更存在累计未弥补亏损，或者因会计差错更正追溯调整报表而致使整体变更时存在累计未弥补亏损的，发行人可以在完成整体变更的工商登记注册后提交发行上市申请文件，不受运行36个月的限制。

发行人应在招股说明书中充分披露其由有限责任公司整体变更为股份有限公司的基准日未分配利润为负的形成原因，该情形是否已消除，整体变更后的变化情况和发展趋势，与报告期内盈利水平变动的匹配关系，对未来盈利能力的影响，整体变更的具体方案及相应的会计处理、整改措施（如有），并充分揭示相关风险。

保荐机构及发行人律师应对下述事项进行核查并发表核查意见：整体变更相关事项是否经董事会、股东会表决通过，相关程序是否合法合规，改制中是否存在侵害债权人合法权益情形，是否与债权人存在纠纷，是否已完成工商登记注册和税务登记相关程序，整体变更相关事项是否符合《公司法》等法律法规规定。

根据《上海证券交易所科创板股票发行上市审核问答》的规定，科创板的上市标准已取消最近一期末不存在未弥补亏损的限制，并且在整体变更存在累计未弥补亏损或因会计差错更正追溯调整报表而导致整体变更时存在累计未弥补亏损的，发行人无须按照A股IPO的要求运行36个月，可以在完成整体变更的工商登记注册后提交发行上市申请文件。

第二节　整体变更时存在未弥补亏损（安恒信息）

发行人安恒信息整体变更时存在未弥补亏损。交易所在审核问询函中请发行人补充披露：（1）发行人本身截至整体变更基准日累计未分配利润情况及其形成原因、整体变更前是否已开始盈利及其具体情况；（2）母公司和合并报表层面未分配利润为负的具体原因，相关情形是否已消除，对未来盈利能力和分红水平的影响。相关中介机构经核查：

一、整体变更基准日累计未分配利润情况及其形成原因

2017年9月30日，安恒有限股东会作出决议，同意以2017年9月30日为基准日，将公司由有限责任公司整体变更为股份有限公司。2017年11月13日，立信会计师事务所（特殊普通合伙）出具编号为信会师报字〔2017〕第ZF10921号的《专项审计报告》，确认截至2017年9月30日，安恒有限的净资产（母公司）为37,164.62万元，其中：实收资本5555.56万元、资本公积34,613.14万元、盈余公积285.85万元、未分配利润－3289.93万元。未分配为负的主要原因如下：（1）公司前期经营规模较小，且近几年随着公司不断扩张，公司的研发投入、人员增加等产生的成本费用也因此快速增加，导致历年的经营积累较小；（2）公司于2015年、2016年及2017年实施了3次股权激励，累积发生巨额股份支付费用，对累计未分配利润影响较大；（3）公司业绩季节性波动较大，2017年前三季度存在较大的季节性亏损，进一步减少了未分配利润。

根据信会师报字〔2019〕第ZF10134号审计报告，母公司层面，2016年度、2017年度实现净利润分别为551.67万元、5799.21万万元，合并层面，2016年度、2017年度实现归属于母公司股东的净利润分别为78.05万元、5491.13万元。因此，不考虑发行人的因行业特点具有的大额季节性亏损，公司在整体变更前已开始盈利。

二、未分配利润为负对未来盈利能力和分红水平的影响

合并报表层面未分配利润为负的原因一是作为主要销售主体的母公司在股改基准日未分配利润呈较大的累积亏损，二是发行人的子公司主要为费用中心，辅助母公司进行销售或研发，因此直接产生效益较少。

随着公司主营业务持续向好，盈利能力逐步增强。据信会师报字〔2019〕第ZF10134号审计报告，母公司层面，2017年度、2018年度实现净利润分别为5799.21万元、10,304.65万元，合并层面，2017年度、2018年度实现归属于母公司股东的净利润分别为5491.13万元、8462.45万元。

公司相关中介机构认为，发行人在整体变更后实现的盈利规模已远超股改基准日（2017年9月30日）的累计亏损3289.93万元，未分配利润为负的问题已经消除，不会对发行人未来盈利能力和分红水平产生重大不利影响。

第十七章

股权代持相关问题

股权代持在公司投融资交易、上市过程中，始终是个重要且敏感的问题。公司出于某些安排，进行了股权代持，比如创业之初对股权权属及变动的法律认知不清晰导致的股权代持；为规避法规对特定主体的限制、规避股东人数限制、规避政策优惠对特殊主体身份的限制而进行的股权代持；或者为了保护隐私、吸引人才等进行的代持安排。根据科创板的审核标准和要求，发行人的股东所持股份应当权属清晰，在科创板上市审核中，股权代持也是监管层的重大关注的问题之一。

第一节　为维护外商投资企业身份进行股权代持是否合法合规（南微医学 688029）

2004 年 2 月，微创国际拟退出对南微有限的投资，为维持南微有限外商投资企业身份，南微医疗与香港协中签订《委托投资协议书》，由香港协中代南微医疗受让微创国际转让的股权，股权转让价款由南微医疗实际支付。2004 年 3 月 23 日，南京高新区管委会出具《关于同意修改合同章程的通知》（宁（高管）外经贸改字〔2004〕第 11 号），同意香港协中受让微创国际转让的股权。2010 年 6 月 18 日，为解除股权代持关系，还原南微有限真实股权结构，南微医疗与香港协中签订《股权转让协议》，约定香港协中将其持有的南微有限全部 37.58% 股权转让予南微医疗。2010 年 7 月 16 日，南京市人民政府出具《关于同意南京微创医学科技有限公司股权转让及企业性质变更的批复》（宁府外经贸资审字〔2010〕第 15039 号），同意香港协中将其持有的南微有限全部 37.58% 股权转让予南微医疗，南微有限由中外合资企业变更为内资企业。香港协中与南微医疗间的股权代持关系得以解除。

2018 年 10 月 12 日，南京市商务局出具《证明》，确认南微医学前身南京微创医学科技有限公司自 2000 年 5 月 10 日经批准设立至 2010 年 8 月 3 日变更为内资企业期间一直为中外合资企业，南京微创医学科技有限公司外资股东于 2006 年 6 月 28 日以美元现汇形式重新缴存了出资，符合国家法律、法规和政策规定，南微医学在前述作为中外合资企业存续期间依法合规经营，没有因违反中外合资方面的法律、法规和规范性文件而受到该局行政处罚的情形。

2018 年 12 月 19 日，国家税务总局南京江北新区税务局出具《证明》，确认南微医学成立于 2000 年 5 月，在该局办理税务登记，性质为外商投资企业。2010 年 8 月 3 日南微医学变更为内资企业，在此期间南微医学作为外商投资企业分别按照《外商投资企业和外国企业所得税法》《企业所得税法》执行企业所得税相关优惠政策。南微医学自成立至今，能够依法纳税，没有因违反有关税收方面的法律法规而受到该局行政处罚的情形。

南微有限设立以来享受外商投资企业所得税税收优惠金额合计为 253.73 万元。南微医疗、中科招商作为发行人第一、二大股东承诺如下：如未来主管税务机关依法要求发行人补缴 2000 年 5 月至 2010 年 8 月期间的企业所得税及滞纳金，则该部分企业所得税及滞纳金由南微医疗、中科招商按照 53.57% 和 46.43% 的比例承担，并按照上述比例承担其他任何因此可能给发行人造成的损失。

公司相关中介机构核查了南微有限设立时的工商登记文件、代微创国际以人民币出资的北京飞梦电脑图片制作有限公司的工商底档、南微有限设立时各股东的出资凭证，以及微创国际退出时的工商登记文件、股权转让协议、股权转让价款支付凭证、南微医疗与香港协中签订的《委托投资协议》，并针对上述设立出资及股权转让事项访谈了发行人总经理以及微创国际退出时的香港协中股东，并就外商投资企业所得税优惠风险问题走访了南京市商务局和国家税务总局江北新区税务局，取得了南京市商务局和国家税务总局江北新区税务局出具的专项证明文件。

公司相关中介机构认为，南微有限存在外方股东微创国际的首次出资由国内子公司代为出资及香港协中代南微医疗持有发行人的股份以保证外资身份的行为的情形，根据外资审批机关南京市商务局及主管税务机关国家税务总局南京江北新区税务局出具的证明文件，南微医学自 2000 年 5 月 10 日经批准设立至 2010 年 8 月 3 日变更为内资企业期间一直为中外合资企业，没有因违反中外合资方面的法律、法规和规范性文件而受到行政处罚的情形，在此期间南微医学作为外商投资企业执行企业所得税相关优惠政策，没有因违反有关税收方面的法律法规而受到行政处罚的情形；如未来相关部门仍要求发行人补缴前述相关外商投资企业所得税，因发行人第一、二大股东已做出承担相关税费及损失的承诺，该等补缴风险亦不会对发行人生产经营造成影响，不会损害中小股东的利益。

第二节　股权代持期间分红和分红款支付情况（晶丰明源）

一、股权代持期间的分红概述

1. 根据发行人提供的股权激励及相关委托持股法律文件、财务凭证及相关审计报告和财务报表、晶丰有限分红股东会决议，并经公司相关中介机构对发行人实际控制人、实际出资人的访谈及其出具的确认函确认，在 2012 年 5 月上海晶哲瑞设立前，实际出资人通过委托发行人实际控制人之一胡黎强持有晶丰有限股权。根据发行人实际控制人、财务负责人说明并经公司相关中介机构核查公司财务报表，该期间内晶丰有限未进行分红，因此，被代持人未取得过相应分红款。

针对该期间内的委托持股情况，公司相关中介机构核查了相关委托持股协议、出资款项凭证及解除委托持股的相关法律文件，并对发行人实际控制人、被代持人进行了访谈，该期间内被代持人均真实出资，股权代持情况真实存在。

2. 2012 年 5 月上海晶哲瑞设立后，实际出资人均以委托发行人实际控制人之一刘洁茜持有上海晶哲瑞出资份额方式，间接持有晶丰有限股权。

同时，根据发行人及其实际控制人的说明、发行人提供的财务凭证及相关审计报告和财务报表、晶丰有限分红股东会决议并经公司相关中介机构核查，晶丰有限自 2013 年 5 月开始进行分红。因此，该期间内被代持人取得的分红，均由上海晶哲瑞合伙人刘洁茜作为受托持股人予以支付。该等分红过程及分红金额进一步印证了该期间内股权代持情况真实存在。

二、股权代持期间的分红具体情况

根据发行人及其实际控制人的说明、发行人提供的财务凭证及相关审计报告和财务报表、晶丰有限分红股东会决议，2012 年 5 月上海晶哲瑞设立至 2017 年 1 月委托持股规范、清理完毕期间，上海晶哲瑞累计实施了 5 次现金分红，累计分红金额为 3307.54 万元。被代持人根据其持有上海晶哲瑞权益比例所享有的分红，由代持受托人刘洁茜以银行转账方式分配。该等分红过程及分红金额进一步印证了公司过往存在的股权代持关系。

委托持股期间，上海晶哲瑞分红的具体情况如下：

1. 2013 年分红。2013 年 6 ~ 7 月，上海晶哲瑞现金分红 220.00 万元，上海晶哲瑞全体实际权益人按照出资份额占比获得分红。本次分红时，涉及 16 名被代持人委托刘洁茜持股，所持上海晶哲瑞出资份额比例合计为 43.14%；据此计算，其本次应获得分红 94.91 万元（分红金额按四舍五入计算，下同）。剩余 125.09 万元由上海晶哲瑞的实际权益人刘洁茜、胡黎强按其持股比例参与分配。

经公司相关中介机构核查分红银行流水凭证，前述 16 人实际获得分红金额 94.91 万元，实际分红金额与应获分红金额一致，且被代持人均按照其当时所持上海晶哲瑞权益比例参与分红。

2. 2014 年分红。2014 年 4 ~ 6 月，上海晶哲瑞现金分红 621.60 万元，上海晶哲瑞全体实际权益人按照出资份额占比获得分红。本次分红时，涉及 18 名被代持人委托刘洁茜持股，所持上海晶哲瑞出资份额比例合计为 50.11%；

据此计算，其本次应获得分红 311. 47 万元。剩余 310. 13 万元由上海晶哲瑞的实际权益人刘洁茜、胡黎强按其持股比例参与分配。

经公司相关中介机构核查分红银行流水凭证，前述 18 人实际获得分红金额 311. 47 万元，实际分红金额与应获分红金额一致，且被代持人均按照其当时所持上海晶哲瑞权益比例参与分红。

3. 2015 年分红。2015 年 3 ~4 月，上海晶哲瑞现金分红 688. 73 万元，上海晶哲瑞全体实际权益人按照出资份额占比获得分红。本次分红时，涉及 16 名被代持人委托刘洁茜持股，所持上海晶哲瑞出资份额比例合计为 34. 95% ，按其持股比例合计分红 240. 68 万元；剩余 448. 05 万元由上海晶哲瑞的实际权益人刘洁茜、胡黎强按其持股比例参与分配。

经公司相关中介机构核查分红银行流水凭证，前述 16 人实际获得分红金额 240. 68 万元，实际分红金额与应获分红金额一致，且被代持人均按照其当时所持上海晶哲瑞权益比例参与分红。

4. 2016 年第一次分红。2016 年 3 月，上海晶哲瑞现金分红 393. 57 万元，上海晶哲瑞全体实际权益人按照出资份额占比获得分红。本次分红时，涉及 20 名被代持人委托刘洁茜持股，所持上海晶哲瑞出资份额比例合计为 35. 56% ，按其持股比例合计分红 139. 97 万元；剩余 253. 60 万元由上海晶哲瑞的实际权益人刘洁茜、胡黎强按其持股比例参与分配。

经公司相关中介机构核查分红银行流水凭证，前述 20 人实际获得分红金额 139. 97 万元，实际分红金额与应获分红金额一致，且被代持人均按照其当时所持上海晶哲瑞权益比例参与分红。

5. 2016 年第二次分红。2016 年 12 月，上海晶哲瑞现金分红 1385. 34 万元，上海晶哲瑞全体实际权益人按照出资份额占比获得分红。本次分红时，涉及 15 名被代持人委托刘洁茜持股，所持上海晶哲瑞出资份额比例合计 25. 28% ，按其持股比例合计分红 350. 27 万元；剩余 1035. 07 万元由上海晶哲瑞的实际权益人刘洁茜、胡黎强按其持股比例参与分配。

经公司相关中介机构核查分红银行流水凭证，前述 15 人实际获得分红金额 350. 27 万元，实际分红金额与应获分红金额一致，且被代持人均按照其当时所持上海晶哲瑞权益比例参与分红。

第三节　股权代持解除争议的规范措施（安博通）

郑曙光与苏长君等被代持人在解除代持过程中产生的诉讼及解决过程如下：

一、股东资格确认纠纷

2015年3月10日，尚未离职的被代持人钟竹、苏长君、段彬、曾辉、乔峰亮、刘声明、杨帆、周瑞红、高琦、李中华、岳少东等11人以北京思普崚作为被告，郑曙光作为第三人，向北京市海淀区人民法院提起股东资格确认之诉，请求：（1）确认原告在被告持有的股权比例及实际出资额；（2）判令被告将登记在第三人名下的相关股权变更登记至原告名下；（3）判令第三人协助办理相关股权的变更登记手续；（4）判令被告承担全部诉讼费用。

2015年4月8日，郑曙光向北京市海淀区人民法院提出管辖权异议申请。

2015年4月20日，北京市海淀区人民法院下发民事裁定书，裁定驳回郑曙光提出的管辖权异议。

2015年5月4日，郑曙光向北京市第一中级人民法院提出管辖权异议的上诉申请。

2015年7月2日，北京市第一中级人民法院下发民事裁定书，裁定驳回上诉，维持原审裁定。

2016年3月28日，因各方已达成和解，上述11名被代持人向北京市海淀区人民法院提出撤诉申请。

2016年6月5日，北京市海淀区人民法院作出口头裁定，准予撤诉。

二、公司决议效力确认纠纷

2015年8月14日，郑曙光以北京思普崚作为被告，向北京市海淀区人民法院提起公司决议效力确认之诉，请求：（1）确认被告关于2012年至2013年员工股权激励的决议无效；（2）判令被告承担本案诉讼费用。

2015年10月30日，北京市海淀区人民法院认为原告在诉讼中未提举有效证据证明相关股东会决议存在能够导致股东会决议本身无效的法定事由，其诉讼请求缺乏必要的事实和法律依据，并判决驳回原告郑曙光的诉讼请求。

2015 年 11 月 16 日，郑曙光向北京市第一中级人民法院提出上诉申请，请求撤销一审判决并依法改判。

2016 年 3 月 28 日，郑曙光向北京市第一中级人民法院申请撤回上诉。同日，北京市第一中级人民法院下发民事裁定书，裁定准予上诉人郑曙光撤回上诉，双方均按原审判决执行。

根据郑曙光与苏长君等人签署的《承诺书》《确认书》及相关诉讼卷宗，郑曙光与苏长君等被代持人在解除代持过程中产生的诉讼均已撤诉或结案，争议各方已达成和解并解除股权代持关系，各方不存在争议或潜在纠纷。

公司相关中介机构认为，北京思普崚曾存在的股权代持关系已经解除，代持各方不存在任何争议或潜在纠纷。

第十八章

股权转让相关问题

股权转让是科创板拟上市企业历史沿革的重点核查问题，包括股权转让程序及合法合规性、股权转让款支付情况，股权转让价格定价依据及公允性，股东出资来源问题、股权转让是否涉及股份支付，股权转让是否存在争议或纠纷等。

第一节　股权转让后再行评估并补缴转让款的合规性（利元亨）

一、周俊雄、周俊杰股权转让后再行评估并补缴转让款的原因

周俊雄、周俊杰于2016年6月设立利元亨投资，拟将其作为持股平台，将持有利元亨有限股权的方式变更为间接持股。利元亨投资公司章程约定注册资本为2000万元，以股权作价出资，于2017年12月31日前缴足。

2016年8月，周俊雄、周俊杰与利元亨投资签署了《股权转让合同》，约定利元亨投资以支付现金方式受让周俊雄和周俊杰持有的利元亨有限的股权。2016年9月，本次股权转让完成工商变更登记。至此，周俊雄、周俊杰拟用于缴纳利元亨投资出资的股权已实际变更至利元亨投资名下。

为明确周俊雄、周俊杰股权出资的价值和股权转让款的支付方式，2016年12月，广东联信对利元亨有限股东全部权益的价值进行了评估。2016年12

月31日，周俊雄、周俊杰与利元亨投资签订《股权转让合同之补充合同》，将利元亨投资受让利元亨有限股权的对价支付方式变更为周俊雄、周俊杰应缴的股权出资，股权转让对价（亦是周俊雄、周俊杰用作缴纳利元亨投资出资的股权作价）以前述评估值为基础，协商确认为2024.63万元。

周俊雄、周俊杰股权转让后再行评估的原因，主要是公司2016年8月签订的《股权转让合同》约定利元亨投资以现金方式受让利元亨有限股权，与利元亨有限的章程约定不一致。因此，为明确周俊雄、周俊杰股权出资价值和股权转让款的支付方式，2016年12月，公司签署了补充协议更改出资方式并进行补充评估。

此外，根据前述《股权转让合同之补充合同》，周俊雄和周俊杰已于2016年9月以股权出资的方式完成对利元亨投资的实缴出资；本次股权变更实为换股，利元亨投资无需再支付股权转让款，故不存在补缴转让款的情形。

二、以上出资方式及行为是否合法合规

《公司法》第27条规定，股东可以用货币出资，也可以用实物、知识产权、土地使用权等可以用货币估价并可以依法转让的非货币财产作价出资；但是，法律、行政法规规定不得作为出资的财产除外。对作为出资的非货币财产应当评估作价，核实财产，不得高估或者低估作价。法律、行政法规对评估作价有规定的，从其规定。

根据《公司注册资本登记管理规定》第6条："股东或者发起人可以以其持有的在中国境内设立的公司（以下称股权所在公司）股权出资。以股权出资的，该股权应当权属清楚、权能完整、依法可以转让。具有下列情形的股权不得用作出资：（一）已被设立质权；（二）股权所在公司章程约定不得转让；（三）法律、行政法规或者国务院决定规定，股权所在公司股东转让股权应当报经批准而未经批准；（四）法律、行政法规或者国务院决定规定不得转让的其他情形。"

根据上述规定及《公司登记管理条例》，股权可以用于出资，且评估并非股权出资的前置程序，周俊雄、周俊杰将股权转让给利元亨投资后再履行评估程序并不违反上述规定。周俊雄、周俊杰于2016年12月前完成出资，符合利

元亨投资公司章程中“2017 年 12 月 31 日前缴足注册资本”之约定。

综上，公司相关中介机构认为，周俊雄、周俊杰股权转让后再行评估不违反法律法规强制性规定及利元亨投资公司章程的相关规定，合法合规。

第二节　管理层收购股权价格的合理性（虹软科技 688088）

杭州当虹截至 2015 年 6 月末的净资产约为 400 万人民币，低于 1500 万元的注册资本；同时截至 2015 年 5 月 31 日，ArcVideo 产品线（主要在杭州当虹）拥有员工约 100 人，如果选择清算并解散相关团队，按照法律规定需支付至少约人民币 806 万元的员工补偿金，且遣散相关团队不利于公司的稳定。因此，ArcSoftUS 董事会决定由杭州当虹管理层按照较低价格收购控股权的方式处置杭州当虹。

发行人基于处置非主营业务的战略决策，考虑杭州当虹的盈利能力、存在较大的未弥补亏损以及选择处置方案的最大化现金流原则，发行人选择以较低价格将杭州当虹处置具有合理性，这与其他的外部投资者基于对杭州当虹未来价值的判断和上市预期而给出的市场价值存在差异。

综上所述，发行人相关中介机构认为，发行人以低于出资额的价格转让杭州当虹控制权具有合理性。

第十九章

股东出资相关问题

历史沿革合法合规是拟上市公司被重点关注的问题。拟上市公司的历史沿革问题，主要是指公司历史上的出资是否存在瑕疵。因为出资是公司存续、发展的根本条件和物质基础，股东出资不规范除了导致公司注册资本的完整性存在瑕疵之外，也可能导致公司股权结构混乱或存在重大变更和被相关监管部门处罚的法律风险。

第一节　公司成立时无形资产出资超过注册资本20%，是否构成本次发行上市的法律障碍（西部超导688122）

超导有限成立时注册资本为12,200万元，其中无形资产出资合计3200万元，占注册资本的26.23%。该无形资产出资所占注册资本的比例，不符合当时适用的《公司法》关于“以工业产权、非专利技术作价出资的金额不得超过有限责任公司注册资本的20%”的规定。

补救措施：（1）2003年1月8日，陕西省科学技术厅出具陕科高认字2003第1号《出资入股高新技术成果认定书》，认定西北院用以出资的“NbTi超导材料专利（有）技术”“Bi系带材专有技术”“Nb3Sn超导材料专有技术”“YBCO超导材料专利技术”“钛及钛合金型材专利（有）技术”系高新技术。（2）发行人以高新技术出资符合《关于以高新技术成果出资入股若干问题的规定》第 3 条“以高新技术成果出资入股，作价总金额可以超过公司注册资本的百分之二十，但不得超过百分之三十五”的规定。

超导有限成立时 3200 万元无形资产出资中，经认定为高新技术成果的无形资产为 3000 万元，占注册资本的 24.59%，未超过上述规定的 35%。非高新技术无形资产仅 200 万元，占注册资本的 1.64%。在超导有限设立登记时，西北院与超导国际的无形资产出资亦获得了相关部门的批准，且现行《公司法》亦已取消无形资产出资 20% 的比例限定。

公司相关中介机构认为，超导有限设立时无形资产出资超过注册资本 20%，不构成发行人本次发行上市的法律障碍。

第二节　以实物和专有技术出资的出资比例是否符合公司法规定（世纪空间）

根据发行人的工商登记资料、资产评估报告、验资报告、验资复核报告等文件，科技公司以实物和专有技术对发行人出资履行了如下程序：

一、资产评估程序

2000 年 12 月 20 日，北京京都资产评估有限责任公司出具了《北京二十一世纪科技发展有限公司投资设立股份公司项目资产评估报告书》（京都评报字〔2000〕第 027 号），根据该评估报告，科技公司委托评估的拟投资设立股份公司所涉及的资产在评估基准日 2000 年 10 月 31 日持续使用状况下的公允价值为 2514.66 万元，其中，机器设备为 1079.66 万元，专有技术“利用 VSAT 技术 BP 机区域联网应用示范系统”（包括附着在卫星主系统 HOST 应用层交换机等 5 项硬软件上的专有技术）为 1435.00 万元。

二、有权部门批准程序

2001 年 5 月 28 日，北京市人民政府经济体制改革办公室以《关于同意设立二十一世纪空间技术应用股份有限公司的通知》（京政体改股函〔2001〕35 号），同意设立二十一世纪空间技术应用股份有限公司；设立方式为发起设立；公司股份总数5000万股，每股面值1元，股本总额5000万元，其中，科技公司认购2514.66万股，占发行人总股本的50.3%。

2001年4月28日，财政部以《财政部关于二十一世纪空间技术应用股份有限公司（筹）国有股权管理有关问题的批复》（财企〔2001〕322号）同意中日交流中心参与发起设立发行人；各发起人投入股份公司的净资产为5000万元，其中，北京国资公司持有的500万股（占设立总股本10%）为国家股，北辰实业、中关村担保、中日交流中心分别持有的500万股、500万股、150万股（分别占设立总股本的10%、10%、3%）为国有法人股。

三、创立大会审议

2001年5月28日，发行人召开创立大会，全体发起人审议确认了发行人的设立情况。

2001年5月31日，发起人共同签署《二十一世纪空间技术应用股份有限公司章程》，对科技公司以实物和专有技术出资和出资比例作出约定。

四、验资及交割程序

2001年5月28日，北京京都会计师事务所有限责任公司出具《验资报告》（北京京都验字〔2001〕第0037号），根据该报告，截至2001年5月28日，公司注册资本已按时足额缴纳，其中，发行人应接收的实物资产及无形资产尚未办理产权转移、验收手续，对投入的资本及相关资产尚未进行会计处理，待发行人注册登记领取企业法人营业执照后进行上述工作。

2001年6月6日，发行人与科技公司签署《验收交接协议》，就科技公司用于向发行人出资的固定资产及专有技术进行了验收交接。

五、工商设立登记手续

2001年6月6日，北京市工商局向发行人核发了《企业法人营业执照》（注册号：1100001274211）。

六、复核验资情况

2019年3月24日，信永中和出具《验资复核报告》（XYZH/2019BJA70167号），对发行人设立时的各发起人出资进行了验资复核。经复核，截至2001年5

月 28 日止，发行人收到各发起人的货币出资 24,853,354.00 元，科技公司以其拥有的固定资产及专有技术认缴注册资本 25,146,646.00 元，于 2001 年 6 月 6 日与发行人办理了资产转移验收手续，并于 2001 年 7 月进行了相关账务处理。全体发起人累计出资金额为 5000 万元。

根据北京市科学技术委员会出具的《科学技术成果鉴定证书》（京鉴字〔1999〕第 57 号），发行人设立时，科技公司用于出资的专有技术“利用 VSAT 技术 BP 机区域联网应用示范系统”经鉴定为科学技术成果。根据《中关村科技园区条例》（北京市第十一届人民代表大会常务委员会公告第 25 号，已于 2010 年 12 月 23 日失效）第 11 条规定，“以高新技术成果作价出资占企业注册资本的比例，可以由出资各方协商约定，但以国有资产出资的，应当按照国家有关国有资产管理的规定办理”。根据《北京市中关村科技园区企业登记注册管理办法》（北京市人民政府令 70 号，已于 2007 年 11 月 23 日失效）第 13 条规定，“以高新技术成果出资设立公司和股份合作企业的，对其高新技术成果出资所占注册资本（金）和股权的比例不作限制，由出资人在企业章程中约定。企业注册资本（金）中以高新技术成果出资的，对高新技术成果应当经法定评估机构评估”。发行人设立时住所为北京市海淀区知春路 111 号 7 层，适用中关村科技园区的上述规定。

综上，鉴于（1）科技公司用于出资的实物和专有技术已经评估；（2）发行人的设立已经有权部门批准；（3）发行人设立时的出资情况及出资比例已经创立大会审议并在全体发起人共同签署的公司章程中约定；（4）发行人的设立已履行验资程序和工商设立登记手续，且相关非货币资产已交割；（5）具有证券业务资格的会计师事务所对发行人设立时的出资情况进行了复核验资；（6）发行人设立时住所为北京市海淀区知春路 111 号 7 层，适用当时有效的《中关村科技园区条例》《北京市中关村科技园区企业登记注册管理办法》的规定，科技公司以实物和专有技术出资及出资比例符合上述规定。因此，发行人的设立及科技公司以实物和专有技术出资情况有效。

根据当时有效的《公司法（1999 年修正）》第 80 条，“发起人可以用货币出资，也可以用实物、工业产权、非专利技术、土地使用权作价出资。对作为出资的实物、工业产权、非专利技术或者土地使用权，必须进行评估作价，核实财产，并折合为股份。不得高估或者低估作价。土地使用权的评估作价，依照法律、行政法规的规定办理。发起人以工业产权、非专利技术作价出资的金额不得超过股份有限公司注册资本的百分之二十”。科技公司以专有技术向发行人的出资比例为28.70%，超过了20%，不符合当时有效的《公司法（1999年修正）》的规定，鉴于《公司法（1999年修正）》中关于“发起人以工业产权、非专利技术作价出资的金额不得超过股份有限公司注册资本的百分之二十”的规定已在全国人民代表大会常务委员会于2005年10月修订并于2006年1月1日开始实施的《公司法（2005修订）》中予以取消，且科技公司以实物和专有技术出资及出资比例符合当时有效的《中关村科技园区条例》《北京市中关村科技园区企业登记注册管理办法》的规定，并已得到有权部门的批准。因此，发行人的设立及科技公司以实物和专有技术出资情况有效。

综上所述，公司相关中介机构认为，科技公司以实物和专有技术出资的出资比例虽不符合当时有效的《公司法（1999年修正）》的规定，但符合当时有效的《中关村科技园区条例》《北京市中关村科技园区企业登记注册管理办法》的规定，并已得到有权部门的批准，发行人的设立及科技公司以实物和专有技术出资情况有效。

第三节 专利出资的相关问题（光峰科技688007）

一、用于出资的专利是否涉及职务发明

根据李屹出具的书面确认，其曾于2004年6月前任职的O-Net Communications Ltd.（即香港昂纳光通讯公司，以下简称“香港昂纳”）所属行业为光纤通信行业，与出资专利的应用领域存在较大差异，任职期间李屹未利用香港昂纳的物质技术条件进行出资专利的发明创造；李屹从香港昂纳离职后，开始独立研究显示领域的技术路线，筹建光峰有限，在出资专利的研发期间未在其他公司正式任职或领取薪酬，出资专利不属于其职务发明。

因此，公司相关中介机构认为，上述出资专利未涉及职务发明。

二、出资专利是否存在高估的情形

2010 年 8 月 26 日，深圳市中衡信资产评估有限公司出具《关于“高效荧光转换的 LED 光源及背光模块”专利技术价值的资产评估报告书》（深衡评〔2010〕076 号）（以下简称《评估报告书》），评估结果为李屹拥有的“高效荧光转换的 LED 光源及背光模块”专利技术价值为 953 万元。

根据具有证券期货相关业务评估资格的北京北方亚事资产评估事务所（特殊普通合伙）（以下简称“北方亚事”）于 2017 年 11 月 28 日出具的《深衡评［2010］076 号〈关于“高效荧光转换的 LED 光源及背光模块”专利技术价值的资产评估报告书〉资产评估复核报告》（北方亚事咨评字〔2017〕第 01－189 号）（以下简称《复核报告》），该《复核报告》认为《评估报告书》的评估结论基本合理，符合资产出资的有关要求。

综上所述，公司相关中介机构认为，出资专利不存在高估的情形，李屹的上述出资不存在瑕疵。

三、专利技术是否实际转移至公司以及在公司生产经营中发挥的具体作用，目前的使用状态

根据国家知识产权局于 2019 年 2 月 28 日提供的《专利登记簿副本》（证书号：510707），出资专利已于 2011 年 4 月 19 日转移至光峰有限名下，并于 2019 年 2 月 28 日由光峰有限更名至光峰科技名下，法律状态为有效。

根据发行人出具的书面确认及深圳市专利协会出具的《关于“专利 ZL200610063044.4”与深圳光峰科技股份有限公司 ALPD®技术的关联性及技术贡献度”的说明》，2011 年李屹用于出资的专利巩固了光峰科技 ALPD®技术的基础，其与光峰科技 ALPD®技术之间具有无法隔断的关联；目前，该出资专利仍处于持续使用状态。

四、相关评估机构是否具备证券期货相关业务评估资格

出具上述《评估报告书》的深圳市中衡信资产评估有限公司具有资产评估评估资格，不具备证券期货相关业务评估资格，但对《评估报告书》进行复核的北方亚事具备证券期货相关业务评估资格。

综上，公司相关中介机构认为，出资专利不涉及职务发明，不存在高估的

情形，李屹上述专利出资不存在瑕疵；该出资专利的权属已实际转移至公司名下，法律状态为有效；该出资专利巩固了公司 ALPD®技术的基础，仍处于持续使用状态；虽然原出具《评估报告书》的深圳市中衡信资产评估有限公司不具备证券期货相关业务评估资格，但对评估结果进行复核的北方亚事已具备证券期货相关业务评估资格。

第四节 股东延迟和变更出资期限是否符合修订前《公司法》的相关规定（天宜上佳 688033）

根据当时有效的《公司法（1999 年修正）》第 7 条规定，依法设立的公司，由公司登记机关发给公司营业执照，公司营业执照签发日期为公司成立日期。第 26 条规定，有限责任公司的注册资本为在公司登记机关登记的全体股东认缴的出资额；公司全体股东的首次出资额不得低于注册资本的百分之二十，也不得低于法定的注册资本最低限额，其余部分由股东自公司成立之日起两年内缴足；其中，投资公司可以在五年内缴足。第 179 条规定，有限责任公司增加注册资本时，股东认缴新增资本的出资，依照本法设立有限责任公司缴纳出资的有关规定执行。因此，股东认缴新增资本的出资应最迟在该等增资事宜取得工商行政管理部门核准变更登记并颁发新的营业执照之日起两年内缴足。第 44 条规定，股东会会议作出修改公司章程、增加或者减少注册资本的决议，以及公司合并、分立、解散或者变更公司形式的决议，必须经代表 2/3 以上表决权的股东通过。

天宜上佳历史沿革中存在如下股东延迟出资和变更出资期限之情形：

（1）2011 年 12 月 19 日，天宜有限取得北京市工商局海淀分局换发的《企业法人营业执照》，注册资本增至 7500 万元、实收资本为 5988 万元，并载明其下期出资时间为 2012 年 6 月 30 日（系吴佩芳、冯学理分别增加的待缴货币出资 1002 万元、510 万元）。

（2）2012 年 5 月，冯学理将前述待缴的 410 万元、100 万元货币出资分别转让给宋昱廷、沙建东；吴佩芳将前述待缴的 200 万元、590 万元、100 万元货币出资分别转让给沙建东、宋昱廷、李文娟。其中沙建东、吴佩芳、李文娟于2012年3月将合计为512万元的货币出资实缴到位；而根据当时天宜有限全体股东一致同意作出的股东会决议，宋昱廷受让的前述1000万元待缴货币出资时间变更为2012年12月31日前。

（3）2012年11月，宋昱廷将其所持待缴货币出资中的37.5万元、14.37万元分别转让给刘洋、释加才让。而根据当时天宜有限全体股东一致同意作出的股东会决议，同意将待缴纳货币出资期限延长至2013年12月31日。

（4）2013年11月19日，刘洋、宋昱廷、释加才让将上述待缴货币出资37.5万元、948.13万元、14.37万元全部予以缴足。

综上，公司相关中介机构认为，天宜有限上述股东实际延迟出资的具体时间系在天宜有限领取相关增资的营业执照时间两年内、符合修订前《公司法》的相关规定，股东延迟和变更出资期限已经履行了股东会决策和办理工商变更登记手续等必要程序。

第五节　股东之间知识产权出资与货币实缴出资互换问题（天宜上佳688033）

天宜有限股东之间于2014年6月进行知识产权出资与货币实缴出资互换的原因为：

（1）2011年12月吴佩芳将“高速列车制动闸片的生产制造技术”非专利技术用于出资时，连城资产评估有限公司出具的《“高速列车制动闸片的生产制造技术”非专利技术资产评估报告》（连资评报字〔2011〕09109号，以下简称《非专利技术评估报告》）采用收益法对该技术在2011年7月31日所表现的投资价值进行评定估算，最终确定该知识产权2012年、2013年实现的销售收入分别为10,256.4万元、51,282万元，与天宜有限2012年、2013年实际实现的收入情况存在较大差距。

（2）鉴于各股东均继续看好天宜有限的发展前景，为满足资本市场的要求，且为保持天宜有限的股权结构和出资比例的稳定，天宜有限相关股东经协商同意并经天宜有限全体股东一致同意作出的股东会决议，相关股东之间进行知识产权出资与货币实缴出资的互换，以实现每位股东按其持股比例分摊知识产权出资额、并为日后同比例减资做准备。

公司相关中介机构认为，上述相关出资互换股东已出具书面文件，不可撤销地确认，上述出资互换系其真实意思表示，其对于天宜上佳历史沿革上的无形资产出资及其变动、与货币出资之间的互换、减资等均不存在任何异议、争议、纠纷或潜在纠纷；其与天宜上佳、天宜上佳现在的股东或曾经的股东之间不存在任何争议、纠纷或潜在纠纷（包括但不限于任何对公司的股权结构、股权权属方面以及其他经济金钱方面的争议、纠纷或潜在纠纷），亦不存在任何其他协议或利益安排。

第六节 非专利技术出资瑕疵的规范问题（恒安嘉新）

根据公司出具的说明并经公司相关中介机构核查，非专利技术“Web 安全自动评估和防护系统技术”投入公司后实际实现的价值低于评估价值且为职务发明。为解决上述出资瑕疵问题，2012 年 3 月，恒安嘉新有限召开股东会，一致同意减少注册资本 700 万元。本次减资履行了必要的决策程序和法定程序。

经公司相关中介机构核查，阮伟立以该项非专利技术出资期间，恒安嘉新有限未进行过利润分配、资本公积转增注册股本及其他权益分派事项；阮伟立以该非专利技术出资未侵犯恒安嘉新有限及其他股东的利益。恒安嘉新有限已及时作出减资的决定，对出资瑕疵行为进行了补救与整改。

阮伟立及金红就上述出资瑕疵作出承诺：如因 2009 年无形资产增资事宜给发行人造成任何经济利益损失，包括不限于由此产生的罚金、赔偿等，将由阮伟立和金红全部承担。

发行人相关中介机构认为，发行人的注册资本均已经足额缴纳，不存在出资不实、抽逃出资、虚假出资等情形。

一、对出资瑕疵事项的影响的核查

1. 经核查，阮伟立以该项非专利技术出资期间，恒安嘉新有限未进行过利润分配、资本公积转增注册股本及其他权益分派事项，阮伟立未就该项非专利出资享受过实际收益。

2. 根据发行人确认，自阮伟立以该项非专利技术出资之日起至本补充法律意见书出具之日，恒安嘉新有限/恒安嘉新的股东均未向公司或阮伟立、金红主张过该等出资瑕疵损害其股东权益，或者就该等出资瑕疵向阮伟立、金红主张过任何经济诉求。

3. 如上所述，恒安嘉新有限已于2012年6月在工商主管机关办理完毕该项非专利技术出资相关的减资手续，对该等出资瑕疵行为进行了补救与整改。

4. 截至招股说明书签署日之日，恒安嘉新仍合法有效存续，未因该出资瑕疵行为受到过工商主管机关的行政处罚。

5. 金红及阮伟立亦已出具如该等无形资产增资事宜给发行人造成任何经济利益损失，由其全部承担的承诺。

据此，公司相关中介机构认为，该等出资瑕疵事项对公司不构成重大影响。

二、关于发行人或相关股东是否因出资瑕疵受到过行政处罚、是否构成重大违法行为及本次发行的法律障碍、是否存在纠纷或潜在纠纷的核查

根据北京市海淀区市场监督管理局出具的无违法违规证明及发行人与相关股东的书面确认，并经公司相关中介机构查阅国家企业信用信息公示系统（http：//www. gsxt. gov. cn）、发行人所在地各级人民法院网站、中国裁判文书网（http：//wenshu. court. gov. cn）及中国执行信息公开网（http：//zhixing. court. gov. cn）等网站，公司相关中介机构认为，发行人或相关股东未因该等出资瑕疵受到过行政处罚，该等出资瑕疵不构成重大违法行为，对本次发行亦不构成实质性法律障碍，不存在纠纷或潜在纠纷。

第二十章

学校所属企业股权转让、退出的合规性

申请科创板上市的企业中，有些企业的股东是学校所属企业。因涉及国有资产，对于学校所属企业出资、所持公司股权转让、被稀释、退出等问题，从已披露的审核问询函回复来看，监管层对此问题予以关注问询，特别是出资、股权转让、退出等程序方面的合规性。

第一节　关于校办企业所涉国有资产的相关规定

校办企业所涉国有资产的对外投资、股权转让、股权退出等涉及的法律、法规等规范性文件较多，限于篇幅，本章节列式以下笔者认为较为重要的规定。

一、《企业国有资产法》

2008 年 10 月 28 日全国人大常委会发布的《中华人民共和国企业国有资产法》第 30 条规定，国家出资企业合并、分立、改制、上市，增加或者减少注册资本，发行债券，进行重大投资，为他人提供大额担保，转让重大财产，进行大额捐赠，分配利润，以及解散、申请破产等重大事项，应当遵守法律、行政法规以及企业章程的规定，不得损害出资人和债权人的权益。

二、《企业国有资产交易监督管理办法》（国资委、财政部令第32号）

2016年6月24日国资委、财政部发布的《企业国有资产交易监管管理办法》规定，企业国有资产交易行为包括：

（1）履行出资人职责的机构、国有及国有控股企业、国有实际控制企业转让其对企业各种形式出资所形成权益的行为（以下称企业产权转让）；

（2）国有及国有控股企业、国有实际控制企业增加资本的行为（以下称企业增资），政府以增加资本金方式对国家出资企业的投入除外；

（3）国有及国有控股企业、国有实际控制企业的重大资产转让行为（以下称企业资产转让）。

《企业国有资产交易监管管理办法》（国资委、财政部令第32号）规定国有及国有控股企业、国有实际控制企业包括：

（1）政府部门、机构、事业单位出资设立的国有独资企业（公司），以及上述单位、企业直接或间接合计持股为100%的国有全资企业；

（2）本条第（1）款所列单位、企业单独或共同出资，合计拥有产（股）权比例超过50%，且其中之一为最大股东的企业；

（3）本条第（1）、（2）款所列企业对外出资，拥有股权比例超过50%的各级子企业；

（4）政府部门、机构、事业单位、单一国有及国有控股企业直接或间接持股比例未超过50%，但为第一大股东，并且通过股东协议、公司章程、董事会决议或者其他协议安排能够对其实际支配的企业。

《企业国有资产交易监管管理办法》第7条规定，国资监管机构负责审核国家出资企业的产权转让事项。其中，因产权转让致使国家不再拥有所出资企业控股权的，须由国资监管机构报本级人民政府批准。

《企业国有资产交易监管管理办法》第13条规定，产权转让原则上通过产权市场公开进行。转让方可以根据企业实际情况和工作进度安排，采取信息预披露和正式披露相结合的方式，通过产权交易机构网站分阶段对外披露产权转让信息，公开征集受让方。其中正式披露信息时间不得少于20个工作日。

《企业国有资产交易监管管理办法》第34条规定，国资监管机构负责审核国家出资企业的增资行为。其中，因增资致使国家不再拥有所出资企业控股权的，须由国资监管机构报本级人民政府批准。

为进一步加强和规范教育部直属高等学校、直属事业单位（以下统称单位）国有资产管理，确保国有资产安全完整和保值增值，教育部发布《教育部直属高等学校、直属单位国有资产管理工作规程（暂行）》。

三、《事业单位国有资产管理暂行办法》（财政部令第 36 号）

《事业单位国有资产管理暂行办法（2019 年修订）》规定，各级财政部门是政府负责事业单位国有资产管理的职能部门，对事业单位的国有资产实施综合管理。

四、《教育部直属高等学校、直属单位国有资产管理工作规程（暂行）》

《教育部直属高等学校、直属单位国有资产管理工作规程（暂行）》规定了单位所办企业的国有资产管理。其中单位所办企业是指单位出资的国有独资企业、国有独资公司、国有资本控股公司、国有资本参股公司及其各级子企业。企业国有资产管理包括企业关系国有资产出资人权益的重大事项决定及清产核资、资产评估、产权登记等国有资产基础管理工作。《教育部直属高等学校、直属单位国有资产管理工作规程（暂行）》对企业合并、分立，增加或者减少注册资本，发行债券，分配利润，以及解散、申请破产重大事项；重大投资，为他人提供大额担保，转让重大财产，进行大额捐赠、上市等重大事项；清产核资；资产评估；产权登记；企业改制；国有资产无偿划拨等事项下，国有独资企业、国有独资公司、国有资本控股公司、国有资本参股公司办理流程、申报材料、工作要求。

《教育部直属高等学校、直属单位国有资产管理工作规程（暂行）》规定，企业资产评估事项由单位审核后报教育部（财务司）备案。

其中产权登记分为占有产权登记、变动产权登记、注销产权登记。占有产权登记的工作流程为新设立企业应当于申请办理工商注册登记前 60 日内，由单位审核后报教育部（财务司），教育部（财务司）审核后报财政部办理占有产权登记；企业申请办理变动产权登记，应当于审批机关核准变动登记后，或自企业股东大会、董事会做出决定之日起 30 日内，由单位审核后报教育部

（财务司），教育部（财务司）审核后报财政部办理变动产权登记；企业发生解散、依法撤销，转让全部国有产权（股权）或改制后不再设置国有股权的，应当自政府有关部门决定或财政部、教育部、单位或母公司批准之日起30日内；企业依法宣告破产的，应当自法院裁定之日起60日内；由单位审核后报教育部（财务司），教育部（财务司）审核后报财政部办理注销产权登记。

五、《教育部关于进一步规范和加强直属高等学校所属企业国有资产管理的若干意见》（教财〔2015〕6号）

2015年6月19日教育部发布《教育部关于进一步规范和加强直属高等学校所属企业国有资产管理的若干意见》（以下简称《若干意见》）第4条规定，建立退出机制。学校要对所属企业全面进行清理排查，对长期亏损、扭亏无望的企业，依法依规关、停、并、转；对与学科建设无关、对教学科研无促进作用或长期不向高校分配利润的企业，要尽快撤出投资；对产权链条过长难以监管的企业，要压缩产权层级或退出投资。

《若干意见》第7条规定，严格按规定办理报批。学校所属企业发生合并、分立，增加或者减少注册资本，分配利润，以及解散、申请破产等关系国有资产出资人权益的重大事项，要按照国家规定、按管理权限，报财政部、教育部、证监会等有关部委和学校批准。学校所属企业清产核资、产权登记、无偿划转、协议转让以及股份公司国有股权管理方案、转持社保基金、上市公司资产重组等按规定要履行国有资产报批手续的事项，要按程序办理。

《若干意见》第8条规定，严格按规定办理评估备案。学校所属企业整体或部分改建为有限责任公司或者股份有限公司，以非货币资产对外投资、偿还债务，合并、分立、破产、解散，国有股东股权比例变动，产权转让，资产转让、置换，整体资产或者部分资产租赁给非国有单位，资产涉讼，收购非国有单位的资产，接受非国有单位以非货币资产出资、抵债等法律法规规定的需要进行资产评估的，要按规定进行资产评估，并将评估结果报教育部备案。

第二节 校企持股变动瑕疵报批财政部（微芯生物688321）①

2001年，微芯有限（发行人前身，即深圳微芯生物科技有限责任公司）设立时，博奥生物（系清华大学所属企业）以9项生物芯片专有技术的独占使用权出资，占注册资本的35.00%。2006年，博奥生物撤回原投入微芯有限的4项专有技术出资，并相应减少注册资本出资额。

对于2006年注册资本及股东变更事项，微芯有限及其国有股东博奥生物均履行了内部审批和决策流程，并对相关事项进行了审计、评估，但未在有权国资管理部门履行评估报告的备案程序。博奥生物于2018年4月向其上级主管单位清华大学报送《关于申请办理深圳微芯生物科技股份有限公司国有资产占有产权登记的请示》，就发行人历史沿革所涉国有股权变动情况进行说明。上述请示经由清华大学转呈教育部、财政部审核，应教育部、财政部审核要求，博奥生物委托深圳市鹏信资产评估土地房地产估价有限公司出具《博奥生物集团有限公司拟撤资事宜涉及四项专利技术无形资产追溯估值报告》（鹏信咨询字〔2018〕第638号）。根据上述报告确认，截至估值基准日2015年3月31日，博奥生物所撤回4项专利技术评估值为1050万元。财政部于2019年1月7日审定发行人《企业国有资产产权登记表》并于2019年4月18日出具《财政部关于批复清华大学所属深圳微芯生物科技股份有限公司国有股权管理方案的函》（财科教函〔2019〕19号）。

鉴于发行人历史沿革涉及国有股权变动的情况已经清华大学、教育部及财政部审核并由财政部审定《企业国有资产产权登记表》并出具《财政部关于批复清华大学所属深圳微芯生物科技股份有限公司国有股权管理方案的函》，且发行人2006年以后历次国有股权变动均履行了国有股权评估及备案程序，因此，发行人相关中介机构认为，发行人2006年国有股权变动的评估报告未

---

① 参见《关于深圳微芯生物科技股份有限公司首次公开发行股票并在科创板上市申请文件的审核问询函的回复》问题3，第21～24页。

履行国资主管部门备案的事宜已被采取有效弥补措施，该等情况未损害国有资产权益，不构成发行人本次发行的法律障碍。

第三节　校企国有股权被稀释时应履行的程序（铂力特688333）[①]

2016年11月7日，铂力特有限（发行人前身，及西安铂力特增材技术股份有限公司）召开股东会，同意铂力特有限注册资本由4705.88万元增至5229.00万元，新增股本由新股东海宁国安、青岛金石、杭州沁朴以货币出资，该次非同比例增资时西工大资产管理公司（系西北工业大学所属企业）国有股权被稀释。西工大资产管理公司就本次增资履行了如下国有股权变动管理程序：

正衡资产评估于2016年8月25日出具了《评估报告》（正衡评报字〔2016〕第136号），根据该评估报告，截至2016年6月30日，铂力特有限股东权益的评估值为46,633.34万元。

2016年9月7日，西工大资产管理公司召开第四届董事会第三次会议，审议通过了发行人融资方案，同意发行人引进机构投资者，发行人融资完成后，西工大资产管理公司持有发行人股权由16.10%降为14.4893%。

2016年10月8日，西北工业大学经营性资产管理委员会召开会议，同意西工大资产管理公司董事会对发行人融资方案的意见。

2016年10月17日，西北工业大学以《关于西安铂力特激光成形技术有限公司增资扩股评估备案的函》（西工大函〔2016〕220号），向工信部财务司汇报了发行人的增资方案以及增资后发行人的股东情况和持股比例（包括增资后西工大资产管理公司的持股比例由16.1%变更为14.4893%），并提请工信部对本次增资涉及的评估结果予以备案。

2016年11月7日，铂力特有限召开股东会，同意增加铂力特有限注册资本523.12万元，由4705.88万元增至5229万元，其中：（1）新股东海宁国安

① 参见《关于西安铂力特增材技术股份有限公司首次公开发行股票并在科创板上市申请文件审核问询函的回复》问题1，第9~11页。

货币出资7600万元，其中209.248万元计入注册资本，7390.752万元计入资本公积；（2）新股东青岛金石货币出资7600万元，其中209.248万元计入注册资本，7390.752万元计入资本公积；（3）新股东杭州沁朴货币出资3800万元，其中104.624万元计入注册资本，3695.376万元计入资本公积。

2016年11月9日，工信部出具了《国有资产评估项目备案表》（备案编号：工信财201621），确认本次资产评估项目涉及的经济行为类型为“非上市公司国有股东股权比例变动”，评估报告书编号为“正衡评报字〔2016〕第136号”，评估方法为收益法，评估基准日为2016年6月30日，截至评估基准日的评估价值为46,633.34万元。

2016年11月，海宁国安、青岛金石、杭州沁朴分别与铂力特有限及其股东方签署增资协议，参考铂力特有限截至2016年6月30日的整体估值及盈利能力等因素，确定本次增资每1元出资额的价格为36.3205元，并就上述增资事项作出约定。

2016年12月，发行人完成本次增资涉及的工商变更登记。

2017年5月，发行人填报的《企业国有资产产权登记表》分别取得了工信部财务司和财政部的审定，登记表中录入的内容包括本次增资完成后发行人涉及的国有资产占用情况及各出资人的出资金额、持股比例。

综上，公司相关中介机构认为，西工大资产管理公司国有股权被稀释时履行了评估、备案等相关国有股权变动管理程序。

第四节 校企退股的合规性与合理性（柏楚电子688188）[①]

柏楚电子招股书披露，柏楚有限（发行人前身，即上海柏楚电子科技股份有限公司）于2007年9月11日由上海交大技术转移中心、代田田、唐晔、卢琳、万章和谢淼出资设立，注册资本为20.00万元。上海交大技术转移中心

---

① 参见《关于上海柏楚电子科技股份有限公司首次公开发行股票并在科创板上市申请文件的审核问询函》问题2，第17~21页。

出资 10 万元，持股比例为 50%；2011 年 1 月，上海交大技术转移中心以原价 10 万元通过向公司股东代田田转让上述出资而退出柏楚有限。上海交大技术转移中心是上海交通大学下属全资的全民所有制企业上海交大企管中心之全资的全民所有制企业。交易所在问询函中，请发行人说明上海交大技术转移中心出资及退出是否履行必要的审批程序，是否合法合规。相关中介机构经核查：

一、相关主体基本情况

上海交大技术转移中心参与设立柏楚有限及股权转让退出事宜涉及的相关主体基本情况如下：

上海交大企管中心（以下简称“交大企管中心”）是上海交通大学全资的全民所有制企业，其主要任务是对所投资的企业进行资产和股权的管理。

上海交大技术转移中心是交大企管中心全资的全民所有制企业。

上海市大学生科技创业基金（以下简称“天使基金”）是专注于扶持大学生创新创业的公益基金。根据当时有效的《上海市大学生科技创业基金管理办法（试行）》，天使基金的资金主要来源为上海市政府财政专项拨款；天使基金通过“创业资金”方式支持大学生创业活动的，以无偿资助或投资资助方式，支持大学生依托自主技术成果创办企业。

上海市大学生科技创业基金会（以下简称“创业基金会”）是由上海市人民政府发起的支持创业实践的公益机构，负责管理天使基金，主要职能是从事天使基金资助、创业宣传、创业教育、创业服务等工作。

创业基金会和上海交通大学于 2007 年 1 月合作设立创业基金会上海交通大学分会，并由创业基金会上海交通大学分会委托上海交大技术转移中心作为孵化机构，承担创业基金会上海交通大学分会的天使基金创业项目的申请受理、初审、资助、后续管理服务及退出等工作。孵化机构以债权资助或股权资助形式资助创业企业，对于股权资助形式，孵化机构不享受投资收益，并原则上以原价退出。

二、相关政策规定

根据当时有效的《上海市大学生科技创业基金管理办法（试行）》的规

定，根据项目的不同特点，创业基金分为“种子资金”和“创业资金”两种方式支持大学生的技术创新与创业活动。其中，创业资金是以无偿资助或投资资助方式，支持大学生依托自主技术成果创办企业。

根据当时有效的《上海市大学生科技创业基金会创业项目资助资金退出办法（试行）》的规定，创业基金会资助资金退出机制如下：(1) 创业基金会资助资金可以以原价退出、折价退出或清算退出方式退出受资助的创业企业；(2) 原价退出是指基金资助期满或在基金资助期内，创业企业经营状况良好或因故停止经营，资助资金未发生减值时，创业基金会按原资助额以货币形式收回资助资金；(3) 资助资金的退出，由创业基金会分会组织实施，资助资金原价退出的，相关手续从简，由创业基金会分会审核批准后报创业基金会备案。

根据上海市工商局于2006年12月20日发布的《关于上海市大学生科技创业基金转让股权免予产权交易的通知》，天使基金的运作并不属于国有资产监管的范畴，当基金退出企业进行股权转让时，可免予在产权交易所办理产权交易手续；各分局在受理相关企业股东变更登记时，应当予以支持，不再收取产权交割单。

三、相关主体出具的说明文件

（一）《股东退股说明》

创业基金会、创业基金会上海交通大学分会、上海交大技术转移中心于2018年7月12日出具《股东退股情况说明》，根据该说明，上海交大技术转移中心投资入股的资金来源为非盈利性质的公益基金，是创业基金会的合法自有资金，按照《上海市大学生科技创业基金出资组建创业公司协议书》（协议编号：C07004）的约定，上海交大技术转移中心应该按照原价退出。具体退出过程如下：

2010年11月17日，上海交大技术转移中心与柏楚有限股东代田田签署了《股权转让协议》，约定上海交大技术转移中心将其持有的柏楚有限全部股权（占柏楚有限出资总额的20%）转让给柏楚有限股东代田田，转让价格为上海交大技术转移中心原始出资10万元；2010年12月6日，柏楚有限股东代田田向上海交大技术转移中心支付完成全部转让价款；2010 年 12 月，柏楚有限完成工商变更登记；2010 年 12 月，创业基金会收到上海交大技术转移中心退回的投资款 10 万元。

创业基金会、创业基金会上海交通大学分会、上海交大技术转移中心对上述股权转让过程表示承认和认可。

（二）有关确认文件

交大企管中心、上海交大技术转移中心于 2019 年 4 月 1 日出具《情况说明》，根据该说明，交大企管中心全资企业上海交大技术转移中心受创业基金会上海交通大学分会的委托，以创业基金会的资金资助柏楚有限，出资并不来源于交大企管中心及上海交通大学。

上海交通大学国有资产监督管理委员会办公室于 2019 年 5 月 6 日出具《关于对上海柏楚电子科技股份有限公司出资及退出情况说明的函》，根据该函，上海交大技术转移中心受创业基金会上海交通大学分会的委托，以创业基金会的资金资助柏楚电子，该等出资与上海交通大学、交大企管中心无产权关系；根据上海市工商局相关文件，就创业基金业务的性质和目的来看，与企业投资不同，是以资助高校毕业生创业为目的，基金运作不属于国资监管的范畴，也不涉及上海交通大学的国有资产权益；上海交通大学对上海交大技术转移中心在资助及退出等决策事项中所签署的相关文件表示认可，符合相关决策权限及程序，合法合规；上海交通大学、交大企管中心、上海交大技术转移中心与柏楚电子之间不存在纠纷或潜在纠纷。

四、天使基金退出公示信息核查

经公司相关中介机构在创业基金会“已退出清单”（http：//www. stefg. org/Angel/inventory1. aspx）、创业基金会“异常清单”（http：//www. stefg. org/Angel/inventory2. aspx）、信用中国（上海）“‘天使基金’异常名单”（http：//www. creditshanghai. org. cn/cxw/tsjjycmd/）网站检索，发行人已被列入创业基金会公示的已退出清单，未被列入天使基金异常名单等负面清单。

五、结论意见

公司相关中介机构认为，上海交大技术转移中心出资及退出的原因具备合理性，已经履行必要审批程序，出资及退出行为合法合规，不存在纠纷或潜在纠纷。

小　结

近年来，国家积极鼓励高校加快科技成果转化，高校企业产业规范化。而科创板板定位于具有核心技术的高新技术产业，在申请科创板上市企业中，有些公司股东是学校所属企业。因涉及国有资产的监督管理，在对具有学校背景股东的申请科创板上市企业的尽职调查中，需注意其历史沿革中出资、股权转让、增资、退出是否存在程序方面的瑕疵，尤其是在股权转让方式和报备报批问题上。根据已公告的申请科创板上市企业审核问询回复，我们认为需要注意的问题可包括如下：

（1）对于股权变动事项，是否已履行必要的决策程序、权属是否清晰；

（2）对于国有股权转让，是否进场交易；

（3）股权转让、增资等事项涉及的资产评估程序是否合法合规；

（4）事业单位编制人员在企业兼职、投资是否合法合规。

第二十一章

股份制改造过程的相关问题

完成股份制改制是上市公司，即企业由原来的国有及非国有企业，有限责任公司等，转变为《公司法》规定的股份有限公司的整个过程。完成股份制改造的科创企业，即具备了申请科创板上市的主体资质。

第一节　股份制改造的合规性

股份制改造一般要经过成立改制小组、选择发起人、聘请中介机构、尽职调查、对资产进行评估与审计、国有股权的申报与处置、签署发起人协议和章程草案、申请并办理设立报批手续、召开创立大会、办理工商登记或变更登记等程序。

上海证券交易所对科创企业股份制改造的关注点，也主要集中在相关事项是否经过股东会、董事会表决通过，相关程序是否合法合规，股份制改造过程中是否存在侵害债权人合法权益的情形，是否与债权人存在纠纷，工商登记注册和税务登记注册相关程序是否完成，整体变更事项是否符合《公司法》等法律规定等情形。企业应聘请专业的机构完成股份制改制，以免因存在瑕疵而引起审核委员会对申请企业股份制改制程序是否影响发行人主体设立成功与否的关注，从而影响发行人申请于科创板上市的主体资格。

第二节 补签发起人协议是否会实质性影响发行人的设立（嘉元科技 688388）

交易所在问询函请发行人说明在股份公司的改制过程中，未签署发起人协议的原因，相关程序是否存在瑕疵，是否符合《公司法》等相关规定。

相关中介机构经核查认为，2011 年嘉元有限整体变更为股份有限公司时发起人股东未签署书面的发起人协议，不符合当时适用的《公司法》第 80 条第 2 款“发起人应当签订发起人协议，明确各自在公司设立过程中的权利和义务”的规定，故此在程序上存在瑕疵。对此，相关中介机构认为，当时有效的《公司法》该款规定是承接第 80 条第 1 款“股份有限公司发起人承担公司筹办事务”的规定，主要立法目的是避免若股份有限公司设立失败时因发起人未订立协议引致的发起人责任不明情形；而公司法未对股份公司设立时发起人未订立书面协议的法律责任作出规定。鉴于嘉元有限已经整体变更为股份有限公司并已取得股份公司营业执照、合法存续至今，且所有发起人股东已补签《发起人协议》并对嘉元有限整体变更设立股份公司时的相关事宜予以确认，故此相关中介机构认为，嘉元有限原股东在整体变更设立发行人前未签署书面发起人协议之程序瑕疵，不会实质性影响发行人的设立，不会对本次发行上市构成实质性法律障碍。①

---

① 参见《广东信达律师事务所关于广东嘉元科技股份有限公司首次公开发行股票并在科创板上市的补充法律意见书（一）》。

第二十二章

表决权委托问题

表决权委托，即上市公司股东将其所持股权的表决权委托于第三方。进行表决权委托的原因多种多样，在拟上市企业中，可能是比如股东所持股份受到司法冻结而无法办理股份过户，故以委托表决权的方式进行过渡；或一致行动人之间相互委托股份表决权，以增强某一位一致行动人成员的控股比例，提升实际控制人的控制力等。

近年来，表决权委托也成为问询的高频词，关注的点主要包括：表决权委托的背景、原因、协议主要条款及合规性；公司控股股东、实际控制人的认定依据，控制权的稳定性。如由于本次协议签署只涉及表决权委托，不存在股权实质性转让，请说明实际控制人的认定依据，如何确保控制权稳定性；表决权委托的委托方与受托方是否存在关联关系、资金往来或一致行动关系，是否存在一致行动协议或安排，包括一致行动的时间期限、解除条件、未来减持计划等。

第一节　表决权委托相关规定（传音控股）

《公司法》第 106 条规定，股东可以委托代理人出席股东大会会议，代理人应当向公司提交股东授权委托书，并在授权范围内行使表决权。

《上市公司章程指引》第 59 条规定，股权登记日登记在册的所有普通股股东（含表决权恢复的优先股股东）或其代理人，均有权出席股东大会。并依照有关法律、法规及本章程行使表决权。

股东可以亲自出席股东大会，也可以委托代理人代为出席和表决。

《上市公司章程指引》第 62 条规定，委托书应当注明如果股东不作具体指示，股东代理人是否可以按自己的意思表决。

《上市公司股东大会规则》第 20 条规定，股东可以亲自出席股东大会并行使表决权，也可以委托他人代为出席和在授权范围内行使表决权。

第二节 表决权委托协议的原因及合理性（传音控股）

一、签署《表决权委托协议》的原因

因部分一致行动人经常在国外工作，不具备出席股东会的便利条件，且一致行动人对竺兆江非常信任，认可其在公司发展中的决定性作用，为进一步稳定控制权，竺兆江与传音投资其他主要股东签署了《表决权委托协议》。

二、主要内容

《表决权委托协议》的主要内容如下：

1. 深圳苏海信息技术有限公司、严孟、刘仰宏、秦霖、俞卫国、张祺、叶伟强、邓翔、胡盛龙、雷伟国、杨宏（委托方）将其持有的传音投资全部股权不可撤销地委托竺兆江就公司股东会决议事项代为行使该等股权的表决权。委托方委托竺兆江在公司相关会议中代为行使表决权，包括但不限于提出提案并表决、提出董事/监事候选人并投票选举或做出其他意思表示。委托方将就所有需要股东会审议事项与竺兆江保持相同意见，委托方不再就具体表决事项分别出具委托书。

2. 委托方可以自行参加股东会会议，但不另行行使表决权。

3. 《表决权委托协议》所述表决权的委托期限自协议生效之日起 8 年。

4. 委托方不可撤销的同意，委托方持有公司股权期间，不得将其所持全部或部分股权的表决权通过信托、托管或其他任何方式交由第三方行使。

5. 《表决权委托协议》有效期内，委托方中的任一一方将持有的公司股

权进行转让的，应确保受让方同意承接其在《表决权委托协议》项下的权利、义务，否则不得进行股权转让。

6. 若《表决权委托协议》中的任一一方所持的公司股权因继承、司法拍卖等原因导致所有权人发生转移，则继受人应承接原始权利人在《表决权委托协议》项下的全部权利、义务。

7. 未经委托方与受托方协商一致，任何一方无权单独修改或解除《表决权委托协议》。

三、决策机制、到期时间及到期后的安排

根据《表决权委托协议》，一致行动人将其持有的传音投资全部股权委托竺兆江就公司股东会决议事项代为行使该等股权的表决权，竺兆江有权按照自己的意思进行表决。

根据《表决权委托协议》，委托期限自协议生效之日起 8 年，到期后，签约各方将根据实际情况决定是否续期。由于《一致行动协议》不存在约定期限，因此，《表决权委托协议》到期后届满，各方仍需遵守《一致行动协议》的约定。《表决权委托协议》到期后届满不再续签不影响公司控制权的稳定。

公司相关中介机构认为：《一致行动协议书》《表决权委托协议》合法有效；发行人实际控制人的认定符合相关法律法规及监管规则的规定。

小　结

因表决权委托可能会构成实际控制人的变更等，中介机构应尽到谨慎尽调、核查义务。根据科创板已披露的审核问询回复，及其他板块上市审核问询函件中涉及表决权委托事项的问询问题，主要包括以下方面：

（1）披露表决权委托形成的原因、表决权委托协议的主要内容、合规性；

（2）实际控制人的认定依据；

（3）表决权委托期间是否存在控制权不稳定的风险；

（4）表决权委托的委托方和受托方是否存在关联关系，一致行动关系；

（5）表决权委托协议届满后的后续安排和计划；

（6）表决权委托协议的解除。

第二十三章

关联方及关联交易

根据《上海证券交易所科创板股票上市规则》规定，关联交易，是指上市公司或者其合并报表范围内的子公司等其他主体与上市公司关联人之间发生的交易，包括本规则规定的交易和日常经营范围内发生的可能引致资源或者义务转移的事项。

关联交易向来是境内A股企业上市的审核重点，也是企业上市被否的常见原因之一。关联交易关系到企业财务数据的真实性，以及企业的独立性问题。历来监管层关注点包括：关联交易的必要性，是否存在利益输送的情形；是否与发行人存在关联关系；对关联方的资金依赖；对外转让关联方的原因、关联方注销的原因；关联交易是否影响发行人的业务独立性；关联方及关联交易的披露是否适当、完整；关联交易价格是否公允；关联方占用发行人资金的原因等。科创板对关联交易问题同样非常关注。

第一节　科创板关于关联方及关联交易的相关规定

对于关联方、关联交易的披露和审议，各板块均制定了相应的规定。上交所主板上市公司关联方、关联交易披露和审议标准的认定主要规定《上海证券交易所股票上市规则》；深交所上市公司关联方、关联交易披露和审议标准的认定主要规定认定主要规定在《深圳证券交易所股票上市规则》及《深圳证券交易所创业板上市规则》；科创板上市公司关联方、关联交易披露和审议标准的认定主要规定上《上海证券交易所科创板股票上市规则》。科创板与其他板块相比，关联方的认定、关联交易披露和审议标准不完全一致。

一、科创板关于关联方的规定

《上海证券交易所股票上市规则》第 15. 1 条规定，“（十四）上市公司的关联人，指具有下列情形之一的自然人、法人或其他组织：

1. 直接或者间接控制上市公司的自然人、法人或其他组织；

2. 直接或间接持有上市公司 5% 以上股份的自然人；

3. 上市公司董事、监事或高级管理人员；

4. 与本项第 1 目、第 2 目和第 3 目所述关联自然人关系密切的家庭成员，包括配偶、年满 18 周岁的子女及其配偶、父母及配偶的父母、兄弟姐妹及其配偶、配偶的兄弟姐妹、子女配偶的父母；

5. 直接持有上市公司 5% 以上股份的法人或其他组织；

6. 直接或间接控制上市公司的法人或其他组织的董事、监事、高级管理人员或其他主要负责人；

7. 由本项第 1 目至第 6 目所列关联法人或关联自然人直接或者间接控制的，或者由前述关联自然人（独立董事除外）担任董事、高级管理人员的法人或其他组织，但上市公司及其控股子公司除外；

8. 间接持有上市公司 5% 以上股份的法人或其他组织；

9. 中国证监会、本所或者上市公司根据实质重于形式原则认定的其他与上市公司有特殊关系，可能导致上市公司利益对其倾斜的自然人、法人或其他组织。

在交易发生之日前 12 个月内，或相关交易协议生效或安排实施后 12 个月内，具有前款所列情形之一的法人、其他组织或自然人，视同上市公司的关联方。

上市公司与本项第 1 目所列法人或其他组织直接或间接控制的法人或其他组织受同一国有资产监督管理机构控制的，不因此而形成关联关系，但该法人或其他组织的法定代表人、总经理、负责人或者半数以上董事兼任上市公司董事、监事或者高级管理人员的除外”。

与其他板块关于关联人的认定相比，科创板增加了“直接或间接控制上市公司的自然人”“直接或间接控制上市公司的法人或其他组织的其他主要负责人”、明确了“间接持有上市公司5%以上股份的法人或其他组织”也为关联人，科创板在“关联自然人（独立董事除外）担任董事、高级管理人员的法人或其他组织”的关联法人认定中，将独立董事排除在外等情况。

二、科创板关于关联交易披露和审议标准的规定

关于关联交易的披露标准，《上海证券交易所股票上市规则》第7.2.3条规定，“上市公司与关联人发生的交易（提供担保除外）达到下列标准之一的，应当及时披露：（一）与关联自然人发生的成交金额在30万元以上的交易；（二）与关联法人发生的成交金额占上市公司最近一期经审计总资产或市值0.1%以上的交易，且超过300万元”。

关于关联交易的审议标准，《上海证券交易所股票上市规则》第7.2.4条规定，“上市公司与关联人发生的交易金额（提供担保除外）占上市公司最近一期经审计总资产或市值1%以上的交易，且超过3000万元，应当比照第7.1.9条的规定，提供评估报告或审计报告，并提交股东大会审议”。

关于上市公司为关联人提供担保，不论金额多少，都应该披露。《上海证券交易所股票上市规则》第7.2.5条规定，“上市公司为关联人提供担保的，应当具备合理的商业逻辑，在董事会审议通过后及时披露，并提交股东大会审议”。

提请注意的是，对于披露标准及股东大会审议标准，不同于其他板块的是，科创板选取标准的依据为上市公司最近一期经审计的总资产或市值，而不同于主板、中小板、创业板规定的以最近一期经审计的净资产为基数标准。

三、科创板豁免按照关联交易审议和披露的规定

《上海证券交易所股票上市规则》第7.2.11条规定，“上市公司与关联人发生的下列交易，可以免予按照关联交易的方式审议和披露：（一）一方以现金方式认购另一方公开发行的股票、公司债券或企业债券、可转换公司债券或

者其他衍生品种；（二）一方作为承销团成员承销另一方公开发行的股票、公司债券或企业债券、可转换公司债券或者其他衍生品种；（三）一方依据另一方股东大会决议领取股息、红利或者薪酬；（四）一方参与另一方公开招标或者拍卖，但是招标或者拍卖难以形成公允价格的除外；（五）上市公司单方面获得利益的交易，包括受赠现金资产、获得债务减免、接受担保和资助等；（六）关联交易定价为国家规定；（七）关联人向上市公司提供资金，利率水平不高于中国人民银行规定的同期贷款基准利率，且上市公司对该项财务资助无相应担保；（八）上市公司按与非关联人同等交易条件，向董事、监事、高级管理人员提供产品和服务；（九）本所认定的其他交易”。

相比于主板、中小板、创业板，对于直接免予按关联交易披露及审议的情形，科创板除涵盖了其他板块规定的内容，同时新增了《上海证券交易所股票上市规则》第 7.2.11 条（四）、（五）、（六）、（七）、（八）规定的情形，可豁免按照关联交易审议和披露的情形更多。

第二节　是否存在关联关系及交易往来（紫晶存储）[①]

大仓投资为发行人广东紫晶信息存储技术股份有限公司前董事姜明伟与其母亲共同投资的公司，根据工商查询信息，姜明伟对外投资设立广东紫晶光电科技有限公司、北京紫晶光电设备有限公司。

交易所在问询函中请发行人补充说明：上述两家公司的基本情况、主要业务情况，与发行人的业务是否存在相似或关联性，报告期内与发行人是否发生过交易，广东紫晶光电科技有限公司、北京紫晶光电设备有限公司与公司是否存在关联关系。

相关中介机构经过如下核查：获取并查阅了广东紫晶光电科技有限公司、

---

① 参见《中信建投证券股份有限公司　广东紫晶信息存储技术股份有限公司对〈关于广东紫晶信息存储技术股份有限公司首次公开发行股票并在科创板上市申请文件的审核问询函〉之回复报告》，第 74 ~76 页。

北京紫晶光电设备有限公司的工商登记资料；就股权转让以及担任董事等事项访谈了姜明伟；获取并查阅了广东紫晶光电科技有限公司、北京紫晶光电设备有限公司财务报表；获取并查阅了本次转让的资金流水和股权转让协议；访谈了本次股权转让的受让方李少伟、郑志平。

经核查，相关中介机构认为，北京紫晶光电设备有限公司的主营业务为投资咨询、地产信息咨询等，2016～2018 年并无营业收入，发生的费用主要为房屋租赁费用。广东紫晶光电科技有限公司为北京紫晶光电设备有限公司的全资子公司，未实缴注册资本，未实际开展经营，2016～2018 年无营业收入。上述公司业务与发行人的业务不存在相似或者关联性，报告期内与发行人没有发生过交易。

第三节　对采购关联交易的必要性，价格的公允性发表明确意见（西部超导 688122）

根据西部超导招股书披露，报告期内关联采购金额分别为 12,918.40 万元、12,361.81 万元和 9903.08 万元，金额较高。其中，发行人向关联方 CBMM 和中信金属宁波能源有限公司采购铌锭，向关联方遵义钛业采购的原材料海绵钛。对此，交易所在问询函中要求对关联采购进行核查并说明核查过程、依据和结论并就采购关联交易的必要性，价格的公允性发表明确意见。

公司及相关中介机构经过如下核查：

针对关联采购事项，保荐机构主要采取了以下核查手段和核查程序，具体核查过程如下：

（1）获取发行人管理层所认定的关联方清单，并根据上市规则的要求，评估管理层对关联方认定的程序及方法。

（2）了解关联采购的具体情况，重点了解关联采购的合作方式和商业原因，核查发行人关联方采购是否具备正常的商业理由。

（3）对于关联供应商，获取并查阅发行人与其签订的采购合同、订单，查看合同中的权利和义务约定、交货方式、验收标准及方式、定价情况、结算周期等条款，检查合同条款与非关联方合同相比，是否存在显著差异或明显有失公平的合同条款。

（4）抽取样本核查关联方供应商的采购订单、入库单、采购发票、付款凭证等原始单据，对发行人报告期内重要的关联方采购，进行了实地走访或函证，核查关联方采购的合理性和真实性。

（5）获取报告期内发行人的采购情况统计表，对比关联采购与第三方的采购内容、采购数量及采购单价等情况，并与市场价格进行对比，核查公司关联方采购价格的公允性。

相关中介机构经核查认为：报告期内，发行人有关铌锭、海绵钛采购的关联交易符合行业特点和公司实际需求，具有必要性和商业合理性，且已经履行了关联交易审议程序，关联董事和关联股东均已回避表决，并已取得了独立董事的确认，关联交易定价公允，不存在利益输送的情况，亦不会对发行人的独立性、财务状况及经营成果产生重大不利影响。

小 结

《科创板首次公开发行股票注册管理办法（试行）》第12条规定“发行人业务完整，具有直接面向市场独立持续经营的能力：（一）资产完整，业务及人员、财务、机构独立，与控股股东、实际控制人及其控制的其他企业间不存在对发行人构成重大不利影响的同业竞争，不存在严重影响独立性或者显失公平的关联交易”。从该规定来看，拟申报科创板上市企业应注意防止两类关联交易发生：一类是严重影响公司独立性的关联交易；另一类则是显示公平的关联交易。同时，这也是相关中介机构尽调、核查的重点。

对于关联交易，发行人及相关中介机构应尽到充分核查、披露义务。应根据交易的性质和频率，按照经常性和偶发性分类披露报告期内所发生的全部关联交易的简要汇总表。发行人及相关中介机构还应注意披露报告期内发生的关联交易是否履行了公司章程规定的程序，以及独立董事对关联交易履行的审议程序是否合法及交易价格是否公允的意见。

对于拟上市企业来说，偶发性关联交易往往规范不再发生即可；对于经常性关联交易，则需要关注其“公允性”，关注其对公司独立性的重大影响，防止因为关联交易操纵公司业绩或者控制公司的上下游等情形。如果是公司正常业务产生的关联交易，价格公允又不影响公司的独立性或资产的完整性，一般会被监管层认可。

另外，拟上市企业及相关中介机构还应关注关联交易的另一个重要问题：关联交易的非关联化，这是上市审核的红线。比如拟上市企业本身的利润达不到业绩要求，为了满足上市业绩要求，利用重要客户、供应商隐瞒关联关系向发行人输送利润，比如抬高销售价格、压低供应价格、代为承担费用等，操纵公司业绩，进行财务粉饰行为。同时，私下签署各种形式的股份补偿协议，以达到利益共享风险共担的目的。这类关联交易比较隐蔽，相关中介机构在核查时应充分注意。

对于拟申报上市企业及相关中介机构，一般可采取以下几种方式来规范关联交易：

(1) 剥离。如果关联企业的业务不属于拟上市公司的主要业务，或者盈利能力不强，则可以将该企业或者该部分业务转让给第三方。

(2) 转让。如果关联企业由于拟上市公司持有其股权而成为关联方，实际上拟上市公司与该关联企业并无交易事项，则可以考虑将股权转让给独立第三方。

(3) 合并。如果关联企业的业务、资产、人员、财务等与拟上市企业存在混同，则建议将该企业与拟上市企业合并。

(4) 清算。如果关联企业由于经营不善、未通过年检、曾受过行政处罚等，已经停止经营、未实际经营或者其存在可能对拟上市企业上市产生障碍或不良影响，则可考虑将关联企业进行清算、注销。

第二十四章

同业竞争问题

同业竞争是企业申请上市过程中的重要问题，甚至可能成为企业上市的实质性障碍。虽然《科创板首次公开发行股票注册管理办法（试行）》的发行条件中对同业竞争的规定是“与控股股东、实际控制人及其控制的其他企业间不存在对发行人构成重大不利影响的同业竞争”，即并未完全禁止同业竞争，但由于同业竞争的存在可能会损害投资者的利益、干扰资本市场的秩序，因此对于申报科创板上市企业，也同样应该注意在申报前有效避免同业竞争、并关注科创板对企业同业竞争方面的审核关注点。

第一节　关于同业竞争的相关规定

一、《公司法（2018 年修正）》

《公司法》第 148 条第 5 款规定，董事、高级管理人员不得未经股东会或者股东大会同意，作出利用职务便利为自己或者他人谋取属于公司的商业机会，自营或者为他人经营与所任职公司同类的业务。

二、《科创板首次公开发行股票注册管理办法（试行）》（中国证券监督管理委员会令第 153 号）（2019 年）

《科创板首次公开发行股票注册管理办法（试行）》第 12 条规定：“发行

人业务完整，具有直接面向市场独立持续经营的能力：（一）资产完整，业务及人员、财务、机构独立，与控股股东、实际控制人及其控制的其他企业间不存在对发行人构成重大不利影响的同业竞争，不存在严重影响独立性或者显失公平的关联交易……”

三、《上海证券交易所科创板股票发行上市审核问答》

同业竞争在科创板发行规则中与以往相比，不再是一刀切，而是规定只有“与控股股东、实际控制人及其控制的其他企业间不存在对发行人构成重大不利影响的同业竞争”才会构成科创板上市的实质障碍。那“重大不利影响”标准是什么？

《上海证券交易所科创板股票发行上市审核问答》对此有比较明确的界定，“申请在科创板上市的企业，如存在同业竞争情形，认定同业竞争是否构成重大不利影响时，保荐机构及发行人律师应结合竞争方与发行人的经营地域、产品或服务的定位，同业竞争是否会导致发行人与竞争方之间的非公平竞争、是否会导致发行人与竞争方之间存在利益输送、是否会导致发行人与竞争方之间相互或者单方让渡商业机会情形，对未来发展的潜在影响等方面，核查并出具明确意见。竞争方的同类收入或毛利占发行人该类业务收入或毛利的比例达30%以上的，如无充分相反证据，原则上应认定为构成重大不利影响。发行人在招股说明书中需要披露以下内容：一是竞争方与发行人存在同业竞争的情况，二是保荐机构及发行人律师针对同业竞争是否对发行人构成重大不利影响的核查意见和认定依据”。

四、证监会《首发业务若干问题解答（一）》（2019年）的借鉴

证监会《首发业务若干问题解答（一）》问题15：“首发办法对同业竞争行为作出了限制性规定，发行人及中介机构在核查判断同业竞争事项时，应当主要关注哪些方面？”

（1）核查范围。中介机构应当针对发行人控股股东（或实际控制人）及其近亲属全资或控股的企业进行核查。

（2）判断原则。同业竞争的“同业”是指竞争方从事与发行人主营业务相同或相似业务。核查认定‘竞争’时，应结合相关企业历史沿革、资产、

人员、主营业务（包括但不限于产品服务的具体特点、技术、商标商号、客户、供应商等）等方面与发行人的关系，以及业务是否有替代性、竞争性、是否有利益冲突等，判断是否对发行人构成竞争。发行人不能简单以产品销售地域不同、产品的档次不同等认定不构成‘同业竞争’。

（3）亲属控制的企业应如何核查认定。如果发行人控股股东或实际控制人是自然人，其夫妻双方直系亲属（包括配偶、父母、子女）控制的企业与发行人存在竞争关系的，应认定为构成同业竞争。发行人控股股东、实际控制人的其他近亲属（即兄弟姐妹、祖父母、外祖父母、孙子女、外孙子女）及其控制的企业与发行人存在竞争关系的，原则上认定为构成同业竞争，但发行人能够充分证明与前述相关企业在历史沿革、资产、人员、业务、技术、财务等方面基本独立且报告期内较少交易或资金往来，销售渠道、主要客户及供应商较少重叠的除外。

发行人控股股东、实际控制人的其他亲属及其控制的企业与发行人存在竞争关系的，一般不认定为构成同业竞争。但对于利用其他亲属关系，或通过解除婚姻关系规避同业竞争认定的，以及在资产、人员、业务、技术、财务等方面有较强的关联，且报告期内有较多交易或资金往来，或者销售渠道、主要客户及供应商有较多重叠的，中介机构在核查时应审慎判断。

第二节　是否构成同业竞争的核心原因及依据（西部超导688122）

西部超导的控股股东是西北有色金属研究院，实际控制人为陕西省财政厅。其主营业务为高端钛合金材料和超导产品业务。作为西北有色金属研究院控股的两家公司，西部超导和西部材料实际控制的西部钛业公司的主营业务都是钛制品行业，两家存在较强的可能被认定存在同业竞争的风险。

2013 年，西部超导曾宣布拟在上交所上市，2013 年 8 月，西部超导正式进入证监会 IPO 初审程序。2014 年 7 月，西部超导申请终止 IPO 审查，放弃在上交所主板上市，有报道称可能是因为同业竞争问题。随着科创板政策的落地以及相关配套措施的跟进，2019 年 4 月，西部超导正式申请科创板上市并被上海证券交易所受理。在首轮及第二轮审核问询中，交易所都对西部超导的同业竞争问题进行问询。在二轮问询中，西部超导的前后两轮反馈完全一致，其计算公式为：竞争方同类业务收入 ÷ 发行人同类业务收入。没有再区分收入来自的区域。

对于交易所问询的“发行人与西部钛业不构成同业竞争的核心原因及依据”。相关中介机构经核查认为，发行人与西部钛业不构成同业竞争。在钛合金材料业务领域，西部超导主要从事航空用高端钛合金棒、丝材、锻坯的生产和销售。西部钛业主要从事钛合金板、管材的生产和销售。西部超导与西部钛业虽然都从事钛合金材料业务，但两者在生产工艺和核心设备、产品的形态和用途、下游客户、技术储备、业务定位和发展方向等方面均存在较大差异，两家公司之间不存在实质性竞争关系。具体分析如下：

一、产品的生产工艺和核心设备不同，双方均不具备生产对方产品的能力

从生产工艺来看，西部超导生产钛合金棒材、丝材的关键工序在熔炼和锻造，西部钛业生产钛板、钛管的关键工序在熔炼和轧制。虽然双方的工序均有熔炼环节，但二者的熔炼工艺和控制技术存在一定差异，导致二者熔炼出来的钛合金铸锭性能存在较大差异，钛合金铸锭的性能是决定其后续使用领域的关键因素。公司的熔炼需保持“成分和组织的高均匀性、成分的高纯净性和质量批次的高稳定性”以满足国防军工要求。从公司参与承担的外部课题以及内部自立课题来看，大量的研发投入集中于钛合金铸锭的熔炼。熔炼完成后，西部超导后续的关键工艺是锻造，西部钛业的后续关键工序是轧制，使用的技术明显不同，后续其他工序也存在明显差异。

从核心设备来看，西部超导生产钛合金棒材、丝材、锻坯的核心设备是真空自耗电弧炉、快锻机、精锻机、拉丝机；西部钛业生产钛合金板材、管材的核心设备是真空自耗电弧炉、板材轧机、轧管机，两者存在较大差异。因此从生产工艺和核心设备来看，二者存在明显差异。

二、产品形态、用途不同，相互间不存在替代关系

西部超导的钛合金主要用于制造军用及民用飞机的结构件（框、梁等）、

紧固件（铆钉、螺栓等）、航空发动机零部件（盘、叶片、机匣、轴等）等部件，其材料产品形态要求是棒材、丝材。公司的高端钛合金材料基于 NbTi 合金的制备技术，自主开发了高/中强损伤容限型钛合金棒材和铆钉专用钛合金丝材并实现批量生产。自主研发的 TC21、TC4 - DT、Ti45Nb 等牌号关键钛合金材料率先应用于我国新型飞机的承力部件和紧固件，极大地延长了我国新一代军用飞机的服役寿命，其产品形态只有棒材、丝材。西部钛业的钛材的形态主要为板材、管材，主要用于石油化工装备、核电装备、环保装备等领域。由于产品形态和用途不同，两者的产品在功能上不存在替代关系。

三、主要客户群体存在差异

西部超导钛合金棒材、丝材的客户主要为中国航空工业集团公司的下属公司及其配套的航空锻件生产商，如中国第二重型机械集团德阳万航模锻有限责任公司、西安三角防务股份有限公司等军用领域，客户集中度较高。西部钛业板材、管材的客户主要为石油化工装备制造商，电力、环保等民用领域的客户，下游客户分布较为分散。两者的客户群体存在明显差异。

四、技术储备不同

公司与西部钛业在技术方面的储备存在较大差异。公司已授权的与钛相关的专利主要集中于熔炼和锻造工艺技术以及钛合金棒材、丝材的制备方法，钛合金相关专利中相当大比例的专利为国防专利。西部钛业已取得和在申请的与钛相关的专利主要集中于钛合金管材、板材的轧制工艺等制备技术，二者在技术储备方向上存在较大差异。技术储备的差异，决定了两家公司分别在各自专长的领域发展，不存在竞争关系。

五、业务定位和发展方向不同

根据西北院对两家公司的定位和规划，在钛及钛合金相关行业，西部超导一直以来以航空、舰船用钛合金棒材、丝材以及发动机部件为发展方向，定位于解决国家急需，填补国内空白尤其是弥补军用基础材料方面的短板。西部钛业一直以民用钛合金为主要应用领域，以钛合金板材、管材为发展方向。两家公司业务定位及发展方向不同，不存在竞争关系。

六、两家公司的毛利率、净利率的差异较大，是不存在同业竞争在商业上最有力的证据

毛利率是一个公司在行业中具体领域的重要体现，一般来讲，相竞争的两个公司或两项业务呈现出近似的毛利率或净利率，经营成果的趋势保持一致。西部超导和西部钛业在各自的领域内充分竞争，形成了各自的毛利率水平。从西部超导和西部钛业 2016 年至 2018 年的经营成果来看，西部超导高端钛合金材料板块 2016 年、2017 年和 2018 年的毛利率分别为 47.47%、45.43% 和 39.73%，西部材料的钛制品板块 2016 年、2017 年和 2018 年的毛利率分别为 13.32% 和 8.55% 和 14.56%，西部超导大幅高于西部钛业。从净利率来看，西部超导 2016 年、2017 年和 2018 年净利率分别为 16.31%、14.77% 和 12.30%，西部钛业分别为 -6.66%、1.17% 和 3.09%，二者的净利率水平存在巨大差异，且变动趋势相反。

综上所述，西部超导与西部钛业不存在同业竞争。

小 结

虽然现行的科创板法律规范已经对同业竞争做了概述，在认定是否构成同业竞争的标准方面相较主板和创业板也有较大的放宽，但由于针对同业竞争并没有一个完整、明确、统一的界定和标准，发行人在判断与相关企业间是否存在以及如何解决同业竞争问题的时候，更多的还需要根据公司实际业务情况和发展战略，并在监管部门认可的范围内进行业务布局。同时，也可从科创板审核和反馈意见中具体把握监管部门的执行尺度。

第二十五章

经营业务资质问题

经营业务资质的完备性是公司合法合规运营的重要方面，监管部门会关注拟上市公司历史上是否存在无证经营的问题以及业务经营的相关资质是否到期或再取得是否存在障碍。

第一节　发行人是否取得军工企业经营所必需的业务资质（新光光电 688011）

根据新光光电招股说明书披露，发行人已取得从事军品生产和销售所需要的相关资质，上述资质目前均在有效期内，部分正在办理持有人由新光有限变更至股份公司的手续。交易所在问询函中请发行人披露是否获得所从事业务内容所必需的全部业务资质。

经核查，新光光电主营业务为专注于提供光学目标与场景仿真、光学制导、光电专用测试和激光对抗等方向的高精尖组件、装置、系统和解决方案，并通过军用技术向民用领域转化，衍生出多类先进的智能光电产品。

公司产品按产品性质分类，可以分为批产产品和研发产品。其中，批产产品最终用户为军方，军方与总体单位（十二大集团为主）签订采购合同后，总体单位（十二大集团为主）再将采购任务逐级分解；研发产品直接消费群体主要为军工集团科研院所及企事业单位。从公司的客户结构来看，公司主要客户包括中国航天科工集团所属单位、中国航天科技集团所属单位、中国航空工业集团所属单位和中国电子科技集团所属单位等。

依据《武器装备科研生产单位保密资格认定办法》相关规定，国家对承担涉密武器装备科研生产任务的企事业单位实行保密资格认定制度。承担涉密武器装备科研生产任务的企业事业单位应当依法取得相应保密资格。武器装备科研生产单位保密资格分为一级、二级、三级三个等级。一级保密资格单位可以承担绝密级、机密级、秘密级科研生产任务；二级保密资格单位可以承担机密级、秘密级科研生产任务；三级保密资格单位可以承担秘密级科研生产任务。

依据《武器装备质量管理条例》规定，武器装备论证、研制、生产、试验和维修单位应当建立健全质量管理体系，对其承担的武器装备论证、研制、生产、试验和维修任务实行有效的质量管理，确保武器装备质量符合要求。

依据《中国人民解放军装备承制单位资格审查管理规定》规定，装备承制单位资格审查是指军队装备部门对申请装备承制资格的单位（以下简称“申请单位”）进行审查、审核、注册和监督管理等一系列活动。装备承制单位，是指承担武器装备及配套产品科研、生产、修理、技术服务任务的单位。装备承制单位资格经审查、核准后，由总装备部统一注册，编入《装备承制单位名录》。

依据《武器装备科研生产许可管理条例》相关规定，国家对列入武器装备科研生产许可目录（以下简称“许可目录”）的武器装备科研生产活动实行许可管理。未取得武器装备科研生产许可，不得从事许可目录所列的武器装备科研生产活动。但是，经国务院、中央军事委员会批准的除外。

2017 年 10 月 1 日起，正式实施“装备承制单位资格审查”与“武器装备质量管理体系认证”两证合一的工作，合并审查后，原“国军标准质量管理体系认证”和“装备承制单位资格名录认证”合并为《装备承制单位资格证书》，兼具原两证的功能。

综上，发行人相关中介机构认为：发行人已获得所从事业务内容所必需的全部业务资质。

第二节 资质证书到期后发行人仍从事相关业务是否存在被处罚风险[①]（福光股份688010）

发行人的《装备承制单位注册证书》有效期于2018年4月届满。自2018年4月至本问询函回复之日，发行人存在继续从事军品业务的情况。

根据《中国人民解放军装备承制单位资格审查管理规定》、相关主管部门的审查报告及中国人民解放军陆军装备部驻南京地区军事代表局于2019年4月25日出具的《说明》，发行人已于2018年4月9－10日通过陆军装备部组织的装备承制资格单位续审及扩大范围审查，于2019年1月25日完成整改及整改验证并于2019年2月11日自中国人民解放军陆军装备部驻南京地区军事代表局推荐注册。在新证书颁发前，若发行人的企业法人资格、专业技术资格、质量管理、财务资金情况、履约信用、保密管理等主要方面未发生重大变化，可视为具备签订审查报告给出范围内产品订购合同的条件。

经核查，公司相关中介机构认为：发行人报告期内存在上述资质证书到期后从事军品业务的情况，在新证书颁发前，发行人可按照2018年续审时申报的承制范围开展相关工作，不存在被处罚的风险。

---

① 参见《关于福建福光股份有限公司首次公开发行股票并在科创板上市申请文件审核问询回复》问题18，第113～115页。

第二十六章

内部控制的规范

《科创板首次公开发行股票注册管理办法（试行）》（证监发〔2000〕号）要求发行人内部控制制度健全且被有效执行，能够合理保证公司运行效率、合法合规和财务报告的可靠性，并由注册会计师出具无保留结论的内部控制鉴证报告。

内部控制的完善性是企业依法开展合规经营的基础。美国审计准则委员会（ABS）出版的《审计准则公告》对内部控制（internal Control）定义如下：在一定环境下，单位为了提高经营效率，充分有效地获得和使用各种资源，达到既定管理目标，而在企业内部实施的各种制约和调节的组织、计划、程序和方法。换言之，内部控制是指企业为了实现某一经营目标而实现的一系列控制活动。内部控制涉及企业管理的方方面面，其方法一般包括职责分工控制、授权控制、审核批准控制、预算控制、财产保护控制、会计系统控制、内部报告控制、经济活动分析控制、绩效考评控制、信息技术控制等。

上交所要求拟上市科创企业内部控制需要实现以下三个目标：

（1）能够合理保证公司运行效率；

（2）能够合理保证公司的合法合规；

（3）能够保证公司财务报告的可靠性。

梳理上交所对申报企业内部控制的问询意见，可以发现上海证券交易所在具体审核中主要关注企业如何确保内部控制的有效性，知识产权管理、行政处罚/资金拆借等方面的内部控制。

第一节　如何确保内部控制的有效性（晶晨股份　方邦电子）

如前所述，根据《科创板首次公开发行股票注册管理办法（试行）》（证监发〔2000〕号），申请上市的企业，需要由注册会计师出具无保留结论的内部控制鉴证报告。内部控制鉴证报告成为证明公司内控制度有效性的有力支撑。

一、如何确保公司治理和内控的有效性（晶晨股份 688099）

交易所在晶晨股份的审核问询中要求“发行人说明如何确保公司治理和内控的有效性”。

相关中介机构经核查认为，发行人已经依法建立健全了股东大会、董事会、监事会、独立董事、董事会秘书、总经理、审计委员会、提名委员会、薪酬与考核委员会和战略决策委员会制度；根据《内控审核报告》① 的记载、发行人内部控制制度健全且被有效执行，能够合理保证公司运行效率、合法合规和财务报告的可靠性，并由注册会计师出具无保留结论的内部控制评估报告。据此，发行人具备健全且运行良好的组织机构，相关机构和人员能够依法履行职责，发行人内部控制制度健全且被有效执行。

二、内部控制制度健全且被有效执行（方邦电子 688020）

交易所在问询函中要求保荐机构及发行人律师核查并就发行人是否符合《科创板首次公开发行股票注册管理办法（试行）》第 11 条之“内部控制制度健全且被有效执行”等相关规定发表明确意见，说明核查过程、依据。

相关中介机构经核查，查阅了发行人的财务报表及《审计报告》《内部控制鉴证报告》、发行人与关联方之间资金往来的记账凭证及银行单据，并对相关当事人进行了访谈，了解资金拆借的原因，核查了与资金拆借的决策程序相关的会议文件、发行人相关资金管理制度等。经核查，相关中介机构认为，发

---

① 即安永华明为本次发行及上市于 2019 年 3 月 13 日出具的《晶晨半导体（上海）股份有限公司内部控制审核报告》（安永华明〔2019〕专字第 61298562_ K01 号）。

行人符合《科创板首次公开发行股票注册管理办法（试行）》第11条之“内部控制制度健全且被有效执行”及第12条“不存在严重影响独立性或者显失公平的关联交易”等相关规定。

第二节　知识产权管理的内部控制制度（中国通号）

对于科创企业而言，其核心竞争力在于企业的核心技术，故而对于知识产权的保护程度如何，会较大程度影响企业的上市。对企业知识产权内部控制有效性的核查，中介机构可以从知识产权保护相关制度以及知识产权的具体管理流程两个方面进行核查。

补充披露相关商标、专利、软件著作权等知识产权管理的内部控制制度是否建立健全并有效运行（中国通号688009）

交易所审核问询要求发行人补充披露相关商标、专利、软件著作权等知识产权管理的内部控制制度是否建立健全并有效运行。

相关中介机构经核查认为，根据发行人提供《知识产权管理办法》等规章制度并经相关中介机构访谈发行人相关负责人，发行人知识产权管理的内部控制制度及其运行情况如下：（1）发行人已制定《知识产权管理办法》《专利管理办法》《商标管理办法》《技术保密工作管理办法》等规章制度，建立了完善的知识产权内控制度；（2）发行人技术发展部负责专利、著作权等知识产权的管理，法律合规部负责商标的管理及知识产权纠纷应对等工作。

综上，发行人已制定了《知识产权管理办法》等知识产权管理制度，并设立了相应的知识产权管理部门，相关部门均能够有效履行其职能，发行人知识产权内控制度健全并得到有效执行。

第三节　行政处罚涉及的内部控制问题（天宜上佳　杭可科技）

企业在持续的经营过程中，可能会因为经营行为而遭受行政处罚，行政处罚的具体原因及后续整改如何，会受到审核委员会的关注。对此，中介机构一般可以从引起行政处罚具体事项的整改情况入手，说明整改的结果以及公司为防止类似情形发生所采取的制度制定和制度执行保障措施等方面的具体动作。

一、发行人被多次责令限期整改的原因，发行人安全生产制度及内控制度的有效性（天宜上佳 688033）

交易所在问询函中要求发行人说明被多次责令限期整改的原因，发行人安全生产制度及内控制度的有效性。

相关中介机构经核查，根据公司提供的资料、说明并经核查，报告期内天宜上佳已依据国家有关安全生产的法律、法规及规范性文件，并结合自身经营特点，健全和完善了公司有关安全生产的内部控制制度。具体情况如下：（1）加强管理，明确职责；（2）编制安全生产制度及应急处置预案；（3）加强维护，确保安全设施正常运行；（4）定期安全演练，提高安全生产管理能力，加强安全生产风险防范意识。此外，根据北京市海淀区安全生产监督管理局于 2018 年 12 月 17 日、2019 年 2 月 18 日出具的《关于生产安全事故情况的证明》，自 2016 年 1 月 1 日至 2019 年 2 月 18 日在北京市海淀区辖区范围内未发现发行人发生过生产安全事故。根据天宜上佳提供的资料和出具的说明并经现场核查，报告期内天宜上佳未发生重大安全生产事故。相关中介机构认为，公司已通过上述报告期内所有整改验收；发行人逐步健全并完善安全生产内部控制制度，相关制度被逐渐有效执行。

二、发行人是否整改到位，相关内部控制制度是否健全且得到有效执行（杭可科技 688006）

2017 年 9 月 1 日，发行人因占用防火间距，被杭州市公安消防支队萧山区大队处以罚款伍仟元整；因消防设施未保持完好有效，被处以罚款伍仟元整；因仓库未进行竣工消防备案且未进行消防设计备案但已于 2014 年 6 月投入使用，被处以罚款叁仟伍佰元整。发行人是否整改到位，相关内部控制制度是否健全且得到有效执行。针对上述情况，交易所要求发行人就是否整改到位，相关内部控制制度是否健全且得到有效执行发表意见。

相关中介机构经核查，根据发行人提供的安全生产制度文件，发行人已建立涵盖新员工培训、岗前培训、特种设备操作规范等内容的安全管理制度，并制定了《安全生产及岗位安全管理办法》等安全生产相关的制度。经相关中介机构对相关制度执行情况的抽查，发行人已经制定了必备的安全生产制度，公司的内控制度有效执行。

第四节　关联方资金占用是否构成内部控制执行的重大缺陷（容百科技　新光光电）

资金拆借是企业之间解决短期资金需求的一种方式，指某一个企业将自己的闲置资金以一定的价格让渡给其他的企业使用的行为。如果公司存在资金拆借的情况，则会被监管层关注资金管理的内控制度的有效性。如果是与关联方资金拆借，更是上海证券交易所审核的重点。

一、资金管理的相关内部控制管理措施、执行情况，发行人资金管理的内部控制是否有效（容百科技 688005）

交易所在问询函中要求发行人就“资金管理的相关内部控制管理措施、执行情况，发行人资金管理的内部控制是否有效”发表意见。

相关中介机构经核查，发行人财务部门编制了《货币资金内部控制管理制度》，对发行人及子公司货币资金的收入、支付、报关及相关事宜进行了规定。例如，发行人已对货币资金的收支和保管业务建立了较严格的授权批准程序，相关机构和人员形成相互制约关系，根据国务院《现金管理暂行条例》，明确了现金的使用范围及办理现金收支业务时应遵守的规定，并根据中国人民银行《支付结算办法》及有关规定制定了银行存款的结算程序。同时，发行人规定下属企业严禁进行期货交易、严禁擅自向外单位出借多余资金、严禁向职工集资、严禁私设银行账户等。为完善资金管理的内部控制，确保发行人治理符合相关监管要求，股份公司成立后，发行人制定了《关联交易管理制度》和《规范与关联方资金往来的管理制度》，严格限制关联方占用公司资金。

二、报告期内资金拆借相关决策程序是否完备，是否符合相关内控制度的规定，相关内部控制执行是否存在重大缺陷（新光光电 688011）

交易所在新光光电审核问询中，要求发行人说明报告期内资金拆借相关决策程序是否完备，是否符合相关内控制度的规定，相关内部控制执行是否存在重大缺陷。

相关中介机构经核查，报告期内，公司关联方资金拆借均发生于有限公司阶段，并已于股改基准日 2018 年 9 月 30 日前彻底清理完毕。有限公司阶段，发行人还未制订相应的关联交易决策制度，但关联方资金拆借事项公司股东均知情并同意。

公司自 2018 年 12 月 27 日整体变更设立以来，根据《公司法》《证券法》《上市公司治理准则》《上海证券交易所科创板股票上市规则》等有关法律、法规、规范性文件的相关要求，结合公司实际情况逐步建立了由股东大会、董事会、监事会和经营管理层组成的法人治理结构，制定和完善了《公司章程》《股东大会议事规则》《董事会议事规则》《监事会议事规则》《独立董事工作制度》等一系列公司治理制度，为公司法人治理结构的规范化运行提供了制度保证。同时，公司制定了《关联交易决策制度》，对关联交易的范围、回避制度、决策权限、决策程序等内容作出了详细规定，以保障关联交易决策程序的规范性。此外，公司制定了《规范与关联方资金往来管理制度》《现金管理制度》等相关制度，进一步加强和规范公司的资金管理，建立防范公司关联方占用公司资金的长效机制，杜绝公司关联方占用公司资金，有效保护公司、股东和其他利益相关人的合法权益。整体变更设立以来，公司严格执行公司相关内部控制制度。2019 年 3 月 4 日、2019 年 3 月 19 日，公司分别召开董事会、股东大会，审议通过了《关于对公司 2016 年度、2017 年度及 2018 年度发生的关联交易进行确认的议案》。发行人独立董事对发行人报告期内发生的关联交易发表独立意见，认为公司最近三年发生的关联交易均符合正常商业条款及公平、互利原则；公司最近三年发生的关联交易符合当时相关法律、法规、规章及公司章程的规定；公司最近三年发生的关联交易价格公允，不存在损害发行人及发行人中小股东利益的情形；公司规范关联交易的措施是有效的。

而对于相关内部控制执行是否存在重大缺陷，鉴于：第一，公司发生关联方资金占用的主要原因系为了支持当地产业发展，不属于主观故意或恶意行为，不构成重大违法违规；第二，截至2018年9月30日，公司关联方资金占用问题已彻底解决，不存在关联方资金占用余额，后续亦未发生关联方资金占用；第三，对于飞天科技、康为民资金占用，公司按照同期银行借款利率计提并收取了利息，未损害公司及股东利益；第四，股份公司设立以来，公司已经逐步建立、完善相关内部控制制度，相关内部控制制度合理、正常运行并持续有效，公司董事会、股东大会对报告期内关联方资金占用予以审议确认，并由独立董事发表了独立意见。因此，公司报告期内资金占用相关决策程序已经完备，关联方资金占用未对公司内部控制制度有效性造成重大不利影响，不属于内部控制执行的重大缺陷。

公司管理层认为，公司针对所有重大事项建立了健全、合理的内部控制制度，并按照《企业内部控制基本规范》及相关规定于2018年12月31日在所有重大方面保持了与财务报表相关的有效的内部控制。2019年3月4日，信永中和会计师出具了《内部控制鉴证报告》（XYZH/2019BJGX0074），其结论性意见如下："公司按照《企业内部控制基本规范》及相关规定于2018年12月31日在所有重大方面保持了与财务报表相关的有效的内部控制。"

小 结

除本章节总结的知识产权管理的内部控制、资金管理的内部控制等外，内部控制制度涉及企业的方方面面。比如发行人涉及境外销售的，会被监管层关注与外销相关的内部控制制度建设及执行情况。安集微电子科技（上海）股份有限公司、深圳光峰科技股份有限公司曾被上交所问询要求说明发行人与外销业务相关的内部控制制度建设和执行情况。

综上而言，内部控制的完备性作为上市发行的重要条件之一，必然是上海证券交易所审核关注点之一。因此，企业在申请上市之前，应全面审视公司内部控制，及时对内部控制进行规范。

第二十七章

治理结构的规范

公司治理与内部控制都是规范企业运行，以达致企业经营的某一目标的有效手段。但公司治理与内部控制存在诸多不同之处。公司治理机制与内部控制框架的关系是制度环境与内部管理监控系统的关系。内部控制框架在公司制度安排中担任内部管理监控的角色，成为公司管理中不可缺少的部分。内部控制目标随公司治理机制的完善呈多元化趋势。①

第一节　公司治理结构运行的有效性（山石网科）

《科创板上市公司持续监管办法（试行）》第 5 条要求科创公司应当保持健全、有效、透明的治理体系和监督机制，保证股东大会、董事会、监事会规范运作，督促董事、监事和高级管理人员履行忠实、勤勉义务，保障全体股东合法权利，积极履行社会责任，保护利益相关者的基本权益。科创企业公司治理的“健全、有效和透明”，是科创企业规范化运行的重要标志，上海证券交易所在审核中也会特别关注科创企业公司治理结构的合法性、完整性和科学性。

发行人山石网科于 2018 年 12 月整体变更设立股份公司，组建了股东大

---

① 阎达五、杨有红：《内部控制框架的构建》，载《会计研究》2001 年第 2 期。

会、董事会、监事会以及董事会下辖各专门委员会治理结构，并选聘了独立董事。交易所在审核问询中，请发行人结合公司无控股股东、实际控制人，股份公司成立时间较短等情况，说明公司的治理结构是否能够平稳、有效运行。

相关中介机构经核查：

一、发行人及其前身的公司治理结构能够平稳、有效运行

根据发行人的工商档案、《公司章程》、发行人全体股东填写的调查表、发行人历次董事会、股东会、股东大会的会议文件、《开曼山石公司治理备忘录》、发行人的说明，2018 年 12 月 24 日，发行人以其前身山石网科有限经审计的净资产值折股整体变更为股份有限公司，发行人不存在控股股东和实际控制人，且无实际控制人的状态最近两年内未发生变化，但发行人及其前身的公司治理结构能够平稳、有效运行。

二、发行人已建立健全内部管理制度，以保障公司治理结构的平稳、有效运行

根据《公司章程》和发行人的工商档案及相关会议文件，自股份公司成立以来，发行人设立了股东大会、董事会、监事会等决策机构，股东大会、董事会、监事会自设立以来运行规范、良好，符合《公司法》等法律法规及《公司章程》的相关规定。发行人还设置了董事会下辖的审计委员会、提名与薪酬委员会及战略委员会等董事会专门委员会，以强化对董事会及管理层的约束和监督。

三、发行人股东及董事、监事、高级管理人员已作出承诺，以维持股权结构和治理结构的稳定性①

基于上述，本所认为，发行人虽不存在控股股东、实际控制人，且股份公司设立时间较短，但发行人股权结构稳定，经营决策具有稳定性与一贯性，最近两年发行人及其前身的治理结构能够平稳有效运行；发行人建立健全了公司内部的决策机制和管理制度，发行人主要股东、董事、监事及高级管理人员已

① 仅对发行人律师回复意见进行部分摘选，如需阅览全部情况，请参见《山石网科通信技术股份有限公司申报文件 8－3 律师补充法律意见书（一）》。

作出相应承诺，发行人已就保持股权结构和治理结构的稳定性作出了相关安排，发行人无控股股东、实际控制人及股份公司成立时间较短的情形并未给发行人的持续发展和持续盈利能力带来重大不确定性，发行人的公司治理结构能够平稳、有效运行。

第二节 “一致行动协议”对公司治理有效性的影响（恒安嘉新）

证监会《上市公司收购管理办法（2014 年修订）》第 83 条规定：“一致行动，是指投资者通过协议、其他安排，与其他投资者共同扩大其所能够支配的一个上市公司股份表决权数量的行为或者事实。”据此而言，协议各方为达成一致行动而签订的协议，被称为“一致行动协议”。签订一致行动协议的各方互为一致行动人。[①] 简言之，签订一致行动协议的各方一致同意在发行人生产经营决策中双方采取一致行动，在公司股东会、董事会及日常经营决策中，均通过事先协商方式达成一致意见，并且按照所达成的一致意见行使召集权、提案权、表决权等权利。对于一致行动人应当合并计算其所持有的股份，投资者计算其所持有的股份，应当包括登记在其名下的股份，也包括登记在其一致行动人名下的股份。

“一致行动协议”可以使小股东“报团取暖”，增加其在股份公司中的话语权。但因“一致行动协议”也有可能影响公司的控制权而引起监管者对“一致行动协议”影响公司治理有效性的关注。

发行人恒安嘉新股东之间签署《一致行动协议》，交易所在问询中请发行人补充披露特定股东之间签署《一致行动协议》对公司治理有效性的影响，公司控制权结构是否稳定。

相关中介机构经核查认为，根据金红与宋爱平等 19 名股东签署的《一致行动协议》并经确认，金红与宋爱平等 19 名股东之间的一致行动关系自 2016

---

① 除因协议产生的一致行动人外，还有因股权关系、关联交易关系等产生的一致行动人。参见《上市公司收购管理办法（2014 年修订）》。

年 11 月 28 日起至公司在中国境内首次公开发行股票并上市三十六个月内有效，如相关方于一致行动期限截止之前并未就一致行动关系的解除另行达成协议，一致行动期限自动延长三十六个月。金红与宋爱平等 19 名股东为本次发行出具了《恒安嘉新（北京）科技股份公司控股股东、实际控制人关于股份锁定及减持意向的承诺函》《恒安嘉新（北京）科技股份公司实际控制人的一致行动人关于股份锁定及减持意向的承诺函》，金红与宋爱平等 19 名股东承诺自发行人股票上市之日起三十六个月内，不转让或者委托他人管理该等股东直接和间接持有的发行人首次公开发行股票前已发行的股份，也不由发行人回购该等股份。此外，为保持发行人控制权结构的稳定性，发行人控股股东、实际控制人金红之外的其他股东均已确认不谋求控制权。综上，相关中介机构认为，上市后发行人的控制权稳定。

第三节 股权架构对公司治理的影响（和舰芯片）

申请科创板上市的企业多属于高科技产业领域，根据《外商投资准入特别管理措施（负面清单）》等规定，其中增值电信业务等敏感性行业，外方投资者投资该类中国大陆企业一般通过第三方间接投资。这不可避免地会涉及多重股权投资，也会引发审核机构对发行人股权真实性以及股份是否清晰的疑问。针对此问题，相关中介机构可从公司多层股权架构对股东权利的影响，公司股东可否有效行使其股东权利进行说明。

发行人和舰芯片的招股说明书披露，发行人直接控股股东为橡木联合，间接控股股东分别为晶信科技、菁英国际和联华电子，其中联华电子为最终的控股股东。联华电子通过收购而间接取得发行人控股权。因联华电子股权极其分散，不存在实际控制人，招股说明书中认定发行人也不存在实际控制人。交易所在问询函中要求说明发行人控股股东所持发行人的股份是否清晰，以及发行人如何确保其公司治理和内控的有效性。

相关中介机构经核查认为，公司虽有多层股权架构，橡木联合、晶信科技、菁英国际仅为投资性公司，除直接或间接持有发行人股权外，未投资其他主体，多层股权架构并不影响股东权利的行使，公司股东可以通过股东大会、通过委派董事参与公司重大事项决策，上述股权架构设置不会影响发行人公司治理和内控的有效性。发行人控股股东所持发行人的股份清晰，发行人已严格按照《公司法》《证券法》《上市公司治理准则》《上市公司股东大会规则》和《上市公司章程指引（2016 年修订）》等相关法律法规的要求，制定了《公司章程》，建立健全了股东大会、董事会、监事会、独立董事、董事会秘书制度，董事会下设战略委员会、审计委员会、薪酬与考核委员会、提名委员会等四个专门委员会，建立了完善的法人治理结构和健全的内部控制制度，相应公司制度贯穿于发行人经营活动的各层面和各环节并有效实施，能够保证公司治理和内控的有效性。

小 结

发行人存在多重股权架构时，上海证券交易所对股份是否清晰的问询，其背后原因在于对多重股权架构下，是否存在委托持股、信托持股等情形的考虑，境外股东的存在是否会对实际控制人对于发行人的有效公司治理和控制造成重大影响。比如对设立在国际避税区且持股层次复杂的股东，要求发行人说明如何确保其公司治理和内控的有效性。

第四节 董事对公司治理的作用（映翰通 致远互联）

一、董事人数为偶数，能否避免董事会僵局的出现（映翰通）

根据我国《公司法》的规定，股份有限公司应设立董事会，其成员为 5 ~ 19 人。法律上并未对公司董事人数是奇数还是偶数予以限制，但一般来说，为了能有效作出决策，一般公司董事人数为奇数。

根据招股说明书披露，发行人北京映翰通网络技术股份有限公司董事会共有 8 名董事。请发行人结合公司董事会运作情况，说明日常经营中能否避免董事会僵局的出现，保证经营效率，相关安排是否会对发行人持续经营产生不利影响。

相关中介机构经核查，公司目前董事会由8名董事组成，其中独立董事3名。

自股份公司设立以来，发行人共召开41次董事会，发行人董事会对公司选聘高级管理人员、设置专门委员会、制订公司主要管理制度、公司重大经营决策、关联交易、股东分红回报规划、财务决算、财务预算、股权激励、公司发展战略规划等重大经营事项作出了决议。历次董事会中公司董事均全部亲自出席，且历次董事会决议均由全体出席董事一致表决通过，公司历史上未出现过董事会决策僵局的情况。

根据《公司章程》及《董事会议事规则》的相关规定，董事会成员人数为偶数时，当出现表决相等情形，董事会可根据审议情况对相关事项进行修改提交下次董事会会议审议，或提议提交股东大会审议表决。因此，公司相关制度已经对公司僵局的出现设置了解决方案，即便日后出现董事会决策僵局的情况，董事会可根据审议情况对相关事项进行修改提交下次董事会会议审议，或将相关议案直接提议股东大会审议表决，前述解决方案可以有效解决公司董事会僵局的情况。

综上，相关中介机构认为，公司董事会严格按照《公司法》《公司章程》的规定规范运作，并且已经在《公司章程》及《董事会议事规则》中规定了避免董事会决策出现僵局相关条款安排，能够保证公司经营效率，相关安排不会对发行人持续经营产生不利影响。

二、独立董事对公司治理的作用（致远互联）①

上市公司大股东往往拥有对公司的绝对控制权，这种控制权一方面可以使得公司股权稳定，但另一方面也可以为大股东谋求种种不正当利益提供便利。在这种背景下，在上市公司董事会中引入独立董事，对完善上市公司自身董事会职权和功能是非常有意义的。但如果独立董事异常变动或频繁变动，也会引

---

① 参见《关于北京致远互联软件股份有限公司首次公开发行股票并在科创板上市申请文件审核问询函的回复》，第68～71页。

起上海证券交易所对独立董事变动对公司治理影响的疑问。

根据发行人北京致远互联软件股份有限公司（以下简称“致远互联”）招股说明书披露，最近2年内，独立董事变动频繁，特别是由立明3月9日受聘，3月19日辞任。交易所在发行人致远互联问询函中，要求发行人说明独立董事发生频繁变动的具体原因，报告期内独立董事履职的详细情况，对公司治理所起的实际作用

相关中介机构经核查：

（一）独立董事的变动情况

发行人共发生4次独立董事变动，具体如下：

（1）2017年5月6日，蒋蜀革（自2016年9月13日起担任独立董事）因个人原因辞去独立董事职务。2017年5月31日，发行人召开2017年第二次临时股东大会，选举何劲松为新任独立董事。

（2）2018年1月10日，蔡剑（自2016年9月13日起担任独立董事）因个人原因辞去独立董事职务。2018年1月30日，发行人召开2018年第一次临时股东大会，选举董衍善为新任独立董事。

（3）2019年2月巧日，何劲松（自2017年5月31日起担任独立董事）因个人原因辞去独立董事职务。2019年3月9日，发行人召开2019年第一次临时股东大会，选举由立明为新任独立董事。

（4）由立明于2019年3月9日担任发行人独立董事后，经发行人及相关中介机构与其沟通，发现报告期内由立明关系密切的家庭成员控制的企业曾为发行人提供服务。鉴于上述交易可能影响由立明作为独立董事的独立性，由立明于2019年3月19日主动辞去独立董事职务。2019年3月30日，发行人召开2018年度股东大会，选举尹好鹏为新任独立董事。

（二）独立董事的履职情况

公司历任独立董事均在任职期间根据《公司章程》《独立董事议事规则》及各专门委员会的议事规则等相关规定履行独立董事职责，按时出席董事会和其任职的各专门委员会的会议，不存在《独立董事议事规则》里规定的连续3次未亲自出席董事会会议等需被替换的情形；历任独立董事在任职期间对相关

议案发表明确的意见，对关联交易、未分配利润、董事及高级管理人员的薪酬与考核方案、委托理财等事项发表独立意见。

综上所述，公司历任独立董事能够谨慎、认真、勤勉地行使职权，不存在不能履职的情形。

（三）对公司治理所起实际作用

根据发行人《公司章程》、《独立董事议事规则》及各专门委员会议事规则的规定，发行人独立董事主要履行以下职责：

（1）应按时出席董事会会议，了解公司的生产经营和运作情况，主动调查、获取做出决策所需要的情况和资料；

（2）具有重大关联交易由独立董事认可后方可提交董事会讨论等特别职权；

（3）对董事会做出现金利润分配预案、公司董事/高级管理人员的薪酬、关联交易等事项发表独立意见；

（4）履行各董事会专门委员会赋予的相关职责；

（5）法律、行政法规、部门规章或《公司章程》等内控制度规定的其他事项。

经核查，报告期内，独立董事充分履行了上述职责，谨慎、认真、勤勉地行使发行人赋予的权利，对公司治理起到了重要作用。

小　结

完备合理的公司治理结构是公司长远发展的基石。我国上市公司的治理结构，从表面看，形成了“三会四权”的制衡机制，即股东大会、董事会、监事会和经理层分别行使最终控制权、经营决策权、监督权和经营指挥权。但从实际运行来看，如果没有完善的内部治理机制，则容易形成权力集中、董事会运作不规范、独立董事独立性不够、监事会形同虚设等问题，这些问题往往成为监管层审核中的关注问题，中介机构在对拟上市公司尽调核查中，应注意协助公司健全公司治理制度、完善公司治理结构。

第二十八章

房屋、土地问题

房屋、土地是申请上市企业的重要资产，同时也是企业正常运营的重要条件。土地、房屋的合规性，涉及的法律、法规、地方性规章等较多，是一个相对复杂的问题，容易存在潜在纠纷和风险，同时也是监管层关注的问题之一，拟上市公司及相关中介机构应高度关注。

第一节　部分房屋、土地使用权存在抵押情形（西部超导688122）①

根据发行人西部超导招股书披露，公司部分房屋、土地使用权已抵押。交易所在审核问询函中，请发行人说明部分房屋、土地使用权的抵押原因，对应的债务金额，是否存在因无法偿还债务导致资产无法使用风险及其对生产经营的影响。相关中介机构经核查：

一、发行人签订抵押合同的原因

发行人有三处房产、一处国有土地使用权存在抵押给国家开发银行陕西省分行，上述抵押的被担保债权数额为6500万元，担保的主债权期间自2015年

① 参见《关于西部超导材料科技股份有限公司首次公开发行股票并在科创板上市申请文件审核问询的回复》，第200～202页。

11 月 27 日至 2030 年 11 月 26 日。经发行人相关中介机构核查，发行人设立上述抵押系为国家第三批专项建设基金对发行人的投资提供担保。具体过程如下：

2015 年，发行人高端装备用特种钛合金材料产业化项目获批国家第三批专项建设基金投资 6500 万元，经陕西省发展和改革委员会《关于同意西北有色金属研究院申请国有股东委托贷款的函》（陕发改国防函〔2015〕1385 号）批准，该笔资金由西北院以委托贷款的形式取得，但资金实际使用人为发行人。

就上述委托贷款，2015 年 11 月 26 日，国开发展基金有限公司、国家开发银行股份有限公司、西北院签订了《国开发展基金股东借款合同》，即主债权合同，约定国开发展基金有限公司委托国家开发银行股份有限公司向西北院发放 6500 万元委托贷款，用于发行人高端装备用特种钛合金材料产业化项目。同时，国开发展基金有限公司、西北院签订《质押合同》，约定西北院以其持有的发行人 900 万股份作质押，为上述委托贷款提供质押担保。随后，西北院与发行人签署了协议，约定西北院将上述委托贷款资金交由发行人使用，发行人按主债权合同的相关约定偿还本金及利息。

2017 年 2 月，因西北院资本运作需要，经主债权合同各方及担保人西北院协商一致，主债权的担保方式改为由天汇科技以其持有的发行人 900 万股份提供质押担保。同时，为确保西北院履行《国开发展基金股东借款合同》《国开发展基金股东借款合同变更协议》项下的支付义务，债权人国开发展基金有限公司与发行人新签署了一份《抵押合同》，约定发行人以西经国用〔2013 出〕第 043 号土地使用权、西安市房权证未央区字第 1100114021 - 11 - 1 - 1、西安市房权证未央区字第 1100114021 - 11 - 2 - 1、西安市房权证未央区字第 1100114021 - 11 - 3 - 1 号房屋建筑物作为抵押。

2018 年 7 月 9 日，发行人就上述抵押办理完成抵押担保手续。发行人土地、房产的抵押由此形成。

二、上述抵押不存在因无法偿还债务导致资产无法使用风险，对生产经营无影响

经公司相关中介机构核查，发行人上述土地、房产的抵押不存在因无法偿

还债务导致资产无法使用风险，对生产经营无影响。具体原因如下：

（1）主债权清偿期限较长，发行人近期无须偿还本金。经公司相关中介机构核查《国开发展基金股东借款合同》、利息支付凭证，上述抵押对应的主债权本金偿还日期为2030年11月26日。该笔借款的本金偿还期限较长，发行人近期不存在因无法偿还大额本金导致债务违约的风险。

（2）借款利息较低，发行人货币资金和经营性现金流良好，不存在因无法偿还借款利息而导致债务违约的风险根据《国开发展基金股东借款合同》，上述借款的年利率为1.2%，远低于一般银行贷款水平。

根据《申报审计报告》，报告期末公司的货币资金和经营性现金流情况如下（略）。

由此可见，报告期末公司的货币资金和经营性现金流情况良好，足以支持发行人支付上述贷款的利息，不会因发行人经营活动现金流原因导致重大偿还风险。

经公司相关中介机构核查利息支付凭证及征信报告（报告日期2019年1月14日），截至本补充法律意见书（一）出具之日，发行人按期足额偿还了上述借款利息，不良和违约负债余额为0万元，未发生过不能支付利息的情形。

综上，公司相关中介机构认为，发行人的部分房屋、土地使用权存在抵押系因为发行人高端装备用特种钛合金材料产业化项目获批的国家第三批专项建设基金投资以股东委托贷款的形式拨付给发行人，发行人采取抵押部分房屋、土地使用权的形式进行抵押担保，对应的债务金额为6500万元，截至回复出具之日，就上述借款发行人未发生过违约情形，发行人货币资金和经营性现金流情况良好，不存在重大的偿还风险，不会对发行人生产经营产生影响。

第二节　占用国有划拨土地或集体土地的合规性（中国通号688009）

根据发行人中国通号招股说明书披露，通号创新（铜仁）开发有限公司存在使用国有划拨地的情形，发行人控股子公司部分租赁房屋涉及占用国有划拨地或集体土地的情况。发行人在问询函中，对发行人的上述事项进行问询。

相关中介机构经核查：

一、通号创新（铜仁）开发有限公司使用国有划拨地的情形

根据发行人提供的《国有建设用地划拨决定书》等材料，通号创新（铜仁）开发有限公司持有位于铜仁市的三宗划拨土地的用途为市政道路建设，属于《划拨用地目录》中列明的划拨土地使用范围。

铜仁市自然资源局于2019年3月11日出具了《证明》，根据该证明，通号创新（铜仁）开发有限公司所使用的三块建设用地（铜仁国划（决）字〔2017〕01号、铜仁国划（决）字〔2017〕02号、铜仁国划（决）字〔2017〕03号），自2017年3月17日起至2019年3月11日止，通号创新（铜仁）开发有限公司在使用该等地块的过程中遵守国家及地方有关土地管理方面的法律法规，不存在因违反土地管理方面的法律、法规而受到行政处罚的情形。公司相关中介机构认为，截至报告期期末，发行人使用上述国有划拨地符合《划拨用地目录》等相关法律法规的规定，不存在受到行政处罚的风险。

二、发行人租赁房屋涉及的占用国有划拨地或集体土地的情形

根据发行人提供的资料，经公司相关中介机构向出租人函证，截至报告期期末，发行人及其控股子公司存在部分因租赁房屋而占用国有划拨地或集体土地的情形。部分出租方将国有划拨地或集体土地上的房屋用于出租不符合《土地管理法》等相关规定，存在受到行政处罚的法律风险。但是，占用国有划拨地或集体土地的部分租赁房屋主要用于各区域范围内办公、居住、仓储等用途，由于该等用途对房产并无特殊要求，因此在发生停用或搬迁情形时，发行人及其控股子公司在该等条件可在较短时间内寻找符合要求的可替代租赁房屋。

大部分出租方已出具说明，如因出租方出租的房屋未能取得该租赁房屋权属证书或未经许可擅自转租导致承租人无法正常使用租赁房屋、导致承租人受到行政处罚或导致其他直接或间接损失的，出租方将对此承担全部赔偿责任。同时，发行人控股股东已出具承诺函："本次发行完成后，如发行人及其境内控股子公司因本次发行完成前租赁房产不规范情形影响各相关企业继续使用该等房屋，本集团将积极采取有效措施（包括但不限于协助安排提供相同或相

似条件的房产供相关企业经营使用等)，促使各相关企业业务经营持续正常进行，以减轻或消除不利影响。若发行人及其境内控股子公司因其租赁的房产不符合相关的法律法规而被有关政府主管部门要求收回房产或处以处罚或承担法律责任，或因房产瑕疵的整改而产生实际损失的，在相关损失无法向出租方追索的情况下，本集团负责解决由此发生的纠纷，并承担所产生的费用和开支，且在承担相关费用和开支后不向发行人或其控股子公司追偿，保证发行人或其控股子公司不会因此遭受损失。此外，本集团将支持各相关企业向相应方积极主张权利，以在最大程度上维护及保障发行人及其控股子公司的利益。”综上，发行人控股子公司部分租赁房屋涉及占用国有划拨地或集体土地的情况，对发行人生产经营不构成重大不利影响。

综上，公司相关中介机构认为，截至报告期期末，通号创新（铜仁）开发有限公司使用国有划拨地符合《划拨用地目录》等相关法律法规的规定，不存在受到行政处罚的风险；发行人自有土地、房产，不存在占用集体土地的情形；发行人控股子公司部分租赁房屋涉及占用国有划拨地或集体土地的情况，对发行人生产经营不构成重大不利影响。

第三节　使用农村集体土地的合规性（天宜上佳 688033）

根据《土地管理法》第 44 条的规定，建设占用土地，涉及农用地转为建设用地的，应当办理农用地转用审批手续。发行人使用位于上庄镇西辛力屯村南的集体土地从事高铁动车组用粉末冶金闸片及机车、城轨车辆闸片、闸瓦系列产品的研发、生产等行为，不符合上述规定，存在法律瑕疵。

2011 年 1 月 26 日，天宜有限与前章村商贸签署《租赁合同》，约定前章村商贸将位于上庄镇西辛力屯村南的养鸡场的土地使用权及地上建筑物、构筑物、附着物等全部租赁给天宜有限使用。鉴于前述土地归西辛力屯村所有，2013 年 6 月 15 日，西辛力屯村村民委员会出具《村民代表会决议》，同意与天宜有限签署租赁协议。2013 年 6 月 16 日，天宜有限与西辛力屯村村民委员会签订《租赁合同》，约定天宜有限租赁上述土地使用权及地上建筑物、构筑物、附着物等。发行人未就上述租用土地事宜办理审批和租赁备案手续。

2014年6月27日，京国土（海淀）分局罚字〔2014〕026号《处罚决定书》就在非法占用的上述土地上新建的建筑物和其他设施作出没收并罚款的决定。2017年7月18日发行人与经上庄镇政府授权管理和使用前述被罚没资产的农工商总公司签署了《管理协议》，约定发行人支付管理费并在协议有效期（2017年1月1日至2030年12月31日）内使用上述土地及地上建筑物作为其生产基地。2018年11月6日，上庄镇政府出具《关于天宜上佳公司所在地块有关情况的说明》，确认上述地块目前尚未编制控制性详细规划深化方案，镇级层面近五年内无拆迁安排。2019年4月29日，规自委海淀分局出具说明，确认经海淀区政府同意，上述地上物交由上庄镇政府实施监管；上庄镇政府对该地上物拥有完全的监管权限；且明确对已罚没的房屋及附属设施不再做相应的行政处罚。

公司相关中介机构认为，前述房产不是合法建筑且已于2014年6月27日被没收；没收后发行人与经拥有完全监管权限的上庄镇政府授权管理和使用前述资产的农工商总公司签署了《管理协议》，可以继续上述土地及地上建筑物作为其生产基地；根据北京市规划和自然资源委员会海淀分局出具的上述说明，其对已罚没的房屋及附属设施不再做相应的行政处罚。

第四节 临时厂房生产经营的合规性（利元亨）

交易所在问询函中，请发行人利元亨说明：发行人使用临时厂房生产经营是否符合相关法律法规的规定，发行人是否存在生产厂房被拆除或被处罚的风险，并量化说明对发行人生产经营的影响。相关中介机构经核查：

一、发行人使用临时厂房生产经营是否符合相关法律法规的规定

根据《城乡规划法》第44条，“在城市、镇规划区内进行临时建设的，应当经城市、县人民政府城乡规划主管部门批准”；“临时建设应当在批准的使用期限内自行拆除”。

根据《广东省城乡规划条例》第 48 条，“在城市、镇规划区范围内进行临时建设的，应当向城市、县人民政府城乡规划主管部门或者省人民政府指定的镇人民政府申请核发临时建设工程规划许可证。临时建设工程规划许可证有效期不超过二年。使用期限届满确需延期的，应当在有效期届满三十日前向原核发机关申请办理延期手续，延续期限不超过一年。临时建设必须按照批准的用途使用，不得改变用途或者转让。临时建设应当在批准的使用期限届满前自行拆除，恢复土地原状”。

公司位于惠州市惠城区马安镇马安中心区新乐村的两间临时厂房于公司“粤〔2018〕惠州市不动产权第 0114962 号”自有工业用地上建设，第一间面积为 1886.52 平方米的临时厂房已经广东省惠州市住房和城乡规划建设局于 2018 年 10 月 17 日出具的“惠市规水临〔2018〕024 号”批复及惠州市自然资源局于 2019 年 2 月 19 日出具的“惠市自然资〔2019〕95 号”批复同意，第二间面积为 2106.17 平方米的临时厂房已经惠州市自然资源局于 2019 年 4 月 11 日出具的“惠市自然资函〔2019〕597 号”批复同意。根据上述批复，以上临时厂房有效使用期二年，使用期满需办理延期手续。使用期内如城市规划建设需要拆除时发行人应无条件自行拆除。

综上，发行人相关中介机构认为发行人的临时厂房建于自有工业用地，已取得规划和自然资源管理部门批复，仍在有效使用期内，发行人使用临时厂房生产经营符合相关法律法规的规定。

二、发行人是否存在生产厂房被拆除或被处罚的风险

按照《惠州市惠城区马安镇总体规划（2009 ~ 2020 年）》《惠州市马安中心区控制性详细规划》（2011 年 11 月），上述临时厂房所占土地的用途为工业用地，且发行人已取得工业用途的《不动产权证书》及规划部门同意临时厂房规划许可的批复。

因此，公司相关中介机构认为，有效使用期内，公司临时厂房不存在被处罚的风险，除未来因城市规划建设可能需要拆除外，该临时厂房不存在被拆除的风险。

三、量化说明对发行人生产经营的影响

假设公司目前无法使用该临时厂房，则需要在相同地段承租其他已取得房

屋产权证书的同等规模厂房。

按照公司的搬迁计划，上述临时厂房将于2020年10月完成搬迁建厂房工作，则从2019年5月至2020年10月，假设公司需要租赁18个月，参照同地段厂房租赁价格8元/平/月至18元/平/月，则相同面积，即3992.69平方米厂房租赁18个月的租金为57.49万元至129.36万元，公司相关中介机构认为，该金额较小，对公司生产经营不会产生重大影响。

第五节　租赁房产被司法拍卖对生产经营的影响（海尔生物）

根据发行人海尔生物招股说明书披露，发行人子公司四川海盛杰低温科技有限公司（以下简称“海盛杰”）向荣创智达承租的两处房产，系出租方于2018年11月29日通过司法拍卖所得。交易所在问询函中，请发行人说明司法拍卖是否对子公司海盛杰的生产经营产生不利影响。

经公司相关中介机构核查《成都市双流区人民法院执行裁定书》（〔2018〕川0116执恢39号之二）、变卖公告、《成都市双流区人民法院变卖成交确认书》等文件，海盛杰租赁的房产原权利人为成都市钧泰实业有限公司（以下简称钧泰实业），钧泰实业因民间借贷纠纷被依法拍卖其所有的位于成都市温江区海峡两岸科技产业开发园科盛路东段1019号的工业房地产（包括总建筑面积16,995平方米及宗地土地使用面积19,190.60平方米）以及满足上述对象使用功能且无法从建筑物主体剥离的装修及附属设施。

成都市双流区人民法院于2018年11月28日10时开始在成都市双流区人民法院阿里巴巴司法拍卖网络平台上对该等土地房产进行公开变卖活动，荣创智达通过竞买号O1937于2018年11月29日在成都市双流区人民法院于阿里拍卖平台开展的“成都市温江区海峡两岸科技产业开发园科盛路东段1019号的工业房地产”项目公开竞价中，以最高应价胜出，成交价格为16,510,000元。成都市双流区人民法院与荣创智达于2018年12月4日签署《变卖成交确认书》，确认荣创智达已支付全部拍卖价款。

司法拍卖前，海盛杰已与钧泰实业签署了《厂房租赁合同》，根据《合同法》第229条规定“租赁物在租赁期间发生所有权变动的，不影响租赁合同的效力”，该等房产土地所有权的转让对租赁关系不产生任何影响。此外，根据荣创智达出具的情况说明以及海盛杰的确认，在司法拍卖期间，海盛杰保持正常经营，司法拍卖结束后，海盛杰已与荣创智达签署租赁合同，该等司法拍卖未对海盛杰的生产经营产生不利影响。

综上，公司相关中介机构认为，司法拍卖未对子公司海盛杰的生产经营产生不利影响。

小 结

一、审核关注的土地方面问题总结

根据《土地管理法》规定，土地分为国家所有和农民集体所有。即城市市区的土地属于国家所有；农村和城市郊区的土地，除由法律规定属于国家所有的以外，属于农民集体所有；宅基地和自留地、自留山，属于农民集体所有。

国家实行土地用途管制制度，根据土地用途将土地分为农用地、建设用地和未利用地，严格限制农用地转为建设用地。农用地是指直接用于农业生产的土地，包括耕地、林地、草地、农田水利用地、养殖水面等；建设用地是指建造建筑物、构筑物的土地，包括城乡住宅和公共设施用地、工矿用地、交通水利设施用地、旅游用地、军事设施用地等；未利用地是指农用地和建设用地以外的土地。

从科创板已披露的审核问询回复及其他板块问询问题来看，监管层关注的土地问题包括：

（1）土地使用权存在抵押/查封，说明抵押/查封的原因，所采取的应对措施，后续生产经营是否存在因无法偿还债务导致资产无法使用风险及其对生产经营的影响；

（2）土地出让金及相关税费是否已缴纳；土地未办理权属证书/土地使用权证已到期，该宗土地使用权证办理的最新进展情况，是否存在办理障碍，是否存在违法违规情形，被处罚并收回土地的风险；

（3）租赁的土地系划拨用地，是否按照法律规定，经土地管理部门批准并办理土地使用权出让手续，交付土地使用权出让金；

（4）租赁的土地系农村集体土地转为建设用地，发行人是否按照法律规定办理农村集体土地转为建设用地的转用审批手续及变更登记手续；

（5）土地使用权实际使用情况与规划用途不一致；

（6）集体土地方面，发行人生产经营所使用的土地属于集体土地、而相应土地未取得集体土地使用权证，关注租赁集体土地程序的合法合规性、是否存在纠纷或潜在纠纷；发行人是否严格按照集体土地用途进行使用，是否存在违法违规情形；是否存在占用基本农田的情形。

二、审核关注的房产方面问题总结

房产瑕疵也是监管层审核的关注点。拟上市公司因自建房产未取得权属证书、租赁房产及所在地块未取得权属证书，或租赁合同未办理相应的租赁备案登记等原因而产生的房产瑕疵问题非常普遍。包括但不限于以下问题：

（1）房屋被抵押/查封/拍卖，被抵押/查封/拍卖的原因，采取的应对措施，对后续生产经营产生的影响；

（2）自建房屋存在未批先建瑕疵，是否存在被拆除、被处罚风险，采取的应对措施；

（3）自建/租赁房屋未取得权属证书，未取得权属证书的原因，权证办理的最新进展情况，是否被处罚的风险或其他法律风险，是否构成重大违法违规；量化说明对发行人生产经营的影响；

（4）租赁的房屋未办理相应的租赁备案登记，对发行人生产经营的影响，是否构成重大违法违规。

发行人应尽量避免上述房产、土地方面的瑕疵，中介机构在做尽调核查时，更应格外注意。

第二十九章

税务合规问题

在企业科创板上市过程中，几乎所有的上市准备事项都可能会涉及税收问题，诸如股份制改造、股权激励、关联交易，以及科创企业特有的高新技术企业认定和优惠、研发费加计扣除等。税务事项的合规处理，是企业科创板上市过程中最基础、最重要的一个环节。税务合规问题也是交易所审核的关注点之一。对于拟上市企业，需要对相关的税务事项进行合规的调整和处理，以规避因为税收问题而带来上市受阻的风险。

第一节　企业上市涉及的税务合规问题

一、重组和改制过程中的税务检查

科创板要求发行人是依法设立且持续经营 3 年以上的股份有限公司，因此，一些科创板拟上市企业都需要先进行股份制改造。在改制过程中，涉及许多税务问题，需要在改制前进行检查。例如，若将企业资产评估增值转增个人股本，则个人股东不容忽视应按股息、红利缴纳个人所得税；老股东合规履行个人所得税纳税义务也将是上市监管机构重点关注的事项。

科创板允许红筹架构企业（包括 VIE 架构企业）在国内实现上市，因此与传统的直接上市不同，红筹企业上市先需要拆除红筹架构，原境外主体需要将持有的境内公司股权转让给境内投资人，这种过程中也会产生所得税纳税成本等。拟上市企业是否履行纳税义务、股权转让价格是否公允等将会是其申报上市过程中监管机构重点关注的税务合规事项。对于拟申请科创板上市的企业，对跨境重组等事项进行税负水平测算可以优化重组方案，企业上市前还需对其税务历史沿革进行严格评估，了解业务快速发展中可能忽略的税务合规问题，例如，当境内关联方之间存在税负差异，企业之间的交易直接或间接导致中国整体税收减少，该境内关联交易将成为转让定价调查调整的对象，企业需按照相关转让定价法规评估风险、计算补缴税款等。同时，企业还需要做好将来的税务规划和安排，关注集团内跨境关联交易的税务合规遵从，避免不必要的税务质疑，做到税务合规。

二、研发费用的税务检查

科创企业的研发工作是需要重点投入的内容，是科创企业的核心所在，同时也是科创板上市审核过程中非常重要的关注和衡量指标。从公开信息及相关资料来看，已经通过上市委会议审核的企业中，大部分企业的研发费用占营业收入的比重较高，研发费用率的平均数约为10%，研发费用的核算和归集成为了企业被监管机构频频问询的重点问题。同时，研发费用与许多税务优惠政策紧密相关，企业在税务风控上的投入非常关键。例如，有些拟上市企业在申请税收优惠之前才临时整理过去1～3年的研发费用，准确性和真实性程度不高，在后续的税务稽查过程中，往往由于企业无法验证研发费用整理和归集的准确性，导致受不到相应的税收优惠。

科创板对于研发费用及相关税务问题的要求更高，深圳某医药制造企业A公司共接受了三轮上市委的审核问询，前两轮的问询均涉及了与研发费用相关的问题。首轮问询要求企业分析说明，报告期内税务机关对其研发费用的认定金额，与其纳税申报表所列式的研发费用金额之间存在的差异。在第二轮问询中，上市委要求企业进一步说明，税法上允许税前加计扣除的研发费用金额和企业账务处理中研发费用金额存在较大差异的原因，并要求其列示明细项目及对应金额。建立拟上市科创企业建立完整的研发项目跟踪管理系统，从研发项目初始阶段开始，对研发费用进行实时跟踪管理，有效监控、记录各研发项目的进展情况，明确研发支出的范围和标准，并在核算过程中有效执行。①

三、税收优惠政策合规性检查

针对科技创新型企业，目前有许多税收优惠政策，鼓励科技创新企业的发展。例如，高新技术企业减按15%税率征收企业所得税、委托境外研发费用加计扣除、企业进口重大技术装备免征进口环节增值税等。但在享受税收优惠政策的同时，也应当关注企业是否满足优惠政策的适用条件，以及是否存在其他潜在风险。

科创企业多享受税收优惠，因此税收优惠情况也成为了上市问询过程中的一项重要问题。例如，科技股份有限公司T公司在第一次发布的《关于首次公开发行股票并在科创板上市申请文件审核问询函的回复》中回答了企业享受税收优惠的相关情况，对其作为高新技术企业享受的税收优惠情况进行了详细披露。根据上市委的问询重点，披露的主要内容包括：公司续期申请高新技术企业资质是否存在障碍；报告期内公司享受的税收优惠是否合法合规，是否存在被追缴的风险；公司经营业绩是否依赖于税收优惠；公司是否存在利用合并范围内相关主体的税收优惠，规避税收缴纳义务的情形。因此，建议科创板拟上市企业提前对享受的税收优惠政策做好合规性检查。

四、内部交易税务合规性检查

科创企业在内部交易过程中的税务合规问题也是监管机构重点关注的问题之一。科创板上市委在多家企业的问询函中，要求相关中介机构核查企业控股股东历次股权转让时，是否缴纳所得税。如未缴纳，需说明欠缴税款的具体情况及原因，可能导致的被追缴风险、补缴义务及处罚责任，并说明企业的这一行为是否属于重大违法违规行为。科创板退市制度中有一项特别规定，即如果上市企业的营业收入或利润主要来源于与主营业务无关的贸易业务，或者主要来源于不具备商业实质的关联交易，明显丧失持续经营能力，达到退市标准的，上交所将依照相关规定，对其股票启动退市程序。因此，对有科创板上市

---

① 李雨柔：《科创板上市哪些涉税事项受关注》，载《中国税务报》2019年6月28日，第7版。

意愿或是已经成功登陆科创板的企业来说，都必须关注集团内部交易的风险管控。

已通过上市委会议审核并提交注册申请的某公司，曾在报告期内与两家企业发生内部交易。上市委在对某公司提出的第二轮问询中，要求该企业进一步说明内部交易的具体情况及相关考虑、定价原则及其公允性。同时要求某公司说明，内部交易是否存在转移定价和税务风险，必要时某公司还需作风险说明。因此，建议拟上市科创企业重点检查内部交易的税务合规问题。

第二节　存在税务行政处罚行为是否对上市构成实质障碍（西部超导 688122）

西部超导《招股书（申报版）》披露，其在报告期内存在税务方面的违法行为。上海证券交易所在后续审核问询中“发行人在运营方面的合法合规性，是否存在违法违规行为，是否存在影响本次发行上市法律障碍的情形”。

相关中介机构经核查，西部超导在税务方面的违法行为具体如下：

2017 年 5 月 16 日，陕西省地方税务局稽查局作出《陕西省地方税务局稽查局行政处罚决定书》（陕地税稽罚〔2017〕7 号），因发行人 2013 年至 2015 年少缴印花税 12, 431. 49 元，决定对发行人处以罚款 6215. 76 元。

2017 年 7 月 31 日，陕西省国家税务局稽查局作出《陕西省国家税务局稽查局行政处罚决定书》（陕国税稽罚〔2017〕5 号），因发行人 2013 年至 2015 年未按照规定将部分实际发生的业务招待费计入业务招待费，决定对发行人处以罚款 29, 729. 12 元。

受到上述处罚后，发行人及时缴纳了罚款，采取了有效的整改措施，规范公司管理，未造成不良影响。

对上述两项违法违规情形，国家税务总局陕西省税务局稽查局于 2019 年 2 月 28 日出具《专项说明》确认：“西部超导及时履行了处罚决定，且采取有效整改措施，在受到处罚后规范公司纳税管理，未造成不良影响。本单位认为，西部超导上述行政处罚所涉违法行为不属于重大违法违规行为。”

相关中介机构经核查认为，发行人挂牌期间在运营方面存在违法违规情形，但发行人因违法违规行为受到处罚后，及时履行了处罚决定，采取了有效的整改措施，且有关主管部门出具说明确认上述受到行政处罚的行为不属于重大违法违规行为，对本次发行上市不构成实质性法律障碍。

第三节　补开原税率发票导致调整税务系统原纳税申报报表产生的滞纳金问题（交控科技688015）

根据《交控科技招股书》显示，公司在2018年因增值税税率调整过程中，补开原税率发票导致调整税务系统原纳税申报报表导致产生55.89万元的滞纳金罚款。审核问答要求说明该处罚事项对发行人生产经营的影响，是否构成重大违法违规，是否存在其他未披露的行政处罚情况。

相关中介机构获取了发行人《审计报告》、发行人提供的《交通银行（交通银行北京市分行）分行电子缴税付款凭证》、记账凭证及其出具的说明和承诺，了解了发行人税收滞纳金情况。经核查认为，补开原税率发票导致调整税务系统原纳税申报报表产生的滞纳金不属于罚款。根据《税收征收管理法(2015年修正)》第32条，“纳税人未按照规定期限缴纳税款的，扣缴义务人未按照规定期限解缴税款的，税务机关除责令限期缴纳外，从滞纳税款之日起，按日加收滞纳税款万分之五的滞纳金”。发行人补开原税率发票导致调整税务系统原纳税申报报表产生的55.89万元的性质为上述法规规定的滞纳金，而非由滞纳金产生的罚款或其他性质的罚款。该笔滞纳金为发行人自查后主动申报缴纳，税务机关并未就该事项向发行人出具任何处罚意见或决定，发行人也不存在就滞纳金受到税务主管单位行政处罚的情形。

国家税务总局北京市丰台区税务局第一税务所（国税）于2019年1月2日出具《纳税人涉税保密信息查询证明》，确认“交控科技股份有限公司系我局辖区内纳税人，已依法在我局办理税务登记。截至目前尚未发现该纳税人自2016年01月01日至2018年12月31日期间存在税收违法行为”。

国家税务总局北京市丰台区税务局第二税务所（地税）于2019年1月3

日出具的《涉税信息查询结果告知书》，确认“经查询，交控科技股份有限公司为我局登记户，根据税务核心系统记载，该企业在此期间未接受过行政处罚，该单位及企业所得税征收方式为查账征收”。[①]

第四节　海外架构搭建、解除过程中税务的合规性（光峰科技688007）

一、海外架构搭建过程中

根据当时适用的《非居民企业所得税源泉扣缴管理暂行办法》（2009 年 1 月 1 日起实施），非居民企业取得来源于中国境内的股息、红利等权益性投资收益和利息、租金、特许权使用费所得、转让财产所得以及其他所得应当缴纳的企业所得税，实行源泉扣缴，以依照有关法律规定或者合同约定对非居民企业直接负有支付相关款项义务的单位或者个人为扣缴义务人。根据《国家税务总局关于加强非居民企业股权转让所得企业所得税管理的通知》（国税函〔2009〕698 号，以下简称“698 号文”），非居民企业股权转让所得是指非居民企业转让中国居民企业的股权（不包括在公开的证券市场买入并卖出中国居民企业的股票）所取得的所得。

根据当时有效的《个人所得税法》第 8 条，个人所得税以所得人为纳税义务人，以支付所得的单位或者个人为扣缴义务人。

综上，公司相关中介机构认为，由于发行人在境外架构搭建期间的交易中均非扣缴义务人，上述 APPO 的股份变动情况对本次发行不会造成实质性影响。

二、境外架构拆除过程中

根据毕马威企业咨询（中国）有限公司深圳分公司（以下简称毕马威中国）出具的税务分析报告，（1）拆除境外架构过程中，鉴于 APPO 或 APPO2

① 参见《交控科技股份有限公司首次公开发行 A 股股票并在科创板上市申请文件审核问询回复》，第 272 页。

向股东回购股份时，APPO2 未直接持有中国境内股权及资产，因此根据《关于非居民企业间接转让财产企业所得税若干问题的公告》（国家税务总局公告 2015 年第 7 号，以下简称“7 号公告”），前述回购交易应不涉及中国所得税；（2）根据 7 号公告，非居民企业间接转让的中国应税资产包括股权及其他类似权益；VIE 的控制是否属于“其他类似权益”尚不明确，目前尚未发现相关案例。

根据国家税务总局深圳市南山区税务局出具的《税务违法记录证明》，发行人于报告期内未发现有重大税务违法记录。

公司相关中介机构认为，海外架构搭建、解除过程中各交易步骤、环节和安排符合境内税务相关法律法规规定。

第三十章

社保及公积金合规问题

企业申请科创板上市，不仅需要符合科创板定位，具有直接面向市场独立持续经营的能力外，而且其生产经营也必须符合法律、行政法规的规定，符合国家产业政策，不存在欺诈发行、重大信息披露违法或者其他涉及国家安全、公共安全、生态安全、生产安全、公众健康安全等领域的重大违法行为。依法参加并足额缴纳社会保险，是科创板企业的一项重要的社会责任。企业在社会保险责任履行上的失信、失范行为，将直接影响企业的上市发行。

第一节　社会保险、公积金的相关规定

《劳动法》第 72 条规定，社会保险基金按照保险类型确定资金来源，逐步实行社会统筹。用人单位和劳动者必须依法参加社会保险，缴纳社会保险费。

《上海证券交易所科创板股票上市规则》第 4. 4. 4 条第 1 项规定，上市公司应当根据员工构成情况，履行员工权益保障责任，建立员工聘用解雇、薪酬福利、社会保险、工作时间等管理制度及违规处理措施。这是对科创板上市企业的一项内部治理要求。

《公开发行证券的公司信息披露与格式准则第 41 号——科创板公司招股说明书》规定，发行人在招股说明书中，应简要披露员工情况，包括员工人数

及报告期内的变化情况，员工专业结构，报告期内社会保险和住房公积金缴纳情况。披露报告期内存在的违法违规行为及受到处罚的情况，并说明对发行人的影响。

国家发展改革委等28个部门联合印发《关于对社会保险领域严重失信企业及其有关人员实施联合惩戒的合作备忘录》（发改财金〔2018〕1704号印发），联手对“用人单位未按相关规定参加社会保险且拒不整改的；用人单位未如实申报社会保险缴费基数且拒不整改的；应缴纳社会保险费却拒不缴纳的……”等9类社会保险严重失信、失范行为实施32项联合惩戒。其中就包括“在股票、可转换债券发行审核及在全国中小企业股份转让系统挂牌公开转让审核中，将失信信息作为参考”，由证监会实施。

社会保险的缴存细则关于参保人、缴费人与参保范围、费用计算的相关规定，包括以下：

一、参保人、缴费人与参保范围

《社会保险法》规定，职工应当参加基本养老保险，由用人单位和职工共同缴纳基本养老保险费。无雇工的个体工商户、未在用人单位参加基本养老保险的非全日制从业人员以及其他灵活就业人员可以参加基本养老保险，由个人缴纳基本养老保险费。

职工应当参加职工基本医疗保险，由用人单位和职工按照国家规定共同缴纳基本医疗保险费。无雇工的个体工商户、未在用人单位参加职工基本医疗保险的非全日制从业人员以及其他灵活就业人员可以参加职工基本医疗保险，由个人按照国家规定缴纳基本医疗保险费。

职工应当参加失业保险，由用人单位和职工按照国家规定共同缴纳失业保险费。

职工应当参加工伤保险，由用人单位缴纳工伤保险费，职工不缴纳工伤保险费。

职工应当参加生育保险，由用人单位按照国家规定缴纳生育保险费，职工不缴纳生育保险费。

二、费用计算

社会保险费各险种的计缴，大都是以职工工资总额为基础，以统筹地区上一年度非私营社会平均工资（以下简称“社平工资”）为基准，职工工资低于上年社平工资60%，按社平工资的60%为基数，职工工资高于上年社平工资300%，按社平工资的300%为基数。但是由于统筹地区的不同和各险种的基本制度的差异，我国社会保险基数标准、确定方法、缴费费率的地区性差异很大，甚至不同险种之间也存在差异。

2006年，原劳动和社会保障部印发《关于规范社会保险缴费基数有关问题的通知》（劳社险中心函〔2006〕60号），就统一缴费基数规定：参保单位缴纳基本养老保险费的基数可以为职工工资总额，也可以为本单位职工个人缴费工资总额基数之和，但在全省区市范围内应统一为一种核定办法。

单位职工本人缴纳基本养老保险费的基数原则上以上一年度本人月平均工资为基础，在当地职工平均工资的60%～300%的范围内进行核定。

参保单位缴纳基本医疗保险、失业保险、工伤保险、生育保险费的基数为职工工资总额，基本医疗保险、失业保险职工个人缴费基数为本人工资，为便于征缴可以以上一年度个人月平均工资为缴费基数。

同时还明确了职工工资总额的执行口径：凡是国家统计局有关文件没有明确规定不作为工资收入统计的项目，均应作为社会保险缴费基数。依据国家统计局有关文件规定，工资总额是指各单位在一定时期期内直接支付给本单位全部职工的劳动报酬总额，由计时工资、计件工资、奖金、加班加点工资、特殊情况下支付的工资、津贴和补贴等组成。劳动报酬总额包括：在岗职工工资总额；不在岗职工生活费；聘用、留用的离退休人员的劳动报酬；外籍及港澳台方人员劳动报酬以及聘用其他从业人员的劳动报酬。

2019年4月1日，国务院办公厅印发《降低社会保险费率综合方案》（国办发〔2019〕13号印发），贯彻落实党中央、国务院决策部署，降低社会保险（以下简称“社保”）费率，完善社保制度，稳步推进社保费征收体制改革。该文件对进一步完善社保制度作出了如下规定：

一是降低养老保险单位缴费比例。自2019年5月1日起，降低城镇职工基本养老保险（包括企业和机关事业单位基本养老保险，以下简称“养老保险”）单位缴费比例。各省、自治区、直辖市及新疆生产建设兵团（以下统称“省”）养老保险单位缴费比例高于16%的，可降至16%；目前低于16%的，要研究提出过渡办法。

二是继续阶段性降低失业保险、工伤保险费率。自2019年5月1日起，实施失业保险总费率1%的省，延长阶段性降低失业保险费率的期限至2020年4月30日。自2019年5月1日起，延长阶段性降低工伤保险费率的期限至2020年4月30日，工伤保险基金累计结余可支付月数在18~23个月的统筹地区可以现行费率为基础下调20%，累计结余可支付月数在24个月以上的统筹地区可以现行费率为基础下调50%。

三是调整社保缴费基数政策。调整就业人员平均工资计算口径。各省应以本省城镇非私营单位就业人员平均工资和城镇私营单位就业人员平均工资加权计算的全口径城镇单位就业人员平均工资，核定社保个人缴费基数上下限，合理降低部分参保人员和企业的社保缴费基数。调整就业人员平均工资计算口径后，各省要制定基本养老金计发办法的过渡措施，确保退休人员待遇水平平稳衔接。完善个体工商户和灵活就业人员缴费基数政策。个体工商户和灵活就业人员参加企业职工基本养老保险，可以在本省全口径城镇单位就业人员平均工资的60%~300%之间选择适当的缴费基数。

第二节　发行人社会保险和住房公积金缴纳情况（嘉元科技688388）

对于发行人社保、公积金的核查，需要核查是否为企业全体员工缴纳社保、公积金；未为其缴纳社保、公积金的原因；请相关主管部门对发行人缴纳社会保险和住房公积金的合规证明；控股股东及实际控制人对相关责任承担的承诺。根据2018年10月以来证监会IPO过会企业社保、公积金缴纳情况，过会企业社保覆盖率基本达到了90%以上，公积金覆盖比例达到了80%以上。

广东嘉元《招股说明书（申报版）》披露：公司按照国家的法律法规及地方的有关规定，为员工缴纳养老保险、医疗保险、失业保险、生育保险、工伤保险和住房公金。

一、报告期内，公司为员工缴纳社保和公积金的具体情况

报告期内，2016 年年末公司社保及住房公积金缴纳比例均达到 95% 以上；2017 年末社保及住房公积金缴纳比例均达到 85% 以上；2018 年年末社保及住房公积金缴纳比例均达到 96% 以上。公司存在未为部分员工缴纳社保及公积金的情形，主要原因为：退休返聘员工无须再缴；月末入职员工，相关社会保险和住房公积金的手续正在办理中，当月期末无法为其缴纳；已在其他地方缴纳等。

二、主管部门出具的证明

根据梅州市梅县区人力资源和社会保障局于 2019 年 1 月出具的《证明》，嘉元科技、金象铜箔在报告期内能够遵守人力资源社会保障相关法律法规，按时足额支付员工劳动报酬，没有发生拖欠工人工资的行为，不存在因违法用工而被行政处理或行政处罚的情形。

根据梅州市公积金管理中心梅县区经办业务分理处于 2019 年 1 月出具的《证明》，嘉元科技、金象铜箔不存在因违反相关法律法规、部门规章及地方规范性文件而受到行政处罚的情形。

三、控股股东、实际控制人出具的承诺

发行人控股股东嘉元实业、实际控制人廖平元出具承诺：若发行人及/或其控股子公司所在地社保管理机构及/或住房公积金管理部门要求发行人及/或其控股子公司就其员工补缴未按时足额缴纳的社保费用及/或住房公积金，或者发行人及/或其控股子公司因社保问题及/或住房公积金问题被主管部门要求承担任何损失或处罚的，本公司/本人将及时、无条件地足额补偿发行人及/或其、控股子公司因此发生的支出或所受的损失，以确保不会给发行人及/或其控股子公司带来任何经济损失。

小 结

企业在科创板上市前，需要对社会保险的征缴情况进行全面的核查。在企

业社会保险缴纳中，一般可能存在的问题主要集中在：企业员工没有全部参加社会保险；社会保险基数申报不足，没有足额缴纳社会保险；没有对全部的五项保险足额缴纳（最常见的是生育保险的参保率普遍较低）；未足额缴纳已申报的社会保险，存在欠缴情形等问题。

这些影响企业的发行审核的问题，企业需要慎重对待并尽快处理。根据《劳动法》《劳动合同法》《社会保险法》以及统筹地区的社会保险相关规定，做好政策梳理和制度对接，完善企业内部制度；核查报告期是否存在社会保险费的漏保、欠缴、少报的情形，如需补缴建议联系社保经办机构补报补缴；加强与人力资源和社会保障部门、税务部门的沟通联系，避免出现行政处罚。

第三十一章

安全与环保问题

2018 年 7 月，证监会发布《关于修改〈关于改革完善并严格实施上市公司退市制度的若干意见〉的决定》，对现行涉及重大违法公司的强制退市规定作出修改，将涉及国家安全、公共安全、生态安全、生产安全和公众健康安全等领域的重大违法行为也纳入了重大违法公司强制退市的情形中。2019 年 3 月发布并实施的《上海证券交易所科创板股票发行上市审核问答》对“其他涉及国家安全、公共安全、生态安全、生产安全、公众健康安全等领域的重大违法行为”作了详细规定和解答。相关中介机构应加强对项目公司该方面的核查，以免构成上市的实质性障碍。

第一节　科创板关于安全、环保方面的相关规定

一、安全生产方面的相关规定

《上海证券交易所科创板股票发行上市审核规则》第 64 条规定了中止发行审核的情形，其中第 1 款规定，发行人及其控股股东、实际控制人涉嫌贪污、贿赂、侵占财产、挪用财产或者破坏社会主义市场经济秩序的犯罪，或者涉嫌欺诈发行、重大信息披露违法或其他涉及国家安全、公共安全、生态安全、生产安全、公众健康安全等领域的重大违法行为，被立案调查或者被司法

机关立案侦查，尚未结案，发行人、保荐人和证券服务机构应当及时告知本所，本所将中止发行上市审核，通知发行人及其保荐人。

《上海证券交易所科创板股票发行上市审核问答》进一步对发行条件中“其他涉及国家安全、公共安全、生态安全、生产安全、公众健康安全等领域的重大违法行为”做了专门解释，即最近3年内，发行人及其控股股东、实际控制人在国家安全、公共安全、生态安全、生产安全、公众健康安全等领域，存在以下违法行为之一的，原则上视为重大违法行为：被处以罚款等处罚且情节严重；导致严重环境污染、重大人员伤亡、社会影响恶劣等。有以下情形之一且中介机构出具明确核查结论的，可以不认定为重大违法：违法行为显著轻微、罚款数额较小；相关规定或处罚决定未认定该行为属于情节严重；有权机关证明该行为不属于重大违法。但违法行为导致严重环境污染、重大人员伤亡、社会影响恶劣等并被处以罚款等处罚的，不适用上述情形。

二、环保方面的相关规定

根据上海证券交易所发布的《上海证券交易所科创板企业上市推荐指引》规定，保荐机构应当重点推荐以下七个领域的科技创新企业，包括新一代信息技术领域、高端装备领域、新材料领域、新能源领域、节能环保领域、生物医药领域以及符合科创板定位的其他领域。其中，节能环保领域主要包括高效节能产品及设备、先进环保技术装备、先进环保产品、资源循环利用、新能源汽车整车、新能源汽车关键零部件、动力电池及相关技术服务等。

在已上市科创企业招股说明书中，大多发行人对于技术先进性、模式创新性、研发技术产业化及未来发展战略都做了专门的详细披露，这些技术和模式对于节能环保多具有重大意义。节能环保是科创企业的优势所在，拟上市科创企业需重点关注。

第二节　生产安全方面的违法行为是否构成上市的实质性障碍（西部超导688122）

西部超导公司股票于2014年12月31日在全国中小企业股份转让系统挂

牌并公开转让，证券简称为西部超导，股票代码为831628。西部超导公司股票自2019年2月20日起在股转系统暂停转让。2019年7月2日，西部超导在股转系统终止挂牌。

西部超导在其招股书（申报版）中披露，其在报告期内存在安全生产方面的违法行为。上海证券交易所在后续审核问询中“发行人在运营方面的合法合规性，是否存在违法违规行为，是否存在影响本次发行上市法律障碍的情形”。西部超导在安全生产方面的违法行为具体如下：

2018年7月30日，西安经开区安全生产监督管理局作出《行政处罚决定书》（（经开）安监罚〔2018〕1－1号），根据该处罚决定，因发行人在吊带设备使用方面的不规范，西安经开区安全生产监督管理局决定对发行人处以罚款15,000.00元。

相关中介机构经核查认为：发行人挂牌期间在运营方面存在违法违规情形，但发行人因违法违规行为受到处罚后，及时履行了处罚决定，采取了有效的整改措施，且有关主管部门出具说明确认上述受到行政处罚的行为不属于重大违法违规行为，对本次发行上市不构成实质性法律障碍。①

第三节　环保处罚是否构成重大违法违规行为（交控科技688015）

《交控科技招股书（申报版）》披露，“2017年12月4日，北京市丰台区环境保护局向发行人下达了《行政处罚决定书》（丰环保辐射罚字〔2017〕026号），因发行人未按规定办理辐射安全许可证延续手续，对其处以1万元罚款的行政处罚。发行人已于2017年12月缴纳了上述1万元罚款，并及时办理了辐射安全许可证的延续手续”。

《交控科技审核问询一》要求相关中介机构对“该处罚事项对发行人生产经营的影响，是否构成重大违法违规，是否存在其他未披露的行政处罚情况”

---

① 参见《关于西部超导材料科技股份有限公司首次公开发行A股股票并在科创板上市申请文件审核问询回复》，第358页。

发表意见。

相关中介机构获取了丰台区环境保护局《行政处罚决定书》、发行人的安全辐射许可证、罚款缴纳凭证；丰台区环境保护局出具的《证明》，证明交控科技“已积极履行法定义务，改正违法行为。兹证明，交控科技股份有限公司此次受到的处罚金额较小，性质较轻，不属于重大环境违法违规情形且近三年内未收到我局其他的行政处罚”。走访了丰台区环境保护局并对主管人员进行了访谈，了解了环保处罚情况，北京市丰台区环保局确认，“发行人已于2017年12月缴纳了1万元罚款并及时办理了许可证的延期手续。上述违法违规行为所受处罚金额较小、情节较轻、不构成重大违法违规行为。发行人2016年1月1日至今，发行人不存在其他违法违规行为并受到过环保局的其他行政处罚或涉嫌违法违规行为正在受到环保局的调查”；走访了发行人工商、税务、质量监督等主管机关，取得合规证明，查询主管单位网站，了解发行人报告期内合法合规经营情况。确认发行人除上述行政处罚外，发行人不存在其他未披露的行政处罚的情况。

经核查，相关中介机构认为：发行人所受上述行政处罚金不会对发行人的生产经营产生重大影响，亦不构成重大违法违规行为，发行人不存在其他未披露的行政处罚的情况。

第三十二章

研发支出资本化问题

科技公司、生物医药公司等在成长初期存在研发费用庞大、盈利周期较长等问题。而研发支出作资本化还是费用化财务处理，则会产生不同的财务效果。研发支出费用化会影响当期利润，研发支出资本化则可以增加当期利润。由于研发支出的资本化存在调节利润之嫌，历来是监管层审核的关注问题之一。

第一节　科创板关于研发支出资本化的规定

《上海证券交易所科创板股票发行上市审核问答》第 7 条规定，发行人应制定并严格执行研发相关内控制度，明确研发支出的开支范围、标准、审批程序以及研发支出资本化的起始时点、依据、内部控制流程。同时，应按照研发项目设立台账归集核算研发支出。发行人应审慎制定研发支出资本化的标准，并在报告期内保持一致。

《上海证券交易所科创板股票发行上市审核问答》第 14 条，对发行人存在研发支出资本化情况的信息披露要求、中介机构的核查义务进行了规定。

一、研发支出资本化的会计处理要求

《上海证券交易所科创板股票发行上市审核问答》规定，“发行人内部研

究开发项目的支出，应按照《企业会计准则——基本准则》《企业会计准则第6号——无形资产》等相关规定进行确认和计量。研究阶段的支出，应于发生时计入当期损益；开发阶段的支出，应按规定在同时满足会计准则列明的条件时，才能确认为无形资产。

在初始确认和计量时，发行人应结合研发支出资本化相关内控制度的健全性和有效性，对照会计准则规定的相关条件，逐条具体分析进行资本化的开发支出是否同时满足上述条件。在后续计量时，相关无形资产的预计使用寿命和摊销方法应符合会计准则规定，按规定进行减值测试并足额计提减值准备”。

二、发行人信息披露要求

《上海证券交易所科创板股票发行上市审核问答》规定，“发行人应在招股说明书中披露：

（1）与资本化相关研发项目的研究内容、进度、成果、完成时间（或预计完成时间）、经济利益产生方式（或预计产生方式）、当期和累计资本化金额、主要支出构成，以及资本化的起始时点和确定依据等内容；

（2）与研发支出资本化相关的无形资产的预计使用寿命、摊销方法、减值等情况，并说明是否符合相关规定。

发行人还应结合研发项目推进和研究成果运用时可能发生的内外部不利变化、与研发支出资本化相关的无形资产规模等因素，充分披露相关无形资产的减值风险及其对公司未来业绩可能产生的不利影响”。

三、中介机构核查要求

《上海证券交易所科创板股票发行上市审核问答》规定，“保荐机构及申报会计师应关注以下事项，并对发行人研发支出资本化相关会计处理的合规性、谨慎性和一贯性发表核查意见：

（1）研究阶段和开发阶段的划分是否合理，是否与研发活动的流程相联系，是否遵循了正常研发活动的周期及行业惯例，并一贯运用，研究阶段与开发阶段划分的依据是否完整、准确披露；

（2）研发支出资本化的条件是否均已满足，是否具有内外部证据支持。

重点从技术上的可行性，预期产生经济利益的方式，技术、财务资源和其他资源的支持等方面进行关注；

（3）研发支出的成本费用归集范围是否恰当，研发支出的发生是否真实，是否与相关研发活动切实相关，是否存在为申请高新技术企业认定及企业所得税费用加计扣除目的虚增研发支出的情形；

（4）研发支出资本化的会计处理与可比公司是否存在重大差异”。

第二节　公司资本化时点是否合理（微芯生物 688321）

微芯生物专注于小分子药物的原创研发，主要产品包括肿瘤、代谢疾病和免疫性疾病三大治疗领域。目前已经储备了至少 8 种 first-in-class 创新药，包括已上市的国家 1 类原创新药西达本胺。从行业属性来看，微芯生物属于创新药研发企业。2016～2018 年，微芯生物的研发投入占营业收入比例较高，占营业收入的比例分别为 60.52%、62.01% 和 55.85%。微芯生物在会计处理上采用了较大比例的研发费用资本化处理，监管层在审核问答中也对其研发支出资本化问题进行了几轮审核问询。

根据微芯生物招股书披露，贝达药业、康辰药业和康弘药业均以进入 III 期临床作为资本化时点。交易所问询函中请发行人说明：披露研发支出资本化时点与产品获批上市时间间隔较长，是否符合行业惯例、产品特点等实际情况，公司资本化时点是否合理。① 相关中介机构经核查：

一、公司的研发支出资本化时点符合公司产品的特点及公司的实际情况，具有合理性

新药研发具有周期长、投入高等特点，医药企业一般会根据国内外最新临床及药物研究进展、财务预算等情况统筹安排推进各个新药的临床试验。公司及其他部分医药企业新药研发临床试验阶段的进程如表 3－32－1：

① 参见《深圳微芯生物科技股份有限公司首次公开发行股票并在科创板上市申请文件的第二轮审核问询函的回复》问题 1，第 18～22 页。

表 3-32-1　新药研发临床试验阶段的进程

序号	药品	药品类别	企业名称	临床试验进程
1	丁磺氨酸	化药 1 类	辽宁蓝天制药有限公司	1998 年获得临床批件，2014 年获得注册批件
2	重组人纽兰格林	治疗用生物制品 1 类	上海泽生制药有限公司	2004 年获得临床批件，2019 年提交上市申请
3	海姆泊芬	化药 1 类	泰州复旦张江药业有限公司	2005 年获得临床批件，2016 年获得注册批件
4	甲磺酸氟马替尼	化药 1 类	江苏豪森药业股	2007 年获得临床批件，2018 年提交上市申请
5	苹果酸法米替尼	化药 1 类	江苏恒瑞医药股份有限公司	2009 年获得临床批件，正在进行 III 期临床试验
6	西达本胺	化药 1 类	深圳微芯生物科技股份有限	2006 年获得临床批件，2014 年 PTCL 适应症获批，2018 年提交乳腺癌适应症上市申请，非小细胞肺癌 II/III 期临床试验进行中
7	西格列他钠	化药 1 类	深圳微芯生物科技股份有限公司	2005 年获得临床批件，已完成 III 期临床试验

由上表可知，公司产品西达本胺和西格列他钠的各项临床试验系公司根据自身情况的安排，其进程符合新药研发的特点和行业惯例。

二、公司与贝达药业、康辰药业和康弘药业的研发支出资本化会计政策的比较

1. 开发阶段支出资本化的具体条件

公司与贝达药业、康辰药业和康弘药业对于开发阶段支出资本化的具体条件是一致的，即开发阶段的支出，同时满足下列条件的，予以资本化：(1) 完成该无形资产以使其能够使用或出售在技术上具有可行性；(2) 具有完成该无形资产并使用或出售的意图；(3) 无形资产产生经济利益的方式，包括能够证明运用该无形资产生产的产品存在市场或无形资产自身存在市场，无形资产将在内部使用的，应当证明其有用性；(4) 有足够的技术、财务资源和其他资源支持，以完成该无形资产的开发，并有能力使用或出售该无形资

产；（5）归属于该无形资产开发阶段的支出能够可靠地计量。

2. 划分研究阶段和开发阶段的具体标准

表 3－32－2　研究阶段和开发阶段的具体标准

公司名称	研发支出资本化的会计政策
微芯生物	开发阶段：公司临床试验和药品申报生产的阶段作为开发阶段。开发阶段的起点为在药品上市前取得最后一次临床试验批件，终点为研发项目达到预定用途如取得新药证书或生产批件等。
贝达药业	对于 1、2 类新药，自开始至开展实质性 III 期临床试验前为研究阶段，自开始开展实质性 III 期临床试验至取得生产批件的期间为开发阶段。……对于以 II 期临床试验支持上市申请的新药研发项目，自开始至开展实质性 II 期临床试验前为研究阶段，自开始开展实质性 II 期临床试验至取得生产批件的期间为开发阶段。
康辰药业	开发阶段：公司在进行商业性生产或使用前，将研发成果或其他知识应用于某项计划或设计，以生产出新的或具有实质性改进的材料、装置、产品等活动的阶段。公司新药研发项目开发系指公司新药研发项目获取国家药品监督管理局核发临床试验批件后进行临床试验，到获取新药证书或生产批件前的阶段。 考虑到公司涉及不同类别药品研发项目，对于新药研发项目，进入 III 期临床试验之前所发生的研发支出均予以费用化处理；对于仿制药研发项目，取得生产批件之前所发生的研发支出予以费用化处理。
康弘药业	开发阶段：公司在进行商业性生产或使用前，将研究成果或其他知识应用于某项计划或设计，以生产出新的或具有实质性改进的材料、装置、产品等活动的阶段。公司新药研发项目开发阶段系指公司新药研发项目获取国家药品监督管理局核发临床试验批件后开始进行临床试验，到获取新药证书或生产批件前的阶段。研究阶段的支出，于发生时计入当期损益。同时满足下列 6 项标准的，予以资本化，记入开发支出：（1）新药开发已进入 III 期临床试验；……

公司涉及研发支出资本化的研发项目情况见表 3－32－3：

表 3－32－3　研发支出资本化的研发项目情况

研发项目	所获最后一期临床试验批件	资本化时点	资本化依据	截至回复日研发进展情况
西达本胺（外周 T 细胞淋巴瘤）	II/III 期	2009 年 2 月	开始 II 期临床试验	已于 2014 年 12 月以临床 II 期试验结果获批上市

续表

研发项目	所获最后一期临床试验批件	资本化时点	资本化依据	截至回复日研发进展情况
西达本胺（非小细胞肺癌）	II/III 期	2010 年 7 月	开始 II/III 期临床试验	II/III 期临床试验进行中
西达本胺（乳腺癌）	II/III 期	2014 年 10 月	开始临床 III 期试验	已于 2018 年 11 月申报增加新适应症的上市申请
西格列他钠	III 期	2012 年 12 月	开始临床 III 期试验	已完成临床 III 期试验

上述研发项目的资本化情况具体说明如下：

（1）西达本胺（外周 T 细胞淋巴瘤）项目

西达本胺于 2009 年 2 月获得国家药监局颁发的淋巴瘤 II/III 期联合临床批件。鉴于外周 T 细胞淋巴瘤属于恶性肿瘤，在西达本胺上市前国内缺乏有效治疗药物，公司根据西达本胺的作用机理、适应症为罕见病、国际研究趋势和自身前期研究等情况并与相关监管部门沟通后制定了单臂 II 期临床试验方案作为注册性临床试验申报新药上市，于 2014 年 12 月在中国获得新药证书和注册批件，并于 2015 年 3 月正式上市销售，成为中国首个以单臂 II 期临床试验结果获批上市的药物。另外，2006 年，公司将西达本胺在美国、日本、欧盟等国家或地区的专利权独占许可给沪亚生物，双方通过协议约定沪亚生物将向公司支付许可使用费、里程碑付款及特许使用费，公司当年已向沪亚生物收取许可使用费。该项目以开始 II 期临床试验作为研发支出资本化的时点，并直接以 II 期临床试验结果申报新药上市，与贝达药业“对于以 II 期临床试验支持上市申请的新药研发项目，自开始开展实质性 II 期临床试验至取得生产批件的期间为开发阶段”的会计政策一致。而康辰药业和康弘药业以及在审的同行业其他拟上市公司目前尚未披露有拟通过 II 期临床试验申报上市及通过海外专利授权实现在国际开发并获得收入的情形及相关会计政策。

（2）西达本胺（非小细胞肺癌）项目

西达本胺于 2010 年 7 月获得国家药监局颁发的实体瘤 II/III 期联合临床批

件。鉴于西达本胺针对非小细胞肺癌为西达本胺首次在实体瘤中进行试验，公司经与临床领域专家、药审专家等探讨设计了西达本胺首次与一线抗肿瘤药物联用的II/III期临床试验方案，先通过剂量探索研究，确定了西达本胺与紫杉醇、卡铂联用的最终剂量与安全性特征，并于2013年4月入组首例病人。同时，公司技术授权许可方沪亚生物在美国进行了西达本胺联合二线治疗药物PD-1治疗非小细胞肺癌的临床试验并显示出初步但比较明确的联合用药疗效。公司将继续推进西达本胺（非小细胞肺癌）项目的II/III期临床试验，以申报新适应症上市。

考虑到西达本胺在淋巴瘤和实体瘤中均具有同样的独特作用机理，西达本胺（非小细胞肺癌）项目在2010年7月取得II/III期临床批件时，西达本胺（外周T细胞淋巴瘤）项目已经以单臂研究方式开展注册性临床试验并获得相关监管机构的认可，以便能在II期临床试验完成后申报新药上市，进一步证明了西达本胺疗效的显著性。另外，2006年，公司将西达本胺在美国、日本、欧盟等国家或地区的专利权独占许可给沪亚生物，双方通过协议约定沪亚生物将向公司支付许可使用费、里程碑付款及特许使用费，公司当年已向沪亚生物收取许可使用费；2010年1月，沪亚生物向美国FDA递交的西达本胺临床试验申请获通过，其在美国开展的临床试验方案中包括非小细胞肺癌，并因此向公司支付了里程碑费用。因此，公司认为从使用或出售角度，西达本胺（非小细胞肺癌）项目均具有技术上的可行性，具有完成该无形资产并使用或出售的意图，其有市场需求且作用机制独特，公司也有能力完成该无形资产的开发并有能力使用或出售该无形资产，且支出能够可靠地计量。因此公司以2010年7月开始II/III期临床试验作为研发支出资本化的时点。而贝达药业、康辰药业和康弘药业以及在审的其他同行业拟上市公司目前不存在类似的情形。

（3）西达本胺（乳腺癌）项目

西达本胺于2010年7月获得国家药监局颁发的实体瘤II/III期联合临床批件。考虑到西达本胺的作用机理、乳腺癌患者人数等因素、国际研究趋势和进展等因素，公司与领域专家进行了慎重的探讨，设计了西达本胺联合依西美坦治疗激素受体阳性绝经后晚期乳腺癌的方案并在药审中心备案试验方案，并于

2014 年 10 月直接开展了临床 III 期试验。该 III 期临床试验已完成并于 2018 年 11 月申报增加新适应症的上市申请并获得优先评审资格。2019 年 4 月 26 日，全球权威的医学杂志《柳叶刀 · 肿瘤学》（The Lancet Oncology）杂志在线发表了《西达本胺联合依西美坦治疗激素受体阳性绝经后晚期乳腺癌的 III 期临床研究（ACE 研究）》。研究结果显示，西达本胺联合依西美坦组较安慰剂联合依西美坦组可显著改善患者的无进展生存期。公司西达本胺（乳腺癌）项目以开始 III 期临床试验作为研发支出资本化的时点，与贝达药业、康辰药业和康弘药业的会计政策一致。

（4）西格列他钠项目

西格列他钠于 2012 年 12 月获得国家药监局颁发的 III 期临床批件，并以开始临床 III 期试验作为研发支出资本化的时点，与贝达药业、康辰药业和康弘药业的会计政策一致。

中介机构认为，公司与贝达药业、康辰药业和康弘药业等同行业公司对于开发阶段支出资本化的具体条件和原则是一致的，符合企业会计准则的规定。考虑到公司产品为作用机制独特的原创新药，公司根据已取得的临床试验批件灵活设计进一步的试验方案并开展相应的临床试验，并将符合资本化条件的支出计入开发支出，符合公司产品的特点及公司的实际情况。公司的研发支出资本化时点具有合理性。

综上所述，公司的研发支出资本化时点符合公司产品的特点及公司的实际情况，具有合理性。

第三十三章

经销商核查的相关问题

对于证券监管部门来说，为了保证拟上市企业信息披露的真实性，会严格核查“关联交易非关联化”的情形，严格限制非法利益输送。经销商的核查是尽调的重点，也是监管层的关注问题之一，包括是否和供应商、客户等存在隐性关联关系或者利益输送等。

第一节　对经销商执行的核查程序及对应的核查比例（海尔生物）

公司相关中介机构对经销商业务执行的核查程序主要为实地走访及函证，具体情况如下：

一、函证

公司相关中介机构对经销商执行函证程序时，重点覆盖了报告期内前20大经销商、境外业务涉及第三方回款的经销商、部分报告期内新增经销商及其他随机抽取的经销商。函证程序主要核查报告期内发行人与经销商销售交易金额的真实性以及经销商与发行人之间合同履行情况等。

公司相关中介机构对35家境内经销商和20家境外经销商进行了函证，取得经销商回函的收入覆盖报告期内经销收入比例分别为44.01%、47.60%和45.34%。

二、访谈

公司相关中介机构选择访谈的经销商时，重点覆盖了报告期内前10大经销商、境外业务涉及第三方回款的经销商及部分报告期内新增经销商。公司相关中介机构通过访谈，在核实销售交易真实性的同时，核实了发行人与经销商的关联关系、业务合作情况，业务合同的主要条款、返利政策、经销商终端销售情况及期末库存情况，并关注经销商对发行人产品性能、质量的评价、发行人所处行业前景的看法等。

公司相关中介机构对发行人32家境内经销商进行了现场访谈，对5家境外经销商进行了现场访谈。执行访谈程序的经销商收入覆盖报告期内经销收入比例分别为36.31%、41.92%和44.94%。

第二节　经销商模式下收入真实性的核查程序（昊海生科）

公司相关中介机构履行了如下核查程序：

1. 访谈发行人管理层及相关业务部门负责人，了解发行人业务模式，各销售模式下的销售流程，相关商品所有权上的主要风险和报酬（2016年和2017年按照旧收入准则）或相关商品控制权（2018年度按照新收入准则）转移的时点，核查发行人经销模式下收入确认方法是否准确，是否符合《企业会计准则第14号——收入》的相关规定；

2. 核查了发行人销售业务中经销商日常管理、定价机制和退换货机制等相关的内部控制制度；

3. 了解企业的基本销售情况、销售模式以及采用经销商销售模式的原因和必要性，分析收入波动原因；

4. 获取发行人各期的产品销售价格目录及各经销商产品销售单价，分析产品价格大额变动及不同经销商同一产品的价格差异原因，分析价格合理性；

5. 计算经销模式、不同产品线于报告期各期的毛利率情况，分析其变化原因；

6. 获取报告期内经销商销售合同，抽查有关客户收货以及与商品所有权有关的风险和报酬（2016 年和 2017 年按照旧收入准则）或商品控制权（2018 年度按照新收入准则）发生转移的关键条款（包括交货条款、退换货条款、收款条件、是否存在销售返利及销售退回），以检查发行人收入确认会计政策是否符合企业会计准则的规定；

7. 核查发行人报告期各期主要经销商销售收入变动情况，结合其资金规模、销售规模，分析是否与发行人对其销售收入相匹配，针对当期新增和减少的经销商分析变动原因；

8. 对比报告期内主要经销商客户名单，分析报告期经销商数量变动及总体分布情况；对主要经销商进行背景调查，从全国企业信用信息公示系统获取这些经销商的工商登记资料，并分析其是否合理；

9. 通过实地走访或电话、视频等方式结合，了解经销商背景及其主营业务、与发行人的业务合作过程、定价情况、物流安排及运费承担、退换货情况，确认期末存货情况，及是否存在存货大量积压，法律纠纷、关联关系等；

10. 对发行人及其关联方的银行资金流水进行抽样检查；

11. 取得发行人主要股东的基本信息、董监高调查表等，形成关联方名单，将关联方与经销商及经销商的主要工商信息进行比对；

12. 核查了发行人对经销商管理的相关制度文件，就发行人经销商渠道管控、信息管理、授权管理的具体措施与发行人相关人员进行访谈。

经公司相关中介机构核查，公司相关中介机构认为：基于上述核查程序，发行人经销销售收入的会计处理在所有重大方面符合企业会计准则的规定，经销商模式下收入真实。发行人报告期内第三方回款金额及占比均较小，且具有商业合理性。

第三节 部分规模较大的经销商使用公司字号的规范措施（天准科技）

发行人对经销商使用发行人字号、商标的管控措施如下：

一、严格控制使用范围

发行人仅准许部分符合要求的经销商使用“天准”字号（TZTEK Korea授权字号为“tztek”），同时，对经销商在名片、宣传材料上使用的相关商标仅限第22262213号图形商标（未授权TZTEK Korea使用任何商标），除此以外，非经发行人书面同意，经销商不得使用发行人的商标。

二、对使用条件进行限定

经销商仅能在与开展业务有关的活动中使用“天准”字号及商标。同时，当经销商不再符合条件时，发行人有权要求经销商停止使用“天准”字号、商标，并将未使用的含有上述字号、商标的物料销毁或交发行人保管。

三、对使用情况进行监督

发行人要求使用“天准”字号、商标的经销商对于其使用的名片、宣传手册等向发行人进行备案，如发行人发现不妥当之处，有权要求经销商进行整改。

四、对违反规定使用的处理

如经销商不符合使用字号、商标的条件，违规使用“天准”字号、商标或存在其他严重影响发行人品牌形象的情况，发行人有权终止其代理资格，并要求其赔偿损失。

发行人已初步建立对字号、商标等无形资产的管控措施，在经销商违规使用字号、商标的情况下，发行人有权停止其继续使用，并有停止其代理权限的权利。经销商主要依赖销售发行人产品取得收入，在此情况下经销商应当考虑其导致发行人品牌受损不当行为的后果，从一定程度上可以避免经销商做出有损发行人品牌的行为。同时，考虑到发行人的产品主要为工业用途，并非面向最终消费者的普通消费产品，对于技术的依赖程度较高，因此，发行人对经销商的下游客户有一定的了解，对于经销商部分下游客户在应经销商邀请提供技术支持的过程中有过接触，在此情况下，即使发生经销商有损天准品牌的行为，发行人亦可及时介入处理，控制影响的扩大。

发行人相关中介机构认为，发行人已初步建立了对字号、商标等重要无形资产的管控措施，能够避免被授权方不当行为导致公司品牌受损的风险。

| 第四篇 |

法 规 篇

一、科创板相关法律

1.《证券法》（主席令14号，2014年修正）

（1998年12月29日第九届全国人民代表大会常务委员会第六次会议通过；根据2004年8月28日第十届全国人民代表大会常务委员会第十一次会议《关于修改〈中华人民共和国证券法〉的决定》第一次修正；2005年10月27日第十届全国人民代表大会常务委员会第十八次会议修订；根据2013年6月29日第十二届全国人民代表大会常务委员会第三次会议《关于修改〈中华人民共和国文物保护法〉等十二部法律的决定》第二次修正；根据2014年8月31日第十二届全国人民代表大会常务委员会第十次会议《关于修改〈中华人民共和国保险法〉等五部法律的决定》第三次修正）

2.《公司法》（中华人民共和国主席令第15号，2018年修正）

（1993年12月29日第八届全国人民代表大会常务委员会第五次会议通过；根据1999年12月25日第九届全国人民代表大会常务委员会第十三次会议《关于修改〈中华人民共和国公司法〉的决定》第一次修正；根据2004年8月28日第十届全国人民代表大会常务委员会第十一次会议《关于修改〈中华人民共和国公司法〉的决定》第二次修正；2005年10月27日第十届全国人民代表大会常务委员会第十八次会议修订；根据2013年12月28日第十二届全国人民代表大会常务委员会第六次会议《关于修改〈中华人民共和国海洋环境保护法〉等七部法律的决定》第三次修正；根据2018年10月26日第十三届全国人民代表大会常务委员会第六次会议《关于修改〈中华人民共和国公司法〉的决定》第四次修正）

二、全国人大常委会相关决定

1. 全国人民代表大会常务委员会关于授权国务院在实施股票发行注册制改革中调整适用《中华人民共和国证券法》有关规定的决定

（2015年12月27日第十二届全国人民代表大会常务委员会第十八次会议通过）

2. 全国人民代表大会常务委员会关于延长授权国务院在实施股票发行注册制改革中调整适用《中华人民共和国证券法》有关规定期限的决定

（2018年2月24日第十二届全国人民代表大会常务委员会第三十三次会议通过）

三、科创板相关部门规章（证监会令）

1.《科创板首次公开发行股票注册管理办法（试行）》

（证监会令第153号，证监会于2019年3月1日发布并实施）

2.《科创板上市公司持续监管办法（试行）》

（证监会令第154号，证监会于2019年3月1日发布并实施）

四、科创板相关规范性文件

1. 证监会公告

（1）《关于在上海证券交易所设立科创板并试点注册制的实施意见》

（证监会公告〔2019〕2号，证监会于2019年1月28日发布并实施）

（2）《公开发行证券的公司信息披露内容与格式准则第41号—科创板公司招股说明书》

（证监会公告〔2019〕6号，证监会于2019年3月1日发布并实施）

（3）《公开发行证券的公司信息披露内容与格式准则第42号——首次公开发行股票并在科创板上市申请文件》

（证监会公告〔2019〕7号，证监会于2019年3月1日发布并实施）

（4）《公开发行证券的公司信息披露编报规则第24号——科创板创新试点红筹企业财务报告信息特别规定》

（证监会公告〔2019〕8号，证监会于2019年3月7日发布并实施）

（5）《关于在科创板注册制试点中对相关市场主体加强监管信息共享完善失信联合惩戒机制的意见》

（国家铁路集团有限公司，中国民用航空局，国家发展和改革委员会，国务院国有资产监督管理委员会，国家市场监督管理总局，中国保险监督管理委员会，中国人民银行，中国证券监督管理委员会于2019年6月28日发布并实施）

2. 上海证券交易所业务规则

（1）《上海证券交易所科创板股票发行上市审核规则》

（上证发〔2019〕18号，上海证券交易所于2019年3月1日发布并实施）

（2）《上海证券交易所科创板股票上市委员会管理办法》

（上证发〔2019〕19号，上海证券交易所于2019年3月1日发布并实施）

（3）《上海证券交易所科技创新咨询委员会工作规则》

（上证发〔2019〕20 号，上海证券交易所于 2019 年 3 月 1 日发布并实施）

（4）《上海证券交易所科创板股票发行与承销实施办法》

（上证发〔2019〕21 号，上海证券交易所于 2019 年 3 月 1 日发布并实施）

（5）《上海证券交易所科创板股票上市规则》

（上证发〔2019〕22 号，上海证券交易所于 2019 年 3 月 1 日发布并实施，后于 4 月 30 日修改）

（6）《上海证券交易所科创板股票交易特别规定》

（上证发〔2019〕23 号，上海证券交易所于 2019 年 3 月 1 日发布并实施）

（7）《上海证券交易所科创板上市保荐书内容与格式指引》

（上证发〔2019〕24 号，上海证券交易所于 2019 年 3 月 1 日发布并实施）

（8）《上海证券交易所科创板股票发行上市申请文件受理指引》

（上证发〔2019〕25 号，上海证券交易所于 2019 年 3 月 1 日发布并实施）

（9）《上海证券交易所科创板股票盘后固定价格交易指引》

（上证发〔2019〕26 号，上海证券交易所于 2019 年 3 月 1 日发布并实施）

（10）《上海证券交易所科创板股票交易风险揭示书必备条款》

（上证发〔2019〕27 号，上海证券交易所于 2019 年 3 月 1 日发布并实施）

（11）《上海证券交易所科创板企业上市推荐指引》

（上证发〔2019〕30 号，上海证券交易所于 2019 年 3 月 3 日发布并实施）

（12）《科创板创新试点红筹企业财务报告信息披露指引》

（上证发〔2019〕32 号，上海证券交易所于 2019 年 3 月 15 日发布并实施）

（13）《关于科创板投资者教育与适当性管理相关事项的通知》

（上证发〔2019〕33 号，上海证券交易所于 2019 年 3 月 19 日发布并实施）

（14）《上海证券交易所科创板股票公开发行自律委员会工作规则》

（上证发〔2019〕41 号，上海证券交易所于 2019 年 4 月 4 日发布并实施）

（15）《上海证券交易所科创板股票发行与承销业务指引》

（上证发〔2019〕46 号，上海证券交易所于 2019 年 4 月 16 日发布并实施）

（16）《关于修改〈上海证券交易所科创板股票上市规则〉的通知》

（上证发〔2019〕53 号，上海证券交易所于 2019 年 4 月 30 日发布并实施）

（17）《上海证券交易所、中国证券金融股份有限公司、中国证券登记结算有限责任公司科创板转融通证券出借和转融券业务实施细则》

（上证发〔2019〕54号，上海证券交易所于2019年4月30日发布并实施）

（18）《关于发布科创板证券上市公告书内容与格式指引的通知》

（上证发〔2019〕65号，上海证券交易所于2019年6月8日发布并实施）

（19）《上海证券交易所科创板股票异常交易实时监控细则（试行）》

（上证发〔2019〕68号，上海证券交易所于2019年6月14日发布并实施）

（20）《关于科创板股票及存托凭证交易相关事项的通知》

（上证发〔2019〕71号，上海证券交易所于2019年6月21日发布并实施）

（21）《关于科创板股票暂不作为股票质押回购及约定购回交易标的证券的通知》

（上证发〔2019〕77号，上海证券交易所于2019年7月5日发布并实施）

（22）《关于科创板发行人财务信息披露有关事项的通知》

（上证发〔2019〕78号，上海证券交易所于2019年7月8日发布并实施）

（23）《关于发布科创板上市公司持续监管通用业务规则及业务指南目录的通知》

（上证发〔2019〕79号，上海证券交易所于2019年7月12日发布并实施）

3. 上海证券交易所业务指南

（1）《保荐人通过上海证券交易所科创板股票发行上市审核系统办理业务指南》

（上证函〔2019〕436号，上海证券交易所于2019年3月15日发布并实施）

（2）《关于发布科创板公司董事（监事、高级管理人员、控股股东、实际控制人）声明及承诺书的通知》

（上证函〔2019〕934号，上海证券交易所于2019年6月8日发布并实施）

（3）《上海证券交易所科创板股票公开发行自律委员会促进科创板初期企业平稳发行行业倡导建议》

（上证函〔2019〕936号，上海证券交易所于2019年6月8日发布并实施）

（4）《关于启用科创板股票、科创板存托凭证业务相关代码段的通知》

（上证函〔2019〕1014号，上海证券交易所于2019年6月18日发布并实施）

（5）《上海证券交易所科创板首次公开发行股票发行与上市业务指南》

（上证函〔2019〕1026号，上海证券交易所于2019年6月21日发布并实施）

（6）《关于发布〈科创板上市公司信息披露工作备忘录〉第一号至第八号的通知》

《科创板上市公司信息披露工作备忘录第一号——信息披露业务办理指南》

《科创板上市公司信息披露工作备忘录第二号——信息报送及资料填报业务指南》

《科创板上市公司信息披露工作备忘录第三号——日常信息披露指引》

《科创板上市公司信息披露工作备忘录第四号——股权激励信息披露指引》

《科创板上市公司信息披露工作备忘录第五号——退市信息披露指引》

《科创板上市公司信息披露工作备忘录第六号——业务操作事项》

《科创板上市公司信息披露工作备忘录第七号——年度报告相关事项》

《科创板上市公司信息披露工作备忘录第八号——融资融券、转融通相关信息披露要求》

（上证函〔2019〕1163号，上海证券交易所于2019年7月12日发布并实施）

（7）《关于科创板战略投资者参与证券出借业务有关事项的通知》

（上证函〔2019〕1172号，上海证券交易所于2019年7月15日发）

4. 证券业协会自律规则

（1）《科创板首次公开发行股票承销业务规范》

（协会第六届常务理事会第十次会议表决通过，于2019年5月31日发布并实施）

（2）《科创板首次公开发行股票网下投资者管理细则》

（协会第六届常务理事会第十次会议表决通过，于2019年5月31日发布并实施）

5. 证券登记结算有限责任公司业务规则

（1）《中国证券登记结算有限责任公司科创板股票登记结算业务细则（试行）》

（中国证券登记结算有限责任公司于2019年3月1日发布并实施）

（2）《上海证券交易所、中国证券金融股份有限公司、中国证券登记结算有限责任公司科创板转融通证券出借和转融券业务实施细则》

（中国证券登记结算有限责任公司于2019年4月30日发布并实施）

（3）《中国证券登记结算有限责任公司上海分公司科创板股票登记结算业务指南》

（中国证券登记结算有限责任公司于2019年6月21日发布并实施）

五、科创板相关监管问答

1.《上海证券交易所科创板股票发行上市审核问答》

（上证发〔2019〕29号，上海证券交易所于2019年3月3日发布并实施）

2.《上海证券交易所科创板股票发行上市审核问答（二）》

（上证发〔2019〕36号，上海证券交易所于2019年3月24日发布并实施）

3.《关于发布〈首发业务若干问题解答〉的通知》

《首发业务若干问题解答（一）》

《首发业务若干问题解答（二）》

（证监会发行监管部于2019年3月25日发布）

六、科创板相关司法意见

1.《关于为设立科创板并试点注册制改革提供司法保障的若干意见》

（法发〔2019〕17号，最高人民法院于2019年6月20日发布并实施）

2.《上海市高级人民法院关于服务保障设立科创板并试点注册制的若干意见》

（上海市高级人民法院于2019年6月17日召开新闻发布会，发布该意见）

3.《上海金融法院关于服务保障设立科创板并试点注册制改革的实施意见》

（上海金融法院于7月23日上午举行新闻发布会，通报了该意见的相关情况）

图书在版编目(CIP)数据

科创板上市解决之道／申林平主编. -- 北京：法律出版社，2019
ISBN 978-7-5197-3832-7

Ⅰ. ①科… Ⅱ. ①申… Ⅲ. ①创业板市场-上市公司-经验-中国 ②创业板市场-上市公司-公司法-案例-中国 Ⅳ. ①F279.246 ②D922.291.915

中国版本图书馆CIP数据核字(2019)第198488号

科创板上市解决之道
KECHUANGBAN SHANGSHI JIEJUE ZHIDAO

申林平 主编

责任编辑 田 浩 赵明霞
装帧设计 马 帅

编辑统筹 法商出版分社
出版 法律出版社
总发行 中国法律图书有限公司
经销 新华书店
印刷 固安华明印业有限公司
责任印制 胡晓雅
开本 710毫米×1000毫米 1/16
印张 25.25
字数 362千
版本 2019年10月第1版
印次 2019年10月第1次印刷

法律出版社／北京市丰台区莲花池西里7号(100073)
网址／www.lawpress.com.cn
投稿邮箱／info@lawpress.com.cn
举报维权邮箱／jbwq@lawpress.com.cn
销售热线／400-660-8393
编辑电话／010-83938130

中国法律图书有限公司／北京市丰台区莲花池西里7号(100073)
全国各地中法图分、子公司销售电话：
统一销售客服／400-660-8393/6393
第一法律书店／010-83938432/8433　西安分公司／029-85330678　重庆分公司／023-67453036
上海分公司／021-62071639/1636　深圳分公司／0755-83072995

书号：ISBN 978-7-5197-3832-7　**定价**：99.00元
(如有缺页或倒装，中国法律图书有限公司负责退换)

法律与商业联结的扛鼎之作　实践与前沿联系的集大成者

PE 私募股权

张兰田律师团队最新作品，顾功耘、陈琦伟、冯卫东、冯唐、吕红兵、张兰田联合推荐

私募股权投资基金合规与运营

夏　青　王俞人　著

定价：168 元　出版时间：2019 年 5 月

本书对私募基金融、投、管、退的全流程工作，以直接的实务操作经验、现行有效的法规和窗口指导意见为基础，进行了专项深入研究和梳理，优化了专业技术问题的解决方案，归纳总结了详尽的实务操作指引，对私募实务工作和行业健康发展，具有重要的指导和参考意义。

私募基金划归证监会监管后面世的 PE 实务类书籍　一部中国 PE 行业法律百科全书

私募股权基金筹备、运营与管理：法律实务与操作细节

刘乃进　著

定价：68 元　出版时间：2015 年 5 月

本书按照 PE 的生命周期，对 PE 的基本特征、筹备、设立、运营、退出等进行了全面、细致的阐释，同时对 PE 实务中的一些重要问题进行了深入剖析。实务操作资料选取翔实，可以说是中国 PE 行业性文件的阶段性成果集大成者。

专注高品质的私募基金实务，打造有品位的 PE 交流平台

私募基金实务精要

刘乃进　主编

定价：88 元　出版时间　2017 年 9 月

本书专注于高品质的私募基金实务，致力于推动私募基金在实务技术层面的整体发展。全书分八个部分：登记、备案；筹备、设立；合格投资者与基金募集；基金投资与合规运营；基金相关的金融投资；大资管；私募基金行业发展；民事纠纷与刑事责任。全书实务性较强，对私募实践具有较好的参考价值。

探讨私募实务难点，直击痛点，提供解决方案

私募基金实务精要 2

刘乃进　主编

定价：108 元　出版时间：2018 年 6 月

本书探析私募领域的实务难点与热点，主要涵盖：设立、登记、入会与备案；私募基金的合规性管理；基金投资；非标债权与通道业务；PPP 业务；政府产业引导基金；IPO 与并购重组；法律尽职调查；司法判例等版块，为私募实务领域的人士提供专业指南。

关注私募领域最新、最热问题，提供实务解决方案

私募基金实务精要3

刘乃进　主编

定价:108 元　出版时间:2019 年 5 月

本书涵盖监管与筹备设立、内部管理、对外投资、与私募投资相关证券市场规则、私募基金与国资管理、风险管理与争议解决、尽职调查等七大板块，凝聚众多私募基金行业一线从业人员实务经验，直击私募实务领域的痛点、热点，为私募从业人员提供全方位的实务指引。

Corporate · MA 公司法 · 并购重组

165 个实务要点深度释解　120 个典型案例专业剖析

公司法司法实务与办案指引（第三版）

云　闯　著

定价:98 元　出版时间:2019 年 8 月

本书根据近年来公司法实务中出现的新问题以及最新的国家立法（如《民法总则》）、司法解释（如《公司法司法解释（四）》和《公司法司法解释（五）》）的内容进行了全面修订，增加了如人力资本出资、出资义务加速到期、实际出资人执行异议之诉裁判逻辑、强制分红、关联交易损害责任、公司担保等内容，更新了最新的公司法实务案例，为公司从业人员提供详实的实务指引。

全方位展示应用场景及在股权设计工作中应当关注的核心问题，提供专业解决方案

股权架构解决之道

于强伟　著

定价:98 元　出版时间:2019 年 1 月

股权架构是所有公司顶层设计中核心的内容之一，它的设计是否科学合理将会在根本上影响相关各方的利益安排，在这个意义上，可以毫不夸张地说，公司的运营"成也股权，败也股权"。《股权架构解决之道》的内容就是围绕股权架构及其设计这一基本问题，结合大量的真实案例，系统地讨论了股权架构的本源、主线、核心规则等问题，并根据企业生命周期所处的不同阶段，将股权架构分为三大类型，即初创期公司的股权架构、股权激励的股权架构、股权融资时的股权架构，全方位地展示了股权架构设计的应用场景，以及在设计工作中应当关注的核心问题。最后，从风险管理角度分三个方面梳理了股权架构设计过程中亟需注意的三大风险（税务风险、合规风险、刑事风险），期望公司在实操过程中避免踩踏红线，能够安全、健康地实现利益更大化。

新规解读，方案设计，实务指引，案例剖析

上市公司并购重组解决之道

申林平　主编

定价:99 元　出版时间:2016 年 3 月

由广发证券、中信证券、招商证券、安信证券、国信证券、华泰联合证券等具有丰富并购重组实务经验的财务顾问提出指导意见，并经过多次讨论和修改，使得本书在内容、角度、专业上都具有独特性和权威指导性。全面介绍上市公司并购重组新政，以法律法规为基础进行实务案例剖析，是对上市公司并购重组案例的一次全面梳理和研究，对上市公司并购重组涉及的法律法规、规章及规范性文件进行分类列举，内容充实具体，实用性强。

公司并购全流程指引:决策策划、实务操作、流程控制

公司资本行动:并购策划与流程指引

张远堂　著

定价:78 元　出版时间:2012 年 9 月

本书力图于解决企业并购的决策策划、实务操作和流程控制中的重点、难点问题。从如何制订公司发展战略和如何选择目标市场开始,按照企业并购的业务程序,逐步进入企业并购的交易流程,就交易流程中的重点、难点问题,分别提出各类并购的风险和应对策略,书中援引真实案例,并且配有疑难问题讨论,着力于帮着读者提高企业并购实务操作能力,解决公司资本运作中的实际问题。

企业管理经营创业人员必备　168 个法律风险防范要点 全流程控制实操指南

完美的风险防范——企业常见法律风险识别与控制

陈宏义　主编

定价:78 元　出版时间:2017 年 2 月

将企业从设立到终止,在设立形态的选择、企业内部治理、合同管理、投融资、劳动用工、知识产权、刑事犯罪等方面,对企业常见的法律风险进行了全方位分析。以简明的实操案例,结合最新的法律法规以及当下司法领域认可的审判理念,对企业运营中出现的法律问题有针对性地提出解决措施,对潜在的法律风险全方位地给予防范建议。意使民营企业的发展更趋合理与规范,避免成为短线企业。

TAX 资本税法 · 财务会计

会计小白入门必备　财务经理进阶必选　券商股民修养提升

这就是会计——资本市场的会计逻辑

饶　刚　金　源　著

定价:99 元　出版时间:2019 年 8 月

两位作者结合他们在资本市场上的实践,分享了他们对会计的深刻感悟。这些感悟对于很多微观主体改进会计工作乃至整个经营管理工作,对于个人的职业成长,都有很大的参考价值。看这本书,更像在听作者讲故事,听他们在剖析一个又一个事例,阐述他们的洞见和感悟。作者的良苦用心就是想告诉读者:在资本市场上,会计和会计信息是十分重要,但会计信息本身有其局限性,离开了数字背后的主体、客体以及产生这些数字的经济活动,不能结合大量关联信息去解读,数字本身是并有多大意义,只是基于数字来做决策,甚至会犯严重的错误。作者结合自己丰富的工作经历,用许多生动的事例,不厌其烦地阐述了这个道理。

深度剖析上市公司财务做账、信息披露、监管部门 IPO 财务监管的实务热点、难点

IPO 财务核查解决之道:案例剖析与操作指引

投行小兵　著

定价:88 元　出版时间:2017 年 6 月

本书重点对各种特定销售模式的会计准则、财务处理、财务监管等进行实务分析,通过解读全新政策规定,多角度剖析上市公司财务做账、信息披露、监管部门 IPO 财务监管的热点、难点问题,特别重视应用细节的提示,旨在为广大拟上市企业家及财务工作者提供全方位的实务操作指引和全新的解决思路。

企业上市 · IPO · 新三板

典型案例剖析　权威上市指导

企业上市解决之道

投行小兵　著

定价:68 元　出版时间:2011 年 5 月

本书精心挑选极具代表性的百余家企业上市真实案例,剖析这些企业或成功上市或被否决的原因,梳理企业上市过程中遇到的常见问题,揭示产生问题的根源、审核部门关注的重点及解决相关问题的思路和对策。案例具体生动、论述浅显易懂,专业人士处理企业上市难题的借鉴宝典,非专业人士了解企业上市相关问题的实用指南。

典型案例剖析　权威上市指导　解决思路延伸

企业上市解决之道 2:案例延伸与对策分析

投行小兵　著

定价:99 元　出版时间:2012 年 1 月

本书是作者再一次的全面洗涤和超越,再一次的深入思考和升华。案例更加丰富也更加有层次,评析更加深入也更加周全,思路更加明晰也更加具有指导意义,法规更加简练也更加有针对性。通过剖析企业或成功上市或被否决的原因,梳理了企业在上市过程中遇到的常见问题,为解决企业上市遇到的及审核部门关注的相关问题提供思路和对策。

典型案例剖析　审核重点关注　权威上市指导

企业上市解决之道 3:案例提炼与审核关注

投行小兵　著

定价:108 元　出版时间:2013 年 6 月

本书是投行小兵企业上市解决之道系列的完美收官力作,与《企业上市解决之道》和《企业上市解决之道 2:案例延伸与对策分析》属于同一系列,但是与前两本书内容没有任何重合之处。本书是对前两本书进一步的延伸,从主体资格(出资、股权、改制问题)、特殊经营模式、财务会计和规范运行等几个方面,并根据目前中国证监会的最新政策,对于相关典型案例做了进一步的提炼和深入剖析,重点分析了审核部门关注重点及解决相关问题的思路和对策。

全方位解密投行人的工作、生活与梦想

IN 投行:鸡汤没毒放心喝

投行小兵　著

定价:79 元　出版时间:2018 年 6 月

圈子,不是年轻人成功的捷径;你朋友圈随手转发的,恰恰就是你失去的;投行基本功,决定了你业务的下限;投行软实力,决定了你前途的上限……本书作者有多年的投行工作经历。全书分三大部分内容:生活态度、职场经验、业务思考。全方位解密投行人的工作、生活与梦想,为初入投行的新人指点迷津,为在投行中摸爬滚打的同仁梳理思路,也为投行中的佼佼者提供一个感悟的平台。